U0573021

皮书系列为
"十二五""十三五""十四五"时期国家重点出版物出版专项规划项目

BLUE BOOK

智 库 成 果 出 版 与 传 播 平 台

温州蓝皮书

BLUE BOOK OF WENZHOU

编委会主任／吕伯军

执行主任／吴志安

2024 年温州经济社会形势
分析与预测

ANALYSIS AND FORECAST ON ECONOMY AND

SOCIETY OF WENZHOU (2024)

主　编／王　健　王春光　金　浩
副主编／朱康对　任　晓　陈中权　陈　勋

社会科学文献出版社
SOCIAL SCIENCES ACADEMIC PRESS (CHINA)

图书在版编目（CIP）数据

2024 年温州经济社会形势分析与预测／王健，王春
光，金浩主编． -- 北京：社会科学文献出版社，2024.
8. --（温州蓝皮书）. -- ISBN 978-7-5228-3934-9

Ⅰ. F127. 553

中国国家版本馆 CIP 数据核字第 20243MB858 号

温州蓝皮书
2024 年温州经济社会形势分析与预测

主　　编／王　健　王春光　金　浩

出 版 人／冀祥德
组稿编辑／宋　静
责任编辑／吴云苓
责任印制／王京美

出　　版／社会科学文献出版社·皮书分社（010）59367127
　　　　　地址：北京市北三环中路甲 29 号院华龙大厦　邮编：100029
　　　　　网址：www. ssap. com. cn
发　　行／社会科学文献出版社（010）59367028
印　　装／天津千鹤文化传播有限公司

规　　格／开本：787mm×1092mm　1/16
　　　　　印张：25　字数：373 千字
版　　次／2024 年 8 月第 1 版　2024 年 8 月第 1 次印刷
书　　号／ISBN 978-7-5228-3934-9
定　　价／158. 00 元

读者服务电话：4008918866

温州蓝皮书编委会

主编简介

王　健　中共温州市委党校（温州市行政学院）副校（院）长、中国农村社会学专业委员会委员、温州市社科联兼职副主席、浙江省哲学社会科学重点研究基地"文化发展创新与文化浙江建设研究中心"研究员、温州市公共政策研究团队"社会治理创新"负责人。主要从事区域社会发展、人口结构变迁等研究，发表文章 40 余篇，主持浙江省规划重点课题 1 项，获得地厅级成果奖 10 余项，主编《乡村振兴看浙江》《市域治理看温州》《共同富裕看温州》等图书。2007 年以来，一直主持温州蓝皮书日常编撰工作，2017 年获评"皮书专业化二十年·致敬人物"。

王春光　中国社会科学院社会学研究所副所长，中国社会学会副会长，社会政策研究中心主任，中国社会科学院社会学研究所研究员，博士，博士生导师，享受国务院政府特殊津贴专家。长期从事农村社会学、农村流动人口、社会阶层和社会流动、海外移民等方面的研究。曾主持和参与国家社会科学基金课题、中国社会科学院重点课题的研究，先后出版《社会流动和社会重构》《中国农村社会变迁》《中国城市化之路》《巴黎的温州人》《中国农村社会分化和农民负担研究》《移民空间的建构——巴黎温州人跟踪研究》等专著，在《中国社会科学》《社会学研究》《社会》《中国人口科学》等期刊杂志上发表多篇文章。

金　浩　曾任中共温州市委讲师团团长、中共温州市委党校副校长、温州市乡镇企业局局长、温州市科学技术委员会主任，从事资本市场相关领域研究。

摘　要

本书是由中共温州市委党校和中国社会科学院社会学研究所合作研创的第 17 本关于温州年度经济社会形势分析与预测的报告，由党校、高校、政府研究机构研究人员，以及社会专业人士撰写。

全书主要由总报告、经济篇、社会篇、文化篇、生态篇、专题篇六个部分 29 篇研究报告组成。本书的数据除特别注明外，均来自统计部门、相关部门、调查问卷和 Wind 数据库。

本书立足区域发展实际，客观分析了温州贯彻落实中央、省委各项方针、政策的具体情况，围绕各方面关心的经济、社会、文化、生态领域主题，数据来源可靠、论证充分、结论可信，较好地体现了蓝皮书的原创性、实证性、专业性、前沿性、时效性特点。本书持续关注区域发展中热点、重点、难点，致力于解释和解决发展中的问题，及时回应了政府和社会公众的关切。

本书指出，2023 年，温州继续深入实施"八八战略"，克服需求不足、供给冲击、预期减弱等多重不利因素，地区生产总值实际增长 6.9%，分别高于全国和全省平均水平 1.7 个和 0.9 个百分点，实现了稳中求进的经济社会发展目标。当前，温州正处于深入贯彻落实习近平总书记视察浙江的重要讲话精神，赋予"浙江中国式现代化先行者"新定位的重要时期，奋力谱写中国式现代化的温州新篇章，提升"全省第三极"功能的关键时期。对照高质量和可持续发展要求，温州依然面临诸如经济发展的动能不强、就业难、城乡面貌品质不高、公共服务的均衡性可及性不足、社会风险依然多发

等困难和挑战。2024 年，温州全市要以市委提出的"强城行动"为牵引，用好各项稳经济扩需求的政策，不断优化发展环境，进一步激发市场活力和社会活力，在全方位提升区域经济综合实力、积极稳岗拓岗、打牢美丽温州的基底、夯实基本公共服务供给基础、加强基层治理法治化和精细化等方面持续发力。

展望 2024 年，预计温州全年地区生产总值增速大概率与上年基本持平，区域综合经济排名有望前进 1 位。生产端延续温和复苏，预计全年工业经济增长轨迹中枢为 10.36%；工业投资存在超调，全年工业投资增速中枢将重返至正常区间；工业利润率曲线平坦化，价格回升拐点临近，年内企业盈利浅回升。金融总量将保持稳定增长，对经济高质量发展的金融支持将更强化，民营、小微企业和"三农"等领域金融服务将更优化。解决区域基本公共服务供给不平衡不充分问题将成为政府工作的重点，民生事业基础性、普惠性、兜底性功能将进一步增强。

关键词： 区域发展　经济运行　社会发展　温州

Abstract

This book is the 17th annual report on the analysis and forecast of Wenzhou's socio-economic situation (Blue Book of Wenzhou), jointly researched, compiled, and published by the Party School of the Wenzhou Municipal Committee of the Communist Party of China (CPC) and the Institute of Sociology of the Chinese Academy of Social Sciences. The contributors to this book include staff from Party School, colleges and universities, and government research institutions, as well as professionals from society.

This book consists of six sections with 29 research reports: General Report, Economic Reports, Social Reports, Cultural Reports, Ecological Reports, and Special Topics. The data used in this book, unless otherwise noted, comes from statistical departments, other relevant departments, survey questionnaires, and the Wind database.

Grounded in Wenzhou's regional development realities, this book objectively analyzes Wenzhou's implementation of the various policies and directives from the CPC Central Committee and provincial-level Party committees. It focuses on research in the economic, social, cultural, and ecological sectors that are of public interest. The data sources are reliable, the arguments are well-supported, and the conclusions are credible, which all effectively reflect the originality, empirical nature, professionalism, forward-looking approach, and timeliness of a blue book. It consistently addresses hot, major, and challenging issues in regional development, aiming to explain and solve problems as they arise and promptly responding to concerns from the government and the public.

This book highlights that in 2023, Wenzhou continued to implement the "Double-Eight Strategy" in-depth, overcoming multiple adverse factors such as

insufficient demand, supply shocks, and weakened expectations. The region's GDP growth rate achieved an increase of 6. 9%, which is 1. 7 and 0. 9 percentage points higher than the national and provincial averages, respectively. The growth met the goal of economic and social development following the general principle of pursuing progress while ensuring stability. Currently, Wenzhou is at a crucial stage of deeply implementing the important directives from General Secretary Xi Jinping during his visit to Zhejiang and playing the new role as "a pioneer in Chinese modernization in Zhejiang," as well as a key period of striving to write a new chapter of Wenzhou in Chinese modernization and enhancing its function as the "third pole in the province". In line with the demands for high-quality and sustainable development, Wenzhou still faces difficulties and challenges such as insufficient economic growth momentum, employment difficulties, low quality of urban and rural conditions, insufficient balance and accessibility of public services, and frequent social risks. Looking ahead to 2024, the entire city will be guided by the municipal Party committee's "Strong City Initiative", leveraging multiple policies aimed at stabilizing the economy and expanding demand, continuously optimizing the development environment, and further stimulating market and social vitality. Continuous efforts will be focused on comprehensively enhancing the overall regional economic strength, proactively stabilizing and expanding employment, laying a solid foundation for a beautiful Wenzhou, strengthening the supply of basic public services, and improving the rule of law and precision in community-level governance.

The forecast for 2024 suggests that the GDP growth rate is likely to remain consistent with the previous year, with the region's comprehensive economic ranking potentially advancing by one position. Production is expected to continue a moderate recovery, with the industrial economy projected to grow at an average rate of 10. 36% for the year. Industrial investment, with excess in the previous year, is anticipated to normalize, with growth rates returning to usual levels. The industrial profit margin curve is expected to stabilize, while the inflection point of price recovery is approaching, and corporate profits show a modest rebound within the year. The financial sector is predicted to maintain stable growth, with stronger support for high-quality economic development. Financial services for private, small and micro enterprises, domains related to agriculture, rural areas, and rural residents will be further optimized. Addressing the imbalances and inadequacies in the supply of basic public services in this region will become a key focus of government work, with a strengthened emphasis on providing inclusive public services, meeting essential needs, and ensuring basic living standards.

Keywords: Regional Development; Economic Operation; Social Development; Wenzhou

目 录 �

VI 专题篇

皮书数据库阅读**使用指南**

CONTENTS ↘

I   General Report

II   Economic Reports

Ⅲ   Social Reports

Ⅳ   Cultural Reports

V   Ecological Reports

VI   Special Topics

总 报 告

B.1

2023年温州经济社会形势分析与预测*

课题组**

摘　要： 2023 年，温州继续深入实施"八八战略"，克服需求不足、预期减弱等多重不利因素，地区生产总值实际增长 6.9%，分别高于全国、全省 1.7 个和 0.9 个百分点，经济社会发展中的不平衡不充分问题进一步缩小，实现了稳中求进的经济社会发展目标。温州正处于深入贯彻落实习近平总书记视察浙江的重要讲话精神，赋予"浙江中国式现代化先行者"新定位的重要时期，奋力谱写中国式现代化的温州新篇章，提升"全省第三极"功能，依然面临经济发展的动能不强、就业难将持续并加剧、城乡面貌品质不高、公共服务的均衡性可及性不足、社会风险依然多发等困难和挑战。温州应坚持新发展理念，坚定创新驱动发展战略，推进经济社会高质量发展，大力实施"强城行动"，全方位提升区域经济综合实力、积极稳岗拓岗、打牢美丽温州的基底、夯实基本公共服务供给基础、加强基层治理法治化和精细化。展望 2024 年，预计温州全年地区生产总值增速大概率在 6.9% 左右，与上年基本持平，综合经济排名有望前进 1 位。

---

* 如无特别说明，本报告数据均来源于温州市统计局。
** 课题组成员：王健（执笔）、王春光、金浩、朱康对、任晓、陈中权、陈勋。

关键词： 区域发展　经济运行　社会发展　温州

2023 年社会和经济开始正常运行。面对预期减弱、供给冲击、需求收缩等多重不利因素，在积极的财政政策和稳健的货币政策推动下，国内生产总值增长 5.2%，社会大局稳定，实现了稳中求进的经济社会发展目标。在国内宏观经济回升的大环境带动下，温州创新性落实中央经济工作会议精神和省委省政府三个"一号工程"决策部署，深入实施"八八战略"，区域经济实现稳中有升，高质量发展取得了新成效，地区生产总值名义增长8.7%，实际增长 6.9%，实际增速分别高于全国、全省平均水平 1.7 个和0.9 个百分点。一般公共预算增长 8.5%，城乡居民收入分别增长 6.3% 和8.2%，均居全省第一位，"山区五县"欠发达地区生产总值增速高于全市平均增长水平，城乡差距进一步缩小，综合经济实力连续 5 年列全国城市第 30位。大力推进创新强市，"一区一廊"落地重大创新项目 83 个，国家创新城市排名继续前移，中国最具人才吸引力城市排名第 26 位。城乡交通、环境整治、文化发展、老旧小区改造等一批民生项目相继落实，民生事业领域继续由补短板向优质均衡发展。城市美誉度、百姓获得感、市民幸福感持续提升，据南方周末全媒体实验室发布的全国城市生活舒适度排名，温州列全国第 8位。2023 年温州分别入选全国首批婴幼儿照护服务示范城市、全国健康城市建设样板市，连续五年以地市第一成绩蝉联"中国最具幸福感城市"。

一　2023年温州经济社会运行分析

（一）经济运行呈现开局稳健、中期向好、收官完美的良好局面，高质量发展有效推进

2023 年 1～4 季度温州全市经济增速分别为 5.2%、7.5%、7.2%、6.9%，呈现了开局稳健、中期向好、收官完美的良好局面。三次产业增加

值分别达到 179.6 亿元、3606.7 亿元和 4944.3 亿元，分别增长 4.9%、7.2% 和 6.8%。三次产业结构调整为 2.1∶41.3∶56.6，与上年相比第一、第三产业略有上升，第二产业增加值占比下降 0.9 个百分点。

农业生产稳步推进。农业基础设施不断完善，科技赋能效果显著，农林牧渔业生产形势持续优化。各地坚守粮食安全底线，落实粮食保供机制，加大了种粮直补力度，全年粮食生产实现"11 连增"，粮食产量达到 13.8 亿斤，油菜、生猪产量增长均超过 20%，水产品产量创新高，达 71.5 万吨，确保了重要农产品的稳定供给。

工业景气度回升向好。全市规上工业 33 个大类行业中有 28 个行业实现了正增长，其中规上工业增加值实现 1619.8 亿元，同比增长 9.4%，位居全省前列，奠定了区域经济增长基石。"5+5"产业持续发力，传统主导产业"两化融合"有效加快产业升级步伐，新产品、高端产品不断涌现，一些传统产业龙头企业在关键零部件和"卡脖子"领域取得重要突破，成功实现关键零部件和"卡脖子"技术的国产替代和弯道超车，成为科技创新的赢家。新兴产业厚积薄发，五大战略性新兴产业增加值同比增长 9.9%，高出规上工业增速 0.5 个百分点。建筑业稳步发展，全年实现增加值 730.1 亿元，同比增长 10.1%；

服务业逐步恢复。社会消费品零售总额达到 4257.1 亿元，同比增长 7.9%，旅游、住宿餐饮、娱乐等接触性服务业呈现加快复苏的势头，百丈漈、楠溪江、168 黄金海岸等景区成为全国知名的旅游 IP，有效带动外地游客流入，温州旅游迎来做大做强的好时机。数据显示，全年住宿餐饮业增加值达到 254.8 亿元，同比增长 12.1%，高出服务业增速 5.3 个百分点。受供需关系以及房产投资效益风险大增的影响，房地产行业破位下行，新建住宅和二手住宅量价齐跌，全年房地产业增加值达 602.1 亿元，比 2022 年增加不足 10 亿元，同比仅增长 2%。金融业运行稳健，全年实现增加值 654.1 亿元，增长 9.8%，全年社会融资规模达 4016.8 亿元，比上年多增 457.6 亿元。全年本外币贷款余额达 20897.8 亿元，同比增长 15.4%，贷款结构呈现"两增一降"，企业贷和经营贷增长较快，增速分别为 22.7%、17.3%。企

业和居民融资成本略有下降，2023年12月，全市一般贷款加权平均利率为4.57%，同比下降了19个BP。金融机构风险状态继续改善，全市不良贷款总额和不良率继续下降，不良率为0.53%，较年初下降0.1个百分点。

（二）外需增长由正转负，消费、投资稳定增长

受国际贸易环境和地缘政治的诸多影响，出口较上年出现反转。一方面，订单外流现象加剧。美国对华贸易制裁加剧，服装及制品等劳动密集型产品订单外流向东南亚、印度等国家和地区。另一方面，部分企业面对复杂的贸易形势，表现得不知所措，未来预期减弱，观望情绪有所抬头。2023年，全市外贸经济遇到了较大困难。出口开局不利，1~2月出口总额较上年同期下降12.3%，3~12月，出口出现较大幅度的波动，全年出口总额达2339.4亿元，同比下降6.5%，总量比上年减少160亿元，全市出口总额超200亿元的县（市、区）中，仅乐清市实现了8.8%的正增长，鹿城区、瓯海区、龙湾区、瑞安市均为负增长。

消费加速回暖。政府和各类市场主体抓住疫后经济回暖的窗口期，积极扩内需促消费，启动"十大百项"兴消费旺市场开门红行动，出台《2023年温州市区域消费中心城市创建工作计划》，开展"温享生活"迎春消费券和暑期消费券发放活动，承办杭州亚运会部分赛事，积极打造消费新场景新业态，内需市场不断激活，在册市场主体138.6万户，社会消费规模企稳向好，全年社会消费品零售总额达4257.1亿元，同比增长7.9%，限额以上消费品零售总额增长8.8%，其中住宿和餐饮业分别增长22.3%、20.9%。

固定资产投资保持较高增速，结构更加趋优。2023年，温州认真落实中央积极的财政政策和稳健的货币政策，打好政策"组合拳"，全年固定资产投资保持较高增速，固定资产投资同比增长7.4%，比地区生产总值增速高0.5个百分点。注重投资提质增效，聚焦补短板、提升新动能，投资结构更加趋优。基础设施投资同比增长18.3%，制造业投资同比增长14.2%。高新技术产业投资同比增长29%，围绕新能源汽车产业和电子信息产业的投资都实现了快速增长，新兴产业动能不断增强。

（三）财政运行处于紧平衡状态，民生事业支出保障有力

随着经济企稳回暖，财政状况同步改善。2023 年，财政总收入、一般公共预算收入均实现恢复性增长，同比分别增长 11.7%、8.5%，均优于全国、全省平均水平，财政总收入再次站上千亿级大关，达到 1025.9 亿元，一般公共预算收入达到 622.7 亿元。政府性基金收入达 1310.7 亿元，同比增长 13.3%，国有土地使用权出让收入达 697.7 亿元。全市一般公共预算支出 1175.9 亿元，同比增长 3.4%，政府性基金支出 1447.9 亿元，同比增长 1.6%。具体来看，民生支出 932.1 亿元，同比增长 5.1%，支出比例上升到 79.3%，比上年提高了 4.3 个百分点，比全省平均水平高出 3.8 个百分点，民生支出的压力有所增加。科技支出、教育支出、就业和劳动保障、农林水四项支出同比分别增长 15.3%、7.6%、11.9%、14.3%，有力保障了民生和发展的需要，公共服务质量持续提升。较好落实了中央稳经济、保民生、防风险的要求，财政收入增长速度高于支出，财政收支缺口有所收窄，但收支紧平衡状态没有变。

（四）人才与创新强市建设进展良好，推动了高质量发展

以建设创新型城市为目的，坚持把人才作为第一生产力，各类人才工作进展良好。人才总量进一步扩大，2023 年新增大学生 12.98 万人，其中博士 541 人、硕士 3456 人。新增高级职称 1983 人、中级职称 1.4 万人。新增技能人才 9.9 万人、高技能人才 3.2 万人。围绕"5+5+N"重点产业布局，新增专业 5 个，已建成专业群 8 个、专业 32 个，技工院校在校生人数达到 1.11 万人，创在校生规模新高。顶尖人才不断聚集，新引育全职院士 4 人、鲲鹏专家 2 人、省级以上高层次人才 64 人，其中海外高层次人才 41 人。

区域创新能力有效提升。创新是高质量发展的核心驱动力，2023 年，全面加快"315"科创体系建设，科创平台进一步集聚，引育高能级科创平台 11 家、技术转移中心 31 家，获批大分子药物与制备国家重点实验室，浙江省激光智能装备技术创新中心挂牌运行，国家级知识产权保护中心、保护

示范区、纠纷快处试点三个"国字号"项目获批建设。"一区一廊"落地创新型项目 83 个，国家创新型城市排名上升至全国第 31 位。"一港五谷"加快建设，新兴产业加快聚集。2022 年 5 月，中国数安港开园，已经聚集中国电子、联仁健康、每日互动、明略科技等数据企业 150 家，通过数据合规制度体系建设，构建规范有序的数据要素市场，发布数据产品 84 项，开发的应用场景服务于医疗健康、金融、品牌营销等领域，交易额达 3.5 亿元，实现数据变现，为温州加快形成数据产业优势、创建国家数据要素综合试验区积累了经验。中国眼谷作为全球领先的眼健康学术研究和产业孵化园获批全国首批"科创中国"创新示范基地和浙江省药品科普基地。2023 年底，入园企业已经达到 203 家。中国基因药谷落地全市首个 CDMO 生产基地并获得 3 亿元以上的生产订单。温州新光谷聚焦激光智能装备制造，已经集聚了相关企业 300 余家，成为国内继武汉、深圳之后又一个激光智能装备研发和生产的重镇。2023 年 6 月，举办了首届中国激光智能装备产业峰会，发布了中国（温州）新光谷规划和激光产业发展专项政策，形成"一核一心、两园两片"的功能布局。

（五）坚持公共服务建设优质优享，服务品质持续提升

"好学温州"品牌形象有力提升，教育优质均衡水平持续提高。继续推进教育事业均衡发展，财政对教育投入 276.75 亿元，出台职业教育、高等教育"20 条政策"，获批国家级教师队伍建设改革试点城市。聚焦短板弱项，实施一系列教育改革促进工程，各教育层次有序推进。学前教育提质扩面，新改扩建公办园 28 所，投用公办园 43 所，公办学位增量居全省第一，公办园、普惠园、优质园在园幼儿比例分别达到 63.37%、96%、84.3%，分别比 2022 年提高 10 个百分点、0.9 个百分点、4.47 个百分点，普惠和优质园幼儿在园比例位居全省前列。义务教育均衡化水平继续提升，城乡义务教育更加同步、同标、同等、同享。深化企业外来员工随迁子女入学便利化改革，随迁子女秋季入学人数达到 5.5 万人，符合条件的外来员工子女做到在家长常驻地 100% 入学，就读义务教育公办学校的比例达到 99%。全市

100所普通高中实现了结对帮扶，高考质量连续9年稳步提升，清北录取人数稳定在60人以上。职业教育产教融合进一步深化，办学规模继续扩大。印发《残疾儿童入学评估与安置指南》，推进教学和资源建设标准化，在义务教育中实现重度以上"三残"儿童少年集中教育、随班就读、送教上门全覆盖，全市特殊教育办学水平全国领先。高等教育扎实推进，高等学校全日制在校生达15.59万，进入ESI全球1%的学科增至14个，位居全省第二。

竞技体育领域涌现多位世界级冠军，群众性体育活动精彩纷呈。高水平承办杭州亚运会部分赛事，助推全民健身活动蓬勃发展，体育强市建设基础更实。圆满完成杭州亚运会龙舟和足球赛事组织，温州籍运动员在亚运赛场上奋勇拼搏，共获得18金5银2铜，金牌数量列全国地级城市首位。丁立人、徐嘉余等4位温州籍健儿在国际象棋、羽毛球混合、4×100米混合泳、女子南刀4个项目上获得世界冠军。体育场馆建设水平大幅提升，新增体育场地面积200万平方米、百姓健身房68家（总数达到423家），惠及市民120万人次。赛事规划和活动不断，打造和举办南拳和"温网""温马""温帆"等自主IP赛事133场，吸引广大群众参与体育运动，激发了体育消费的活力。

持续推进医疗供给侧改革，医疗高地建设和医保服务成效显著。2023年，医疗供给能力有效增强，质量和均等化水平明显提高。推进82个卫生医疗重点项目建设，乡镇卫生院（社区卫生服务中心）标准化率比上年提高2.5个百分点，达到95%。新创成国家卫生乡镇9个，实现国家卫生乡镇全覆盖。持续开展医疗帮扶，200余名省市医疗专家下沉基层医疗机构，共建临床专科28个，开展新技术新项目80余项；数字健康服务持续升级，"智慧健康云""浙里护理""排队叫号""瓯越云中医""温心在线"等数字平台应用扩面提能，较好缓解了群众看病难、看病贵的难题，"健康大脑"归集数据达到3.9亿条，获批全省首批健康档案统建试点城市、全省唯一市域人工智能辅助诊断平台试点。医疗高地建设进展明显，新增国家重点临床专科4个，总数达到9个。新增三甲医院2家，总量达11家，排名位列杭州之后。温医大眼视光医院"中医近视防控和眼科慢病研究实验室"

获批局省共建重点实验室，国家和部委以上重点实验室增至 18 个。中国眼谷、基因药谷两个高能级科创平台发展顺利，正逐步成为温州新质生产力的代表。持续开展医保创新改革，利用互联网信息技术开发多种应用场景，推进医保服务提质增效，大幅缓解看病难题。2023 年开发医保服务地图，实现了医保服务全市通办，帮助两万多居民实现了医保的跨县域办理。24 项医保服务全部实现网上办和掌上办，全市医保电子凭证激活率达到 100%。跨省医保费用直接结算率提高到 79%，超过省定目标 19 个百分点。基本医保城乡居民参保率达到 99.7%，基本实现了符合条件居民的全覆盖，有力保障了居民的生活水平，2023 年全市居民预期寿命（达到 81.7 岁，与排名世界第 20 位的德国相同[①]）、孕产妇死亡率（3.02/10 万）、婴儿死亡率（1.66‰）三项指标均达到中高收入国家水平。

深入开展"温暖安居"保障和城市品质提升行动。新增公租房实物配租 1548 户，发放租赁补贴 41575 户。建设筹集保障性租赁住房 3.25 万套，住房保障受益覆盖率达到 24.88%。加快安置房交付，全年实现交钥匙 5.17 万套。旧小区改造有序推进，实施旧小区改造 138 个，加装电梯 190 台。棚户区改造平稳推进，新开工 14541 套。

低收入家庭"综合帮扶在线平台"上线，设立全国首个低收入家庭综合帮扶慈善信托。2023 年，财政发放补助资金 12.4 亿元，保障了 10.3 万困难群众的生活，低保标准达到 13320 元/年，达到了省定 2024 年标准。2022 年 12 月，低收入家庭"综合帮扶在线平台"上线，已经集成了全市 940 项帮扶政策，平台以低收入农户、困难家庭学生、残疾人等 11 类人群画像，将一户一档纳入数据库，提供了幸福就业、兜底保障、医疗纾困、助学圆梦十大帮扶举措，根据受助人意愿，采用智能研判生成帮扶建议，已经获得显著效果。2023 年 5 月，瓯海区设立了全国首个低收入家庭综合帮扶慈善信托，面向无法得到有效帮扶的困难家庭，帮扶范围从低保、低边家庭向人均年收入在低保标准 3 倍以内的第二类困难家庭延伸，通过微心愿帮扶

---

① 世卫组织：《2023 年世界卫生统计报告》，2023 年。

和瓯善馨居帮扶项目，突破了当前综合帮扶的边界，逐步实施全方位综合帮扶。

持续推进"老有康养"，建设高质量的老年友好城市。温州养老服务体系建设起步早、基础好，已经形成一些标志性成果和成功经验。2022年，全市60岁以上老年人已达171.17万人，高龄化、失能化、空巢化趋势明显，建成村社居家养老服务照料中心2698家，老年食堂建设、医养融合覆盖率、收益面持续提升，但养老服务质量仍然难以满足现实需求。为破除现实养老服务难题，推进高质量老年友好城市建设，2023年8月14日，市政府审议通过《温州市居家养老服务促进条例》相关实施意见，将各地养老服务设施布局专项规划纳入国土空间规划，在城镇老旧小区推进配套设施建设，明确了小区的养老服务配套用房标准，每个村社要配置1名养老顾问，为老年人和其家庭提供养老政策宣传和需求对接方面的服务。截至2023年末，已建成示范型居家养老服务照料中心102个，新增老年食堂371个，新增认知障碍床位1276张。目前有县乡两级老年食堂基金116个，全面推广"E养食堂"应用，建立长效运营机制。孤寡老人"一键呼叫"设备实现全覆盖。

联动执法，未成年人保护工作取得突破。多部门协同执法，开展预防和惩治未成年人犯罪的专项治理，建立涉未成年人酒吧治理、电竞酒店治理、案件线索行政司法衔接等工作机制。排查酒吧、电竞酒店、网约房等娱乐场所累计达2806家次。推行强制报告预警"一键推送"。全市社会散居孤儿和困境儿童基本生活费平均标准为全省最高。配置儿童防性侵教育"一校一讲师"，开展儿童平安自护教育活动2300余场。

（六）公共文化事业改革继续深化，改革成果不断涌现

公共文化服务体系示范区创新发展获得高分验收，温州原创的城市书房、文化驿站等公共文化服务创新品牌在全国得到进一步的推广应用。市民文化活动丰富多彩，据文化部门统计，围绕"建郡1700年""喜迎亚运"等重大主题举办多种多样的群众性文化活动，参与群众达到3000万人次。区域文化保护、利用和研究亮点纷呈。温州"朔门古港遗址"重大考古发

现进展持续，朔门城门—瓮城区是 2023 年的考古重点，据"温州发布"消息，早晚二期的城门、城台、城墙及瓮城基址已基本揭露出来，朔门区域的平面布局、建筑样式、历史沿革基本厘清。"三普"文物复核工作全部完成，挂牌率达 100%。全市非遗工作规范化和标准化进一步深入推进，申报制定《温州市永嘉昆曲传承保护条例》，制定出台《温州市市级非物质文化遗产代表性项目管理办法》和《温州市市级非物质文化遗产代表性传承人管理办法》。创新非遗市集等活动载体，有效推进非遗进社区，吸引不同年龄层次的市民认识非遗、爱上非遗、传承非遗、宣传非遗，增强了市民的文化自信。在第十五届浙江—中国非物质文化遗产博览会上，温州获得 7 枚金牌，位居全省第一。文艺创作和文化"走出去"成绩斐然。新创的《朔门潮》《监察御史徐定超》，以及"戏从温州来"活动陆续走进北京、上海等地，继戏曲春晚后进一步提升了温州"南戏故里"的文化品牌影响力。数字赋能文旅融合理念引领旅游业迭代升级，全市 514 个文旅项目，年度投资率达到 124%，形成 168 黄金海岸、青灯市集、文成百丈漈、泰顺百家宴、铁定溜溜、楠溪江乡村音乐漫都、山根音乐小镇等新老文旅 IP 矩阵，吸引了众多海内外游客。温州学研究成果丰硕，据初步统计，全年出版著作 100 余种，发表学术研究文章 300 篇。2023 年 10 月，《温州大典》研究编撰工程首批成果《永嘉丛书》（20 册）由中华书局出版，丛书有些内容为首次披露，具有较高的文献价值，陈斐辑著的《唐诗三体家法汇注汇评》由凤凰出版社出版，温州市档案馆编辑的《〈北华捷报〉与温州史料编译（1916~1935 年）》由社会科学文献出版社出版，《温州民间信俗文化》《温州民俗简史（1368—1949）》《温州古代教育科举史研究——盛极而衰及其背景》三部《温州通史》研究工程专题史著作由人民出版社出版。温州历史文化名人研究取得新的成果，徐照、刘基、黄绍箕、夏承焘、董每戡、夏鼐等相关研究成果相继出版。

（七）就业形势总体稳定，居民生活有所改善

2023 年，超过千万的高校毕业生进入就业市场，就业成为全社会关注

的热点。2023 年 6 月，国家统计局发布的数据显示，16~24 岁的人口的失业率达到 21%，比 2022 年同期上升 1.7 个百分点，为近年最高。就业是最大的民生。温州市积极贯彻中央稳就业的要求，完善就业工作统筹协调机制，升格全市就业工作领导小组，由市长担任领导小组组长，成员单位扩充到 37 个职能部门，加强了全市就业工作的统一领导，促进了就业政策、就业指导和监督考核等环节的协同高效。在重点人群就业、稳岗拓岗、就业帮扶、零工市场方面积极作为。全市城镇新增就业 9.6 万人，帮扶重点人群实现就业 1.9 万人，城镇失业人员再就业 1.6 万人，帮扶高校毕业生 1.78 万人，建成零工市场 27 家。全年调查失业率为 2.8%，处于较低水平。与上年相比，2023 年新增就业人数减少 0.6 万人，2011 年以来新增就业人数首次低于 10 万人，为 13 年来的最低，就业形势呈现趋紧态势。由于社会对就业形势难的预期大幅提前，尽管面临较大的就业压力，多数家庭能理性看待，通过自主创业、缓就业、继续升学、减少不必要的支出等不同方式来应对，社会总体表现较为平稳。

城乡居民生活品质继续改善。居民收入保持增长，城乡居民收入差距进一步缩小。2023 年城镇居民收入达到 77973 元，同比增长 6.3%，农村居民收入达到 41622 元，同比增长 8.2%，城乡居民收入增长水平均位列全省第一，城乡居民收入比降到 1.87∶1。居民消费支出保持较高增速，全市居民消费支出达到 46879 元，增速为 9.5%，居全省第二，城镇居民消费支出 53333 元，增长 8.5%，农村居民消费支出 31187 元，增长 12.9%，城乡居民消费支出比缩小为 1.71∶1，全市居民恩格尔系数为 0.28，居民生活进一步改善。

（八）以法治建设推进现代化治理体系完善和能力提升，发展环境更加优化

以习近平法治思想为指导，全面推进依法治市工作。针对不少企业生产经营活动中出现不合规行为导致处罚问题，开展了重点产业合规体系建设，梳理了重点产业的专项法律和行政法规、行业行政和民商事高发法律风险，

编制完成鞋革、电气、汽摩配、棉纺织、印刷、数据资源产业合规指南 6 部，对企业轻微违法案件，以警示、告诫、示范帮助等行政指导代替行政处罚。开展企业合规文化培育，建立合规培训基地，开展合规讲座，已经覆盖企业 2000 余家。针对企业反映强烈的检查多的问题，推进检查机制的改革，实行部门联合双随机抽查和"综合查一次"机制融合，检查次数减少了 65.5%。深入实施涉企违规收费问题整治，清退违规金额 3305.8 万元。依法打击知识产权领域的违法行为，推进国家知识产权保护中心创建，获批国家知识产权纠纷快速处理试点，成立了全国首家小巨人专精特新知识产权研究院，截至 2023 年底，全市三类专利有效量和有效商标总量分别为 22.3 万件、59.8 万枚，分居全省第三和第二位。

消费市场的违规行为不仅损害消费者的健康和财产权，而且危害经济的健康发展。2023 年，全市开展消费市场秩序违规违约行为专项治理，建成银行业保险业消费者权益保护机构，持续培育放心消费单位 3 万家，帮助消费者挽回损失 2260 万元。推进医药领域商业贿赂集中整治、加油机计量作弊、茶叶过度包装等消费难点的专项治理。查办案件数量 7979 件，同比增长 5.6%，移送司法机关 134 件，比上年增加 13 件。

坚持依法行政和公众参与，各类案件有效减少。深入推进"大综合一体化改革"，共划转 25 个领域 1497 项行政处罚事项到综合行政执法部门，提升了基层执法部门的办事效能。严格执法人员公正文明的执法方式，做到执法过程公开透明，有利于社会监督。以民主法治示范村社建设推动乡村法治建设，将基层矛盾纠纷解决纳入法治轨道，全市已经建成市级以上民主法治示范村社 2529 个，其中省级以上 383 个。深化"溯源治理"，全市法院诉前委派成功调解纠纷 45638 件，全市法院收案降幅居全省第三，10 家法院收案数负增长。全市刑事和治安警情类案件数量同比分别下降 10.9%、19.7%，电信网络诈骗类案件依然是治安重点领域，全市公安坚持预防和打击结合，通过防诈软件和电话预警回访（预警电话回访 300 余万个），及时避免了 4000 余起诈骗案件发生，减少损失 1.8 亿元。抓获 4000 余名犯罪嫌疑人，法院审结电信诈骗和关联犯罪案件 1694 件，涉案 2640 人。

以美丽创建为引领，环境治理有新进展。生态环境是人类赖以生活和生产的基本条件，是可持续发展的保障。2023年全市国控断面Ⅰ~Ⅲ类水质比例达100%，省控及以上断面Ⅰ~Ⅲ类水质比例达93.8%，近岸海域治理成绩显著，优良水质比例较上年提高20.6个百分点，高出全省平均水平27.7个百分点，居全省第一。统筹推进PM2.5和臭氧污染双控双减，全市PM2.5平均浓度25μg/m³，空气优良率97.5%、排名全省第二。探索危废规范化、精细化、协同化治理，率全省之先建立工业危废跨区域处置生态补偿机制，出台全国首个小微危废收运体系地方标准。推动土壤污染综合治理，全市建设用地安全利用率持续保持100%达标。构建了不同层次的减污降碳协同体系，全市低碳城市试点建设获生态环境部最高"优良"等级。

二 奋力谱写中国式现代化温州新篇章面临的困难与挑战

2023年，温州面临经济社会发展减速、内需不足、外贸困难加剧等叠加挑战，坚定落实中央工作会议精神，坚持稳中求进原则，用好政策工具，优化发展环境，实现了区域经济和社会的平稳较好发展。当前，温州正处于深入贯彻落实习近平总书记视察浙江的重要讲话精神，赋予"浙江中国式现代化先行者"新定位的重要时期，突破阻碍发展的各种不利因素，在危机中寻求发展机遇，奋力谱写中国式现代化的温州新篇章，提升"全省第三极"功能，依然面临诸多的困难和挑战。

（一）经济发展的动能不强

从经济结构来看，与杭州、宁波相比，温州的差距主要在二、三产业上。工业经济与全省工业强市的差距明显，服务业与杭州、宁波以外省内其他城市相比优势不明显。工业经济方面，其一，传统主导产业市场需求减弱导致多数企业订单不足。其二，传统主导产业中低端制造难以满足产品高端化需求，产业升级所需的人才、资金、技术投入使企业存在畏难情绪，制

造业迈向高端化在当前市场环境下难度更大。其三,新兴产业的发展较快,但经济规模不大,且各地新兴产业布局大致相同,竞争激烈,如果不能抓住产业机会窗口形成竞争优势,未来发展还将面临新的风险。服务业方面,其一,服务业整体发展思维滞后,多数服务业都是个体户管理思路,缺乏长期主义,对服务标准、品牌重视不足,创新和服务品质相对不足。其二,生产性服务业总量小、实力弱、结构不合理。数字经济发展给生产性服务业带来了巨大的机会,生产性服务业在发达国家已经成为经济增长的主要驱动力和创新源泉。而温州生产性服务业发展面临人才不足、与当地产业融合不足、缺乏基于互联网平台的龙头企业等挑战。其三,旅游业发展整体质量不高。温州山海相接、气候优良、物产丰富、经济发达,旅游业要成为主导产业,需要解决重点景区的规划层次不高、旅游市场不正当竞争、文旅融合不足等问题。

(二)青年群体就业难题持续存在

2023 年以来,一方面,需求不足导致企业关停和裁员的现象比以往有所增加,企业转型升级也在相当程度上造成机器替代,企业用人需求相应减少。另一方面,灵活就业的岗位也已经趋于饱和,作为就业蓄水池容纳新求职者的空间不大。2024 年 7 月,又将新增 1179 万大学毕业生,就业市场将更加"内卷"。可以预见,温籍学生回温就业人数将超过以往,加剧本地就业市场的压力。就业难短时期内难以好转,全社会应积极应对,避免出现失业潮。

(三)城乡面貌提升面临由局部美到全域美的挑战

城乡面貌是高质量发展的展示窗口,温州以打造"两线三片"、"精建精美"带动了城市品质的显著提升。瓯江沿岸、温瑞塘河沿线、中央绿轴、五马历史街区、三垟湿地已经成为城市新地标,带动了区块内交通、住房、商业、旅游的发展,成为最具活力的区域。农村地区在乡村振兴战略引领下,以人居环境整治提升、乡村基础设施建设、公共服务下沉为重点,涌现了一些宜居宜业的和美乡村。由于历史欠账较多,基础设施投入不足,日常维护跟不上，全市城乡存在数量不少的脏乱差地区。光鲜靓丽的新区和破落杂乱的旧区形成巨大的落差，实现由局部美到全域美依然任重道远，如何推进全域美是政府面临的新挑战。

（四）公共服务的均衡性可及性不足

公共服务与群众对美好生活的要求存在较大落差。一是社区公共服务总体能力弱、差距大。2022年全省城镇社区公共服务能力评价结果①显示，温州得分仅为57.87分，全省垫底，与最好的宁波相差近17分（杭州、宁波均在70分以上）。温州各县市区内部则表现为鹿城区一枝独秀，得分73.9分，洞头、文成、泰顺得分均低于50分，全省4个低于50分的县（市、区），3个在温州，泰顺得分全省倒数第一。二是教育领域内存在区域学位供给不均衡问题。农村和山区学位富余，经济强镇和产业园区学位不足。2023年，53所义务教育学校为红色预警②，其中多数位于经济发达的乡镇街道和产业园区。

（五）社会风险类事件依然多发，极端恶性事件防范难

2023年，全市刑事、治安警情继续双下降。消费、拆迁、借贷、医疗、交通、抚养等领域社会矛盾冲突依然呈多发、易发的态势，2023年全市法院新收案件171760件，居全省第二位。全年自然灾害受灾人数达95865人，死亡2人，房屋损坏70间，农作物受灾面积达4081公顷，经济损失达2.45亿元。

三　2024年温州经济社会发展形势展望和建议

2024年，大国博弈和局部地区的军事冲突仍在持续，虽有进一步升级的可能，继续恶化应属于小概率事件，冲突给多数国家带来的不利影响已经引发国际社会希望停止战争的强烈呼声。国内经济正处于疫后加速恢复阶

---

① 评价结果基于对城镇社区公共服务设施的调查，涉及治理、教育、养老、卫生、文化、商业、体育等7大类20项。

② 施教区入学生源数达到或超过学校招生规模的100%。

段,尽管面临总需求不足的困难,但国内社会安定、市场规模大、物流发达、能源供给充足、劳动力素质高的优势明显,具有实现经济快速增长的基础和条件。浙江省、温州市政府工作报告都将 2024 年省域和市域地区生产总值增速目标定为 6% 左右。课题组判断,2024 年温州经济开局将延续 2023 年四季度的走势,一季度出现小幅下行,随着中央稳经济政策的落地、市"强城行动"的实施和党的二十届三中全会召开的改革利好,工业经济和消费逐步向好,经济增速将逐步上行,预计全年地区生产总值增速大概率在 6.9% 左右,与上年基本持平,综合经济排名有望前进 1 位。

(一)全方位提升区域经济综合实力

2024 年 1 月 12 日,中共温州市委、温州市人民政府发布《关于实施"强城行动"打造全省高质量发展第三极的意见》,提出到"十四五"末实现万亿级生产总值、千万级常住人口的目标。

第一,稳市场主体,增强经济发展信心。受消费疲软、预期减弱、外需不足的影响,当前经济增长的基础还不稳固,不少行业经营遇到了困难,对经济发展前景信心不足,有的选择退出市场,有的处于观望之中。稳市场主体就是稳经济,首先,承诺的优惠政策要加快兑现。其次,帮助企业开展合规化运营,避免企业因违规违法经营被处罚和关停。最后,深化营商环境优化"一号改革工程",创造性地推进政务服务增值化改革,打造市场化法治化国际化一流营商环境。不断深化扩大对外开放,吸引更多企业来投资兴业。完善投资项目绿色通道,促进投资项目尽快落地。

第二,加快主导产业转型升级,提升比较优势。瞄准新能源产业风口,大力发展新能源配套和车规级电子电气,加快打造世界级电气产业集群。瞄准汽车行业向模块化、电子化、智能化、轻量化的发展趋势,打造全国新能源汽车及零部件研发制造的高地。瞄准成套化、智能化、高端化发展方向,加快突破关键技术瓶颈,进军深海、核能领域,打造有国际竞争力的泵阀智能制造产业集群。

第三,助力新兴产业科学发展,增强经济新动能。新能源、数字经济、新材料、智能装备、生命健康五个新兴产业对区域经济的支撑作用还需加强，要着力加快打造国内五个新兴产业的高地，形成支撑温州中长期经济增长的产业体系。一是要把握时机，把新兴产业发展与温州的自然禀赋、现实基础相结合，打造国家重要的新能源产能中心和示范应用基地，世界一流的新材料基地。二是深入分析新兴产业竞争态势，攻坚细分赛道，避免同质化过度竞争。三是推动"一港五谷"科创平台实质性创新机制的形成，加快形成研发、生产、销售一体化的闭环。探索研发中心向研发生产中心转型以适应快速变化的市场。四是加快新兴产业的强链补链，提升招商引智的精度和成效。

第四，着力房地产平稳发展，防止非理性下跌。房地产市场问题不仅是经济问题，也是民生问题。当前，温州全市房地产市场已处于历史低位，各项指标都处于下降通道，涉宅用地供应、出让价格同比减少（下降），商品房供应面积、成交面积、成交均价3项指标都同比下降。二手房交易价格下跌幅度较大，交易量相对平稳。房地产市场疲软直接影响政府财政和民生事业保障，目前的主要任务是要止住房价的非理性下跌，维护市场稳定。一是暂缓涉宅土地的出让。据温州房地产信息网数据，2024年4月，全市库存达到663万平方米，狭义去化周期已经超过25个月，其中洞头区的去化周期超过130个月。二是迭代升级人才政策，吸引更多高水平人才来温工作，给予高级人才购房补贴与租房优惠待遇。三是出台国资集中采购存量住房用于保障性住房的政策，帮助房地产去化。

第五，挖掘新型消费，促进消费规模增长。从人口结构来看，老龄人口和单身人士均呈逐年增长趋势。2022年温州全市60岁以上老年人已达171.17万，结婚登记数已经从2017年的62030对，降到2022年的36811对，减少了40.66%。数据表明，全市老年人口和单身人口已经成为不可忽视的消费群体，社会也需要面对老年人和单身群体数量的快速增长。银发产业和单身经济具备循环消费特点，这个特殊群体的需求与温州的养老服务业和宠物产业有较好的匹配度，市场前景广阔，应加快消费布局。其一，目前老年消费的产品过于单一，仅仅停留在康复、保健等方面，根本无法满足老年人的需要。老年人高品质的生活以及文化精神方面需要的餐饮、文娱、养

生、旅游产品，存在较大的市场空白。其二，单身人士所需要的陪护和精神安慰催生了宠物市场。温州有两家宠物上市公司，近年来，企业发展稳健。建议政府支持佩蒂、源兴两家宠物上市公司强链补链，牵头建设辐射全国的宠物食品、宠物穿戴、宠物咨询的产业基地和交易中心，发展宠物产业的特色街区。

第六，完善旅游配套，做大做强全域旅游。旅游行业是国民经济的战略支柱产业，2019 年，全国旅游行业增加值占国内生产总值的比重为 4.56%，疫情期间旅游业大幅减收，当前旅游业正处于快速恢复之中。温州旅游资源丰富，而旅游产业发展不够理想。2024 年 8 月，杭温高铁的开通将温州纳入全省 1 小时交通圈，旅游覆盖半径有效扩大。旅游新业态不断涌现，除传统的观光游以外，深度游、度假游、研学游等快速发展，交通的改善和新业态的涌现给温州旅游业发展带来新的机遇。旅游业涉及多个政府管理部门，需要以系统的理念推进旅游业的高质量发展，做大做强全域旅游。一是要构建与高质量旅游相配套的旅游公共服务体系。加强旅游信息、旅游通信、旅游交通、旅游应急等方面的供给和服务能力。二是要规范旅游消费市场，打击欺骗消费者等损害游客合法权益的违法违规行为。三是要开发海洋旅游产品，弥补海洋旅游产品单一的短板。四是要加强景区的品牌建设，构建景区联动机制，推动全域旅游共建共享。

（二）积极稳岗拓岗，着力化解就业难题

解决就业更需政府和社会各界拓宽思路，协同化解就业压力。一是确保稳岗政策得到刚性兑现，力争企业用人数再增加。二是利用大数据精准对接供需双方，减少摩擦性失业。三是鼓励大学生赴海外就业。随着中国企业"走出去"和一些产业供应链向海外转移，近年来，海外境外新发的岗位和投向海外的求职信同比均大幅上升，说明中国人去海外就业的意愿比较强烈。政府可以提供求职者语言、文化、法律、技能培训，提高求职者竞争力。四是转变择业观念。过去追求一步到位的择业观念，已经很难落地了。求职者应该面对现实，选择"先就业后择业"。五是审慎对待人工智能技术

进入服务业。人工智能发展是大势所趋，未来取代人的工作将不可避免。建议在人力资源现状下，切实把就业放在首位。

（三）高质量编制多层次国土空间规划，筑牢美丽温州基底

根据"强城行动"实施意见，加快推进品质提升行动，提升城市首位度。一是高质量编制国土空间总体规划、重大专项规划、重点区域详细规划，建立健全"三级三类"国土空间规划体系，做深做实"多规合一"。凸显温州山水相融、依山滨海的自然底色和东瓯名镇、千年商港的人文底蕴。二是践行城市公园和未来社区理念，在城市中心层面、市县层面、乡村层面、跨区域层面深化设计和风貌管控，确立空间特色。三是依托承办中国国际园林博览会，谋划布局均衡、独具特色、全龄友好的全域公园体系。四是提升城市运维能力。建立健全城市地下空间开发、利用和运维体制机制，深化人行道、背街小巷、市政设施、拆征地块区域环境整治，对标全国先进深化生活垃圾分类工作。五是加快推进城市更新。积极推进城中村改造和综合治理，加快实施老旧小区改造，创新老旧小区整体改造的模式。

（四）夯实基本公共服务供给基础，创新公共服务试点的温州样本

坚持以人民为中心，积极摆脱公共服务能力在全省的落后局面，打造与全省"第三极"相匹配的公共服务体系。一是开展《温州市基本公共服务标准（2022年版）》执行情况评估，找出短板弱项，督促整改提升。二是积极探索全国医防融合、商务部城市一刻钟便民生活圈、瓯海的普惠托育基本公共服务等新试点任务，以改革的精神突破难点堵点，完成国家交给的任务，展示温州推进中国式现代化的重要成果。三是构建市县两级基本公共服务财政保障政策体系，推行市域公共服务标准均等化，开展基本公共服务财政承受能力评估和考核，对考核优秀的市县进行转移支付激励，调动各地推进公共服务均等化的积极性。

（五）加强基层治理法治化和精细化，增强社会安全感

基层治理是国家治理体系和治理方式在基层的具体体现，基层治理面临

社会快速转型的巨大挑战，提升基层治理现代化水平是实现中国式现代化的重要基础。温州要切实加强党建引领基层治理，积极创建全国基层治理标杆城市。一是加强基层治理的法治化。法治是中国式现代化的重要保障。在基层治理中，基层政府仍存在"摆平就是水平"的观念，一些解决问题的方法从治理层面看是有效的，但从法治层面看，已经涉嫌违法违规，有些甚至形成舆情事件，给温州造成较大负面影响。建议各县（市、区）对涉及社会治理的文件、做法进行合法合规性自查，发现问题的，自行纠正。二是加强基层服务精细化。社会治理任务重、压力大、人手缺，治理重点往往容易被面上工作所忽略。其一，要加强对"五失"人员的关爱帮扶，包括心理建设和生活帮扶，防范极端报复性事件。其二，要大力培育社会服务类志愿者组织。温州是全国文明城市也是重要的旅游城市，基层治理和服务的重点在社区，而对游客和流动人口的服务重视不够，一些重要的口岸、重点商业街区、景区非常需要志愿者提供相关咨询帮助。培育社会服务类志愿组织，通过专业化培训，让志愿者走上街头，开展社会服务，为群众排忧解难，更全面地发挥社会组织在推进和谐社会建设中的作用。

参考文献

王健、王春光、金浩主编《2023年温州经济社会形势分析与预测》，社会科学文献出版社，2023。

王春光、黄种滨：《中国式现代化建设进入关键时期——2023~2024年中国社会形势分析与预测》，社会科学文献出版社，2023。

《中共温州市委 温州市人民政府 关于实施"强城行动"打造全省高质量发展第三极的意见》（温委发〔2024〕2号），2024年1月12日。

陈宣安：《浙江温州积极构建基本公共服务保障标准体系》，浙江财政公众号，2022年8月8日。

经济篇

B.2
温州经济运行分析与预测
（2023～2024年）*

高顺岳**

摘 要： 2023 年，温州市积极应对复杂多变的外部环境，以及周期性、结构性问题叠加，传统产业升级难和传统企业经营压力大并存等内部环境。全年经济复苏向好，疫情后供给端的产能逐步释放，内需拉动比较明显，民生、就业得到保障。但是，市场需求有待继续提振，外贸出口乏力，房地产市场信心不足。全年实现地区生产总值（GDP）8730.6 亿元，接近 9000 亿元大关，继续保持全国 30 强城市位次。按可比价计算，比上年增长 6.9%，继续高于全国、全省的平均水平。展望 2024 年，在我国精准施策促进经济稳中求进、以进促稳、先立后破等大背景下，国民经济将持续复苏向好。温州市持续采取推进经济稳进提质、着力发展新质生产力、夯实产业基础、优化发展环境、化解经济风险等各项举措，预计 2024 年温州经济增速将在

---

* 若无特殊说明，本报告数据来源于温州市统计局。

** 高顺岳，温州市统计局原副局长，经济学博士、高级统计师、高级会计师、注册会计师，主要研究领域为区域经济。

6%~7%的常态化增长区间。

关键词： 经济运行　区域发展　温州

2023 年，温州市坚持稳中求进的经济工作总基调，着力扩大内需、优化结构、提振信心、防范化解风险，积极应对复杂多变的外部环境，以及周期性、结构性问题叠加，传统产业升级难和传统企业经营压力大并存等内部环境，尤其是针对疫后企业生产和效益恢复不同步的不利情况，全力推动经济实现量的合理增长和质的有效提升，主要经济指标完成好于预期，经济在爬坡过坎中韧性增强，复苏向好的态势进一步形成，就业、物价总体稳定，民生保障有力有效，为"十四五"末温州圆满完成主要经济目标打下坚实基础。

一　经济运行主要特点

2023 年，温州经济社会全面恢复常态化运行，宏观组合政策发力显效，经济运行"稳"的特征十分明显，确保了量的合理增长。温州市实现地区生产总值 8730.6 亿元，占全省比重为 10.6%，较上年提高 0.2 个百分点，经济总量连续 5 年保持全国城市前 30 强位次；按可比价计算，同比增长 6.9%。

从全年各季度温州经济运行情况看，整体呈起步平缓、加快回升的发展态势，全年走出了一条企稳向好的复苏曲线。第一季度，温州经济在疫情平稳转段后逐步恢复，实现了 GDP 增长 5.2%的平缓开局；第二季度，受各项政策组合拳发力影响，以及同期低基数因素，当季各项经济指标明显改善，上半年 GDP 增速提升至 7.5%；第三季度，经济向好基础不断夯实，但是月度之间数据有波动，前三季度 GDP 增长 7.2%；进入第四季度，经济发展韧性持续彰显，当季生产指标企稳，效益指标持续改善，全年 GDP 实现 6.9%的增长，主要经济指标预期目标圆满实现（见图 1）。

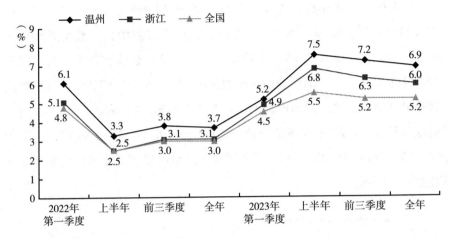

图1 2022年以来温州与全国、全省GDP增速对比

资料来源：温州市统计局，《2023年温州统计月报》。

（一）工业经济引领增长，规模经济和新经济带动明显

从国民经济三次产业结构看，第二产业引领增长，第三产业占比居前，第一产业基本稳定，形成二产驱动、三产支撑、一产稳定的产业发展格局。全年第二产业实现增加值3606.7亿元，同比增长7.2%，快于温州市GDP增速0.3个百分点，对经济增长的贡献率达到43.2%；第三产业增加值同比增长6.8%，占温州市GDP的比重提升至56.6%；第一产业增长平稳，同比增长4.9%。

2023年，温州更加重视促进实体经济发展，工业稳增长政策持续发力，温州市工业经济规模扩大、恢复良好。全年规上工业产值突破8000亿元，实现增加值1619.8亿元，同比增长9.4%，增速连续6个月保持全省第三位。全年工业经济运行呈现以下三个特点。一是工业经济恢复增长面扩大。温州市规上工业33个大类行业中，28个行业增加值实现正增长，增长面达84.8%，比上年提高25个百分点以上。工业增加值居前十的行业增长贡献率合计达90.3%。二是传统产业和新兴产业同步转好。"5+5"产业形成

"多点"支撑,五大传统产业增加值同比增长10.4%,汽摩配(17.2%)、电气(11.1%)和泵阀(10.4%)等产业实现两位数增长;五大战略性新兴产业增加值同比增长9.9%,新能源、数字经济、智能装备等三大产值千亿级产业带动有力,增加值分别同比增长11.7%、9.0%、7.9%。三是规模工业提升取得新进展。温州市规上工业企业扩容至8475家,"十亿元企业"成员继续扩容,2023年温州市产值超10亿元工业企业达到86家,比上年增加12家,增长16.2%。2023年浙江省、温州市规上工业增加值累计增速变化如图2所示。

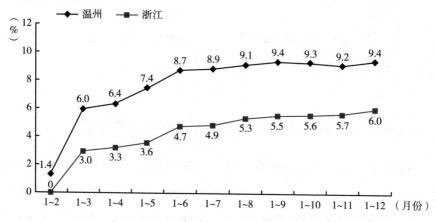

图2　2023年浙江省、温州市规上工业增加值累计增速变化

资料来源:温州市统计局,《2023年温州统计月报》。

温州市农业生产基础夯实,农产品供应充足,保障有力。2023年农林牧渔业总产值比上年增长5.0%,居全省第3位。其中,农、林、牧、渔业产值分别同比增长2.9%、11.2%、9.5%和5.4%。粮食稳产丰收,实现面积、总产"双增",全年粮食作物播种面积170.5万亩,比上年增长0.4%;总产量69.9万吨,比上年增长1.3%。生猪生产重回合理区间,全年累计出栏生猪98.5万头,同比增长9.7%。水产市场供给充足,水产品总产量71.5万吨,比上年增长7.0%。经济作物扩面增产,油料、茶叶、蔬菜产量分别比上年增长19.4%、5.3%和3.0%。

（二）需求拉动呈现新变化，外贸出口低于预期

2023 年，温州市紧抓疫后产能释放的新机遇，促进企业技改投资。在房地产投资制约和政府债务管控的新背景下，深入实施扩大有效投资"百项千亿"工程，优化投资结构，为经济发展提供支撑。全年固定资产投资同比增长 7.4%，高于全省平均水平 1.3 个百分点。在房地产投资低速增长的情况下，保持温州投资 7% 以上的增速实属不易，也表明投资结构继续改善，逐步摆脱对房地产投资的依赖。从各重点投资领域看，基础设施、制造业投资保持快速增长，分别同比增长 18.3%、14.2%。大项目投资发挥关键支撑作用，计划总投资超亿元项目（不含房地产）投资增长14.0%，上拉全部投资增速 5.2 个百分点，对全部投资增长的贡献率达70.6%。全年新开工亿元以上产业项目 280 个、超 10 亿元单体制造业项目 31 个，增资扩产项目新开工 609 个。转型投资加快增长，温州市工业技改投资增长 13.9%；高新技术产业、医药制造业、计算机通信设备制造业投资分别增长 29.0%、21.9% 和 54.1%。2023 年浙江省、温州市固定资产总投资累计增速如图 3 所示。

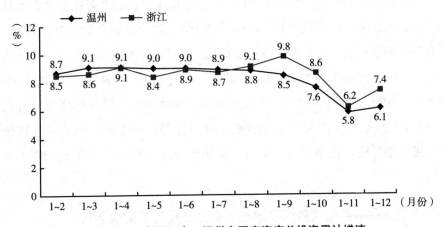

图 3　2023 年浙江省、温州市固定资产总投资累计增速

资料来源：温州市统计局，《2023 年温州统计月报》。

2023 年是疫后消费恢复的关键年份，温州作为消费大市，消费恢复对经济拉动明显，也对温州"跑赢"全省经济起关键作用。在商品零售渠道多元发展、促消费政策显效等因素共同推动下，温州市消费回暖势头得到巩固。2023 年温州市社会消费品零售总额 4257.1 亿元，同比增长 7.9%，增速是上年的两倍多。其中限上消费品零售额增长 8.8%，两项指标增速分别高于全省平均水平 1.1 个、2.9 个百分点。从不同消费类型来看，商贸流通行业加快数字化转型，限上批零业通过公共网络实现零售额增长 37.5%，占比达 25.8%，拉动限上消费品零售额增长 7.0 个百分点。消费升级效果凸显，居民消费不断向享受型、品质型升级，限上单位新能源汽车、智能手机、体育娱乐用品等升级类商品零售额分别同比增长 22.7%、84.4% 和 126.8%。"赛事经济""演出经济""旅游经济"点燃文体旅消费市场，带动住宿、餐饮业持续火爆，限上住宿业营业额、餐饮业营业额比上年分别增长 22.1%、14.2%。

2023 年外贸出口复杂多变，既受到外需不振制约和贸易转移拖累，也受到上年 20% 以上高基数的影响。全年进出口总额同比下降 4.2%，12 月出口出现企稳迹象，累计降幅环比收窄 0.6 个百分点。同时，RCEP 的签署和"一带一路"倡议深化，为温州企业拓展海外市场提供了更多机遇。全年对俄罗斯、墨西哥出口分别增长 24.3% 和 8.0%。温州市服务贸易基数较低，具有较强的成长性，成为温州市外贸发展新亮点，全年服务进出口同比增长 36.6%。出口结构不断改善，鞋、服装等 7 大类传统劳动密集型产品出口持续下降，2023 年占比 32.9%，比上年下降 2 个百分点，机电产品出口占比上升到 54.2%。此外，温州港延伸航线服务半径，不断提高温甬内支线航班密度，港口核心竞争力得以提升，全年港口集装箱吞吐量达到 130.2 万标箱。

（三）金融存贷款持续高增长，有力支撑经济健康运行

2023 年，温州市一般公共预算收入 622.7 亿元，同比增长 8.5%，其中税收收入 502.3 亿元，税占比为 80.9%。基础性、普惠性、兜底性民生建设

持续加强，全年民生支出占一般公共预算支出比重为79.3%，其中，社保就业、住房保障等惠民支出保持两位数增长。年末金融本外币存贷款余额分别为21947.8亿元和20812.6亿元，同比增长14.7%和15.4%。金融活水助力实体经济，2023年末，温州市制造业贷款余额2870亿元，占各项贷款比重为13.7%，比上年增长15.2%；全年新增民营经济贷款1289亿元、小微贷款2059亿元。

2023年，温州市居民人均可支配收入达67380元，比上年增长6.9%。但是部分企业效益下降，以及居民财产性收入受电商影响持续降低，对居民收入造成影响，百姓获得感有待继续提升。按常住地分，城镇、农村居民人均可支配收入分别比上年增长6.3%、8.2%。城乡居民收入倍差收窄，由2022年的1.91缩小至1.87。"提低"步伐继续加快，低收入农户人均可支配收入同比增长14.0%，增速列全省第2位。社会就业保持稳定，全年城镇新增就业9.6万人；城镇失业人员实现再就业1.96万人。

2023年，居民消费价格指数（CPI）较上年上涨0.5%，涨幅总体平稳，与3%左右的预期目标相比，仍在合理区间。八大类消费品"五涨三降"，食品烟酒类上涨1.4%，衣着类上涨0.4%，生活用品及服务类上涨0.7%，教育文化娱乐类上涨3.0%，其他用品类上涨3.8%；居住类下降0.4%，交通通信类下降2.1%，医疗保健类下降0.4%。

（四）新能源、装备产业逐步集聚，新经济动能持续增强

传统产业中孕育新经济和培育引进新经济同时发力，创新动能增强，"两新"产业占比持续提升，全市高新技术产业、高端装备制造业占规上工业增加值的比重分别为69.4%、43.9%，较上年分别提高2.6个、1.6个百分点。新经济领域投资高速增长，计算机通信设备投资占比提升较快，计算机、通信和其他电子设备制造业投资占工业投资的54.1%，占比较上年提高2.0个百分点；医药制造业投资快速攀升，较上年增长21.9%。创新主体培育提速推进，全年新增高新技术企业766家，省科技型中小企业2344家，数量均居全省前列。

新能源、装备制造等先进制造业集群加速形成,初步构建形成新能源产业"核风光水蓄氢储"全链条,规上新能源产业增加值增长11.7%,比上年提高2.4个百分点;装备制造业高速增长凸显工业经济韧性,增加值比上年增长12.0%。2023年1~12月,新兴服务业发展势头良好,软件和信息技术服务业、互联网和相关服务企业营业收入同比分别增长27.9%、29.4%,产业升级态势显现。生活性服务业更趋品质化、多元化,文化、娱乐和体育业营业收入同比增长26.4%。

民营工业优胜劣汰,发展韧性增强。2023年全市规上民营工业增加值同比增长9.9%,对规上工业增长贡献率达94.5%。民间投资增速趋稳、结构向好,民间项目投资同比增长7.3%,其中,民间制造业投资同比增长12.6%。营商环境持续优化,有效激发市场主体活力和社会创业热情。2023年末,全市在册市场经营主体达到141.26万户,其中民营企业39.4万户;全年新设民营企业7.0万户。民营企业吸纳就业作用凸显,全市"四上"民营企业从业人员达141.2万人,占全部"四上"企业就业人员比重为92.8%。

市场信心渐次回归。对全市13160家规上企业景气状况的调查显示,2023年四季度,即期企业景气指数为132.44,比三季度评价提升3.5点,继续处于较为景气区间。市场需求有所恢复,工业企业订单储备持续增厚,工业企业新接订单"高于正常水平"的占18.5%。

二 温州全国30强城市地位以及现实问题

当前,区域经济一体化已经取代原来地区"块状"经济发展。2023年,温州市经济实力在全国各大城市中(包括北京、上海、广州)继续保持第30位。得益于产业提质增效带来的经济扩容效应,2023年温州市以700.8亿元的GDP名义增量优势,进一步缩小与居前的徐州(增量442.6亿元)及大连(增量322亿元)之间的差距,赶超势头显现。虽然温州在国内城市中有优势,但更要看到不足和潜力。目前温州经济发展处于增强区位优势、中心城区首位度优势、产业优势、市场扩容优势和交通优势等关键期，而外部形势复杂多变导致不确定因素不断增多。当下面临创优营商环境，留住和培育本地企业，以及引进外部优势企业双重压力。同时，经济基本盘继续做大和做优，需要持续发力。目前经济运行中的主要问题表现为以下几方面。

（一）工业经济支撑不足，创新基础和创新能力还不够

2023 年，温州市工业经济发展取得积极成效，规模以上工业增加值同比增长 9.4%，高出全省平均水平 3.4 个百分点，居全省第 3 位。但是，2023 年温州市规模以上工业增加值的净增量，按可比价计算为 139.18 亿元，仍然低于杭、甬、嘉、绍的增量水平，差距在继续拉大。从总量看，温州市规模以上工业增加值 1619.8 亿元，占全省比重为 7.2%，远低于 GDP 占全省 10.6% 的比重。温州规模以上工业增加值居全省第 5 位，与 GDP 排名第 3 位也不相称，表明工业经济对经济支撑力度不足。从投资结构看，工业投资总量、增量不足，制造业投资占比（14.8%）仍然偏低，传统产业改造升级投资动力不足；高新技术产业投资仅占 13.3%，未来仍有较大提升空间。从温州工业创新动能看，工业战略性新兴产业增加值规模仅相当于宁波的 39.3%、杭州的 26.4%，也低于经济体量不及温州的嘉兴、绍兴。其中，数字经济、智能装备产业虽已步入增长快通道，但集群化发展尚需时日。新材料、生命健康等新兴产业未形成足够规模和明显亮点，增加值规模仅占规上工业的 8.4%、8.3%。当前，新能源行业阶段性供需失衡矛盾正在显现，传统优势产业面临向外转移的风险，纺织、服装、鞋业等劳动密集型产业倾向于向东南亚等劳动成本低洼地区转移。

（二）服务业领域有待增强，人口比较优势对服务业支撑作用减弱

温州是服务业大市，服务业增加值占地区生产总值比重居全省前列。从服务业结构看，温州市服务业仍以传统行业为主导，规模不大，"低小散"更为明显，优势服务产业不足。而杭州的数字经济产业已成为其产业标杆，

信息技术服务业营收占全省比重高达 87%；宁波依托宁波舟山港，形成了强大的港口物流相关服务业，交通运输营业收入占全省比重超 40%。在服务业投资方面，投资后劲不足且重大项目拉动难以延续。2023 年温州全市服务业投资同比增长 5.0%，分别低于全行业及第二产业投资 2.4 个、12.5 个百分点。近些年来，温州市人口红利优势逐年减弱，人口老龄化程度加深抑制总供给与总需求，出生率自 2018 年起连年下滑，常住人口规模与杭州差距拉大，且高收入家庭外迁，对服务业经济支撑作用逐步减弱，从而给整体地方经济带来影响。

（三）消费率呈现"拐头"向下态势，城市商业活跃度有待提升

从经济增长的长周期看，在拉动经济的"三驾马车"方面，消费拉动作用将越来越突出。温州经济增长的需求结构也呈现"消费主导"特征。2010~2021 年连续 12 年消费率保持在 50% 以上，但自 2020 年起，消费需求明显走弱，消费率明显下降。2022 年、2023 年更是降至 50% 以下（49.1%、48.8%）。近几年来温州市商业基础、交通区位等不断完善。但是，据调查，受电子商务等新商业模式的影响，温州传统的商业优势减弱，城市商业辐射力逐年下降。另外，当前城市品牌效应和外延张力并不显著，对周边地区消费者的吸引力、集聚度不足，从城市繁荣度、商业活跃度和消费引流等表现来看，优势与增势间还有较大转化空间。在"流量也是生产力"的时代，找到城市特有的、权威的内核并强化宣传输出，在新一轮区域竞争中格外重要。

三　2024 年温州经济展望与对策建议

展望 2024 年，国际经济环境严峻复杂，外部环境的复杂性、严峻性、不确定性上升。美、欧等国大规模刺激政策使全球债务居高不下，大国博弈依然激烈，地缘政治局势动荡不定。外部环境也存在多方面有利于我国经济发展的因素，包括全球科技发展进入加速期、美欧等国货币政策紧缩

进入见顶期、乌克兰危机影响进入弱化期、中美经贸关系进入暂时缓和期。从国际看，国际货币基金组织（IMF）最新研究报告显示，全球经济继续表现出"令人瞩目的"韧性，通货膨胀稳步下降，增长依然坚挺，"软着陆"的可能性增加，但经济扩张步伐仍然较慢。其 2024 年 1 月 30 日发布的《世界经济展望报告》将 2024 年全球经济增长预期上调至 3.1%，较 2023 年 10 月预测值高出 0.2 个百分点。其中，新兴市场和发展中经济体 2024 年经济增速预计为 4.1%。IMF 专家认为，2024 年中国经济仍将是全球经济增长的最大引擎，对世界经济增长的贡献预计超过 1/4。中国经济持续增长还将给世界其他国家带来积极的溢出效应。国家信息中心 2024 年中国经济预测显示，当前宏观经济运行的风险挑战仍然较多。房地产市场调整、地方政府债务、经营主体元气恢复仍面临市场需求不足、经营成本上升、企业效益不佳等困难与挑战。在宏观政策加力增效、新动能加速培育、改革开放红利加快释放等因素的推动下，宏观经济运行将呈现"前稳后高、平稳向好"走势，有效需求稳步扩大、生产供给更趋均衡、物价水平温和回升、经济增长质提量增，预计全年 GDP 将增长 5% 左右。2024 年，温州市全力实施"十四五"规划，打造全省高质量发展第三极，为"十四五"末如期实现万亿级 GDP 奠定基础，进一步提升城市能级，要积极应对发展的压力和挑战，在创新、改革、开放三大领域取得突破性进展，全面激发新经济动能、全力构筑双循环发展格局，实现经济发展新跨越，预计全年 GDP 增长在 6%~7% 的正常增长区间。为做好 2024 年温州经济工作，建议如下。

（一）增强系统思维，实现经济均衡发展

地区经济发展是系统工程，要统筹好各类关系，进一步破除县域之间、部门之间"各自为政"的思维。在对地区经济发展进行通盘考虑的"顶层设计"的前提下，进一步实现三次产业均衡发展和产业链"补链""强链"的纵向发展。一是要做大做强工业经济。温州与省内的差距，主要表现在工业经济的差距。坚持传统产业升级和新经济提升并重、培育当地企业和引进

外来企业并重。尤其是不能只看产值，要善于发现和培育温州产业细分领域的专精特新企业。加快形成产业多元发展多点支撑局面，积极发展新能源、新材料、集成电路等先进制造业，加快新一代信息技术与制造技术融合发展。二是增强现代服务业。目前，工业经济和服务业具有"共生"特征，应防止出现服务业和工业经济在全省位次同步下滑问题。服务业发展还与有些领域服务业人才短缺有很大的关联性，温州的有些生产性服务业和中介行业人才不足，资质不够，亟待增强。三是强化和拉长产业链，重点向产业链上游提升。围绕集群化发展配置资源要素，聚焦产业共性短板，推动产业链上下游协同发展，形成先进制造体系。

（二）增强创新动能，促进经济内生发展

发展新质生产力是推动高质量发展的内在要求和重要着力点，破解温州传统产业占比高、产业升级难的问题，更需要大力发展新质生产力。温州可供利用的资源如土地等有限，要把目光聚焦到内生增长，聚焦到科技进步上，加速创新资源集聚发展，提高生产力水平。在政策引导方面，要突出市场化和产业化导向，集聚技术、资金、人才等创新资源，通过重大科技基础设施群，推动平台间错位互补发展格局的形成，充分发挥创新资源集聚优势。要按照全省新春第一会的要求，全面加强"三支队伍"即高素质干部队伍、高水平创新型人才和企业家队伍、高素养劳动者队伍建设，打造中国式现代化建设者大军，加快破除人才在发展机会、渠道、服务等方面的社会性流动障碍，加快积累形成"人才红利"。在企业方面，要推进企业自主创新。实施创新资金"扶持"与"激励"同步走，提高对战略性新兴产业等的专项资金的使用效率，将扶持资金进行分类、分等级划分，让规模不同、资质不同的企业享受到不同程度的资金扶持，着力解决中小企业创新失败导致资金链断裂的后顾之忧。

（三）增强开放动能，助推经济外延发展

温州经济外向化程度比较高，针对 2023 年外贸进出口乏力的现状，要

紧抓机遇，在政策和企业层面，增强开放动能，挖掘进出口潜力。温州是全国著名侨乡，要立足侨资优势，制定温籍华侨华人回乡创业就业政策，充分发挥世界温州人资源优势，借力重点开放平台，招引重大项目和企业筑巢温州。温州大多数企业是原材料和市场"两头在外"，对外产业链依赖度高，要着力深化区域融合协作，积极加快推进区域基础设施互联互通，构建对接顺畅、便捷高效的同城化交通综合网络，加强与区域内城市合作，提高经济集聚度，增强辐射力和区域连接性。

参考文献

中共国家统计局党组：《我国经济回升向好、长期向好的基本趋势没有改变》，《求是》2024年第3期。

国家统计局：《2023年国民经济回升向好　高质量发展扎实推进》，国家统计局网站，2024年1月17日。

国际货币基金组织：《世界经济展望报告》，央视网，2023年1月30日。

郭慧敏、戴安然：《2023年浙江经济运行稳进向好高质量发展迈出坚实步伐》，浙江统计局网站，2024年1月23日。

B.3

温州工业经济运行形势分析与预测
（2023~2024年）

任 晓*

摘　要：　2023年温州工业经济在均衡复苏中稳健前行。综合分析超前指标、先行指标、同步指标和滞后指标等多个维度的进度数据和历史数据，结果表明：工业生产的"恢复性"动能叠加"内生性"动力共同拉动工业景气上行；当前价格接近底部区间，正向价差抬高盈利下限，利润率攀升带动工业企业利润增长；当期需求与产能投放存在阶段性错配，库存回补驱动缺乏接续动能；需求偏弱抑制了产能释放和库存回补动能，产能修复时间拉长；工业企业债务关系的脆弱性增强，投资意愿有所减退，投资增速上行动能较弱。展望2024年，生产端延续温和复苏，预计全年工业经济增长轨迹中枢为10.36%；工业投资存在超调，全年工业投资增速中枢将重返至正常区间；工业利润率曲线平坦化，价格回升拐点临近，年内企业盈利浅回升。

关键词：　工业经济　经济运行　产业周期　温州

　　2023年，外部环境变乱交织，全球经济总体复苏乏力，需求见底延后和产业链逆全球化重构，给正在走出低迷的全球制造业增加了不确定性。尽管趋势向好，我国经济恢复发展仍面临"主要是有效需求不足、部分行业产能过剩、社会预期偏弱、风险隐患仍然较多，国内大循环存在堵点"[①] 等

---

　　*　任晓，经济学博士，中共温州市委党校图书馆馆长、教授，主要研究方向为区域经济。
　　①　《中央经济工作会议公报》，https://www.gov.cn/，2022年12月12日。

困难，制造业复苏动能尚待提振。温州工业经济布局偏重产业链下游，贴近终端需求，能够真切感知市场节奏轮动，受宏观经济态势变化影响更快、更深、更直接，工业经济运行的"稳""进""立"统筹的复杂性和挑战性显著增加。

一年来，面对复杂多变的经济环境，温州工业经济发挥国民经济"压舱石"和主引擎作用，积极应对困难挑战，主动化解阻力矛盾，把高质量发展要求贯穿新型工业化全过程，工业经济稳健运行在合理区间，总体回升向好。不过，疫情带来的基数效应导致进度数据读数不稳定，可能弱化了周期趋势判断的有效性。评估疫情冲击后库存周期超调"积蓄的反弹动能"衰减，生产"回摆"力度边际下降，以致"恢复性增长"支撑不足等尾部风险，需要综合分析多个维度的数据信号以平滑各方预期。

一　需求景气偏弱，产能修复周期拉长

2023 年 1~11 月，温州规模以上工业增加值累计同比增速达 9.2%，较上一年同期提高 3.6 个百分点，略低于预计的"2023 年全年的工业经济增长轨迹中枢基线情况 9.78%"。工业增加值累计同比增速从一季度末的 6.0%，逐月加速至三季度末的 9.4%，进入四季度后增速势头放缓。前 11 个月的工业产能增长轨迹（见图 1）基本与上一年报告关于生产复苏理由及节奏的判断相符，"去库存深度的超预期'砸坑'见底，带来可期技术性的回填"，"库存见底回升有望成为 2023 年穿越工业经济'L'形周期底部的突破动力，并在 2023 年上半年迎来由主动库存回补驱动的恢复性增长"。

从工业经济运行轨迹看（见图 1a、图 1b），2023 年 1~11 月，温州月度工业增加值增速变动与浙江省同期趋势总体一致，其间，全部月份累计同比增幅均高于同期全省平均水平，延续上一年度四季度以来工业扩产惯性，反映"疫情冲击一度被放大的剧烈生产钟摆逐步回归常态"。进入四季度，省、市增速轨迹变动方向出现分化，主要原因是受各自上一年基数水平影响。

2023 年 6 月过后，温州月度工业销售产值累计同比增速在低基数水平

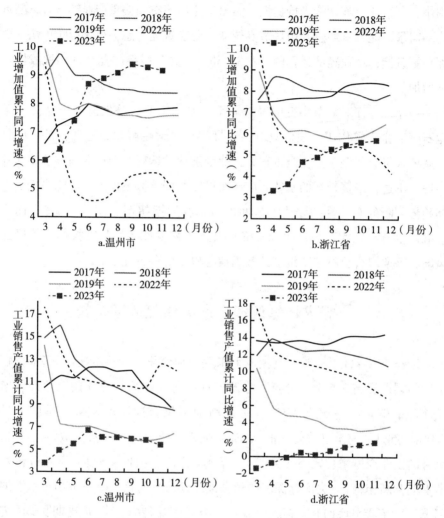

图1　2017~2023年浙江省、温州市工业增加值、销售产值同比增速

资料来源：温州市统计局：《温州统计月报》（2017~2019年、2022~2023年）；浙江省统计局：《浙江统计月报》（2017~2019年、2022~2023年）。

下连续下滑，同期，温州工业增加值增速轨迹斜度也出现明显收缓（见图1a、图1c），反映出市场真实需求没有出现预期中疫情防控转段后的抬升。相反，基于"本地产能调整的灵活性与适应性"，对疲软市场需求反应是生产端在快速收缩存货回补动能。6月之后省、市工业销售产值累计同比增速读数出现背离，也真实地反映了后者对市场需求敏感度更高，产能同步跟随调整弹性更大的事实。产能扩张步伐不稳和节奏失调，指向产能充分修复时间可能较预计更久。

复盘 2017~2022 年各年度省、市工业销售产值累计同比增速月度变化表现（见图 1c、图 1d），可以看到，"存货与产能相互存在惯性支撑，协同平抑产销波动过大"，且"动产能释放匹配产销短期缺口与库存周期缺口是较长一段时期的工业生产主线"。2023 年前两个季度的工业经济增长，受到销售行情加速回升和库存周期缺口回补的推动，工业生产的"恢复性"动能叠加"内生性"动力共同拉动工业景气上行。而三季度以来，销售额增速出现收缩，意味着库存回补驱动缺乏接续动能，补库弹性减弱，存货回升周期阶段正在拉长。

2023 年 11 月工业增加值和销售产值环比增速分别为 6.72%、6.52%，较上月大幅提高 20.82 个、18.29 个百分点。虑去季节性因素干扰和月度间波动作用，2023 年 1~11 月，工业增加值增速环比读数总体反映了上行趋势，但增速表现未如预期迎来疫情防控转段后的"全面复苏带动生产秩序将重回正轨，同步叠加补库存发力，产能强劲反弹"。

分项数据显示，2023 年前 11 个月温州工业增加值月度环比增速中枢较前一年同期略微抬升 0.03 个百分点，月度增速较上一年有较大幅度的波动。同期，工业销售产值月度环比增速中枢回落 0.62 个百分点，月度增速波动水平与上一年基本相当。这一产销进度数据反映：第一，工业企业增加供给意愿总体保持积极正向，生产活动边际改善，但工业生产表现弱于预期，修复过程明显拉长；第二，生产对需求的响应度上升，生产端跟随市场需求相机调节的灵敏度在变快；第三，销售环比增速放缓，指向需求复苏有所乏力，或致一定程度的当期需求与产能投放阶段性错配，约束了供给放量。

过去五年，温州工业销售产值与增加值环比增速差略微收窄，相悖于同期浙江省两者环比增速差拉大趋势（见图 2a、图 2b）。一方面，表明温州工业生产有能力控制外部干扰及风险，总体韧性较强，产出水平长期稳定。另一方面，也表明相对浙江全省，温州产能布局偏重产业链中下游区段，贴

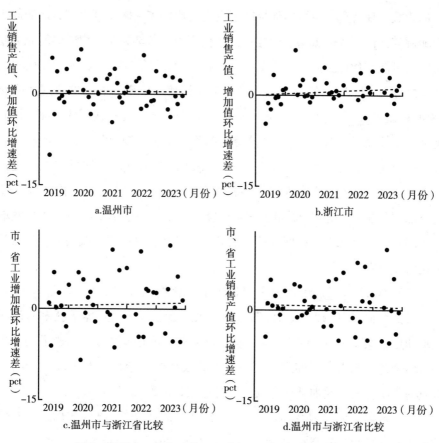

图2　温州市、浙江省的工业增加值和销售产值环比增速

注：图c、图d中温州市与浙江省比较指对应指标数据温州市减浙江省。
资料来源：温州市统计局：《温州统计月报》（2019～2023年）；浙江省统计局：《浙江统计月报》（2019～2023年），本文整理。

近市场需求，能够"'灵活'收放和调整产能"，对市场需求变化反应迅速。因此相较而言，在本轮景气循环中，预计下游环节能够凭借更小的生产惯性和更快的产销去化，抬升工业增速波动区间的下限。

通过2019～2023年市、省工业增加值月度环比增速差反映生产的相对变化情况（见图2c），可以发现历年工业增加值环比增速差均为正，且幅度略微扩张，这背后反映出温州工业企业一直以来，包括疫情期间，对经济形势预期相对乐观。另外，工业增加值环比增速差的波动幅度放大可能反映了温州工业企业有更主动的产能调整能力。以同期市、省工业销售产值月度环比增速差反映需求的相对变化情况（见图2d），可以发现历年工业销售产值环比增速差持续为正，幅度却有所收窄。这表明温州工业企业更紧凑的存货周期或兼有相对稳定的库存周转水平。销售产值增速差收窄或是疫情防控转段后"补库存"特征的呈现。此外，近年来销售产值环比增速差的波动幅度放大则是疫情等外生因素影响的结果。

需求恢复偏慢，工业经济信心修复不及预期，一定程度上抑制了库存回补动能以及产能利用水平，导致此轮库存周期阶段切换时间拉长、补库弹性弱化。工业经济前景尚存较多不确定性，未来需求转暖所需时间可能较长，工业生产核心驱动从"恢复性"向"内生性"的交替不充分，面临重新规划产能布局的挑战和困境，因此，工业企业可能为了回避存货压库风险，倾向于向下调整合意库存水平，即便后续稳增长政策支持，对于本地多属产业链下游的企业而言补库需求影响有限，总体生产端加速空间不大，整体产成品库存的增长可能相对平缓。预计2024年工业经济增长轨迹中枢为10.36%，基线上限为23.84%，基线下限为-3.12%（见图3）。

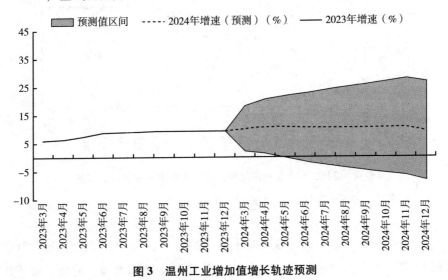

图3　温州工业增加值增长轨迹预测

注：预测模型为ARIMA。

资料来源：温州市统计局：《温州统计月报》（2012~2023年）。

二 盈利弹性趋弱，价格回升拐点临近

2023 年 1~11 月，温州规模以上工业企业主营业务收入同比增速为 3.8%，较前值高 0.1 个百分点并连续第三个月正增长，营收总体平稳增长。前 11 个月总体营收加速趋缓，企业当前库存水平与短期产销周转基本匹配，却也意味着主动回补库存力度一般。1~11 月，温州规模以上工业企业利润总额增速累计同比增长 17.8%，但增速较 1~10 月大幅回落 7.6 个百分点（见图 4）。11 月工业企业利润总额增速当月是-24.1%，出现比较大的波动，带动累计同比增幅大幅收窄，主要是由于生产增速放缓，单位成本持续下降则缓冲了盈利下滑。

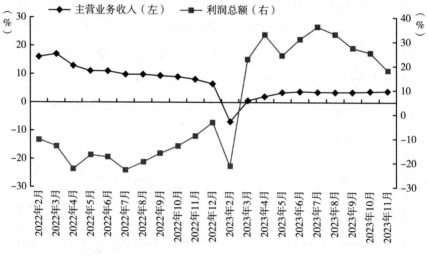

图 4　温州工业企业利润总额、主营业务收入累计同比增速

资料来源：温州市统计局：《温州统计月报》（2022~2023 年）。

上一年疫情影响下的基数效应导致了 2023 年前 11 个月利润增速前升后降的走势。3~7 月利润增速由负转正且保持近年同期高位，此后，增速逐月回落，总体符合"利润将持续改善"判断。营收改善和每百元的营收成本下降带动成本端走低，在一定程度上支撑了利润率大幅攀升。其中，利润率从2月的3.44%，逐月上升至年内高点（8月的5.59%）（见图5），直接带动工业企业利润显著修复。当下每百元的营收成本已低于过去5年平均水平，成本压降已经比较充分，通过挤压成本改善利润的空间在逐步收窄。进度数据显示，9月之后，平坦的利润率曲线已不支持利润进一步提升。未来工业企业利润走强的机会可能在于销售增长加速，推动营收端快速扩量。

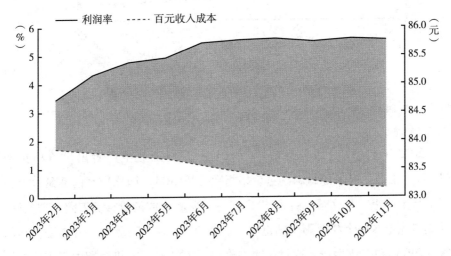

图5 温州工业企业利润率、百元收入成本

资料来源：温州市统计局：《温州统计月报》（2023年）；本文整理计算。

2023年11月，温州规模以上工业企业利润环比增速为10.3%，较上月下降3.6个百分点，主营业务收入环比增速11.3%，低于上月0.4个百分点（见图6）。环比增速连续下降的周期性主因是，生产端收缩带动下利润增长减速。密切注意"'缩量保利'为主的调整"趋势，预防"为改善当前利润而采取的产能收量行为多属企业对形势不明的应激反应，应当避免因此可能带来的产能永久性损失。"当前需求端的复苏尚待完全企稳，多属下游行业的温州工业企业对需求信号反应相对充分，企业利润走弱情况难以大幅扭转。

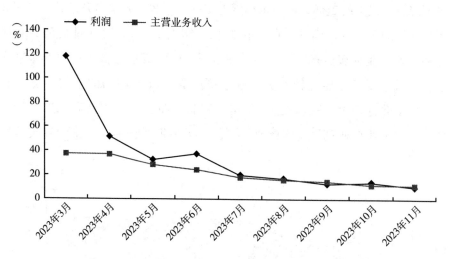

图6 温州工业企业利润、主营业务收入环比增速

资料来源：温州市统计局：《温州统计月报》（2023年）。

2023年1~11月价格重心再下台阶。温州工业生产者出厂价格指数（PPI）、工业生产者原材料购进价格指数（PPIRM）同比数据前期延续上一年下行走势进一步回落。进入2023年后，两者形成的价格剪刀差出现反转，并逐步稳定在一个相对固定的范围（见图7），与"工业生产者出厂价格指数（PPI）和工业生产者原材料购进价格（PPIRM）走势短期内仍将保持同步"判断相符。从价格指数来看，年内已有8个月PPI同比处在负值区间，不过，除11月单月下降外，前10个月（PPI）环比逐月回升（见图8）。虽然价格周期并未同步产能周期修复，但库存处于低位，价格指数已经进入底部区间，持续正向价差抬高盈利下限，底部越长，回升拐点越近，易上难下趋势明确。

综合来看，价差确定性的背景下，偏低的补库存力度难以通过产能加速，以"量"推动盈利预期快速提升。因此，对当前阶段温州工业企业利润系统性回升迹象的判断，要以产能复苏转向、存货周期修复等维度显现积极信号为准。在宏观不确定环境下，尽管工业企业盈利有较明确的底部向上趋势，但当前经济修复基础尚不牢固，需求景气预期不够乐观，利润率曲线

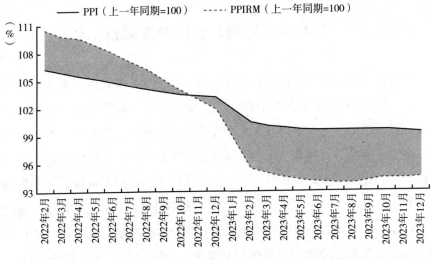

图7 温州PPI、PPIRM累计同比（2022年2月至2023年12月）

资料来源：温州市统计局；《温州统计月报》（2023年）。

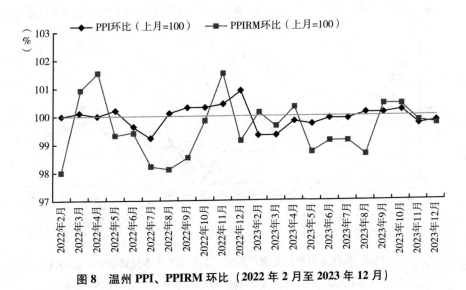

图8 温州PPI、PPIRM环比（2022年2月至2023年12月）

资料来源：温州市统计局；《温州统计月报》（2023年）。

下行压力仍在。考虑到2024年前半年利润同比基数较低，对应阶段利润增速数据会有技术性因素支持。

三 资本开支超调，投资中枢或将上移

2023 年 1~11 月温州限额以上工业固定资产投资累计同比增速为 18.2%，较 1~10 月下降 0.5 个百分点，增速中枢大幅低于上一年同期 5.4 个百分点，也低于近五年均值 3.5 个百分点（见图 9、图 10）。尽管工业投资发生了"资本开支的意愿增强会加速投资增长"，增速轨迹也验证了"前 8 个月工业投资将稳步回暖，全年工业投资增速总体呈现前陡后缓的态势"这一判断，然而，工业投资增速低于"大概率走出目前的低位徘徊"预期。进度数据表明，驱动工业投资加速背后对应的库存周期启动乏力，内生增长动能弱化带来投资增速上行动能相对弱化。2024 年内或有靠近历年投资增速中枢下端、幅度有限的投资提速（见图 10）。

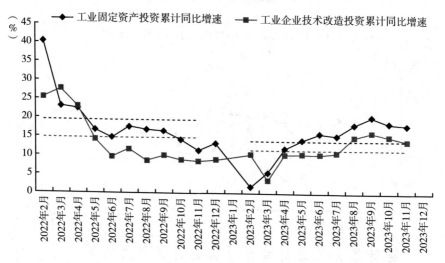

图 9　2022~2023 年温州固定资产投资、工业技术改造投资累计同比增速

资料来源：温州市统计局：《温州统计月报》（2022~2023 年）。

从设备更新或技术改造的视角来看，用于设备工器具购置更新等的技改投资增长的速度有所放慢。2023 年 1~11 月工业技改投资累计同比增速为 13.9%，低于前值 1.2 个百分点，较同期工业投资整体增速慢 4.3 个百分

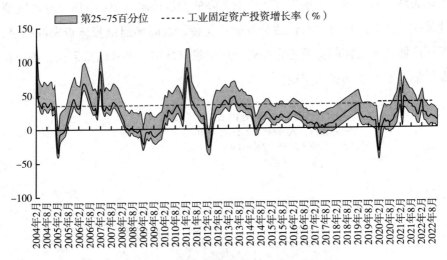

图10　温州工业固定资产投资增长率

资料来源：温州市统计局：《温州统计月报》（2004~2023年）。

点，增速中枢比上一年下移了3.2个百分点（见图9）。企业技术改造投资受宏观预期、行业设备与技术迭代周期、政府政策导向等多重因素影响。目前鞋业、汽车零部件等大类传统制造业新一轮技改投资尚待开启，这对工业技改投资整体的抬升形成拖累。但制造业高端化、智能化、绿色化的"三化"方向确定，稳增长相关利好产业投资政策"供给驱动"发力，结合低于合理中枢的增速表现，2024年有望迎来技改投资加速。

从工业企业投资资金来源来看，一方面，自筹资金部分受前一年利润直接影响，2023年利润增长表现一般，对企业2024年增加资本开支投资能力形成压制。另一方面，在投资资金来源中比例占优的信贷增速处上行阶段，企业外生债务杠杆较小，运用负债进一步进行融资的能力充足。经验数据表明，温州工业企业可能不早于2018年才结束减少信贷需求和债务融资的内生性收缩，直至2021年下半年才走出长期"资产负债表式衰退"（见图11）。考虑到在当前充裕的流动性支持下，年内工业投资增速仍然出现边际放缓，表明企业投资意愿不强。

另外，近月企业应收账款与信贷余额变动分化表现，可能隐含债务关系

的脆弱性上升，展现出信用资产质量下降的初步迹象（见图11）。此时需要政策端快速释放更有针对性的利好融资支持，及时畅通信贷筹资来源渠道，保证产能扩张所需的信贷正常融资，稳定投资情绪，提升信贷需求，确保企业增加资本开支形成固定资产投资。

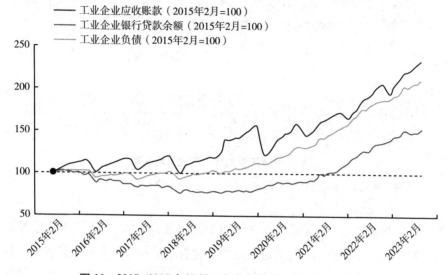

图11　2015~2023年温州工业企业负债、信贷与应收账款

资料来源：温州市统计局：《温州统计月报》（2015~2023年）。

2023年11月温州工业企业资产负债率为53.7%，已连续5个月持平，负债水平进入阶段顶部。历史上企业资产负债率见顶时间越长面临下滑压力越大，而负债率回落通常伴随着同期投资增速的下行。展望2024年，若企业"去杠杆"进程开启，制造业投资增速的回落压力或逐步显现。

温州工业投资增长近年一直保持比较平稳的节奏。从进度数据来看，虽然发生新冠疫情后，企业风险偏好、盈利预期和负债能力均不支持产能短期激进扩张，但在疫情严重冲击造成的干扰下，2020~2022年三年平均投资增速中枢也达到18.9%，高过2023年前11个月工业固定资产投资增速中枢4.9个百分点。这反映了当前工业投资进度明显背离合理增长中枢，已经存在一定程度的超调，未来随着投资避险情绪降低和惯性减弱，投资决策风格将从偏谨慎向加杠杆切换，低于长期工业投资中枢的增速将回到历年均值水平。2024年温州工业投资增速中枢将从试探性下移向正常区间回升。

四　结论

复盘 2023 年温州工业经济运行表现：第一，工业企业增加供给意愿总体保持积极正向，工业生产的"恢复性"动能叠加"内生性"动力共同拉动工业景气上行，但库存回补驱动缺乏接续动能，补库弹性减弱，当期需求与产能投放阶段性错配，一定程度上约束了供给放量。第二，市场真实需求偏弱，抑制了库存回补动能以及潜在产能的充分释放，生产端在快速收缩存货回补动能，产能充分修复时间可能较预计更久。第三，利润率大幅攀升带动工业企业利润修复，正向价差抬高盈利下限。第四，当前价格已经接近底部区间，进一步下降的空间或将有限，价格回升拐点临近。第五，投资增速上行动能较弱，设备工器具购置更新等技改投资增长的速度放缓。第六，当前工业企业债务关系的脆弱性上升，盈利水平不高，风险承担能力下降，投资意愿有所不足。虽然流动性充足，但尚无明显迹象表明企业近期会增加资本支出而加杠杆。

展望 2024 年，对温州工业经济形势有如下核心研判：第一，生产端加速空间不大，整体产成品库存方向的增长可能相对平缓，预计 2024 年内全年工业经济增长轨迹中枢为 10.36%。第二，工业投资进度明显背离合理增长中枢，已经存在一定程度的超调，2024 年工业投资增速中枢将向正常区间回升。第三，2024 年工业企业盈利有较明确的底部向上趋势，但平坦的利润率曲线不支持利润大幅提升。

参考文献

王健、王春光、金浩主编《温州蓝皮书：2023 年温州经济社会形势分析与预测》，

社会科学文献出版社，2023。

王健、王春光、金浩主编《温州蓝皮书：2022 年温州经济社会形势分析与预测》，社会科学文献出版社，2022。

王健、王春光、金浩主编《温州蓝皮书：2021 年温州经济社会形势分析与预测》，社会科学文献出版社，2021。

蒋儒标、王春光、金浩主编《温州蓝皮书：2020 年温州经济社会形势分析与预测》，社会科学文献出版社，2020。

蒋儒标、王春光、金浩主编《温州蓝皮书：2019 年温州经济社会形势分析与预测》，社会科学文献出版社，2019。

潘忠强、王春光、金浩主编《温州蓝皮书：2018 年温州经济社会形势分析与预测》，社会科学文献出版社，2018。

潘忠强、王春光、金浩主编《温州蓝皮书：2017 年温州经济社会形势分析与预测》，社会科学文献出版社，2017。

潘忠强、王春光、金浩主编《温州蓝皮书：2016 年温州经济社会形势分析与预测》，社会科学文献出版社，2016。

B.4
温州农业农村发展形势分析
（2023~2024年）

谢小荣　何皓俊*

摘　要： 2023年，温州市锚定高效生态农业强市、和美乡村样板市、农民农村共富先行市和基层社会治理现代化市目标，全力推进农业"双强"、和美乡村"示范引领、全域整洁"、强村富民集成改革、"强基提能"四大行动，有力推动了农业农村高质量发展、乡村振兴取得积极成效。同时，本文指出，温州农业农村将保持"稳中有进、进中承压"的发展态势，并针对产业发展、粮食稳产保供、乡村风貌提升、农民收入提高等方面面临的问题和困难，提出下一步工作建议。

关键词： 农业农村　千万工程　农民共富　温州

2023年，温州市深入贯彻落实习近平总书记重要指示精神和省市有关部署要求，锚定高效生态农业强市、和美乡村样板市、农民农村共富先行市和基层社会治理现代化市目标，以三个"一号工程"为引领，以县城承载能力提升和深化"千村示范、万村整治"工程为抓手，全力推进农业"双强"、和美乡村"示范引领、全域整洁"、强村富民集成改革、"强基提能"四大行动，有力推动了"三农"工作高质量发展、乡村振兴取得明显成效。全市农村居民人均可支配收入41622元、增长8.2%（指同比，下同），增

---

* 谢小荣，温州市人大常委会委员、市人大农资委副主任委员，二级调研员，主要研究领域为"三农"问题；何皓俊，温州市农业农村局办公室副主任。

速居全省第 1 位；低收入农户人均可支配收入 19304 元、增长 14%，增速居全省第 2 位；农林牧渔业产值 297.6 亿元、增长 5.0%，增速居全省第 3 位；城乡居民收入比收窄至 1.87∶1。

一 2023年温州农业农村发展状况分析

温州市持续深化"千万工程"，切实抓好粮食生产和重要农产品稳产保供，大力推进高效生态农业发展，加快建设宜居宜业和美乡村，全面深化强村富民乡村集成改革，促进农民农村共同富裕，交出了一份农业增效、农村和美、农民富裕的乡村振兴答卷。

（一）稳产保供有序有力，粮食安全有效保障

坚持把保障粮食安全作为"头等大事"，着力稳面积、稳产量、保产能、保供给，坚决守牢粮食安全底线。一是粮食生产保持稳中有增。制定出台粮油生产保供工作意见，建立健全粮食生产定期调度通报、现场督导机制，全市早稻实现面积、单产、总产"三增"，面积增 0.72%、产量增 3.11%、单产增 2.37%，夏粮面积、产量同比增长 4.5%、4.4%，全年完成粮食播种面积 170.54 万亩、产量 69.89 万吨，实现 11 连增。油菜播种面积、产量增长 23.6%、23.1%，增速均居全省前列。高质量承办南方水稻集中育秧技术培训班、全省夏粮重大病虫防控工作部署暨植保植检体系队伍建设推进现场会。二是耕地保护利用持续加强。深化"清闲田、改水田、造园田"行动，开展 4.28 万亩永农抛荒整治"回头看"，加快推动土地规模流转，推进高标准农田建设，新建和改造提升高标准农田 8.02 万亩，成功承办全省冬春农田水利建设现场会。三是重要农产品稳定供给。推动生猪产能逐步提升，生猪价格指数保险扩面提质，实现各县（市、区）全覆盖，新增国家级生猪产能调控基地 8 家、畜禽养殖标准化示范场 1 家，生猪出栏 98.5 万头，增长 9.7%，为近 8 年最高点，生猪存栏 81.1 万头，增长 29.4%，为 2013 年以来最高点。大力推广"两稻一虾"综合种养模式，开

展稻渔综合种养暨"两稻一虾"共富农家新模式现场推介活动，成功承办全国水产绿色健康养殖技术推广"五大行动"现场会，水产品总产量增长7%，增速居全省前列。

（二）"千万工程"持续深化，乡村建设迭代升级

深入学习贯彻习近平总书记重要指示精神，以"千万工程"引领乡村振兴"三基三主"建设，全国学习运用"千万工程"经验现场推进会走进温州。一是农村人居环境全面提升。组建贯通市县乡三级的千人工作群，聚焦房前屋后乱搭建等农村环境"十大"问题，批次推进风貌落后村"每季一百，逐一核验，闭环管理"，召开全市和美乡村"示范引领、全域整洁"行动现场推进会，开展和美乡村"市域跨县、县域跨镇、镇域跨村"学习比拼。全市共带动参与群众229.7万人次，清除脏乱差点位172.1万处，拆除乱搭建214.2万平方米，清理垃圾85.2万吨，新增划线车位2.3万个。二是"一县一带一片"组团发展。实施规划共绘、产业共富、环境共美、服务共享、文化共通、四治共融行动，建立"一片区一专班一包联单位一挂钩领导一对标村庄一专家团队"机制，高质量打造"一县一带一片"连片提升示范带12条。三是重点村示范村加快打造。深入实施"三基三主"十大工程，高标准推进和美乡村示范创建，获评省级和美乡村工作优胜县6个、示范乡镇17个、特色精品村64个、历史文化（传统）保护利用示范村4个、未来乡村40个，数量均居全省第一。四是城乡提升工程成效明显。聚焦强城、兴村、融合"三条跑道"，创新打出"提升城乡七大能力"组合拳，加快推进5个省级试点和212个重大项目建设，推动城乡融合高质量发展。全市连续三个季度获省评"五星"，为全省唯一；鹿城、瓯海、龙湾、乐清、瑞安、泰顺、龙港7个县（市、区）8次获得省评"五星"，数量全省最多。

（三）特色产业做强做大，农业发展势头强劲

深入贯彻落实三个"一号工程"，做好"土特产"文章，持续延伸农业

产业链、提升价值链、优化供应链，推进高效生态农业发展。一是"六个一"产业高质量发展。做强做大"一盘菜""一条鱼""一根草""一杯奶""一个果""一片叶"等特色产业，成功举办2023中国（温州）预制菜产业大会、预制菜年货年鱼节、预制菜产业专业客商订货会、预制菜北京贸易洽谈会等系列活动，招引阿里集团成立一米八海洋科技（温州）有限公司，温州大黄鱼入选全国"土特产"推介名单，19个"土特产"入选全省百强"乡村土特产"。洞头成功入选国家级渔港经济区，苍南获批农业农村部毛虾抛碇限额捕捞试点。乐清铁皮石斛成功入围国家现代农业全产业链标准化示范基地，泰顺中蜂创成国家农业标准化示范区。瑞安、文成获批省级现代农业园区试点。二是农业"引进来""走出去"实现新突破。创新精准招商"4+1"模式，建立项目招商储备、目标企业、主导产业和洽谈项目四张清单，成功招引46个农业农村项目开展集中签约，计划投资222亿元。联合海关组建专班推进农产品出口，农产品成功出口新加坡、阿联酋、加拿大、意大利、中国香港等国家和地区，实现鲜竹笋、茶叶、杨梅酒等首次出口，农产品出口达16.8亿元。三是农业"双强"持续深化。通过资金整合、项目集成、产业融合，积极谋划农业"双强"示范区10个。27个农业"双强"项目纳入省级项目库。实施现代种业"5655"工程，谋划"4+X"项目清单和政策清单，举办中国南方（温州）种业大会、浙江番茄新品种大会。实施万名农创客培育工程，培育农创客1928名，累计创成省级农创客示范基地7个。四是乡村数字经济发展加快提速。建立未来农场、数字农业工厂、乡村数智生活馆、农播共享基地等四张清单，培育未来农场5家、数字农业工厂34家，5个案例入选"浙江省智慧农业十大模式"。持续推进"百名农播乡村行"活动，争取抖音"小时达"全国试点，带动农产品网络销售额超120亿元。

（四）强村富民同频共振，共同富裕稳步推进

持续深化强村富民乡村集成改革，谋划实施强村公司培优带富等八大行动，多措并举促进农民农村"扩中提低"。一是新型农村集体经济加快发

展。持续推进"百亿强村"，谋划实施点亮乡村"百千"行动，创新开展农村职业经理人试点，召开全市村级集体经济项目比拼会，谋划新开工项目479个，村级投资65.8亿元。全市村级集体经济总收入141.6亿元、经营性收入97.6亿元，分别增长13%、15.2%，总量居全省第二。温州市探索发展新型集体经济路径和文成县探索股份制乡村产业联合体改革获批全国农村改革试验区拓展项目，共享社·幸福里（智慧村社）入选浙江省村社智治十大模式优秀应用。二是农村"三位一体"改革持续深化。实施经营主体合作提能、产业链接合作提能、全程服务合作提能、联农带农合作提能四大行动，构建全国首个"三位一体"定量指标评价体系，新增国家农民合作社示范社4家，累计创成37家，数量居全省第一。三是农村"三块地"改革稳步推进。推进承包地规范管理，组织4个县（市、区）7个乡镇（街道）21个村开展第二轮土地承包到期延包试点。稳慎推进龙港市农村宅基地制度改革、农村乱占耕地建房住宅类房屋专项整治等两项试点，完善农民住房公积金和跨区调剂保障机制。推进闲置宅基地和闲置农房"双激活"改革，激活闲置农房3740宗，带动农户增收3.69亿元、村集体增收7108.42万元。持续推进农业"标准地"改革，推进乐清、泰顺2个省级试点县和10个乡镇级试点，建设农业标准地6.3万亩。四是低收入农户稳定增收。扎实推进低收入家庭综合帮扶集成改革，推进折股量化帮扶提质扩面，推动百个产业项目帮共富，帮扶低收入对象1.5万人次，带动户均增收686元，开发落实公益性岗位2742个。建立健全低收入农户"红黄绿"三色实时预警机制，累计化解预警1086次，实现风险消除率、需求解决率"两个100%"。苍南、平阳成功入选省级革命老区乡村振兴示范区项目。

（五）除险保安系统重塑，安全底线守牢守稳

深入排查农业农村领域各类风险隐患，建立清单、压实责任、闭环销号，织牢织密"安全生产"防护网。一是渔业安全铁腕整治。系统谋划"631"工作体系，制定出台2023年综合管控力评价办法，高标准推进"船图不符、船证不符"专项整治工作，强力开展"春雷2023"、"护航亚运"

海上渔船安全、"打三无查违章保安全"等专项行动，全市查处违规案件2200余起，司法移送93起237人，执行全省首例非法捕捞公益诉讼"劳务代偿"。深化海上"千万工程"，累计建成"示范船"220艘，成为全省唯一提前一年完成三年任务的地市。温州"海上斑马线"应用成功获得国家版权局计算机软件著作登记。苍南获批全国唯一渔船治理改革试点县。二是农产品质量安全得到有效保障。深入开展农产品质量安全亚运护航行动，持续深化食用农产品"治违禁控药残促提升"三年行动，针对豇豆、贝类等高风险品种，制定重点地区、重要节点、管控措施等22项攻坚清单，实现建档立卡、专项网格员责任制、包县包片工作、胶体金快检推广、现场检查业态点位五个全覆盖，全市主要农产品质量安全省级例行监测合格率保持在99%以上。2家农业企业分别获温州市市长质量奖、温州市质量管理创新奖。三是农业执法持续深入。建立健全安全生产"1510"督导检查机制，创成全国农业综合行政执法示范单位（窗口）2家，累计创成7家，总数居全省第一、全国前列，成功承办农业综合行政执法技能竞赛全国总决赛，选派队员代表浙江参赛获全国第一名。采取有奖举报制度深化上道路行驶拖拉机专项整治，累计整治报废上道路行驶拖拉机103台。四是农业发展绿色转型。全力推进土壤三普，持续巩固央督整治成果，主要农作物测土配方施肥技术覆盖率达91.1%。全面加强秸秆禁烧管控和综合利用，省瞭望平台每天发现火点数从300余个下降到个位，全市秸秆综合利用率达97%，乐清获批国家秸秆综合利用重点县。

二　当前温州农业农村发展面临的主要问题

当前，温州农业农村经济发展还存在不少困难和挑战，既有国际国内大环境带来的市场需求释放不足、房地产市场低迷等问题的叠加影响，也有产业发展水平不高、乡村风貌差距较大、农民增收基础不稳固等阶段性、深层次问题，温州农业农村发展将保持"稳中有进、进中承压"态势，需进一步夯实"稳"的基础，积蓄"进"的动能，增强"立"的实效。

（一）产业发展水平仍需提升

传统农业依然占据主导，产业发展层级不高，农业企业科研创新能力不足，创新型、引领型、大体量的农业主体和项目少，49个农业产业平台的集中集聚集成效应未能充分发挥。全市9000余家农民合作组织中市级以上示范性农民合作组织仅358家，373家农业龙头企业中产值超亿元的仅35家。全市涉农高新技术企业仅51家、占全省的4.8%，35家省级以上农业龙头企业中仅15家为高新技术企业。受"七山二水一分田"自然条件制约，全市农业产值总量仅占全省的7%左右，农业劳动生产率不到全省平均水平的一半，农业亩均产值仅为全省平均水平的60%。

（二）粮食生产面临较大压力

虽然全市"三调"耕地有234.37万亩、排在全省第一，但人均耕地面积仅为0.24亩，低于全省平均水平（0.29亩），其中坡度15度以下的耕地（适耕地）占69.8%，低于全省平均水平（85.1%）。全市现有粮食生产功能区76.7万亩，2022年粮食播种面积达169.9万亩，已基本将当前适宜耕作的耕地资源挖掘充分。化肥、农药等投入品价格仍处于高位，人工和土地成本不断上涨，农作物种植成本不断攀升，导致生产效益下滑，粮油种植直接收益已接近或低于成本，农民收益主要依靠政策补贴。同时，受全球气候变暖加剧影响，极端天气多发易发，粮油作物病虫害呈加重态势，农业生产抵御自然风险能力仍然偏弱。

（三）乡村风貌仍需优化提升

温州农村量大面广，共有2951个行政村，部分村庄仍存在生产资料乱堆乱放、房前屋后乱搭建、公厕保洁不到位、杆线乱拉等环境问题。村庄规划滞后、建筑管控缺失，有新房没新村、有新村没新貌的问题比较突出，部分村庄对传统文化挖掘保护传承不力、产业动能培育不足，渔村风情、塘河人家、山村民居等特色不明显，"浙南民居"风貌没有系统体

现。大多数乡村存在农村建设用地指标少、耕地占补平衡压力大的问题，影响多类建设项目落地，如乡村体育公园建设、公共停车场建设普遍缺少可用场地。乡村重建设轻运营问题比较突出，公共设施运维水平低，医疗、养老、教育等公共服务设施配置与城市相比仍有较大差距，村级卫生室规范化达标率偏低，老年人护理床位数量少，公办幼儿园和托育、托幼场所覆盖面窄。

（四）农民持续增收基础不稳固

虽然全市农民收入保持较快增长，增速居全省前列，但收入水平仍然较低，仅排在全省第7位，且与前面地市差距较大，赶超困难。全市农村居民收入增速持续高于城镇居民，城乡居民收入倍差持续缩小，2023年城乡居民收入比缩小至1.87∶1、同比缩小0.04，但城乡居民收入绝对值差距仍在逐步扩大，已从2022年的34844元扩大至36351元。当前宏观经济下行、房地产市场低迷、市场需求总体偏弱，农民就业面临较大压力，农村闲置资源盘活利用率不高，农民财产净收入占比偏低，仅占农民收入的5%左右，农民增收渠道不宽。同时，全市低收入农户人数（7.76万户12.65万人）在全省最多，基本丧失劳动能力的占比达87%，低收入农户增收内生动力不足，特别是四区三市低收入农户收入增长偏慢，除瓯海、苍南外，其余5地增速均低于全市平均水平。

三 2024年温州农业农村工作建议

2024年是新中国成立75周年，是实现"十四五"规划目标的关键一年。温州农业农村工作要以习近平总书记关于"三农"工作的重要论述和考察浙江重要讲话精神为指导，坚持稳中求进、以进促稳、先立后破，聚焦勇当先行者、谱写新篇章，以新时代"千万工程"为引领，以强城、兴村、融合、富民为主线，以统筹新型城镇化和乡村全面振兴为基本方略，有力有效推进"兴村行动"，全力促进农业高质高效、乡村宜居宜业、农民富裕富足，为打造全省高质量发展第三极、建设更具活力的"千年商港、幸福温州"贡献更多"三农"力量。

（一）始终牢记"国之大者"，全方位夯实粮食安全根基

一是压茬抓好粮食生产。层层签订粮食安全责任书，优化粮食生产补助政策，实施规模种粮动态补贴政策，稳步提高规模种粮补贴标准和水稻完全成本保险保障水平，推动粮经轮作多熟制、稻渔综合种养等"千斤粮万元钱"模式扩面提升，试点推进海水稻种植，完善粮食生产定期调度通报、现场督导机制，压茬抓好春耕备耕、"三夏"生产、秋收冬种等，全年粮食播种面积稳定在 170 万亩以上，产量稳定在 13.9 亿斤以上。加快推进秸秆综合利用体系建设，秸秆综合利用率稳定在 96% 以上。二是强化耕地保护利用。全面落实"田长制"，全力巩固永农抛荒整治成果，引导土地适度规模流转，加快推进都市农业公园建设，坚决遏制耕地"非农化"、基本农田"非粮化"。加大高标准农田建设力度，建立健全项目管护机制，逐步把永久基本农田建成高标准农田，全年新建和改造提升高标准农田 7 万亩以上。三是抓好重要农产品稳产保供。严格落实"菜篮子"责任制考核，健全主要产品价格监测预警机制。积极发展设施蔬菜、水生蔬菜和山地特色蔬菜，稳定保障性蔬菜基地面积。加快推进生猪规模场建设和改造提升，全面落实生猪价格指数保险等政策性保险，能繁母猪存栏稳定在 7.3 万头以上，提高生猪养殖规模化水平。大力发展海水养殖和淡水养殖，积极对接头部企业，加快落地大黄鱼养殖、海洋牧场、淡水洁水养殖等项目，新增稻渔综合种养面积 1 万亩以上。

（二）深入实施"双强"行动，高质量发展高效生态农业

一是大抓"六个一"产业发展。聚焦"一盘菜""一条鱼""一根草""一杯奶""一个果""一片叶"等特色产业，做大做强特色优势产业，提档升级现代农业产业园、特色农业强镇、田园综合体等平台，做优"瓯越鲜风"品质品牌，打造"十链百亿"全产业链。二是强化数字

科技赋能。深入实施现代种业"5655"工程，建好用好省级奶牛育种、浙南作物育种等重点实验室，加快推进丘陵山区宜机化改造试点示范，打造农业"双强"示范区10个。加快推进文成、平阳、苍南3个省级数字乡村试点建设，创建省级数字农业工厂、未来农场10个以上。深化千名农播培育计划，持续开展农播电商"个十百千万"行动，加快建设农播共享基地，打响"温州农播"品牌，带动农产品网络零售额130亿元。三是抓好农业"双招双引"。坚持"高水平走出去、高质量引进来"，以优化提升营商环境为抓手，绘制产业链精准招商"一张图"，持续加大农业农村重大项目招引和建设力度。全市培育市级以上农业龙头企业超400家，新增国家级农业龙头企业1家、省级3家。加快乡村地瓜经济提能升级，积极鼓励外向型农业发展，建立农特产品出口基地，引育有实力的货代机构。

（三）持续深化"千万工程"，高标准建设宜居宜业和美乡村

一是整治提升乡村风貌。深入实施和美乡村"示范引领、全域整洁"行动，落实好乡村风貌建设提升指引和村庄改造提升"十不十宜"要求，建成省级未来乡村20个以上。健全农村人居环境提升综合指数评价体系，"拆、建、管"一体化、全闭环推进"一季一百"风貌落后村整治，全年整治风貌落后村400个。探索推广农村物业管理、垃圾分类合作社、"干部包村、党员包户、农户三包"等新模式和新做法，健全农村人居环境整治提升长效机制。二是推进组团连片发展。点线面结合推进和美乡村联建联创，扩面打造"一县一带一片"，形成一批可看、可学、可推广的片区组团发展标志性成果，推进和美乡村片区化、组团式、带状型发展，打造"一县一带一片"示范区12个。三是提速城乡提升工程建设。聚焦强城、兴村、融合"三条跑道"，完善"1+X+Y"城乡融合发展体系，加快提升城乡七大能力，细化2024年主要指标任务和"7+N"目标体系，谋划建立强城、兴村"百项百亿"项目库，加快推进乐清、瑞安、苍南、洞头、龙港等省级试点建设。

（四）协同推进集成改革，高水平促进农民农村共同富裕

一是发展新型农村集体经济。扎实推进探索发展新型集体经济路径国家改革试验区拓展试验项目，持续推进"百亿强村"，深化强村公司、飞地抱团、片区组团等措施，新开工集体经济项目 100 个以上，实现全市所有村社集体经济总收入 35 万元以上且经营性收入 15 万元以上。全面落实农村产权交易管理办法，建立健全市、县农村产权流转交易监管体系，完善交易规则与风险防控机制。二是深入实施点亮乡村"百千"行动。围绕"有人来、有活干、有钱赚"，以市集经济、农播带货、乡村畅游、乡愁故事、艺术乡建等为重点，深入开展点亮乡村六个"百千"行动。加快培育现代"新农人"，统筹推进乡村产业振兴带头人培育项目、十万农创客培育工程。探索农村职业经理人制度，建立健全农村集体经济组织和职业经理人利益联结机制。三是持续擦亮"三位一体"改革"金名片"。坚持以"联农、兴业、共富"为指导，以产业联合体试点单元建设为抓手，推进"点、链、群"型合作组织规范化建设，建设试点单元 30 个。深化农村"三位一体"改革实施县建设，以现代化农事服务中心为依托，以农合联为纽带，建设一批县级三位一体为农服务综合平台，加快形成多元化、立体式、复合型的现代农业经营体系。四是持续深化农村土地制度改革。深入学习江西省余江区等先进地区宅基地改革经验做法，稳慎推进农村宅基地制度改革和农村乱占耕地建房住宅类房屋问题专项整治试点，推动农村宅基地制度改革再破题再深化，全年盘活闲置农房 3000 宗以上。推动农村土地承包经营权登记数字化管理，加强农村土地经营权规范有序流转服务，做好第二轮土地承包到期后再延长 30 年试点。深化农业"标准地"改革，新建农业标准地 5 万亩。五是开展低收入农户综合帮扶。深入推进"遏增量优存量"行动和"四增一减"计划，完善防返贫预警响应机制，持续实施挂钩结对帮扶、财政支农资金折股量化等综合措施，全年低收入农户人均可支配收入增长 15% 以上，全面消除农村家庭人均年收入 12000 元以下现象。

（五）全面提升本质安全，高要求推进农业农村防灾减灾

一是坚决守牢涉海涉渔安全底线。深化涉海涉渔领域安全生产系统治理，完善"1510"工作机制，重点整治"三无"船舶等风险隐患。深化海洋综合行政执法，保护海域海岛海岸线。加强风险隐患排查整治，科学建立工作预案，全面落实渔船动态点验制度。二是抓好农产品质量安全。全面推广应用"浙农码"，健全农产品质量数字化追溯体系，打好食用农产品"治违禁 控药残 促提升"三年行动收官战，严格落实豇豆、水产品等高风险品种治理攻坚任务。三是统筹强化农业农村安全监管。全面强化重点领域、重点环节安全生产监管，持续深化变型拖拉机整治，深入开展农家乐（民宿）安全生产隐患排查整治，扎实推进沼气工程"三个一批"安全专项整治。全面推进小型生猪屠宰场点关停并转，进一步优化生猪定点屠宰厂（场）布局，加快实施牛羊定点屠宰。稳步推进土壤"三普"工作，加快推动配方肥替代平衡肥、化肥农药减量，促进农业绿色发展。

B.5
2023年温州固定资产投资
分析与2024年展望

温州市发改委课题组[*]

摘　要： 2023年，温州市固定资产投资稳中有进，增速高于全国、全省平均水平，投资结构继续优化，重大项目投资完成率超预期，要素保障和民间投资不断加强。展望2024年，面对持续稳健的货币政策、完善长效的财政政策以及稳定促活的房产政策等积极因素，温州市也面临资金与土地要素供应紧张、房地产开发动力不足的挑战。因此，温州市固定资产投资工作将坚持"稳"字当头的策略，通过强化项目管理、督查激励、要素保障等机制，紧抓重大项目建设不放松，以期增强投资对经济社会发展的驱动力，提升关键结构指标的支撑地位，并促进投资发力点的优化转变。

关键词： 固定资产投资　要素保障　投资结构　温州

一　2023年固定资产投资运行情况

2023年，温州市深入贯彻省委、省政府决策部署，启动实施扩大有效投资"百项千亿"工程，全面开展重大项目攻坚行动，全力抢抓政策机遇，投资工作取得了显著成效，两次获全省投资"赛马"激励和省"千项万亿"工程五星评价。

---

[*] 温州市发改委课题组成员：汪振标，温州市发改委投资处处长；徐陈清、陈沛思，温州市发改委投资处副处长；张旭、孙雪洋、阿地力江·扎伊尔、万秀芝、王俊，温州市发改委投资处科员。

（一）固定资产投资稳中有进

2023 年，全市固定资产投资同比增长 7.4%，分别高于全国、全省平均水平 4.4 个、1.3 个百分点（见图 1）。其中，第一产业投资增长 42.6%，占面上投资比重为 0.2%，占比较上年提高 0.1 个百分点；第二产业投资增长 17.5%，占面上投资比重为 20.5%，较上年提高 1.8 个百分点；第三产业投资增长 6.6%，占面上投资比重为 79.3%。

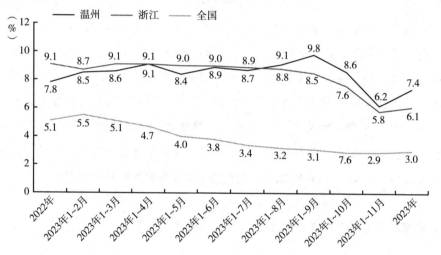

图 1　全国、浙江、温州固定资产投资同比增速比较

资料来源：温州市发改委。

（二）投资结构提质转型

2023 年，全市基础设施投资、工业投资保持较快增长，分别较上年增长 18.3%、17.5%。重大项目对投资发挥关键支撑作用，计划总投资超亿元项目（不含房地产）投资比上年增长 14.0%，对面上投资增长的贡献率达 70.6%。其中，制造业投资、高新技术产业投资对投资带动作用进一步增强，制造业投资增长 14.2%、高新技术产业投资增长 29.0%，均高于全省平均水平。

1. 制造业投资持续较快增长

2023 年，全市制造业投资增长 14.2%，增幅比上年高 10.1 个百分点（见图 2），高于全省平均 0.1 个百分点，排名全省第 6 位。其中，高新技术产业投资增长 29.0%，高于全省平均水平 7.9 个百分点。以光伏电池、锂电池制造为代表的电气机械和器材制造业投资增长 56.8%，是拉动全市制造业投资增长的主要动力。以电子专用材料制造为代表的计算机、通信和其他电子设备制造业投资增长 54.1%。

2. 基础设施投资补短板作用突出

2023 年，全市基础设施投资同比增长 18.3%（见图 2），比面上投资高 10.9 个百分点，高于全省平均 14.4 个百分点。其中，交通投资增长 16.6%，高于全省平均水平 12.8 个百分点；各地海塘安澜等防洪除涝工程相继上马，水利设施投资增长 47.3%，实现爆发式发展；以风电、核电为代表的电力、燃气及水的生产供应业投资增长 26.8%。如苍南三澳核电一期工程、苍南 2 号海上风电项目等。

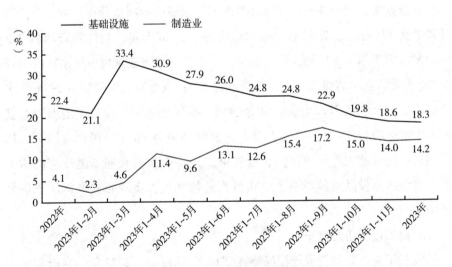

图 2　温州基础设施、制造业投资同比增速

资料来源：温州市发改委。

3. 重大项目建设提速推进

立足市委、市政府重大战略决策部署和"十四五"规划,温州聚焦项目九大领域,突出"补短板、增动能、惠民生",实现项目谋划在前、要素保障在前、推进准备在前。专班攻坚快推进。抢抓扩大有效投资"窗口期",快速组建投资工作专班,分季度开展重大项目攻坚,在第四季度开展重大项目"百日攻坚"行动,将400余个重大项目纳入专班攻坚,全力打好开工提速、续建加速、要素保障三大攻坚战。强化机制破难题。开展"抓项目、破难题、强服务"攻坚行动,实施"问题导向+包干销号""分类分级+集中协调""季度晾晒+警示约谈"推进机制,实施挂牌销号和限期推进,直至问题解决。2023年,全市"百项千亿"工程重大项目完成投资1461.4亿元,完成率达122.4%,带动全市项目投资增速达到11.9%。其中,列入省"千项万亿"工程项目完成率144.6%,新建项目开工率达100%,均居全省第1位。

4. 要素保障有力有效

资金方面,储备并通过国家发展改革委审核的专项债券项目461个,资金需求达725亿元,审核通过率居全省第一。2023年,累计发行项目293个,发行额度404.5亿元,居全省第一;累计获得城建领域中央预算内投资26286万元,居全省第二,额度占全省近1/5;获批特别国债项目39个,居全省第一,金额达28.5亿元。用地方面,新增中央加大建设用地保障力度的国家重大项目14个;列入省重点建设计划项目68个,居全省第一;16个项目入选省重大产业项目,居全省第二,其中永嘉弗迪、温州湾瑞浦兰钧、龙港国电投高效异质结3个项目入选特别重大类项目,取得历史最好成绩。

5. 民间投资活力增强

近三年全市民间投资规模保持在2100亿元以上。2023年,在全省率先编制出台《关于进一步完善政策环境 加大力度支持民间投资发展的实施意见》,全力促进民间投资向更宽领域、更大范围延伸。在房地产投资下行、部分地方民间投资负增长的情况下,全市民间投资增速达到2%,高于全省平均水平 2.2 个百分点，总量超 2200 亿元。2023 年 3 月，国家发展改革委在温州举办促进民间投资暨深化投资项目审批制度改革调研活动，总结推广温州民间投资工作经验做法，并于 7 月 24 日在国家发展改革委专题新闻发布会上推广，部分温州元素被吸收纳入《国家发展改革委关于进一步抓好抓实促进民间投资工作　努力调动民间投资积极性的通知》。《温州市促进民间投资工作典型经验》获国家发展改革委刊发向全国推广，并在《浙江经济》期刊刊发宣传。

二　稳投资面临的机遇和挑战

（一）机遇

1. 持续稳健的货币政策

2023 年 10 月召开的中央金融工作会议指出，要始终保持货币政策的稳健性，更加注重做好跨周期和逆周期调节，充实货币政策工具箱，首次将跨周期与逆周期调节并提，表明国家宏观货币政策将既注重短期内熨平经济波动、稳定经济增长，又注重更长周期内的可持续性与金融稳定。"充实货币政策工具箱"或表明结构性货币政策工具将进一步丰富。从投资角度来说，会议至少释放出以下三大积极信号。

一是将大力拓展结构性货币政策工具箱。加强对保障性住房规划建设、城中村改造和"平急两用"公共基础设施建设"三大工程"的支持力度。面对房地产投资的下行压力，"三大工程"将是 2024 年稳投资的重要抓手。其中，保障性住房建设、"平急两用"公共基础设施建设均具有较强的公益性，而城中村改造建设周期长，往往需建设相应的配套公共设施。换言之，"三大工程"均有较强的融资需求，可以通过结构性货币政策工具予以支持。

二是持续优化资金供给结构。做好科技金融、绿色金融、普惠金融、养老金融、数字金融五篇大文章。上述 5 个领域预计将成为 2024 年金融工作

的重要关注点和着力点，金融资源将向相关领域倾斜。

三是促进金融与房地产良性循环。一方面，通过房地产市场的健康发展，支持金融体系化解风险、行稳致远。另一方面，通过金融支持，促进房地产向新发展模式平稳过渡。

2. 完善长效的财政政策

积极的财政政策相继出台，例如中央加大对地方的资金转移支付力度，2023 年相继发行特别国债 1 万亿元，特殊再融资债券支持置换隐性债务 1.5 万亿元。政府工作报告指出，为系统解决强国建设、民族复兴进程中一些重大项目建设的资金问题，拟连续几年发行超长期特别国债，专项用于国家重大战略实施和重点领域安全能力建设，2024 年先发行 1 万亿元超长期特别国债。此外，2024 年国家还将安排 7000 亿元中央预算内资金和 4 万亿元专项债。

3. 提振房产市场信心

从政策引导角度看，房贷利率下行将能够提升房地产市场信心。未来随着不断降息，房价和商品房销售情况或将得到改善，如实际利率能控制在一定的水平且稳步下降，商品房销售面积下降速度预计可以减缓乃至维持在一定水平不变。

（二）挑战

1. 项目资金保障问题

土地出让金下跌叠加债务率和严控隐性债务风险，对国企投资和专项债资金申请造成制约，项目资金保障不足问题突出，过去依赖基础设施投资来拉动经济的边际效用越来越弱化。

2. 项目用地指标制约大

全市加大垦造耕地和国家、省统筹指标力度，有力缓解全市耕地占补平衡数量、水田和产能指标难题，但占补平衡指标仍存在结构性问题。通过省重大产业、省重点工程向上争取土地指标，但占补平衡指标仍需各地自行解决，短期内难以依靠自身造地破解占补平衡难题。目前，耕地占补平衡指标政策已进行调整，但财政收入下降影响占补平衡指标购买。

3. 房地产开发动力不足

近年来，由于土地市场降温、开发商拿地积极性不高等影响，房地产市场呈现热度下降、下行转向趋势，面临下行压力。2023年，全市房地产投资增长1%，占面上投资比重不到40%，呈现逐年下降趋势。

三 2024年固定资产投资的思路

2024年，是实施"十四五"规划的关键一年，也是全市冲刺万亿级生产总值、千万级常住人口"双万"城市的重要一年。温州市将始终坚持"项目为王"，坚持稳中求进工作总基调，继续组织实施扩大有效投资"百项千亿"工程，聚焦扩大有效投资，提升产业投资比例，优化投资结构，以投资之"进"支撑经济发展之"稳"，有力支撑温州迈上"双万"城市新台阶。

（一）2024年投资思路

充分考虑当前与长远、需要与可能，安排2024年固定资产投资增长7%。更加突出产业投资对面上投资的拉动作用，安排制造业投资增长不低于17%、力争达到20%，高新技术产业投资增长不低于25%、力争达到30%，占面上投资比重较2023年实现提升。突出基础设施投资补短板作用，安排生态环保投资、能源投资、水利投资、城市更新投资增长均不低于12%、力争达到15%，交通投资完成550亿元以上、力争达到570亿元。

主要考虑如下。一是强化投资对发展的驱动作用。抢抓国家投资政策窗口期，结合全省投资总量保持合理增长的要求，以快于GDP预期增速作为全市投资目标，突出"拼"字当头、勇争先，激发投资对高质量发展的应变局、挑大梁作用。二是强化关键结构指标支撑作用。按照全省"三个快于"要求，结合全市重大产业补链延链、重大基础设施补短板方面的投资潜力，突出结构指标对面上投资的支撑，提出制造业投资、高新技术投资增

速要快于全省平均水平，生态环保、交通、能源、水利投资增速要大幅快于面上投资增速。三是强化投资发力点转变。结合近两年产业项目招引签约力度持续加大，产业投资对全市固定资产投资的支撑作用进一步增强的现状，将投资发力点向产业投资转换，充分发挥产业投资对投资稳增长、优化投资结构的关键作用，促进全市固定资产投资"质"的有效提升和"量"的合理增长。

（二）2024年重大项目安排

突出引领性、支撑性重大项目对扩大有效投资的支撑作用，围绕先进制造业基地、科技创新强基、交通强市、清洁能源保供、水网安澜提升、城镇有机更新、农业农村优先、文化旅游融合、民生设施九大领域，以2024年内可以开工项目为重点，将"十四五"规划成熟项目开工时序前移，努力实现项目谋划在前、包装争取在前、推进准备在前。2024年，全市安排"百项千亿"重大建设项目576个，总投资超1万亿元，年度计划投资1350亿元左右。从建设性质看，续建类313个，年度计划投资近1100亿元；开工类197个，年度计划投资超250亿元；前期类66个，总投资约4021亿元。同时，安排市级政府投资项目284个，年度计划投资185.1亿元。

（三）推进机制

1.强化全周期项目运行机制

统筹协调，突出条块化攻坚、清单化管理、节点化推进，逐个项目抓攻坚、抓推进、抓落实。一是实施项目清单管理。建立重大项目清单、任务清单、责任清单，明确项目管理职责，定目标、定节点、定责任、定时限，推动前期攻坚一批、落地开工一批、建设实施一批、建成投用一批。二是实施条块合力攻坚。根据固定资产投资总量、制造业投资、高新技术产业投资、生态环保投资、交通投资、城市更新投资、水利投资等目标，由发改、经信、科技、交通、住建、水利、投促等主管部门按照职能做好任务分解，落实好本行业、本领域的投资任务推进。各地落实抓投资、抓重大项目的主体责任，根据投资总量增长目标和省市结构目标，制定本区域投资结构优化目标，确保完成各项投资和项目建设目标。三是实施"两集中"协调机制。不定期梳理重大项目审批、征迁、资金、用地等难点堵点问题，各责任单位和职能部门积极协调解决和落实。各领域牵头单位建立重大项目月度协调例会机制，及时帮助协调解决项目建设中存在的困难问题；不能协调解决的，提交市分管领导协调研究解决。对跨领域、跨区域的问题及时提交市委市政府中心工作服务保障专班机制解决。属地政府参照建立完善重大项目推进协调机制，实行定责、定人、定时限，确保项目快开快建。

2. 强化督查激励推进机制

通过"赛马"比拼、集中晾晒、过程考核、督查约谈等机制，掀起全市上下扩大有效投资攻坚行动热潮。一是实施"赛马"比拼机制。实行过程管理考核，迭代升级投资"赛马"激励机制评分体系，对各地各部门投资指标增长、重大项目推进、要素争取等情况进行排名及绩效评价，对成效好的县（市、区）、功能区予以要素支持。二是实施多层级督查约谈机制。根据项目推进情况，各牵头部门围绕投资指标增长、重大项目推进、难点突破、履职尽责等，定期开展一线跟踪督查，对滞后指标和滞后项目出具"督查单""警示单"进行亮灯预警；对进度落后于时序2个月及以上的，纳入重点督办内容；对进展明显滞后的地区和部门，季末按照轻重缓急进行约谈。三是实施成效集中晾晒机制。定期对投资指标、关键结构指标和重大项目进展情况进行通报晾晒，各牵头部门、属地政府（管委会）以重大项目推进情况为重点，对整体进展情况进行汇报，用晾晒的方式实现互比、互学、互促，倒逼任务落到实处。

3. 强化要素政策保障机制

编制温州市扩大有效投资政策举措清单，强化土地、资金、能耗全方位要素跟着项目走，着力提高要素供给水平和利用效率。一是强化项目资金保障。组建全市要素争取专班，紧盯特别国债、专项债、中央预算内投资等资金渠道，强化项目常态化谋划储备，充分发挥其对重大项目建设的拉动作用，力争更多项目纳入国家盘子，加快已发行资金使用，尽快形成实物工作

量。二是强化用地用海能耗保障。完善重大产业项目用地保障机制，争取省级以上重大基础设施项目新增建设用地计划指标 5000 亩，争取符合条件的省重大建设项目申报使用省统筹补充耕地指标。对省重大建设项目使用林地实行"边占边补"，2024 年保障建设项目使用林地 4000 亩以上。推动"集中连片论证、分期分块出让"试点扩面，保障重大用海项目顺利落地。加快处置历史围填海遗留问题，保障历史围填海区域项目用海 5000 亩。加强能耗指标统筹，2024 年，保障新上重大项目用能 200 万吨标准煤以上，确保新增能耗支持民间投资项目的比重不低于 80%，支持重大建设项目用能"应保尽保"。三是强化民间投资支持。全面落实全国"民营经济 31 条"、全省"民营经济 32 条"和全市"民营经济 195 条"，严格执行"3 个不低于""七个不准"等政策措施。围绕重大工程和补短板、重点产业链供应链、完全使用者付费的特许经营项目等 3 类项目清单，常态化梳理储备一批推介给民间资本的重大项目。深入贯彻落实国家、省级促进民间投资有关政策，落细落实全市民间投资"20 条"，不断拓宽民间资本投资领域。四是强化政策审批服务保障。加强审批优化保障，积极贯彻落实国家、省级关于加强用地审批前期工作，推进基础设施项目建设相关政策落地。全力支持交通领域重点攻坚项目开展全过程咨询服务试点，对"十四五"规划中具备审批条件的预备类和研究类项目，允许先行开展用地预审和工可审批，开展初步设计、施工图设计等工作。推动新一轮海上风电场项目开发建设，探索深远海风电示范试点建设。加强政策处理保障，严格落实属地政府主体责任。对严重阻碍工程进度的政策处理突出问题，提请列为重点领域专项巡察。

B.6

2023年温州外经贸形势分析
及2024年展望

林俐　毛慧子　孙寅*

摘　要： 受地缘政治冲突、需求萎缩等不利因素影响，2023年温州市对外贸易、引进外资和对外投资均呈现负增长。进入2024年，在贸易保护、供应链危机等加剧的背景下，全球贸易环境更趋复杂和不确定，需要创新贸易思维，积极应对不利条件。一是从内部来看，政府正积极应对新的经济形势，持续打好外贸"稳拓调"组合拳，给予外贸企业更多的扶持。二是从外部来看，外需状况、供应链转移趋势难以改变；在吸引外资与境外投资方面，政府应积极深化"全球大招商活动"，积极拓展新的外资招引渠道。

关键词： 对外贸易　引进外资　对外投资　跨境电商　温州

　　随着全球经济格局的深刻调整和国际贸易环境的复杂多变，温州市作为中国东部沿海重要的经济城市，其外经贸的发展状况备受关注。近年来，温州市一直致力于打造现代化经济体系，推动产业转型升级，加强科技创新和人才引进，这些努力为温州市的外经贸发展奠定了坚实的基础。然而，在全球经济复苏不确定性和贸易保护主义抬头的背景下，温州市外经贸发展也面临着一些新的难题和挑战，例如国际市场需求的波动、贸易壁垒的增加、贸易摩擦的加剧等，都可能对温州市的出口和引进外资造成不利影响。本文旨

---

　　* 林俐，温州大学商学院，教授，主要研究方向为区域开放与企业国际化；毛慧子，温州大学商学院，主要研究方向为产业经济与国际化；孙寅，浙江大学金华研究院，主要研究方向为区域与产业经济。

在全面分析 2023 年温州市外经贸形势，充分利用杭州海关、浙江省商务局、温州市政府、温州市统计局以及温州市商务局等权威部门提供的数据资料进行深入挖掘和细致分析，并且通过对比历史数据和横向数据，深入探讨温州市 2023 年在对外贸易、引进外资等方面的具体表现，重点关注温州市对外贸易在行业分布、市场格局、贸易主体和贸易新业态等方面的变化与特点。本文发现，2023 年温州市对外贸易、引进外资和对外投资均呈负增长态势，在外经贸发展过程中遇到不小的考验与挑战，因此，本文进一步分析了影响温州市外经贸发展的相关因素，并对下一年温州市外经贸发展形势进行预测，同时提出相应的政策建议，以期促进温州市外经贸的持续健康发展。

一 2023年温州市外经贸发展形势分析

2023 年，受地缘政治冲突、需求萎缩等不利因素影响，温州全市对外贸易、引进外资和对外投资均呈负增长态势。

（一）出口疲软收官，进口波动中增长

根据温州市统计局的数据，2023 年温州市的进出口总额达到了 2821.90 亿元，同比出现了 4.15% 的下降。其中，出口总额为 2339.40 亿元，同比下降了 6.49%，进口总额为 482.51 亿元，同比实现了 9.09% 的增长。

在出口方面，1~2 月出现了 12.3% 的同比下降，这反映出全球经济形势的不确定性以及国际市场需求的疲软。随后，受益于季节性需求的恢复以及国内生产成本和竞争力的优化，3 月出口形势好转，增速高达 62.7%。然而，这种高增长势头并未持续，4 月增速放缓至 21.9%。5 月至 6 月，出口连续两个月出现下滑，特别是 6 月，降幅达到 68.37%，为年内最低点，这一显著变化的原因，可能是国际市场价格的大幅波动、汇率的不利变动，以及全球贸易保护主义趋势的加强。进入下半年，7~8 月出口开始回升，8 月增速回升至 35.31%，这显示了国内政策对出口企业的有力支持，以及全球市场需求的部分恢复。然而，9 月至 11 月，出口再次出现回落，增速均为

负值。12月，虽然出口较上月有所增长，但同比增速仅为1.3%，显示出温州市出口仍然面临较大的压力。

在进口方面，虽然整体呈现增长趋势，但各月份的增长率有所波动。1~2月进口增速逐渐放缓，但依旧保持正增长，同比增长3.1%。3月出现短暂回落，同比下降14.9%。随后，从4月开始，进口增速逐步恢复，5月增速回升至35%，6月更是急速飙升，同比增长78.18%，这主要得益于大宗商品价格的上扬、国内需求的增加以及汇率的利好变动。进入下半年，进口增速开始放缓，尤其是10~12月连续三个月均为负增长。这主要反映了全球经济不确定性的增加、贸易保护主义的抬头以及国内需求的放缓。

整体来看，温州市2023年的进出口形势呈现波动态势，出口受到全球贸易形势和季节性需求变化的影响，而进口则受到全球商品价格波动和国内需求变化的影响。

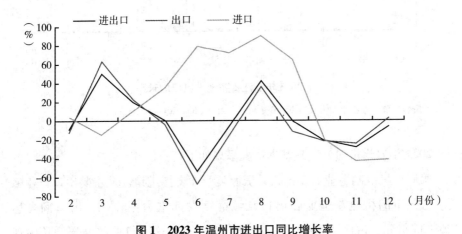

图1　2023年温州市进出口同比增长率

资料来源：根据温州市政府信息公开数据计算（2月数据为1月、2月累计量）。

横向比较来看，全省11个市中，温州市进出口增幅呈现负值，较上年同期下降4.2%，排名由上年的第4位降至第11位。从出口来看，衢州市以13.01%居全省首位，温州市出口较上年同期下降6.49%，排名由上年的第 4 位降至第 11 位。这种情况归因于衢州市在持续推进产业创新和动能培育上取得积极成效，通过跨境电商拉动全市出口增长，而温州市的外贸依存度较高，由于海外经济持续低迷而消费力难以恢复，在出口上受到较大的下行压力。从进口来看，丽水市以 81.9% 居全省首位，温州市增幅为 9.09%，排名由上年的第 6 位降至第 7 位（见图 2）。从进出口增速可以看出，温州市 2023 年全年进出口受外贸发展不稳定不确定因素的负面影响较大。

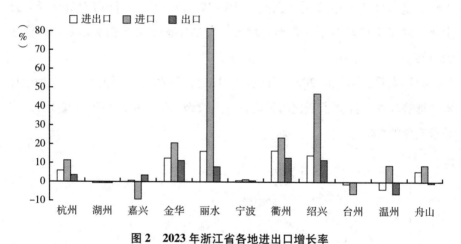

图 2　2023 年浙江省各地进出口增长率

资料来源：根据杭州海关数据计算，http://hangzhou.customs.gov.cn。

2023 年温州市对外贸易基本情况呈现如下特点。

第一，机电制造业驱动出口，资源类产业支撑进口。从主要出口行业来看，温州市的机电制造业在出口领域继续发挥主力军作用，出口额高达 1268.35 亿元，占比达 54.25%，稳居出口榜首，这一行业的稳定增长体现了温州市在机械制造、精密加工等领域的深厚实力和竞争优势。然而，劳动密集型产业如鞋靴和服装的出口却面临下滑趋势，出口额为 770.13 亿元，同比下降 11.89%，这凸显了温州市劳动密集型行业进行转型升级的紧迫性。与此同时，高新技术行业崭露头角，尤其是新能源汽车出口额激增 139.31 倍，达到 3.8 亿元，为温州市的出口带来了新的活力，随着科技的不断进步和市场的不断扩大，高新技术产品有望成为温州市未来出口的新亮点。从主要进口行业来看，温州市在进口上依然高度依赖资源类行业，如铁合金、未锻轧铜及铜材、初级形状的塑料、钢材及其制品等大宗商品进口209.41亿元，占全市进口额的43.4%，这反映了温州市制造业对原材料和中间品的需求依然旺盛。

第二，传统市场下滑，新兴市场崛起。从主要进出口市场来看，温州市2023年对欧盟和美国传统外贸市场进出口分别达447.88亿元和339.91亿元，比同期分别下降5.09%和15.99%，合计占进出口总值的27.92%，相对上年下滑1.78个百分点；对东盟、拉美、非洲等新兴商品市场分别进出口623.46亿元、256.85亿元和283.33亿元，东盟增速同比下降17.78%，拉美、非洲分别同比增长3.07%和18.65%，三者合计占41.55%，相对上年下降0.75个百分点。从其他进出口市场来看，温州对共建"一带一路"国家的进出口总额为1277.44亿元，同比下降5.95%，占全市进出口总值的45.27%。对RCEP其他成员国进出口771.2亿元，同比下降15.64%，占比27.33%，下降6.67个百分点。

第三，民企外贸主力稳健，但仍需转型升级。从贸易主体来看，民营企业仍然占据着主导地位，是温州市外贸增长的重要主体。2023年温州民营企业出口贸易额为2222.91亿元，相比上一年下降7.13%，这主要是由于全球经济复苏步伐放缓，国际市场需求减弱，民营企业面临订单减少、出口市场萎缩的困境。此外，国内生产成本上升、汇率波动、贸易摩擦等外部不确定因素也给民营企业带来了额外的挑战。尽管占比仍高达95.02%，但民营企业需要面对的问题不容忽视。相比之下，国有企业出口贸易额为40.8亿元，同比下降6.68%，占比1.74%；外商直接投资企业出口贸易额为75.69亿元，同比增长17.35%，占比3.24%。为了保持民营企业在外贸中的主导地位，温州市需加强政策引导和支持，推动民营企业转型升级，提高产品的国际竞争力。

第四，跨境电商成为进出口新动力。2023年温州跨境电商进出口额487.9亿元，其中海关监管平台跨境电商进出口额为254.26亿元，同比略

微下降 13.18%。截至 12 月，温州市共有活跃出口网店 2.1 万家，海关备案企业 1649 家，其中规模以上企业 115 家。跨境电商综试区正全面助推温州打造多主体、高绩效、好生态的跨境电商强市。在跨境电商出口品牌建设方面，截至年底，全市累计培育省级跨境电商出口知名品牌 20 个，数量稳居全省前列。在跨境电商产业园建设方面，全市现已建成省级产业园 5 家、市级产业园 3 家、特色产业园 17 家，跨境电商产业规模化、集群化、规范化水平不断提升。在海外仓建设方面，全市累计建成 5 家省级公共海外仓、7 家市级公共海外仓，海外仓主体培育取得显著成果。

（二）引进外资增长乏力

据统计数据，温州市 2023 年合同外资金额达到 128301 万美元，同比下降 24.3%，实际使用外资金额达到 53352 万美元，同比下降 12.9%，全年新设外资企业 156 家，同比增长 92.6%（见图 3）。

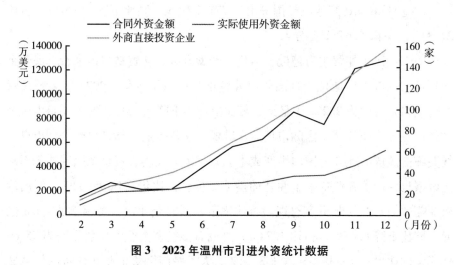

图 3　2023 年温州市引进外资统计数据

注：2 月数据为 1~2 月累计数，3 月数据为 1~3 月累计数，后面月份依此类推。
资料来源：根据温州市统计局发布的数据整理。

从每月累计进展看，实际使用外资和外商直接投资企业月度累计增长趋势比较稳定。而合同外资金额月度变化趋势略有波折，2 月、3 月保持稳定增长，4~5月略微下降，6~9月开始呈现增长，10月陡然下滑，11~12月恢复稳定增长。

从横向比较来看，全省11个市中，在实际利用外资方面，湖州、温州、绍兴和嘉兴这四市较上年同期呈现负增长态势，杭州市的实际利用外资金额居全省首位，而温州市排名与上年相比保持不变，仍是第6位。在完成目标方面，宁波市以117.2%的完成率位列全省第一，而温州市则从上年的第4位滑落至第7位。此外，杭州市的合同外资金额和金华市的企业数量均居全省首位，而温州市的合同外资金额和企业数量都居于第7位（见图4），排名较上年变化幅度不大。这表明温州市在引进外资方面虽然具有一定的竞争力和稳定性，但在提升外资吸引力方面，尚未实现突破性进展，仍面临着诸多不足和挑战，温州市在推进外资项目落地、优化投资环境或提升服务质量等方面仍需加强。

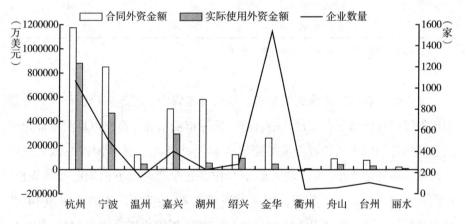

图4　2023年1~12月浙江省各地外商直接投资

资料来源：根据浙江省商务局发布的数据整理。

（三）"一带一路"国家和地区成为对外投资的主要目的地

2023年1~12月，温州市新设境外投资企业56家，同比增长86.67%，累计中方投资备案额5.17亿美元，与上年相比减少42.6%。其中投资共建"一带一路"国家和地区4.53亿美元，同比下降42.44%，占比为 87.70%（见表 1）。对外投资备案超亿美元大企业大项目不断涌现，造就了青山控股、正泰集团等全国跨国公司百强企业及佩蒂、华峰等全省跨国公司 50 强企业。目前温州市在外重点境外项目共 22 个，投资地区主要有东南亚、中亚、非洲、欧洲等，投资形式包括设立境外经贸合作区、制造业绿地投资、海外并购等。其中，已建成运行的项目占 80%，在建并计划于 2024 年投产的项目占 20%。

表 1 2019~2023 年温州市境外投资一览

年份	中方投资/其中"一带一路"（亿美元）	新设企业（家）	投资"一带一路"占比（%）
2019	7.51/6.92	36	92.14
2020	2.88/1.89	30	65.63
2021	6.09/1.92	17	31.53
2022	9.00/7.87	30	87.44
2023	5.17/4.53	56	87.70

资料来源：根据温州市商务局提供的数据整理。

境外经贸合作区建设成效显著。在海外投资中，温州先行快行，充分借助境外经贸合作区平台实现产能转移、国际市场拓展。温州市目前累计建成国家级境外园区 3 家、省级境外园区 3 家（见表 2），是全国拥有国家级境外园区最多的地级市。6 个境外经贸合作区在生产经营方面均已初具规模，据温州市商务局提供的数据，园区总投资 3.89 亿美元，规划总面积 14.89 平方公里，入驻企业总计 233 家，2021~2023 年年均带动进出口额近 10 亿美元，为所在地创造了 17000 余个就业岗位。

表 2 温州企业牵头的境外经贸合作区情况

序号	园区名称	成立年份	级别	投资国	产业	牵头企业
1	乌苏里斯克工业园	2006	国家级	俄罗斯	木材、家具与鞋类等	康奈集团
2	越南龙江工业园	2009	国家级	越南	机电、服装鞋类等	海亮集团
3	鹏盛工业园	2012	国家级	乌兹别克斯坦	皮革制造、瓷砖生产、水龙头阀门等	温州金盛贸易有限公司

序号	园区名称	成立年份	级别	投资国	产业	牵头企业
4	塞尔维亚贝尔麦克商贸物流园	2014	省级	塞尔维亚	保税仓储、物流配送、线下体检等	温州外贸工业品有限公司
5	乌兹别克斯坦农林科技农业产业园	2019	省级	乌兹别克斯坦	蔬菜、水果、花卉等种植、养殖基地建设	温州金盛贸易有限公司
6	印尼纬达贝工业园	2019	省级	印度尼西亚	镍资源开发与利用等	青山控股集团有限公司

资料来源：据温州市商务局官方网站整理。

推进本土跨国公司成为"走出去"主力军。浙江省商务厅公布2023年浙江本土民营跨国公司"领航企业"名单，温州有5家企业上榜，分别为青山控股集团有限公司、正泰集团股份有限公司、佩蒂动物营养科技股份有限公司、温州源飞宠物玩具制品股份有限公司和华峰集团有限公司。其中，青山控股集团有限公司位于中国民营企业500强第14位，也是世界500强民营跨国公司。本土民营跨国公司已经成为引领温州高水平"走出去"的主力军，为打造"一带一路"浙江枢纽发挥了至关重要的作用。

二 温州市外经贸发展的影响因素

2023年，温州外经贸面临着复杂多变且充满不确定性的因素，风险相较于机遇更为显著。地缘政治冲突持续不断，供应链危机依旧存在，全球经济复苏也面临着新的困境。随着世界百年未有之大变局的加速演进，温州外贸发展仍然面临着诸多挑战。面对如此严峻的形势，温州结合外贸企业的政策诉求，优化了系列政策举措，不断推动外贸新业态和新模式的发展，积极开拓多元化的外贸市场。然而，尽管如此，温州外贸总体上未能实现增长。吸引外资方面相较于上年显得增长乏力，产业国际竞争力与发达国家之间仍存在一定的差距。此外，在对外投资等方面还存在诸多问题与不足。现针对其现存的问题和影响因素进行分析如下。

（一）转型缓慢导致企业产品核心竞争力不强

目前国内外市场呈现需求疲软状态，再加上部分订单转移，导致温州市部分企业订单难以保证稳定，尤其是传统产业面临巨大的竞争压力。例如，温州市鞋业受到较大冲击，因无核心技术作为支撑，订单很容易被转移到东南亚一带。调研发现，如鹿城中国鞋都区域的大量企业订单明显减少，且毛利润仅有10%左右。此外，许多政策对企业的扶持力度不足，且政策考核方式与市场需求不一致。例如培训项目，虽然政府补助力度较大，但考核要求往往以受训人数为单一指标，而不是内容和市场反馈。

（二）要素支撑不足导致新贸易生态有待优化

近年来，数字贸易、跨境电商等新贸易模式已经成为全国贸易的新增长点，但温州市在该领域的增长仍然乏力，主要原因在于新贸易的要素支撑不足。一是人才供应缺乏。人才依然是困扰温州市新贸易发展的重要制约因素，企业在讨论新贸易发展时，经常提及人才短缺的问题。随着跨境电商企业的不断增长及业务的持续发展，跨境运营、网络营销、跨境物流等跨境电商综合类高端人才的需求变得尤为迫切。二是物流成本较高。相对其他先进城市，温州市的物流建设仍然滞后，尚不能适应当前的发展趋势。例如，宁波凭借其独特的港口优势，直接降低了物流成本，并且政府大力扶持企业自建海外仓，使其外经贸在全省范围内处于领先地位。而温州的情况则不尽如人意，由于港口优势不明显，货运流失严重。此外，海外仓的数量不足且布局分散，这极大地削弱了物流对跨境电商的支撑作用。三是优质运营商亟须引育。由于省内杭州、宁波、义乌等地的竞争压力，许多提供专项或综合性服务的优质服务商对来温州开展业务的意愿并不强烈。目前，温州数字贸易运营主要集中于阿里巴巴（占据市场半数以上份额），其后是亚马逊、1688、eBay等平台。然而，本地缺乏具有大品牌影响力的优质服务商，这在一定程度上制约了企业跨境电商业务的拓展。

（三）外资引进有待进一步提升

通过利用现有数据进行横向对比发现，温州市在 2023 年全年实际利用外资累计达到 5.34 亿美元，列全省第 6 位（与 2022 年持平），同比下降了 12.9%，仅完成了省定目标（58000 万美元）的 92%，这一成绩落后于杭州、宁波等城市。一方面，温州市的产业布局以轻工业为主导，规模以上工业企业较少，这导致了其引资实力相对较弱，所吸引的投资大多来自中小外商，资本规模较小，技术实力也相对不足；另一方面，这与全省的战略布局和政策导向密切相关。杭州、宁波作为浙江省重点打造的区域，嘉兴作为长三角一体化示范城市，相对会获得更多的政策倾斜，因此在引进外资方面具有更多便利。而温州位于浙南地区，相对而言得到的战略支持不足，因此在引进外资方面还有待进一步提升。

三　2024年温州市外经贸发展态势预测与政策建议

当前，全球环境日趋复杂和不确定，经济复苏面临诸多困境。2024 年，我国各级政府将继续组织企业抱团赴海外开展招商引资活动，并努力开拓市场，从而推动贸易新业态和新模式的发展。据初步调研，一是对外贸易上，从内部来看，政府正积极应对新的经济形势，持续打好外贸"稳拓调"组合拳，深入开展"百团千企出海拓市场增订单"专项行动，深化跨境电商综试区建设，并在跨境电子商务自主品牌、独立站培育及产业园区建设等方面给予大力支持；从外部来看，外需减弱已呈明显趋势，供应链转移趋势未能扭转。二是在吸引外资与境外投资上，政府正深化"全球大招商活动"，积极拓展新的外资招引渠道。基于以上情况，2024 年温州外经贸的发展无疑是机遇与挑战并存。为此，提出如下建议。

（一）鼓励"走出去"，开拓新市场

一是兼顾区域拓市场。企业普遍认为，稳定的经贸关系是企业拓展海外

市场的重要保障。关系稳定的共建"一带一路"国家和 RCEP 等区域市场将成为新的增长点。在努力稳住美欧市场的同时，鼓励企业深度开拓这些新兴市场。二是创新模式拓市场。继续发挥广交会、进博会、服贸会等国内展会在市场拓展方面的作用，同时鼓励企业主动"走出去"参与"一带一路"、RCEP 等区域的展会，并加大参展补贴力度。三是发挥平台作用拓市场。充分发挥温州市外贸采购试点、跨境电商综试区、综合保税区及华商综合先行区等多个外贸平台的叠加效应，通过线下线上营销、在线调查参展等方式开展高效对接，努力开拓国际市场。

（二）增强核心竞争力，开发新产品

一是提升出口产品的附加值。由于近年来的国际贸易摩擦，很多产品和企业出口受到冲击，但是也有一些产品和企业逆势上涨。其共同点是在技术和品牌等高附加值环节占据优势。应发展自有品牌，形成消费市场黏性，提高议价能力，提升企业利润。二是积极提供适合"一带一路"国家和地区的产品。在消费品方面，根据对若干外贸企业的调查发现，物美价廉的商品在"一带一路"国家和地区更受欢迎。三是积极培育"新三样"。目前全国新能源汽车、锂电池、太阳能电池出口成为新的增长点，温州市要积极培育这类产品出口。

（三）夯实要素支撑，营造新生态

一是进一步夯实人才基础。建议通过政、校、企三方的联动，进一步推进并做实温州市跨境电商学院建设，打造数字贸易人才培养高地与"蓄水池"。二是大力引入优质服务商。借鉴义乌、杭州、深圳等地做法，大力引进阿里巴巴国际站、亚马逊、Google 独立站等优质服务商（分部）落户温州，为引进企业提供相应鼓励扶持政策。三是大力打造物流网络。完善物流配套设施，提升口岸发展能级，深化政府、口岸、货代、企业、船公司五方合作机制，大力招引头部物流、货代企业，打造与跨境电商发展相适应的"公海铁空"立体式物流通道。充分挖掘公共海外仓存量，支

持企业在"一带一路"国家、RCEP 成员国等重要国家和地区建立公共海外仓。

（四）改善营商环境，实现引资新进展

一是以数字技术赋能营商环境。积极构建数字化引资平台，推动政策精准直达、高效兑现，大力提高引进外资工作效率，缩短外资进入时间，方便企业高效把握市场时机。二是建立外资项目数据库。对潜在项目或在途项目进行摸底，建立外资重点项目数据库，坚持以招大引强、招商引智和打造产业聚集为重点，不断加大招商力度。鼓励各县（市、区）根据自身产业布局规划，制定个性化外资优惠政策，形成省市县三级叠加效应。三是落实用地保障。考虑到温州市各大产业集聚区用地本身已经相对紧张，对此，完善相关制度以鼓励企业入驻，通过深度整合公共资源、更高效利用非生产的公共空间，解决用地保障问题。

（五）开展海外投资与布局，打造拓展新平台

一是对外建立友好稳定的经贸关系。温州市应积极主动"走出去"，与潜在投资东道国建立良好的经贸关系，并适应东道国的经济政治环境，为产业链的海外布局奠定基础。二是积极对接与参与"一带一路"建设。做好共建"一带一路"投资的整体规划，在空间分布和行业分布上做好宏观把握，与"一带一路"的顶层设计相嵌合。三是要做好境外园区功能转型升级。目前国家对境外农业园、资源开发园以及物流园等新型园区仍保留补贴政策，可考虑将工业园转型升级为物流园，并加强海外仓建设。

B.7

温州服务业发展形势分析与预测
（2023~2024年）*

郑黎明**

摘　要： 2023年，温州服务业承压前行，总体呈持续回升向好态势。现代服务业发展势头强劲，消费模式持续创新，市场预期稳定向好。同时，温州服务业存在营收增长持续承压、消费支柱行业增长放缓、行业内部明显分化、服务业企业规模偏小等亟待破解的问题。建议巩固文旅产业发展优势，夯实生产性服务业根基，增强服务业企业发展动能，加快发展现代服务业，有效发挥服务业压舱石与稳定器作用。

关键词： 服务业　消费市场　数字经济　温州

　　2023年，疫情防控平稳转段后，随着服务需求持续释放、市场活力稳步提升，服务业得到较快恢复，成为经济回暖的"主引擎"。温州全市实现服务业增加值4944亿元，比上年增长6.8%（见图1），全市分县（市、区）服务业情况如图2所示，服务业增加值占GDP比重达56.6%，对经济增长的贡献率达55.2%，服务业经济延续稳和进的主基调。

---

　　* 若无特殊说明，数据资料均来源于温州市统计局。

　　** 郑黎明，温州市统计局原党组副书记、副局长，中共温州市委党校智库特聘专家，高级统计师，主要研究方向为经济统计与分析。

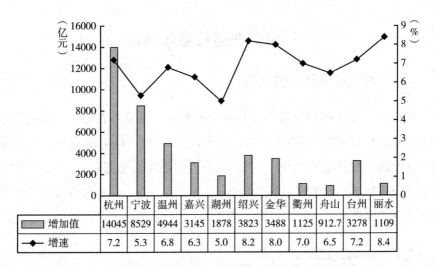

图1　2023年浙江省各设区市服务业增加值及其增速

资料来源：浙江省统计局：《浙江经济数据要情（2023.12）》。

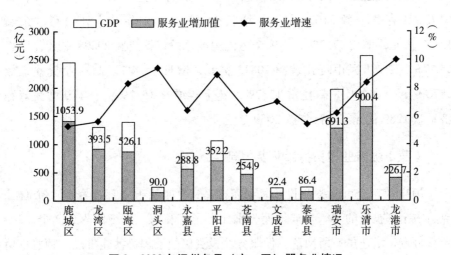

图2　2023年温州各县（市、区）服务业情况

注：①龙湾区数据含温州湾新区；②洞头区数据含温州海洋经济示范区。

资料来源：温州市统计局：《2023年温州经济概览》。

一　服务业运行总体特征

（一）新业态带动更优走向

2023 年，全市接触型服务业需求快速释放，批发零售业、住宿餐饮业显著回暖，增加值比上年分别增长 7.5%、12.1%。社会消费品零售总额 4257.1 亿元，同比增长 7.9%，其中限上消费品零售额增长 8.8%，两项指标增速分别高于全省平均水平 1.1 个、2.9 个百分点。信息软件业等新质服务业能级持续提升，全年实现增加值 261.7 亿元，同比增长 13.3%。

（二）金融业延续扩张势头

2023 年，温州市金融业增加值 654.1 亿元，按可比价计算，比上年增长 9.8%。金融机构本外币存款余额 21948 亿元，比上年末增长 14.7%，其中人民币存款余额 21659 亿元，增长 14.9%。年末住户本外币存款余额 13177 亿元，增长 17.7%。年末金融机构本外币贷款余额 20898 亿元，增长 15.4%，其中人民币贷款余额 20813 亿元，增长 15.4%。制造业贷款余额 2870 亿元，占各项贷款比重 13.7%，比上年增长 15.2%；全年新增民营经济贷款 1289 亿元、小微贷款 2059 亿元。

（三）服务业投资持续积势蓄能

2023 年，全市服务业投资增长 5.0%，增速低于全部投资 2.4 个百分点，占全部投资的 79.3%。增速分别比上半年和前三季度回落 2.2 个、2.4 个百分点，增速虽有所回落，但服务业投资仍处于积势蓄能阶段。随着疫情防控平稳转段，服务需求持续释放，其中教育、文化艺术、公共管理业等投资分别增长 32.7%、38.8%、17.0%，增长较快。

（四）新模式新场景不断涌现

2023 年，温州市入选国家级现代流通战略支点城市，消费新业态加快发展，新模式新场景不断涌现，现代服务业保持较快增长。一是持续推进区域消费中心城市建设。引进品牌首店 120 家，五马大南商圈获批全国示范智慧商圈，鹿城、瓯海入选第一批省级新型消费建设试点。二是创新平台加速布局，创新活力不断迸发。新引育香港理工大学温州研究院等高能级科创平台 11 家，"一区一廊"落地创新型重大项目 83 个。中国眼谷获评国家首批"科创中国"创新基地示范项目、累计注册科技型企业 203 家，中国基因药谷落地大分子药物与规模化制备全国重点实验室，温州新光谷挂牌运行省激光智能装备技术创新中心。三是都市区能级加快提升。制定实施中心城区统筹规划管理办法，"一核十片"建设三年行动计划正式启动，滨江 CBD 开工总部大楼 10 栋，温州美术馆、儿童艺术剧院建设加快，墨池坊、梧田老街等改造提升项目开街亮相。创建瓯越中央法务区，打造浙江首个法律服务产业培育基地。四是金丽温开放大通道建设扎实推进。新增近洋航线 4 条、国际（地区）客货运航线 8 条，温州港状元岙港区国际邮轮口岸接待设施进一步完善。温州至上饶、南昌海铁联运实现常态化运行，开行中欧班列温州号 130 列，创成省级公共海外仓 2 个，港口集装箱和机场货邮吞吐量分别突破 130 万标箱、10 万吨。高标准推进强港金南翼建设，大小门岛 LNG 项目配套码头、温州港核心港区深水航道建成投用。

二　主要行业运行情况

（一）消费品市场呈波浪式抬升稳走态势

2023 年，全市实现社会消费品零售总额 4257.1 亿元，同比增长 7.9%，增速比上年加快 4.3 个百分点，高于全省平均 1.1 个百分点，居全省第 4 位。从增长走势看，因疫情防控转段，1~2 月增速为 1.7%，1~6 月达到年内高点（10.0%），之后逐步趋于平缓，总体呈现"低开、快升、稳走"态势。一是基本生活消费平稳增长，限额以上单位粮油类、日用品类、中西药品类和服装鞋帽类商品零售额分别增长 5.7%、16.7%、8.3% 和 36.2%，合计拉动限额

以上零售额增速 3.5 个百分点。二是升级类商品消费快速增长，新能源车类、智能手机类、化妆品类、金银珠宝类、文化办公用品类、体育娱乐用品类商品零售额分别增长 22.7%、84.4%、41.4%、60.2%、50.2% 和 126.8%，合计拉动限额以上零售额增速 6.0 个百分点。三是网络消费增势良好，全市限额以上批零企业通过公共网络实现商品零售额同比增长 37.5%，网络零售占限上批发零售业零售额的 25.8%，比重比上年提高 5.4 个百分点。

（二）新质服务业核心产业加快形成

2023 年，温州通信运营商的互联网、软件信息业务稳定运行，全市信息传输软件业增长较快。信息传输、软件和信息技术服务业实现增加值 261.7 亿元，同比增长 13.3%。75 家规上信息传输软件业企业实现营业收入 234.4 亿元，增长 6.6%。其中互联网、软件信息服务业企业营业收入增长 28.2%。

（三）交通运输业增势较强

2023 年，全市交通运输、仓储邮政业增势良好，实现增加值 226.9 亿元，同比增长 14.1%；全年航空旅客吞吐量 1168.8 万人次，航空货邮吞吐量 10.6 万吨，较上年分别增长 108.4% 和 71.3%。从企业经营情况看，全市 202 家规上交通运输业企业实现营业收入 247.3 亿元，同比下降 0.3%。据交通、邮政等部门统计，全市实现公路和水路货物周转量 728.5 亿吨公里，比上年增长 15.1%；旅客周转量 36.9 亿人公里，增长 20.7%；快递业务量 19.6 亿件，同比增长 16.7%。

（四）房地产业呈低迷走弱态势

商品房销售和二手房成交持续低位增长。2023 年，全市商品房销售面积 706.2 万平方米，同比增长 4.9%，销售面积增速从一季度增长 16.8% 下降到全年增长 4.9%。一是住宅成为拉动商品房销售主力，其他商品房销售持续低迷。2023 年住宅销售面积 629.1 万平方米，增长 10.3%，拉动商品房销售 8.7 个百分点。办公楼、商业营业用房和其他商品房销售仍处于下降态势，分别下降 36.6%、12.5% 和 27.4%。二是新建商品房网签成交保持低速增长。市住建部门网签数据显示，2023 年全市新建商品房网签面积 814.6 万平方米，增长 1.5%，其中市区网签面积 349.5 万平方米，增长 3.0%，市区商品房销售情况略好于各县（市）。三是市区销售仍然为近年来冰点。市区二手住宅 2023 年签约量（网签清洗后）为 199.1 万平方米，同比增长 14.0%。3 月攀升至 2023 年的顶峰 28.2 万平方米，随后逐月下行至 12 月份的 12.9 万平方米。从历年市区住宅总成交量（新房和二手房网签量合计）来看，2022 年开始交易量大幅跳水，2023 年延续颓势，成交量与上一年相近，均不到 2019 年、2020 年、2021 年的一半。

（五）其他服务业呈恢复性增长态势

规模以上商务服务业、社会工作、居民服务业、文体娱乐业营业收入同比分别增长 20.3%、57.8%、16.9%、34.2%。民营教育行业营收下降 15.1%，民营医院等卫生行业营收下降 0.5%。数字经济核心服务业营业收入增长 8.9%。

三 服务业发展需要关注的问题

2023 年，温州全市服务业温和恢复，但整体修复速度慢于全国、全省平均水平。同时，服务业行业内部分化明显，其他营利性服务业发展滞后等情况，值得高度关注。

（一）规上服务业营收增长持续低迷

2023 年，全市共有规上服务业 1105 家，实现营业收入 873.4 亿元，同比增长 3.7%，比全省平均水平低 2.7 个百分点，比上年高 0.5 个百分点，居全省第 10 位。全年规上服务业营收增速持续走低，分别比 1~3 月、1~6 月、1~9 月仅高 3.2 个、1.7 个、2.0 个百分点（见图 3）。

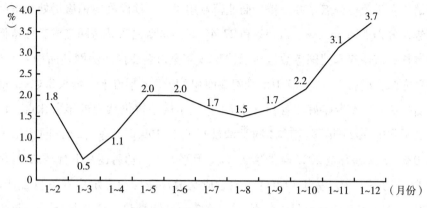

图 3　2023 年温州市规上服务业营业收入增速

资料来源：温州市统计局：《温州统计月报（2023.12）》。

（二）传统商贸业态增长疲软

一是本地传统批发业增长乏力。2023 年，剔除贸易型总部企业 328 家单位，本地传统限上批发业企业销售额同比仅增长 6.2%，增速低于限上批发业 5.8 个百分点。其中，传统批发业前 20 强企业销售额同比下降 1.3%，增速负增长的 10 家企业下拉限上批发业增速 2.2 个百分点。传统批发业销售额占限上批发业的比重超六成，是全市批发业可持续增长的基础，传统批发业增长动力不足亟须引起关注。二是实体零售店铺表现欠佳。面对电子商务和个性化、多样化消费需求的冲击，传统零售业态经营欠佳。2023 年，全市限额以上大型超市、百货商店零售额分别下降 9.6% 和 2.1%。人本、世纪联华、银泰百货等老牌超市或百货商场均同比下降，且降幅多为两位数。

（三）消费支柱行业增长放缓

汽车类、石油及制品类商品零售额占限上消费品零售额比重为 54.1%，这两类权重类商品的低增速将给消费市场增长带来较大影响。一是汽车消费较为低迷。受汽车消费需求下降、省内周边地市消费券分流等影响，全市汽车消费增长不及预期。2023 年，限上单位汽车类商品零售额同比增长

1.3%，剔除新能源车外，传统燃油车零售额同比下降4.6%。二是石油及制品类消费呈现负增长。新能源汽车消费的快速增长，一定程度上对燃油消费形成抑制，2023年，限上单位石油及制品类商品零售额同比下降3.7%。

（四）服务业行业内部明显分化

分行业看，规上服务业十大行业营业收入呈现"四升六降"的运行态势。与全省相比较，仅4个增速高于全省平均水平，分别是交通运输、仓储和邮政业，租赁和商务服务业，居民服务、修理和其他服务业，文化、体育和娱乐业；其余6个行业不同程度低于全省平均水平。2023年温州服务业分行业增加值增速如图4所示。

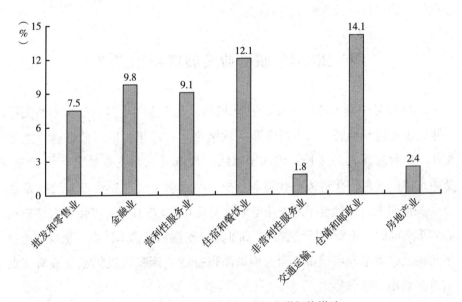

图4 2023年温州服务业分行业增加值增速

资料来源：温州市统计局：《温州统计月报（2023.12）》。

（五）存量企业增长乏力

2023年，上年同期即在库的存量企业实现营业收入804.7亿元，占全

部规上服务业营业收入的比重为 92.1%，同比下降 0.1 个百分点，对规上服务业营业收入增长的贡献率为 -2.2%。规上服务业主要依靠"小升规"企业（含新开业）拉动，存量企业增长乏力。居民消费仍然疲软，市场活力不足，预期偏弱，服务业发展稳中承压。

（六）服务业企业规模偏小

2023 年，全市规上服务业企业 1105 家，占全省总数的 7.7%，居全省第 4 位。营业收入 873.4 亿元，占全省总量的 2.9%，居全省第 5 位。户均营业收入 0.79 亿元，比全省平均水平少 1.3 亿元，仅居全省第 9 位。年营业收入超亿元企业 156 家，仅占总数的 14.1%，企业规模偏小，缺乏具有核心竞争力的现代服务业领军企业。

四 2024年服务业发展展望和建议

2024 年是中华人民共和国成立 75 周年，是实施"十四五"规划的关键一年，也是温州冲刺"双万城市"的攻坚之年。温州将以深度打造"立足温州、辐射浙闽赣乃至长三角的国家级现代流通战略支点城市"为统领，努力在中国式现代化进程中续写创新史。全市服务业发展将进入"扩量增质"关键时期，预计全年服务业增加值增长 6.5%左右。全市要着力打造核心和重点商圈，不断创新消费模式和业态，挖掘消费需求潜力，积极打造数字丝绸之路战略节点城市，全力推动温州打造"国家级现代流通战略支点城市"快出成效和形象。

（一）提升服务质效，巩固文旅产业优势

2024 年，文化旅游及相关行业伴随着同期基数上抬、居民消费趋于理性，发展压力较 2023 年恐将有所提升。面对如此形势应采取如下措施。一是倒逼行业加快提升服务质效。要继续加强旅游、文化、体育等产业的能级提升，通过数字化、智能化手段，推动线上线下服务融合发展，在丰富服务

供给、提升服务质效的基础上，促进居民消费提质升级。二是因地制宜加强本地文旅特色品牌打造。要整合优势资源，突出地域特色，避免区域内同质化发展，防止"一拥而上"无效扩张。

（二）力推扩量增质，夯实生产性服务业根基

生产性服务业作为现代服务业的重要组成部分，充分发挥其规模优势，挖掘其发展潜力，意义重大。一是促进生产性服务业向专业化和价值链高端延伸。在温州制造业产业结构全面优化升级大背景下，要进一步加强现代物流、工业互联网、工业软件、商务服务等配套生产性服务业发展；尤其要以制造业"数字化""智能化"转型为抓手，努力推动基础软件、集成电路设计等高端信息技术行业实现跨越式发展。二是进一步完善各级层面的推进促进机制。加强各部门机构和产业功能板块之间的统筹协调和分工协作，建立优化生产性服务业发展考核评价体系，构建有利于两业融合发展的"政策工具箱"。

（三）稳定消费预期，提振居民消费信心

一是进一步稳定居民收入预期。建议相关部门从稳就业、保岗位、促增收入手，夯实消费增长基础。重点关注长期失业或低收入群体的生活，给予临时性政策扶持或生活补助。完善困难群体再就业援助制度，落实社会救助和保障标准与物价上涨挂钩机制，继续加强教育、医疗、养老等方面财政支持和政策保障，稳定居民消费预期，提振居民消费信心。二是加大政策保障力度。建议相关部门加强跟踪研判，强化金融、财政、就业等各项政策协同联动，以及精准政策措施供给。加强对重点贸易企业的跟踪监测，及时有效给予企业政策扶持，助推重点商贸企业稳定健康发展。充分发挥"政策领跑"作用，优化消费券和各项补贴发放计划，激发消费市场主体活力。

（四）优服务强保障，增强企业发展动能

一是强化传统企业培育。做大做强非总部型传统商贸企业，加强对传统

商贸企业转型的引导和政策扶持，助力企业降低运营成本，推动传统贸易企业持续增长。二是强化服务助企纾困。针对龙头集团、重点企业销售下滑的情况，有关地区和部门要深入企业，摸清企业经营情况，针对存在的困难和问题，实施精准指导和帮扶，积极帮助企业抢抓订单、打通产业链供应链环节堵点，发挥好本土集团总部优势，防止企业业务外流。

（五）优供给促活跃，拓展消费增长空间

一是稳定和扩大传统消费。建议相关主管部门紧扣汽车、家电等消费重点领域，推动大规模设备更新和消费品以旧换新，有针对性地出台绿色智能家电消费补贴政策、继续推出汽车消费券补贴活动，激发大宗商品消费市场活力。二是培育壮大新型消费。推动商贸企业"线上线下"融合发展，持续扩大新零售、直播带货等新模式新业态对消费提升的贡献度。围绕本地旅游特色资源，挖掘休闲消费领域潜力，推动餐饮、住宿品质化发展，拓展周末经济和假期消费，吸引外地客流，加快消费回流。办好体育赛事、演唱会、音乐节、购物节等各类综合性活动，积极培育体育赛事、文娱旅游、国货"潮品"等新的消费增长点。

参考文献

《2023 年国民经济回升向好　高质量发展扎实推进》，国家统计局网站，2024 年 1 月 17 日。

郭慧敏、戴安然：《2023 年浙江经济运行稳进向好　高质量发展迈出坚实步伐》，浙江省统计局网站，2024 年 1 月 23 日。

B.8

温州地方财政运行形势分析与预测
（2023～2024年）

温州市财政局课题组*

摘　要： 2023年温州深入实施"八八战略"，强力推进创新深化改革攻坚开放提升，积极的财政政策加力提效，有力促进了经济社会健康发展。全市一般公共预算增幅呈现"前低中高后稳"态势，全年实现一般公共预算收入622.7亿元，同比增长8.5%，高于全国、全省平均水平。一般公共预算支出1175.9亿元，同比增长3.4%，保持合理强度，支出结构持续优化，民生支出占比达到79.3%。展望2024年，发展形势依然复杂多变，财政收支紧平衡态势将延续。在宏观政策对经济恢复提供有力支撑的大背景下，温州财政将坚持稳中求进、以进促稳、先立后破，统筹高质量发展和高水平安全。

关键词： 财政收入　合理增长　财政运行　温州

2023年，温州市财政局在市委、市政府的坚强领导下，在省财政厅的精心指导下，不折不扣落实中央、省委省政府决策部署，深入实施三个"一号工程"和"十项重大工程"，加快构建现代财政制度体系，落实落细"8+4"经济政策体系，推动财政收入回稳向好，财政支出结构优化，经济社会持续健康发展。

---

* 温州市财政局课题组成员：贾黎春，温州市财政局党组书记、局长；叶晓东，温州市财政局副局长；金童童，温州市财政局财税运行分析处处长；夏程超，温州市财政局财税运行分析处干部。

一　2023年温州地方财政运行基本情况

（一）一般公共预算执行情况

2023年，全市财政总收入1025.9亿元，同比增长11.7%，其中，一般公共预算收入622.7亿元，同比增长8.5%，完成年初预算进度的101.9%。一般公共预算收入中税收收入502.3亿元，同比增长11.9%，占比为80.7%。全市一般公共预算支出1175.9亿元，同比增长3.4%。

（二）政府性基金预算执行情况

2023年，全市政府性基金收入1310.7亿元，同比增长13.3%，其中国有土地使用权出让收入697.7亿元，同比下降3.0%。全市政府性基金支出1447.9亿元，同比增长1.6%，其中国有土地使用权出让收入安排的支出518.2亿元，同比下降14.5%。

二　2023年温州地方财政运行主要特点

（一）全年收入"前低中高后稳"

2023年以来，全市一般公共预算收入受上年基数和跨年度收入影响，增幅呈现"前低中高后稳"的走势（见图1）。一季度受缓税跨年结转入库影响，全市一般公共预算收入累计增速逐月上升，累计增幅由3.5%上升至8.5%，4月开始受上年大规模留抵退税带来的低基数影响增幅高位运行，4~7月增幅处于19.7%~25.8%。三季度以来收入增幅平稳回归合理区间，前三季度收入增速回落到9.4%，全年增长8.5%，高于年初预算目标2.0个百分点。全年连续11个月高于全省平均水平，全年收入增幅分别高于全国（6.4%）、全省（7.0%）2.1个、1.5个百分点，实现"开门红""半年红""季季红""全年红"。

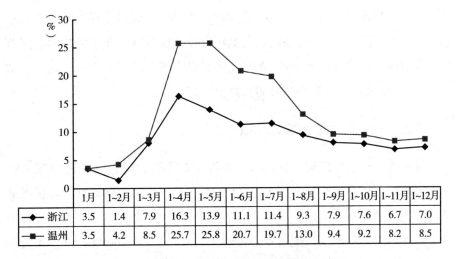

	1月	1~2月	1~3月	1~4月	1~5月	1~6月	1~7月	1~8月	1~9月	1~10月	1~11月	1~12月
浙江	3.5	1.4	7.9	16.3	13.9	11.1	11.4	9.3	7.9	7.6	6.7	7.0
温州	3.5	4.2	8.5	25.7	25.8	20.7	19.7	13.0	9.4	9.2	8.2	8.5

图1　温州市、浙江省一般公共预算收入情况

资料来源：温州市财政局。

（二）财政收入质量稳步提升

从收入结构来看，全市税收收入同比增长 11.9%，快于一般公共预算收入增幅 3.4 个百分点，带动税占比回升，全年税占比达到 80.7%，高于高质量发展要求 0.7 个百分点，较上年提高 2.5 个百分点。其中增值税发挥"主引擎"作用，收入 235.7 亿元，同比增长 46.1%，占一般公共预算收入比重 37.9%，较上年增加 9.8 个百分点。地方财力逐步壮大，全年财政总收入中一般公共预算收入占比达到 60.7%，为全市经济社会发展贡献了更多地方财力。

（三）实体税源恢复态势较好

2023 年，全市全口径税收收入同比增长 14.7%，其中第二产业税收同比增长 22.4%，占税收比重 50.1%，第三产业税收同比增长 7.8%，占税收比重 49.8%。五大主导税源行业呈现"一高四平"。制造业同比增长 31.0%，占税收收入比重 37.1%，剔除缓税因素后同比增长 4.0%。五大传统行业同比增长 29.4%，快于五大新兴产业 18.4 个百分点，其中汽车零部

件、电气、泵阀分别增长 38.3%、34.2%、32.9%。建筑业在房地产下行影响下，同比下降 3.8%。房地产业受上年留抵退税低基数和市场持续低迷两个因素影响，同比增长 4.6%。批零业受有效需求释放不足因素影响，仅增长 0.9%。金融业受政策调控影响，同比下降 0.6%。

（四）积极财政政策加力提效

抢抓政策资金窗口期，累计向上争取各类资金 1213 亿元，其中省"8+4"经济政策体系资金 96 亿元，占全省比重 14.7%，居全省第二。获批地方政府债券额度 636 亿元，其中新增专项债券 404.5 亿元，债券总额度及专项债额度均居全省第一，拉动有效投资超 4500 亿元。全面修订覆盖 4 大产业 29 类别 311 条政策项目的新一轮市级产业政策，创新财税惠企政策落实机制，全年为市场主体减负超 350 亿元，累计兑现奖补资金 77.8 亿元，惠及企业 3.8 万户（次），有力促进了市场主体信心恢复。

（五）财政支出保持合理强度

积极应对收支矛盾，优化支出结构，保持合理支出强度，发挥财政资金稳经济、保民生、防风险的作用。十项重点民生支出 932.1 亿元，同比增长 5.1%，占一般公共预算支出的比重为 79.3%，较上年同比增长 1.3 个百分点。加大科技创新力度，科学技术支出同比增长 15.3%，占一般公共预算收入比重较上年提高 0.4 个百分点。教育、社会保障和就业分别增长 7.6%、11.9%，占一般公共预算收入比重分别为 23.5%、13.7%。农林水支出增长 14.3%，占一般公共预算收入比重较上年提高 0.8 个百分点。

三　2023年温州地方财政运行存在的问题

（一）税收稳增长压力较大

2023 年全市税收收入受减税降费政策、经济税源变化等因素影响明显，稳增长压力不断增大。一是税收恢复不及预期。虽然全年全市税收收入同比增长 11.9%，但主要原因是上年组合税费政策导致低基数因素，全市一般公共预算中税收收入（502.3 亿元）规模尚未恢复到 2021 年（549.5 亿元）的同期水平，两年平均下降 4.4%，剔除缓税因素后实际仅增长 3.8%。二是效益指标持续下降。从所得税收入来看，市场主体生产经营仍面临较大压力，全年全市企业所得税同比下降 12.3%，连续 12 个月累计两位数负增长；个人所得税同比下降 2.3%，连续 12 个月累计负增长。

（二）房土市场依然疲软

2023 年，受房地产市场低迷影响，全市土地成交数 142 宗，成交金额 407.6 亿元，同比下降 31.6%。一是土地出让收入持续下降。受土地市场低迷影响，全市国有土地使用权出让收入在上年低基数基础上（2022 年下降 40.0%）继续下降，全年下降 3.0%，8 个县（市、区）为两位数负增长，6 个县（市、区）降幅超过 20%。二是土地收入预期仍在走低。从市区土地出让收入入库结构来看，经营性用地出让收入占比 53.5%，较上年下降 2.6 个百分点；往年出让当年入库占到经营性用地出让收入的 54.8%，较上年上升 11.5 个百分点。三是房地产相关税收普遍负增长。2023 年全市土地增值税同比下降 45.2%、耕地占用税同比下降 51.4%。房地产税收占比从 2020 年的 25.8% 降至 2023 年的 17.0%。

（三）财政运行风险上升

一是债务风险有所攀升。经测算，2023 年末全市债务风险等级将处于黄色区间。预计 2024 年全市将有 6 个主体法定债务率超过 120%，成为财政部规定的债务风险提示地区。二是还本付息支出增加。当前正处于化债高峰期，2023 年全市债务还本支出同比增长 9.8%，债务付息支出同比增长 13.9%。三是盘活资产难以持续。全市各县（市、区）加大资产盘活力度，资产盘活规模创新高，全市资产盘活收入同比增长 41.7%，但资产盘活可持续性不强，且存在一定风险。

四 2024年温州财税形势展望

（一）有利因素

从创新效应来看，科技支撑引领持续增强。近年来，温州紧盯全国新能源产能中心和应用示范城市创建，加速构建"核风光水蓄氢储"全产业链，深入实施能源低碳绿色发展和生态环境保障工程，2023年全市新能源产业税收同比增长27.5%，预计2024年新能源产业将为税收增长注入新动能。全市开展研发攻坚行动，全社会研发经费支出占GDP比重首超全国平均水平，高新技术企业数排名第24名，规上工业企业研发经费支出与营业收入排名第16名，推动全市科学研究和技术服务业税收快速增长，收入增长64.2%。

从政策效应来看，市场主体活力迸发。2023年以来，财政部加力提效实施积极的财政政策，延续、优化、完善了一大批减税降费政策并抓好落实，帮助经营主体纾困解难。全市民营经济纳税人享受新增减税降费146.5亿元，占比84.8%，有效激发企业活力、提振市场信心。2023年民营经济税收同比增长15.8%，高出全市总体税收增幅1.1个百分点。2023年末，全市在册市场主体达到141.26万户，其中民营企业39.4万户，为全市税源培植夯实增量基础。

从投资效应来看，投资拉动作用凸显。2023年四季度中央增发1万亿元国债，支持灾后恢复重建和提升防灾减灾救灾能力，全市已争取到26亿元；2024年中央还将安排一定规模赤字，确保财政总支出规模有所增加，并加大对地方转移支付倾斜力度。2024年中央还会继续加大专项债发行规模，预计拉动社会投资超万亿元。全市财政部门将紧盯中央、省委最新政策和投资导向，抓好项目策划、储备、对接，争取更多超长期国债、政府专项债、EOD项目等中央资金和政策支持，力争份额继续保持全省前列。

（二）不利因素

从有效需求来看，消费市场恢复不及预期。2023 年批零业税收仅增长 0.9%，剔除留抵退税因素后同口径下降 4.0%。全年限上批发业、零售业销售额分别增长 12.0%、12.0%，居全省第 8、第 5 位，头部企业支撑减弱拉低批发业增速，全市总部开票企业销售额约占线上批发业的四成，如多弗系开票单位 1~11 月增速较上月累计回落 10 个百分点以上，将进一步影响批零业税收增长。权重商品消费疲软，汽车消费呈现"金九不金，银十不银"的情势，1~11 月主要汽车上牌量同比下降 8.7%（11 月当月下降 19.9%）。居民储蓄意愿增强，12 月末住户存款同比增长 17.7%，居民消费贷款余额开始下降。

从房地市场来看，房地产业筑底承压。房地产业与财政收入关系密切，但从 2023 年表现来看，房地市场信心尚未恢复，商品房销售持续回落，全年全市商品房销售面积仅增长 4.9%，较前三季度继续下滑 3.7 个百分点，居民购房观望情绪浓厚。且近年来全市安置房增量不断释放，一定程度上影响商品房销售，全年一手房预售开票金额同比下降 27.0%，2024 年房地产业投资预计处于下降区间，房地产业将继续筑底承压，进而影响后续土地出让。房地产产业链较长，将对全市通用设备制造业、电气等制造行业及建筑业等关联上下游行业造成持续连锁冲击，明显影响全市财政收入。

从外贸领域来看，出口颓势未见明显拐点。在贸易转移、订单萎缩双重压力下，全年全市货物贸易出口总额同比下降 6.5%，降幅较前三季度扩大 3.5 个百分点；出口订单景气指数已连续 19 个月处于不景气区间，六成企业反映订单减少。2023 年全市出口退税同比下降 18.3%，将一定程度上影响全市免抵退资源储备和向上争取空间，2023 年全市免抵调增值税同比下降 75.6%，对全市税收收入规模和入库节奏产生影响。

五　2024年温州财政发展对策建议

下一步，温州全市财政部门将全面贯彻中央经济工作会议精神，按照市

委、市政府关于经济工作的部署要求，坚持稳中求进、以进促稳、先立后破，切实增强经济活力、防范化解风险、改善社会预期，巩固和增强经济回升向好态势，为谱写中国式现代化温州新篇章贡献财政力量。

（一）聚力做大收入蛋糕，创新优化路径措施

一要做大税收收入盘子。健全财税联席会议机制，加大依法征税、科学理财创新力度，凝聚财源增收最大合力。压实县（市、区）政府抓经济、促增收的主体责任，充分调动县（市、区）涵养税源、组织收入的积极性。二要做大土地收入盘子。深入实施"强城行动"，提升中心城区首位度，组建城市更新专项资金，拓宽土地出让收入渠道。做好做地、储备、出让"三个计划"，全力稳定预期，提高土地出让"含金量"，促进房地产土地市场平稳发展。三要做大非税收入盘子。在依法依规、严守财经纪律底线的前提下，联合市住建局等部门，按照市场化法治化原则，通过内部挖潜、共享共用、调剂利用、对外出租、有偿转让等方式挖掘低效资产价值，规范有序地盘活各类存量资源资产，拓宽地方收入来源。

（二）聚力提升政策质效，促进经济回升向好

以财政政策的适度加力和提质增效为财源培育注入"源头活水"。一是精准发挥政策效应。会同市府办及有关部门梳理修订产业扶持政策，真正把资金用在刀刃上，落实好结构性减税降费政策，推动土地财政逐步向税源财政转型升级。二是做大做强产业基金。聚焦温州传统支柱产业和新兴主导"5+5"两大万亿级产业集群培育，推动超千亿规模的产业基金矩阵投资运作，大力招引链主项目和延链补链项目，为温州产业转型发展提供支撑。三是全力扩大有效投资。更好发挥专项债券带动扩大有效投资作用，提前筛选建立管长远、利大局的项目清单，加快优质项目滚动接续储备，加快债券资金使用，尽快形成实物工作量，拉动有效投资，为稳经济、稳增长、稳投资注入强劲动能。

（三）聚力防范运行风险，全力筑牢安全根基

注意把握和处理好速度与质量、发展与安全的关系，建立健全财政运行风险常态化监测和管控机制，及时分析化解财政领域风险隐患，牢牢守住不发生系统性风险的底线。一要守牢三保风险"基线"。深化零基预算改革，坚持常态化过紧日子，完善县（市、区）"三保"监管服务机制，强化库款风险预警，防范化解库款支付风险，确保财政平稳可持续运行。二要守牢债务风险"防线"。持续强化新增隐性债务穿透式监测，坚决遏制新增隐性债务。深入实施"一债一策""一地一案"化债行动，规范有序推进隐性债务化解工作。三要守牢财经纪律"红线"。强化在资产盘活、三公经费、乡财管理等重点领域的监督检查，积极防范应对审计、巡察风险。

B.9
温州金融业运行分析与预测
（2023~2024年）

梁茜茜[*]

摘　要：　2023年，温州经济顶住压力、克服困难，全年总体回升向好。其中，工业生产支撑加强、服务产业贡献突出、消费市场温和增长、物价收入有所改善、金融支持稳中有进，经济发展具备较为强劲的韧性和潜力。但当前经济恢复仍处于关键阶段，进一步推动经济回升向好仍需应对一些困难和挑战，尤其是出口、消费、投资"三驾马车"承压，金融供给稳总量、优结构和控节奏面临挑战，多领域潜在金融风险有所上升。中央金融工作会议也指出，当前金融领域各种矛盾和问题相互交织、相互影响，有的还很突出。下阶段，全市金融系统重点要在稳总量、优结构、促改革、防风险等方面下功夫，保持信贷总量稳定增长的同时，推动信贷结构"有增有减"，促进综合融资成本稳中有降，更好匹配经济高质量发展要求。做好科技金融、绿色金融、普惠金融、养老金融、数字金融五篇金融大文章，深化金融改革创新，助力共富示范区建设。前瞻性防范化解重点领域风险，继续为全市经济的高质量发展营造更加良好的金融环境。

关键词：　金融运行　信贷　金融风险　温州

---

* 梁茜茜，中国人民银行温州市分行调查统计科副科长，高级经济师，主要研究方向为金融分析。

一 金融运行情况

2023年，温州全市金融系统积极贯彻稳健的货币政策，强化逆周期和跨周期调节，综合运用利率、准备金、再贷款等工具，社会融资规模增量实现较快增长，信贷增量再创历史新高，各项存款波动性增长，融资成本稳中有降，切实服务实体经济，有效防控金融风险，为经济回升向好创造适宜的货币金融环境。

（一）新增社会融资同比多增规模有所回落

2023年1~12月，全市社会融资规模新增4016.8亿元，同比多增457.6亿元，多增规模较前三季度略有回落（14.0亿元）。从结构看，主要是未贴现的银行承兑汇票和地方政府专项债券规模的增量回落，同比少增规模扩大。年末票据贴现利率处于较低水平，票据市场呈现高承兑、高贴现、高承贴比的特点，导致未贴现银行承兑票据增长乏力，1~12月新增112.9亿元，同比少增155.4亿元，增量规模回落，增规模较前三季度扩大62.5亿元。同时，因债务总额控制、审核监管加强等因素限制，地方政府专项债券发行规模不及上年，1~12月新增404.5亿元，同比少增68.9亿元，少增规模较1~9月扩大48.6亿元。而人民币贷款和企业债券融资同比多增发挥填补作用。1~12月，人民币贷款和企业债券融资新增2722.0亿元和512.5亿元，分别同比多增467.0亿元和198.1亿元，多增规模较前三季度扩大38.5亿元和43.4亿元。

（二）各项存款波动增长

前三季度，全市本外币各项存款保持平稳增长。进入四季度，存款利率下行，年末资金结算需求增加，存款增速有所放缓。2023年末，本外币各项存款余额达21947.8亿元，比年初增加2807.4亿元，同比多增202.5亿元，同比多增规模较三季度末收窄624.1亿元；同比增速达14.7%，分别低

于上年同期和三季度末 1.1 个、3.7 个百分点,从具体结构看如下。

住户存款和非金融企业存款增速有所回落。12 月末,全市住户存款和非金融企业存款余额分别为 13176.7 亿元和 5519.0 亿元,同比增长 17.7%和 8.5%,低于 9 月末 4.7 个、6.8 个百分点,低于上年同期 2.6 个、7.1 个百分点。其中,活期存款增速回落幅度远超定期存款。12 月末,住户和非金融企业的活期存款增速分别为 3.7%和-2.8%,增速分别较年内高点下降 11.3 个、20.1 个百分点。而住户(26.8%)和非金融企业(15.3%)的定期存款增速分别较年内高点下降 4.8 个、9.2 个百分点。

广义政府存款增速全年呈"V"形走势。受上年同期基数影响,1~6月,广义政府存款增速从 5.8%波动下滑至 0.5%,而后反转上行,从 7 月的 2.4%上升至 12 月的 10.9%。12 月末,广义政府存款余额达 2381.9亿元。

非银行业金融机构存款波动较大。受季末效应和上年同期基数影响,自6 月以来,金融机构非银存款月间增速大幅波动。12 月末,非银存款余额达到 775.2 亿元,比年初增加 151.5 亿元,同比多增 214.1 亿元;同比增长24.3%,高于 9 月末 11.0 个百分点。

(三)贷款投放稳中有进

2023 年末,全市本外币各项贷款余额 20897.8 亿元,比年初新增2781.0 亿元,增量再创历史新高,同比多增 489.4 亿元;同比增长 15.4%,分别高于 9 月末和上年同期 0.4 个、0.9 个百分点。

1. 住户贷款延续筑底

12 月末,住户贷款余额 9418.4 亿元,同比增长 7.0%,较 9 月末下降0.4 个百分点,低于各项贷款平均增速 8.4 个百分点。其中,消费贷款仍是主要拖累因素,但受存量住房贷款利率下调影响,消费贷款跌幅有所收窄。12 月末,消费贷款余额 3409.7 亿元,同比下降 7.4%,较 9 月末收窄 1.7个百分点。经营贷款保持较快增长。12 月末,经营贷款余额 6008.7 亿元,同比增长 17.3%,高于各项贷款平均增速 1.9 个百分点。

2. 企业贷款投放有力

12 月末，企业贷款余额 11388.4 亿元，比年初增加 2108.8 亿元，同比多增 366.4 亿元；增速 22.7%，高于全市贷款平均增速 7.3 个百分点。分期限看，中长期增长更为强劲。中长期贷款增速达 28.6%，快于短期贷款（11.6%）。分贷款类型看，信用贷款占比略有提升。12 月末，企业信用贷款占比为 17.1%，较 9 月末提升 0.6 个百分点。分企业规模看，企业规模越小，贷款增长越快。12 月末，大型、中型、小型和微型企业贷款同比增长 12.0%、20.5%、24.1% 和 46.7%。分机构看，国有银行和法人机构贡献较大。国有银行和法人机构贷款比年初分别增加 1289.3 亿元和 909.2 亿元，占全部贷款增量的 78.8%。

3. 民营经济支持力度较大

2023 年末，全市民营经济贷款 9053.1 亿元，同比增长 16.56%，高出全市贷款平均水平 1.2 个百分点，比年初新增 1289.3 亿元，同比多增 190.7 亿元。其中民营企业贷款 4498.8 亿元，同比增长 12.7%，比全市贷款平均水平低 2.7 个百分点，比年初新增 507.7 亿元，同比少增 6.1 亿元。

（四）重点领域滴灌更加精准

1. 运用各项金融政策服务实体经济

综合运用再贷款再贴现等央行低息资金，保障实体经济资金链畅通。2023 年发放再贷款再贴现资金 453.79 亿元，平均利率为 4.38%；发放普惠小微支持工具 7.39 亿元，撬动地方法人机构普惠小微贷款新增 654.21 亿元。有效实施结构性延期政策工具，2023 年末，发放符合碳减排支持工具的贷款 74.71 亿元，符合煤炭清洁高效利用领域的贷款 4.5 亿元，符合交通物流再贷款条件的贷款 2.75 亿元。完成对 49 个清单内设备更新项目授信 13.9 亿元，政策性开发性金融工具支持 17 个项目，投放资本金 43.6 亿元，配套授信 183 亿元。

2. 普惠金融大力发展

综合运用央行再贷款再贴现、普惠小微支持工具等货币政策工具撬动普

惠小微贷款新增，联合政府部门持续深化小微企业和个体工商户信用融资破难、首贷户拓展等系列活动。2023年末，普惠小微贷款6134.9亿元，同比增长21.6%，高于各项贷款平均增速6.2个百分点，比年初新增1093.3亿元，同比多增221.6亿元。

3.共富建设纵深推进

温州市在全省率先开展金融助力瓯江红"共富工坊"高质量发展行动，建立"一坊一专员"机制，加强对"共富工坊"项目、致富带头人、村集体等的金融支持；创新"新农数智贷"等数字化金融产品，提高农村经营主体信用融资能力。2023年末，全市涉农贷款余额10134.1亿元，同比增长16.9%，高于全市贷款增速1.5个百分点。12月末，共富指数为186.8，同比增长23.0%。

4.绿色信贷快速增长

联合温州市生态环境局建立全市环保企业清单，创新节水贷、碳排放权、排污权等绿色信贷产品；建立洞头区"海洋碳汇资源库"，针对生态资源的碳汇价值给予差异化授信支持。2023年末，绿色贷款余额2763.9亿元，比年初增加1066.3亿元，同比增长62.7%。

5.制造业中长期贷款加强投放

联合发改、科技、经信等市级部门，建立健全制造业中长期项目、千万工程项目、高新技术企业、415X先进制造业产业集群等企业主体清单库，组织银行机构全覆盖走访。2023年末，制造业中长期贷款余额1248.4亿元，同比增长33.8%，快于各项贷款平均增速18.4个百分点。

（五）贷款利率稳中有降

适时下调LPR基准利率，稳步推进存量房贷利率调整，引导金融机构合理降低贷款利率，推动企业融资和居民信贷成本稳中有降。1~12月，全市一般贷款加权平均利率为4.58%，同比下降47个BP。12月当月，全市一般贷款加权平均利率为4.57%，同比下降19个BP。

（六）金融风险总体可控

当前市场流动性合理充裕，加之风险监测和处置工作前瞻性开展，不良风险总体可控。一是不良贷款率保持低位。2023年末，全市金融机构不良贷款余额为109.7亿元，比年初减少3.4亿元；不良贷款率0.53%，比年初下降0.1个百分点。二是关注类贷款小幅增长。2023年末，关注类贷款余额205.6亿元，比年初增加61.0亿元；关注类贷款率0.99%，比年初上升0.19个百分点。

（七）金融市场整体平稳

跨境收支规模同比回落，2023年，温州市跨境收支总体规模436.4亿美元，同比下降3.7%；结售汇总额328.8亿美元，同比下降4.4%。保险收支增长有所加快，2023年，全市实现保费收入380.1亿元，同比增长13.9%，较上年同期加快5.8个百分点；赔付支出127.5亿元，同比增长26.0%，较上年同期提升21.8个百分点。证券市场回暖改善。2023年，全市证券交易额36442.4亿元，同比增长2.5%；资金开户数有所增加，12月末，全市资金开户数243.1万户，同比增长0.2%；全市期货交易额25221.1亿元，同比下降11.0%。

二 需要关注的问题

（一）经济持续恢复向好仍面临诸多困难

尽管2023年全市经济整体有所恢复，但国内外环境依旧错综复杂，具有较大的不确定性和不稳定性，加上经济金融运行中存在一些深层次的矛盾和问题，经济恢复进程持续承压。一是出口前景尚不乐观。多国紧缩性货币政策导致海外需求恢复缓慢，叠加全球供应链重塑背景下企业外迁加快，对外贸易支撑偏弱。据温州市服装协会最新反馈，企业明年外贸订单增量无保障，且约 30% 的企业四季度出口订单量同比下降超过一成。二是消费动能有所减弱。前期受抑制的消费需求已大量释放，而就业压力仍阶段性存在，资本市场和房地产市场的"负财富效应"亦在持续，消费能力的进一步释放受限。2023 年四季度温州市城镇居民储户问卷调查显示，仅 18.8% 的居民选择未来会增加家庭消费，占比较三季度下降 5.3 个百分点，处于近五年最低点。三是投资后劲有待观察。民间投资"不敢投"现象依旧突出。2023 年，民间投资同比增速为 2.0%，处于历史较低水平。加上前期政府投资增长较快，受地方债务约束，政府投资扩张或有所减弱。

（二）金融服务实体经济质效仍有提升空间

1. 稳总量面临双重制约

一方面，当前经济回升仍面临诸多困难，导致信贷需求不足现象未明显改善。2023 年四季度全市银行家问卷①结果显示，40% 的银行家认为本行的总体信贷需求较上季度"有所下降"，超过"基本持平"（33.3%）和"增长"（26.7%）的占比。另一方面，随着近年信贷总量不断扩张，而盈利增速无法跟上资产增速，近九成法人机构资本充足率有不同程度的下降，部分法人，尤其是城市商业银行，2024 年信贷投放规模或将受到资本充足率的约束。2023 年末，城市商业银行的核心一级资本和资本充足率为 7.7% 和 11.2%，仅略高于监管要求 0.16 个和 0.72 个百分点。

2. 控节奏面临较大困难

受经济形势波动、考核等因素影响，2023 年信贷投放月度波动较大，季末潮汐现象较为突出。3 月、6 月、9 月和 12 月，全市的信贷增量分别为 526.3 亿元、540.4 亿元、362.3 亿元和 212.6 亿元，环比增长 161.8%、158.9%、129.5% 和 181.6%，而季后首月（4 月、7 月和 10 月）的信贷增

---

① 该调查由中国人民银行和国家统计局共同完成。调查采用全面调查与抽样调查相结合的方法，对我国境内地级市以上的各类银行机构开展全面调查。温州的调查对象为在温各类银行机构的行长或主管信贷业务的副行长。

量仅为 23.9 亿元、7.5 亿元和 6.1 亿元。

3. 优结构面临多重挑战

民营企业自疫情以来信用扩张意愿始终不强，而为发挥投资拉动经济效用，政府类投资大量开展，国有项目信贷需求较为旺盛，民营企业贷款增量占比出现连续下滑。2023 年末，民营企业贷款比年初增加 507.7 亿元，占全部企业贷款增量的 24.1%，分别低于 2022 年和 2021 年同期 5.3 个、16.7 个百分点；2012 年金融风波对温州制造业的冲击显著且持久，叠加当前产业信贷需求不足，制造业贷款占比处在历史低位。2012~2019 年，制造业贷款占各项贷款的比重从 37.0% 大幅下降至 14.1%，2020 年至今一直维持在 13%~14% 水平；科技型企业贷款增长有所放缓。2023 年末，全市科技型企业贷款增速 15.8%，低于上年同期 6.2 个百分点。

（三）金融与制造业协同发展不平衡不充分

1. 资金供求：由供给不足转向需求不足

当前，银行机构强化货币市场资金运用，市场流动性维持宽松，在资金供给充足的情况下，制造业融资需求增量却在边际减少。据相关协会负责人反映，当前企业最大的困难在于市场需求偏弱、订单不足、利润率不高等影响了企业扩大再生产的意愿，企业"捂紧钱袋子"现象严重。

2. 信贷投向：国有项目和房地产项目对制造业、大户对小户存在"双挤占"

有银行机构认为，房地产抵押贷款、国有项目贷款在价值评估、风险管理等方面有较大优势。同时，银行信贷"顺周期"特征，部分基层银行"紧信用"的动机增强，造成"好企业易贷、一般企业贷款较难""垒大户"现象较为普遍，总户数仅占 3.5% 的大中型制造业企业获得了 51.4% 的企业贷款。

3. 产品供给：高端化、智能化、绿色化产品适配性不足

高端化方面，基层银行从业人员一定程度上存在"不敢贷、不愿贷"问题；智能化方面，2022 年央行推出了设备更新改造专项再贷款，金融机构贴息后实际利率低于 0.7%，但最终仅落地再贷款资金 6.9 亿元、支持项

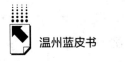

目 42 个；绿色化方面，绿色债券发行额仅为 2 亿元，远小于同期的绿色贷款新增额（925.5 亿元），绿色基金、信托、ABS、保险等新型绿色金融产品仍待落地。

4. 融资渠道：间接融资和直接融资比重不均衡

受企业上市数量不足（仅 37 家）、私募基金管理人及管理基金数量较少等新兴金融服务体系不够完善影响，制造业企业主要依赖贷款融资的情况长期存在并且较为突出，债券融资、股权融资、风险投资等直接融资占比和信托、租赁、保理等非银行金融机构融资占比较低，资产证券化融资不足。

（四）潜在金融风险仍值得高度关注

1. 房企流动性风险尚未完全收敛

2023 年房地产销售进一步滑落，房企现金流仍较紧张。对全市 45 家房企的问卷调查结果显示，48.8% 的房企四季度实际到位资金较三季度有所减少，46.7% 的房企四季度末资产负债率较三季度有所上升。

2. 中小银行经营困难加剧

投资、消费等需求不足影响信贷需求和资产质量，降息支持实体经济政策加剧息差收窄，同业竞争、自身造血、风险管理等方面本身能力较弱的中小银行经营风险有所上升。目前，温州的中小银行风险隐患主要集中在域外村镇银行。根据最新的央行评级结果，在温州市域外发起设立的 72 家村镇银行中，央行评级风险边际状态和高风险机构占比达 36.1%。

3. 小额贷款风险有所上升

据银行机构反馈，普惠小微、涉农、消费等领域客户违约的情况有所增多，尽管贷款金额较小，多集中在 100 万元以下，但违约数量较多。以个人经营性贷款为例，2023 年末，个人经营性不良贷款额 45.2 亿元，比年初增加 7.2 亿元，个人经营性不良贷款率达 0.75%，比年初提高 0.01 个百分点。

4. 地方债务风险防控压力不容忽视

在财政收支平衡矛盾突出背景下，地方政府债务快速攀升，偿债压力亦逐年上升。尽管当前地方政府债务风险整体可控，但部分县（区）债务率较高，偿债压力较大，在债务风险化解过程中，对金融机构的信贷投放和信贷质量可能会产生一定影响。

三 趋势及政策建议

（一）国际和国内形势

国际方面，在经历了制造业产业链供应链调整、欧美短暂的银行业危机、多国持续紧缩性货币政策以及地缘政治冲突后，全球经济状况短期内有所改善。从长期看，通胀水平仍处高位，利率保持较高水平，地缘经济割裂造成贸易和资本流动放缓，全球经济复苏步履依然艰难。据国际货币基金组织（IMF）、高盛等机构预测，2024年全球经济增长在2.6%~3%，均比2023年经济增长预期略低0.1个百分点左右。

国内方面，我国2023年的经济复苏进程呈现"波浪式发展、曲折式前进"状态。展望2024年，主要发达国家货币政策或逐步转向，带动出口边际改善；帮扶政策持续出台，"三大工程"加快建设，房地产市场的拖累影响或有所缓解；在财政政策"适度加力，提质增效"，货币政策保持"灵活适度，精准有效"的加持下，工业、消费和投资领域大概率延续恢复。总体来看，我国发展面临的有利条件仍然强于不利因素，经济回升向好、长期向好的基本趋势没有改变。

温州方面，2023年，全市经济运行延续持续恢复、回升向好态势，工业经济发挥支撑性作用，面上投资保持韧性，内需延续平稳恢复态势，发展质量稳步提高。但同时也要看到，全市经济回升向好基础仍不稳固、态势不均衡。进入四季度，主要经济指标增速有所放缓，部分行业领域依然承压，微观主体经营压力犹存。下阶段，全市将强化各类资源要素保障，全面优化助企服务，做好企业培大育强；立足延链补链强链，加强项目谋划招引，持续扩大有效投资；积极谋划各类活动，培育消费新业态，

激发消费活力和潜力；引导外贸企业巩固传统市场，积极开拓新市场，提振企业发展信心。

（二）2024年全市金融运行预测

1. 金融总量将保持稳定增长

认真贯彻稳健的货币政策要灵活适度、精准有效的要求，落实落细双支柱调控，支持地方法人银行通过发行永续债、二级资本债、金融债、大额存单、同业存单等方式补充资本、资金。总量方面，保持信贷合理增长，力争全年新增贷款超 2500 亿元，一季度贷款新增超 800 亿元。央行资金方面，引导法人机构加大普惠领域贷款投放，力争全年再贷款再贴现投放超 400 亿元，其中山区海岛 6 县再贷款投放超 100 亿元。建立健全再贷款再贴现分配机制，专项支持科技型中小企业和绿色信贷领域。实施好碳减排支持工具、普惠小微贷款支持工具延期政策，组织银行机构加强融资对接，推动相关贷款较快增长。

2. 对经济高质量发展的金融支持将更强化

实施助力新质生产力培育发展专项行动，指导各银行机构出台细化工作举措，建立健全专营机构、专业队伍、专属产品、专项流程、专项审批的科创金融"六个专项机制"。围绕温州"415X 先进制造业产业集群"、"一港五谷"以及科创产业集聚区建立投贷联动合作机制，持续扩大亩均信用贷、科创指数贷等信用融资模式应用。探索数字资产负债表融资模式，支持小微型企业数字化、智能化转型，力争全年科技企业贷款新增超 150 亿元；制造业中长期贷款新增超 180 亿元。

3. 民营、小微企业和"三农"等领域金融服务将更优化

扎实推进首贷户拓展工作，力争新增新企业首贷户超 8000 户，个体工商户首贷户超 10000 户。牢牢抓住"产业振兴"这个着力点，继续深化金融支持山区海岛县"一县一方案"机制，通过"进村入企大走访"等服务活动，不断盘活"山"的资源、拓展"海"的市场。继续加强对"共富工坊"项目、村集体、致富带头等主体的融资保障。

（三）建议

1.总量要稳，继续实施稳健的货币政策

积极贯彻落实稳健的货币政策更加精准有力的要求，保持货币信贷总量适度，节奏平稳。总量上，综合运用多种货币政策工具，保持货币供应量同名义经济增速和价格水平预期目标基本相匹配，强化金融支持实体经济力度的稳定性，增强发展动能，优化经济结构，促进经济金融良性循环。价格上，持续发挥利率政策引导作用，释放贷款市场报价利率改革和存款利率市场化调整机制效能，推动企业综合融资和居民信贷成本稳中有降，切实为实体经济减负，提振市场主体信心。

2.投向要准，持续提高服务实体经济能力

坚持服务实体经济的根本宗旨，助力实体经济稳定增长和转型升级。引导金融机构优化资源配置和考核激励机制，加大对民营企业的金融支持力度，增加"三农"、小微企业、新市民等群体金融服务供给，增强金融服务的获得感；加大对高水平科技自立自强支持力度，落实好加大力度支持科技型企业融资行动方案，加强科技公共信息共享、融资担保、知识产权评估等配套支撑，把更多金融资源用于科技创新；支持基础设施和重大项目建设，加大融资支持力度，促进项目加快建设、顺利完工。

3.改革要深，不断推动区域金融改革提质增效

加快数字金融场景内涵研究，抓紧制定改革措施方案，积极申报数字金融改革试点；落实经济绿色低碳转型发展要求，丰富绿色金融和转型金融产品和服务，聚焦能源安全、保供收储、大型风光基地、减污降碳、节水节能等重点领域，加大贷款支持力度；围绕乡村振兴、农民共富，积极推广农村承包土地的经营权、活体禽畜、养殖设施等的抵质押贷款。扎实落实金融支持"共富工坊"高质量发展专项行动，推进金融服务和基层治理的有效融合；聚焦温州山区海岛县高质量发展，不断深化"一县一方案"，促进金融资源向山区海岛县倾斜。

4. 风险要防，有序开展重点金融风险处置

精准实施差别化住房信贷政策，加大保交楼金融支持力度，一视同仁支持房地产企业合理融资，维护房地产市场稳健运行；有序化解高风险中小金融机构风险，推动兼并重组，稳妥出清风险；引导金融机构按照市场化、法治化原则，防范化解地方融资平台债务风险；引导金融机构完善风险监测评估和预警，着力强化早期纠正硬约束。对于已发生的风险，合理安排资源，分类分策化解风险，坚决守住不发生系统性金融风险的底线。

B.10
温州规上工业企业生产经营
形势分析报告

丁建忠 谢伯寿 孔繁宇*

摘　要：　对温州全市规上工业企业生产经营情况开展调研分析，课题组认为
2023年温州工业经济呈现"持续向好、稳中有进"的态势，工业生产量质齐升、
集群优势逐渐显现、"数据得地"成效明显、营商环境持续改善，但市场需求不
足、产销衔接不畅、土地供应不足等问题较为突出。建议下一步围绕数字经济
创新提质、产业集群能级跃升、项目投资提质提效、产业平台腾笼换鸟、助企
服务提振信心等重点工作，全力推动工业经济高质量发展。

关键词：　工业经济　数字经济　数据得地　增资扩产　专精特新　温州

　　2023年，温州市坚持以新型工业化为引领，深入实施三个"一号工程"
和十项"重大工程"，精准打好稳企业、抓项目、增动能组合拳，工业经济
稳进提质取得了明显成效，呈现"持续向好、稳中有进"的态势。课题组
深入有关县（市、区）开展调研，与行业协会、重点工业企业进行座谈交
流，客观分析当前全市工业企业生产经营的主要特点，及时了解发现当前全
市工业企业生产经营中的新问题、新趋势，准确把握现阶段经济运行态势，
找出困扰企业发展的主要矛盾和问题，提出推动工业经济高质量发展的有效
措施。

---

* 丁建忠，温州市经济和信息局党委委员、总工程师；谢伯寿，温州市经济和信息局经济
运行处处长；孔繁宇，温州市经济和信息局经济运行处四级主任科员。

一 主要特点

（一）工业生产量质齐升，"压舱石"作用发挥明显

2023 年，全市全力推进产业振兴、制造强市建设，积极应对各方面压力与挑战，成功夺取浙江省制造业领域最高荣誉"浙江制造天工鼎"，工业经济稳进提质成效明显，工业经济呈现"持续向好、稳中有进"的态势。

从增速上看，全市规上工业增加值同比增长 9.4%，较 GDP 增速高 2.5 个百分点，较全省规上工业增加值增速高 3.4 个百分点，列全省第 3。其中一季度受疫情影响，全市规上工业增加值增速为 6.0%；二季度强势反弹，当季规上工业增加值增长 11.2%；三季度继续延续稳步回升态势，仍然保持两位数增长，当季规上工业增加值增长 10.7%；四季度受头部企业产品价格波动影响，增速有所回落，当季规上工业增加值增长 9.5%。全年规下工业增加值同比增长 4.6%，列全省第 3。

从总量上看，全市工业增加值 2879.5 亿元，总量居全省第 5 位，占全市 GDP 比重为 33.0%，工业压舱石作用明显。其中规上工业增加值达到 1619.8 亿元，较 2022 年增加 152.1 亿元，占全省比重为 7.2%，较 2022 年提升 0.5 个百分点，提升幅度居全省第一。规上工业增加值总量排名全省第 5，较上年前进 1 位。

（二）工业大县带动明显，重点镇街增长较快

乐清（430.2 亿元）、龙湾（290.8 亿元）、瑞安（269.8 亿元）、瓯海（156.5 亿元）、平阳（133.6 亿元）等 5 个重点县（市、区）分别增长 12.7%、7.3%、9.5%、10.5%、8.4%，5 个地方贡献了全市增长的 84.0%（见表1）。68 个产值 20 亿元以上重点镇街规上工业总产值占全市规上工业总产值的 89.3%，其中 14 个镇街规上工业总产值增速超 10%。

表1　2023年温州各县（市、区）和海经区规上工业增加值情况

单位：亿元，%

项目	全市	鹿城	龙湾	瓯海	洞头	乐清	瑞安	永嘉	文成	平阳	泰顺	苍南	龙港	海经区
总量	1619.8	63.6	290.8	156.5	15.6	430.2	269.8	98.0	6.4	133.6	8.5	53.7	64.1	14.9
增速	9.4	5.8	7.3	10.5	6.1	12.7	9.5	8.3	7	8.4	18.4	14.2	7.6	-19.0

资料来源：温州市经信局。

（三）主导产业"六高四低"，集群优势逐渐显现

"5+5"产业规上工业增加值全部正增长，其中6个产业增加值增速高于全市规上工业。具体来看，五大传统产业中，汽车零部件、电气、泵阀产业规上工业增加值分别增长17.2%、11.1%、10.4%，较全市规上工业增加值增速高7.8个、1.7个、1.0个百分点；鞋业受出口订单减少影响，规上工业增加值增长6.1%；服装产业因消费市场低迷、去库存等影响，规上工业增加值增长1.7%。五大战略性新兴产业增加值同比增长9.9%，其中新能源、生命健康、新材料产业规上工业增加值分别增长11.7%、10.7%、9.9%，较全市规上工业增加值增速高2.3个、1.3个、0.5个百分点；数字经济、智能装备产业受部分龙头企业三季度以来产值大幅下降影响，全年规上工业增加值增速分别为9.0%、7.9%（见表2）。"415X"省级特色产业集群集聚优势不断显现，全市入选省级核心区2个、协同区5个、"新星"产业群3个，2023年"415X"集群规上企业工业增加值1152.9亿元，占全市规上工业增加值的71%，同比增长10.5%，较全市规上工业增加值增速高1.1个百分点。

表2　2023年"5+5"产业规上工业增加值情况

单位：亿元，%

项目	总量	占全市比重	增速
电气	327.2	20.2	11.1
汽车零部件	143.3	8.8	17.2
泵阀	97.9	6.0	10.4

项目	总量	占全市比重	增速
服装	68.0	4.2	1.7
鞋业	110.0	6.8	6.1
数字经济	273.3	16.9	9.0
新能源	330.7	20.4	11.7
智能装备	298.3	18.4	7.9
新材料	135.6	8.4	9.9
生命健康	134.4	8.3	10.7
全市规上	1619.8	—	9.4

注：五大战略性新兴产业和五大传统产业存在交叉。
资料来源：温州市经信局。

（四）民营企业增势较好，中小企业引领发展

2023年，全市规上工业民营企业增加值达到1502.9亿元，占全市规上工业企业的94.4%，同比增长9.9%，较全市规上工业增速高0.5个百分点，拉动规上工业增加值增长8.9个百分点。规上工业企业中，中小微企业增长较快，工业增加值分别增长11.6%、10.4%和10.1%，分别较全市规上工业增速高2.2个、1个和0.7个百分点。

（五）创新实施"数据得地"，制造业投资迅速回升

在全市推行"数据得地"改革，推动有限土地向"发展前景好、产值增长快、亩均效益高"的无地制造业企业倾斜，有力激发企业投资增长信心。全年完成89家企业供地、供地面积2283.4亩，入选浙江省改革突破奖银奖、全省营商环境优化提升最佳实践案例。制造业投资先抑后扬，增速从一季度（增长4.6%，全省第10）低于全省14.8个百分点，迅速回升到全年（增长14.2%，全省第6）高于全省0.1个百分点；全市技改投资增长13.9%，较全省高6.5个百分点，列全省第3。

（六）创新动能不断增强，转型升级持续推进

研发费用占比提升，2023 年全市规上工业企业研发费用占营业收入比重为 3.4%，较上年提高 0.1 个百分点，位列全省第 3；全市规上工业新产品产值率为 41.4%，较上年提高 2.1 个百分点。"两化"改造加速推进，全市新实施智能化节能化改造项目 1894 个，长江汽车电子和金田塑业列入 2023 年浙江未来工厂试点企业，6 家企业入选国家智能制造示范工厂和优秀应用场景，数量位列全省第 2。新增国家级绿色工厂 15 家，数量列全省第 1。

（七）企业效益持续改善，亏损占比全省最低

2023 年全市规上工业企业利润总额增速为 10.7%，位列全省第 2，较全省增速高 11.0 个百分点；营业收入利润率 5.42%，较全省高 0.1 个百分点，2019 年来首次超过全省平均水平。分行业看，汽车零部件产业利润增长 18.8%，电气和泵阀产业利润均增长 5.7%，鞋和服装利润分别下降 1.7% 和 21.6%。2023 年全市亏损企业占规上工业企业总数的 11.31%，亏损面较全省低 9.32 个百分点，为全省最低。

（八）发展环境持续优化，企业活力不断提升

在全国率先启动"中小微企业友好城市"建设，2023 年全市"净升规"企业 817 家，规上工业企业达 9237 家，列全省第 2；产值超亿元企业新增 158 家，累计达 1526 家；产值超 5 亿元企业新增 29 家，累计达 212 家；产值超 10 亿元企业新增 12 家，累计达 86 家。系统构建"两万"行动+"帮企云"平台+96666 热线助企+政企直通车+企业服务中心+企检服务中心"六位一体"为企服务体系，全年化解企业问题 8404 个，全市规上工业企业百元营收成本为 83.2 元，为全省第三低，较全省平均水平低 1.8 元，较 2022 年下降 1 元，获评 2023 年企业家幸福感最强市。开展"专精特新之城"建设，制定实施 20 条措施，新增国家专精特新"小巨人"34 家，累计 140 家，位列全省第 4；新增"隐形冠军"企业 9 家，位列全省第 3，累计 60 家，位列全省第 2。

二　存在的问题

（一）市场需求有待提振

2023 年，规上工业销售产值同比增长 6.2%，较 2022 年回落 2.1 个百分点。受全球市场需求疲软影响，工业出口持续下滑，2023 年规上工业出口交货值仅增长 2.7%，较上年低 13.2 个百分点；特别是鞋业，2023 年规上工业出口交货值下降 5.7%。

（二）产销衔接有待加强

2023 年全市规上企业产销率为 96.42%，较 2022 年下降 0.4 个百分点，较全省低 1.3 个百分点。分地区来看，瓯海、瑞安、平阳、永嘉产销率低于全市平均水平。企业产成品库存周转趋缓，产成品存货周转天数为 23.4 天，分别较 2020 年、2021 年、2022 年增加了 4.0 天、3.7 天和 1.2 天。

（三）小升规企业带动减弱

2023 年，1275 家新增规上工业企业实现工业增加值 85.3 亿元，同比增长 49.4%，增速较上年下降 30.7 个百分点，拉动全市规上工业增加值增速 1.9 个百分点，较上年减少 1.6 个百分点。

（四）土地供给明显不足

从存量上看，截至 2022 年底，全市工业用地共 22.2 万亩，占全省（331 万亩）比重为 6.7%，从增量上看，2023 年全市工业供地 7984 亩（省自然资源厅口径），仅占全省（127993 亩）的 6.2%。从供地结构上看，全市土地资源紧缺，2023 年新出让工业用地数量占出让供地总量比重为 54.9%，较全省低 7.7 个百分点，位列全省倒数第 2。

三 下阶段温州制造业高质量发展面临的形势

从国际看，全球百年未有之大变局加快演进。世界经济增长动能不足，地区热点问题频发，外部环境的复杂性、严峻性、不确定性上升。此外，2024 年全球迎来历史上最大规模的选举年，大国在全球贸易、科技领域的激烈竞争和博弈给各经济体产业链分工合作带来较大的不确定性。

从国内看，中央经济工作会议明确提出要坚持稳中求进、以进促稳、先立后破，多出有利于稳预期、稳增长、稳就业的政策，在转方式、调结构、提质量、增效益上积极进取，不断巩固稳中向好的基础。产业方面将大力推进新型工业化，以科技创新引领现代化产业体系建设，特别是以颠覆性技术和前沿技术催生新产业、新模式、新动能，发展新质生产力。2024 年 3 月，党中央、国务院着眼于高质量发展大局，作出推动大规模设备更新和消费品以旧换新的重大部署，以智能化、绿色化为核心，加快推动新质生产力发展，初步估算将形成一个年规模 5 万亿元以上的巨大市场。

从浙江看，2023 年习近平总书记在浙江考察时要求浙江要在以科技创新塑造发展新优势上走在前列。把实体经济作为构建现代化产业体系的根基，引导和支持传统产业加快应用先进适用技术，推动制造业高端化、智能化、绿色化发展。全省上下深入学习贯彻习近平总书记考察浙江重要讲话精神，将着眼于夯实基础支撑、再造发展新优势，在打造现代化经济体系上先行探索突破，推动产业基础高级化和产业链现代化，深化"415X"先进制造业集群培育，加快建设以数字经济为核心的现代化产业体系，全力打造全球先进制造业基地。

从温州看，浙江省第十五次党代会赋予温州提升"全省第三极"功能的光荣使命，全市部署实施"强城行动"，吹响冲刺"双万"城市号角，着力实施产业创新等六大行动，以"一港五谷"引领创新发展，加快培育新质生产力，加速迈进两大万亿级产业集群，重塑现代产业新体系，打造全国新能源产能中心和应用示范城市、中国时尚产业之都。

四 对策建议

要以习近平新时代中国特色社会主义思想为指导，深入学习贯彻党的二十大精神、习近平总书记考察浙江重要讲话精神，坚决贯彻市委、市政府决策部署，坚持稳中求进、以进促稳、先立后破，以三个"一号工程"为牵引，深入实施"强城行动"，持续推进产业振兴、制造强市建设，全力推动工业经济稳产增效提能、数字经济攀高创新提质，以更坚实的步伐走好新型工业化道路，激发新质生产力，争取再夺"浙江制造天工鼎"，加快建设全球有竞争力的先进制造业基地，为温州奋力续写创新史、走好共富路、争创先行市提供强力支撑。建议抓好以下五个方面。

（一）数字经济聚焦创新提质，激活产业发展新动能

产业数字化推进"万企数改"，积极争创国家中小企业数字化转型城市试点，全面开展企业数字化转型诊断评估，引导大企业建设工业互联网平台、中小企业实施轻量化数改，赋能企业成长。全年推动工业企业数字化改造累计10000家以上，规上工业企业数字化改造覆盖率进一步提升，培育一批工业互联网平台、省级智能工厂、省级产业数字化服务商。数字产业化做强"4+5"产业，"4"即智能物联、能源电子、高端软件、新型电子元器件及材料等特色基础产业，"5"即人工智能、集成电路、元宇宙、柔性电子、未来网络等未来新兴产业。深化大数据、人工智能等研发应用，开展"人工智能+"行动。深化数字经济集聚区"一核心多区块"建设，提速建设"一港五谷"，中国（温州）数安港争创第一批国家级数据安全产业园、国家数据要素综合试验区示范园区。推进国际云软件谷打造全国有影响力的云软件高地。中国智能谷提速建设"一器一园"，构建"4+3+N"产业体系，加快打造人工智能产业新高地。

（二）产业集群聚焦能级跃升，加快形成新质生产力

编制实施制造业高质量发展规划，结合"强城行动"产业创新三年行

动，系统编制总体规划和"5+5"产业系列子规划，填补全市产业规划空
白，找准产业未来发展方位，统筹指导全市新型工业化发展。迭代升级产业
链链长制"十个一"机制，力争"5+5"主导产业全部纳入省级集群赛道。
改造提升传统产业，提速电气产业集群"两新两联"发展，提升汽车零部
件产业整车配套能力，推动泵阀产业向能源关键装备产业转型，推进鞋服产
业"时尚+品牌+科技"转型，联动眼镜、箱包、智能锁、宠物用品等优势
产业，打造中国时尚产业之都。加快发展"三瓯两雕"和茶叶、中药等历
史经典产业，跨界融合现代科技、传统艺术、文旅文创、生活场景等营造多
元产业生态，并加强历史经典产业企业人才培育、对外展示交流、社会公众
宣传，全力推动历史经典产业传承发展。培育壮大新兴产业，做大新能源、
生命健康、智能装备、新材料、数字经济等战略性新兴产业，加快打造全国
新能源产能中心。超前布局未来产业，积极抢占低空经济、未来网络、前沿
新材料和未来医疗等新赛道，推动中国（温州）智能谷争创全省未来产业
先导区。

（三）项目投资聚焦提速提效，做大经济发展新增量

围绕重点产业抓投资，坚持"招商引资"和"增资扩产"双重发力，
以项目落地为着力点，围绕"1+10"产业规划，打好项目谋划实施"组合
拳"，坚持超前介入、逐个攻坚，形成项目从谋划到落地的循环链。加强市
县两级项目储备工作，建立续建、待开工、待供地、谋划项目"四张清
单"，完善"增资扩产"项目双周调度会机制、市县乡"三级分控"、领导
分层挂钩联系机制，鼓励引导本土优质企业向强链补链延链和战略性新兴产
业方向"增资扩产"。围绕技术改造抓投资，支持企业开展高端化、智能
化、绿色化、融合化改造，引导企业建设产线级、车间级、工厂级等不同类
型的5G全连接工厂，争取打造一批省级未来工厂、省级智能工厂（数字化
车间）。围绕用地保障抓投资，迭代升级数据得地2.0版，将政策覆盖范围
拓展至所有需要新增供地的增资扩产项目，探索跨区域统筹、土地置换、盘
活闲置厂房等多元空间供给机制，构建全市统一的"数据得地365预评审

系统"，确保好项目不缺土地、好企业不缺空间。围绕健全机制抓投资，细化项目颗粒度管理，完善亿元以上制造业投资项目领导挂钩联系机制，强化项目全生命周期管理，严格按照双合同履约管理，及时解决项目各种困难和问题。

（四）产业平台聚焦"腾笼换鸟"，重塑产城融合新空间

开展开发区（园区）工业经济大比拼，围绕重点指标、双招双引、增资扩产、技改投资、企业培育等方面，开展动态监测和分析，进行平台比拼，争取开发区（园区）规上工业增加值、制造业投资增速高于当地平均水平，让平台成为推动工业经济高质量发展的主力军、主引擎。加快推进老旧工业区改造，用好低效用地再开发全国试点政策，迭代形成老旧工业区改造提升政策 2.0 版，坚持"松绑让利"原则，创新推进"轻工上楼""上下游配套上楼"，鼓励有条件的项目容积率提高到 3.0 以上。重点在企业联合改造、企业单体改造，尤其是有条件分割转让后提升集约利用水平方面，探索典型案例和特色做法，打造一批老旧工业区改造提升示范典型。加快小微企业园规划建设，以高星级小微企业园为重点，整合优质资源、创新服务模式、完善要素供给，升级打造专精特新产业园。优化小微企业园用能结构，推广园区"光伏（清洁能源）+储能+能源管控系统"建设，实施电能替代工程，引导园区进行综合节能改造升级。积极探索村集体建设小微企业园模式，创新开发路径，深挖"共富"资源，通过"固定收益+租金收益+税收收益+绿色收益"，推动村集体经济持续壮大。加快建设模具、锻铸造等基础领域产业园，全面提升产业基础高级化水平。

（五）助企服务聚焦提振信心，交出最优营商新答卷

加快专精特新之城建设，深入实施"地瓜经济"提能升级"一号开放工程"，落实领军型和高成长型工业企业培优三年计划，扎实开展产业链供应链体系提能升级专项行动，统筹推进隐形冠军、高新企业、"小巨人"企业、上市公司、"链主"企业、雄鹰企业的培育工作。优化专精特新中小企

业培育工作的顶层设计，按照"创新型中小企业—省级专精特新中小企业—省级隐形冠军、国家级专精特新'小巨人'企业—单项冠军"的发展路径，打造温州专精特新企业群"金字塔"。在"专、精、特、新"的基础上延伸出"链、品"打造，全年培育一批省级及以上专精特新中小企业。加快中小微企业友好城市建设，继续深化"六位一体"服务体系，深入推进镇街企业服务中心建设，迭代升级"帮企云"增值服务，加快构建"助企半小时服务圈"，确保企业问题化解率95%以上。加快落实省"8+4"经济政策和温州促进民营经济高质量发展195条举措，进一步减轻企业负担，打造企业家最具幸福感城市。组织开展一批产业链对接活动，帮助企业拓市场、抢订单。强化产业人才队伍支撑，大力引进科技创新人才，大力培育专业技术人才，持续做强做大工程师"蓄水池"。大力推进产业人才需求预测工作，建立健全企业人才密度评价机制，深化校企合作，加强紧缺急需人才招引培育。

社 会 篇

B.11
2023年温州就业形势分析与2024年展望

杨美凤*

摘 要: 2023年温州就业呈现岗位需求先高后低,就业方向向新经济倾斜的特点,但制造业仍是稳就业的压舱石。当前,温州就业结构性矛盾突出、企业稳岗压力较大、就业保障供给不足等问题仍值得关注。为此,要继续加大人才招引力度,推动"人口红利"向"人才红利"转变;保持经济稳定发展,强化援企稳岗能力;加强就业保障,维护劳动者的合法权益;优化创业就业环境,增强城市的就业黏性。

关键词: 就业 结构性矛盾 温州

就业是最大的民生问题。就业指标也是反映经济景气状况的最核心指标。2023年温州市就业随着全市经济恢复和波动发生了重要的变化。与此

---

* 杨美凤,中共温州市委党校文化与社会学教研部讲师,主要研究方向为社会治理。

同时，温州市持续落实失业保险稳岗返还、失业保险费率降低等各类政策，优化营商环境，助创业，稳就业，助力解决好这个最大的民生问题，助推经济发展。

一 2023年温州就业形势①

2023年温州经济得到一定程度的恢复。同时，政府积极实施和强化就业优先政策，着力扶持市场主体，聚焦扩大就业容量，持续提供就业服务。全年各项就业指标趋向正常，2023年温州市城镇人口调查失业率低于2.8%，由于经济发展的不稳定性，就业形势隐忧犹存。

（一）城镇新增就业人群情况

从城镇新增就业情况看，由于经济增长尚未完全恢复到疫情前水平，2023年温州新增城镇就业96069人，仍是2011年以来最低水平（见图1）。同时，温州累计发放创业担保贷款3.53亿元、贴息808万元，扶持创业4778人、带动就业1.86万人。

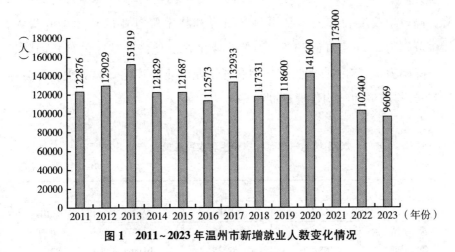

图1 2011~2023年温州市新增就业人数变化情况

---

① 数据来自温州市人力社保局，谨此致谢。

（二）失业人群再就业情况

截至 2023 年底，温州全年城镇失业人员再就业 1.61 万人。温州失业保险参保人数 170.5 万人，基金收入 12.16 亿元，支出 19.92 亿元（含活期结余上缴 10.36 亿元），结余 3.99 亿元（周转金、定期存款）。温州暂收款 163.25 万元已全部清理完毕。截至 12 月，失业保险稳岗返还 3321.92 万元、惠企 4798 家，失业保险降费 10.21 亿元，惠及企业 15.23 万家。

（三）重点人群就业情况

2023 年温州累计排摸重点群体 10.6 万人次，帮扶就业 1.9 万人，推动零就业家庭动态清零。2023 年，温州市共引育大学生 12.9 万人、技能人才 9.5 万人，在温高校毕业生留温率达 41%。高校毕业生从业人数为 70689 人，环比增加了 201 人，增长 0.29%。同期，农民工从业人数为 186271 人，环比增加了 436 人，增长 0.23%。从高校毕业生和农民工就业的产业看，从事第二产业的比例分别达 82.38% 和 87.97%（见表 1）。可见，制造业等实体经济仍是居民就业的重要渠道。从具体行业分布来看，高校毕业生和农民工从事科学研究和技术服务业的环比增幅最大，增幅分别为 5.26% 和 8.33%。高校毕业生在房地产业就业的环比降幅最大，降幅为 7.5%；农民工在住宿和餐饮业就业的环比降幅最大，降幅达 2.9%，与经济的结构性波动同步。

表 1　2023 年温州市高校毕业生和农民工就业产业分布情况

单位：人，%

产业	高校毕业生		农民工	
	人数	占比	人数	占比
第一产业	62	0.09	107	0.06
第二产业	58237	82.38	163869	87.97
第三产业	12390	17.53	22295	11.97
合计	70689	100.00	186271	100.00

从退役军人就业来看，2021~2023年定向招录687名优秀退役军人进公务员、事业、国企、社工队伍，推荐2096名（其中兵支书395名）进入村社"两委"班子，走访帮扶军创企业（个体工商户）1211家，教育培训44205人次。率全省之先出台"兵教师"政策，会同浙江安防学院建立全省首家退役军人学院，开展无人机操控、特种设备操作等培训，2021~2023年累计培养兵工匠4271名。成立全省首个退役军人就业创业服务促进会，发展会员企业234家，组建就业创业导师团，聘任导师123名，搭建退役军人创业项目库，"一对一"指导就业创业。

（四）劳动力市场发布的岗位变动情况

从人才市场和劳务市场岗位发布情况来看，整体呈现高开低走的趋势（见图2），反映出年初疫情防控转段后企业的景气状况。从职介中心发布的市场岗位情况看，二季度后人才市场岗位数一直低位徘徊（见图2），2023年12月跌至全年最低点（见图3），趋势不容乐观。

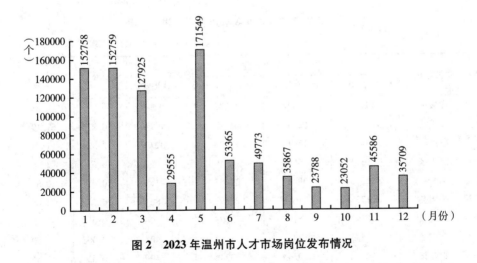

图2　2023年温州市人才市场岗位发布情况

（五）938家监测企业的用工情况

根据12个县市区938家监测企业的用工数据情况，截至2023年10月

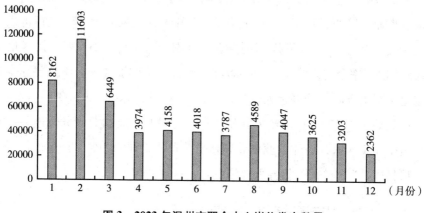

图3 2023年温州市职介中心岗位发布数量

底，正常经营907家，关闭破产9家，企业外迁5家，停业整顿2家，部分停产15家。从业人数总计288895人，环比增加685人，增长0.24%（见表2）。企业用工人数在增加。

表2 2023年温州市938家监测企业用工情况

单位：人，%

监测地区	从业人数				环比	同比
	2023年10月	2023年9月	2022年10月	环比增减		
鹿城区	13419	13422	13071	-3	-0.02	2.66
龙湾区	103755	102758	62058	997	0.97	67.19
瓯海区	11578	11975	13126	-397	-3.32	-11.79
洞头区	6571	6569	6346	2	0.03	3.55
永嘉县	38368	38337	38065	31	0.08	0.80
平阳县	21738	21656	20892	82	0.38	4.05
苍南县	5197	5197	5608	0	0.00	-7.33
文成县	3437	3437	3437	0	0.00	0.00
泰顺县	9392	9343	9248	49	0.52	1.56
瑞安市	26734	26792	28341	-58	-0.22	-5.67
乐清市	44330	44346	44825	-16	-0.04	-1.10
龙港市	4376	4378	4064	-2	-0.05	7.68
合计	288895	288210	249081	685	0.24	15.98

从行业分布来看，从业人数环比增幅最大是科学研究和技术服务业，增幅为3.59%；从业人数环比降幅最大是农、林、牧、渔业，降幅为3.35%。但从同比看，最高的三个行业，依次为交通运输、仓储和邮政业（719.63%）、批发和零售业（40.07%）、制造业（17.41%）（见表3）。反映出实体经济发展的良好态势。

表3 温州市938家监测企业各行业从业人员的变化情况

行业门类	从业人数			环比	同比
	2023年10月	2023年9月	2022年10月		
A-农、林、牧、渔业	202	209	224	-3.35	-9.82
B-采矿业	131	132	132	-0.76	-0.76
C-制造业	244758	243298	208472	0.60	17.41
D-电力、燃气及水的生产和供应业	2183	2195	2192	-0.55	-0.41
E-建筑业	2274	2273	2303	0.04	-1.26
F-批发和零售业	3048	3125	2176	-2.46	40.07
G-交通运输、仓储和邮政业	10065	9886	1228	1.81	719.63
H-住宿和餐饮业	7671	7784	8338	-1.45	-8.00
I-信息传输、软件和信息技术服务业	567	555	557	2.16	1.80
J-金融业	187	187	191	0.00	-2.09
K-房地产业	967	943	885	2.55	9.27
L-租赁和商务服务业	6796	6829	6883	-0.48	-1.26
M-科学研究和技术服务业	173	167		3.59	
N-水利、环境和公共设施管理业	16	16	16	0.00	0.00
O-居民服务、修理和其他服务业	9467	9427	15154	0.42	-37.53
P-教育	220	221	206	-0.45	6.80
Q-卫生和社会工作	38	38		0.00	
R-文化、体育和娱乐业	132	131	124	0.76	6.45
合计	288895	287416	249081	0.51	15.98

从鞋革、服装、塑料、餐饮、机电五个典型行业的企业就业情况看，企业缺工率分别为2.38%、9.64%、2.08%、7.05%、4.41%，缺工情况不突出。从非温籍员工占比看，五大行业分别为69.94%、73.07%、46.51%、55.82%、70.70%，来源地主要是鄂、赣、皖、豫、川、黔几个劳务输出大省。从工作年限看，塑料和服装业因为一线工人工资高于其他行业，员工稳定性也较高（见表4）。

表4 2023年温州市五个重点行业就业情况的监测数据

项　目		鞋革行业	服装行业	塑料行业	餐饮行业	机电行业
调查企业数（家）		39	47	32	31	34
员工总人数（人）		21027	14094	7168	7555	7938
缺工企业数（家）		1	35	11	19	26
缺工人数（人）		500	1358	149	533	350
缺工率（%）		2.38	9.64	2.08	7.05	4.41
性别比（女∶男）		100∶103	100∶68	100∶140	100∶92	100∶214
年龄结构（%）	<35	53.99	31.51	32.77	34.72	44.49
	≥46	7.26	28.11	29.16	39.35	23.92
非温籍员工占比（%）		69.94	73.07	46.51	55.82	70.70
主要来源地		黔皖川豫赣	鄂赣皖川黔	鄂豫皖黔川	皖鄂豫赣黔	黔鄂川豫皖
工作年限（%）	>1	71.78	81.90	83.10	67.5	72.10
	≥4	33.87	52.57	49.33	34.57	36.90
一线员工占比（%）		57.35	58.78	67.59	63.49	62.65
其中有技术等级证书的（%）		9.67	16.42	13.10	13.70	16.39
大专及以上学历占比（%）		21.72	16.50	21.26	21.99	29.81
员工薪酬	一线员工	5179	6181	6185	4218	5701
	管理人员	6256	8212	7884	7016	7884
	其他员工	5038	5266	4421	4421	5020

此外，经济发展的新因素对就业带来了巨大影响。互联网平台的大量出现使新业态得到了突破性的发展。依托平台经济而形成的新就业形态成为我国新增就业的重要组成部分。特别在疫情后新就业形态成为吸纳就业的重要方式，从而促成了工作结构和劳动方式的系统性重构。如在线零工、自主经

营体、网络电商等新型职业，以及数字游民等新型群体接连出现，逐渐成为新就业形态的重要力量。

二 当前温州就业面临的问题和挑战

虽然温州就业总体上基本平稳，但在经济增长减缓、外部环境复杂多变等多重因素冲击下，仍面临着很多挑战。

（一）就业的结构性矛盾依然突出

当前就业结构性短缺和过剩现象依然存在，尤其是青年就业结构性矛盾比较突出，以致部分青年存在慢就业甚至不就业现象，引发社会关注。一是温州高质量就业岗位供给不足，能够精准提供给青年群体，特别是青年人才的对口岗位不够多。同时，温州企业孵化平台自身建设有待加强，无法满足创业的多方面需求。企业普遍反映年轻员工难招。二是就业岗位供需错位问题突出。一方面，青年自身知识技能和岗位需求不匹配；另一方面，高校毕业生起薪也偏低。从温州市外出引才的 52 家企业 310 个岗位来看，本科毕业生起薪在 5000 元左右的约占总岗位数的 70%。三是用工时间长和时薪偏低的矛盾。一方面，工作时长过长。一些企业一线员工每月工作 28 天，总时长约 280~294 个小时，远超法定月工作时长（166.64 小时）。由于工时长过长，中年员工根本无暇照顾老人、小孩，"90 后""00 后"普遍不接受如此长的工作时长，不愿进制造业企业就业。经了解，温州市服装、鞋革、泵阀、眼镜等传统产业一线工人工作时长普遍偏长、上班不自由（规章制度严）、劳动权益保障不足（社保参保率低），年轻人更喜欢网约车司机、"外卖小哥"等灵活就业工作岗位。另一方面，工作时薪偏低。在不考虑超长加班违法的情况下，根据相关法律法规规定（工作日晚上加班的加班费为白天工资的 1.5 倍，周末为 2 倍，节假日为 3 倍），以市区最低工资标准2280 元/月计，最低时薪为 13.68 元。若每月工作时长 280~294 小时，则最低工资为 5097.03~5408.88 元/月（不含单位应缴纳的社保费 957.6 元/

月）。加上社保费后，企业至少要给员工 6054.63～6366.48 元/月的待遇。而普工实际到手工资基本在 5000～6000 元/月，且大多没有参加养老保险。

（二）企业稳岗压力较大

当前企业稳岗压力依然较大，主要有以下几个方面。

一是用人成本提高。如鞋类等制造业企业最缺的普工、技工等生产一线员工的月平均工资要远远高于其他行业的普通工人。由于缺工，在招工时就需要提供更有吸引力的条件，但近两年企业生产成本增加，企业利润却减少，因此提供给工人的工资福利也难有较大提升。

二是行业内部流动性强，招工渠道单一。招工渠道相对单一，企业在招聘工人时经常依靠熟人带熟人。大部分普工招聘，以亲缘、地缘为纽带，靠亲带亲、邻带邻的方式解决。由于园区内同行企业密集，从业人员内部流动性极大，虽然现在招工平台不少，但能够招到的普工有限。

三是部分企业与务工者风俗习惯间的矛盾。如按照贵州农村习俗，一年里，村里红白喜事、逢年过节都要请假回家几次，但由于企业是流水线生产，请假会导致生产中断，因此企业不轻易批假，很容易引起劳资纠纷，以致部分劳动者不愿进厂务工。

四是企业用工不稳定且持续收缩。尤其是一些中小微企业出现一定比例的减员裁员情况。减员裁员的原因主要是新订单减少、企业整体经营成本不断增加、不可控风险存在。从行业角度看，受经济下行、市场不稳定、行业监管力度加大、数字化等因素的叠加影响，行业间结构性分化加剧，行业性失业风险和稳岗压力加大。部分接触性的生活性服务业遭遇持续冲击后，一些企业出现业务调整或停业。过去作为有效吸纳就业的服务业的吸纳能力呈现下降趋势。部分原来就业"优势"行业如教培、房地产等的部分企业需求下降较为明显，成为就业市场新的风险，进一步加大整体就业压力。

（三）就业保障供给不足

一是人才成长空间受限。人才更加关注企业和个人发展，而温州企业对比一线城市企业平台不够高、向上空间不够大，对比中西部城市又不够安稳、安逸。同时，温州的企业还有部分以家族式管理模式运行，尊重和接纳人才的文化不浓，这部分企业对人才"重用轻养"。

二是厂区相关配套不完善。受产业结构影响，一些大企业落户在较偏远的工业园区，厂区及周边生活配套不足。企业员工宿舍配套不足，一些企业只能为普通员工提供4人间宿舍。一些工业区普遍存在配套设施不完善，缺乏商业辐射，产城融合度不够，公交车线路、班次少等问题同样突出，缺乏配套的文娱及其他消费场所。

三是子女教育问题。目前企业工人多是外来务工人员，他们的子女读书问题成了关键。许多员工无法实时了解最新的政策，信息闭塞，有的面临公办学校的"隐形"门槛，子女很难得到同等的受教育机会，私立学校的学费又无法承担，部分工人实在没有办法只能安排子女回原籍就读，自己也回老家就业。

三　2024年温州就业形势展望与政策建议

随着经济社会的全面恢复，新就业动能会有所增强。同时，温州就业也面临不确定性，复苏过程中的不平衡性等影响就业整体态势，需要继续拓展就业增长空间，推动就业的高质量发展。

（一）加大人才招引力度，推动"人口红利"向"人才红利"转变

当前温州新增就业劳动年龄人口减少，劳动规模有所萎缩。人口数量红利在消失，而劳动力成本在大幅上升，影响经济社会的发展。受教育程度的不断提高，优秀人才的不断引进，有助于推动"人才红利"加速释放。一是发挥区域优势，突出精准招引。校企联动，鼓励企业进校园开展"推介会"，让高校学子能全方位了解温州、了解企业。依托温州区位优势，突出城市能级和特色经济，将引才触角向经济发展相对薄弱地区延伸，突出温州的薪资优势。在近年来的人才招引中发现，云、贵、川等地人才来温意愿较

强，对以上地方可以加大引才力度。同时建议温州高校在招生比例方面适当倾斜。温州的气候优势同样明显，比如在调研中有在外省读书的新疆学子在选择就业时主要考虑南方气候，在比较后选择来温州从事研发工作。二是结合传统产业，释放职业本科活力。与高校毕业生就业难相对应，首届职业教育本科毕业生的就业形势则相对喜人。在本科院校举办职业教育，以就业为导向办学既能使人才培养结构与温州经济社会需求相适应，也较好避免了"高不成低不就"的人才培养问题。

（二）保持经济稳定发展，强化援企稳岗能力

一是持续发展新产业，提高人才承载力。如发展势头强劲的新能源企业人才吸引力上不断提升。据温州头部新能源电池企业反馈，2023年秋季招聘会上，硕士以上人才求职意愿持续增强。在大专以上人才招引上，数字经济类企业疫情后与传统鞋服企业相比就业形势更好。通过社保信息系统里1063家数字经济相关企业工伤保险对比，数字经济企业在员工稳定性、吸纳非温户籍人才等方面有较大优势。二是激活创业"基因"，打开创业带动就业格局。发扬温商敢为人先创业精神，营造创业氛围。大力推进大孵化集群建设，为青年大学生创新创业搭建平台空间，开辟"黄金跑道"，为推进全国青年发展型城市建设源源不断地注入新动能。借助"世界温州人大会"平台，为优质项目"牵线搭桥"，为创业项目搭建发展舞台，注入创业活力。三是实施技能提升行动。大力加强技能人才的培养和培训，推动解决就业结构性矛盾。制定出台提升新时代高技能人力的实施意见，着力破解高素养劳动者和高技能人才的短缺、企业培养技能人才和高素养劳动者内生动力不足、劳动者技能价值无法体现等突出问题。持续开展"浙江工匠"遴选，形成有利于高素养劳动者成长的良好环境。

（三）加强就业保障，维护劳动者的合法权益

一是实施劳动者权益保障护航行动。发挥劳动关系协调员职能，定期做好劳动关系协调员技能培训，开展企业劳动用工体检，迭代"智慧监察·

阳光支付"工资智治系统。针对风俗习惯、文化差异等导致的用工纠纷，做好疏导工作，维护劳动者权益保障。及时引导企业做好职工劳动报酬支付等工作，积极开展企业用工体检，并加强新就业形态企业用工制度和劳动标准等问题研究。二是强化大数据赋能。以数字化改革为牵引，加快完善就业创业库、军创企业库、优惠政策库、培训平台库、创业导师库等模块，加大创业扶持力度，深入开展返乡入乡合作创业，大力推进劳务品牌建设。三是完善子女教育配套。统筹优质资源，尽量满足人才子女入学需求。如新投入义务教育阶段学校，已较大程度解决周边小区及企业员工子女入学问题；继续做强集团化办学，以优质学校为"龙头"，带动周边教育，让人才子女不但有学上，也能就近上。

（四）优化创业就业环境，增加城市的就业黏性

一是加强职业培训，提升事业满意度。结合产业结构特点，营造尊重全工人的社会氛围，为技术工人成长创造良好环境。加强思想教育，增强学习意识，进一步发挥技术大师和劳模的示范引领作用。优化技术工人职业发展空间，建立健全职业资格认定制度，并落实相关待遇。

二是完善交通配套，提升生活满意度。将产业园配套建设纳入政府总体发展规划和相关专项规划，升级提升老旧工业园区，鼓励园区落实住房、医疗、教育等配套设施。根据工业园区住房缺口，加强职工公寓保障，尤其满足拆改地方工人居住需求，建设筹集保障性租赁住房，增设公交车线路。完善交通配套，参考国内部分工业园区做法，采用"定制公交"等方式，满足职工上下班出行需求，畅通员工出行"最后一公里"。注重人才公寓的选址和配套供给。在谋划建设配租型人才公寓时，结合工业园区目标群体需求，科学合理选址布局，持续完善周边的交通、餐饮、娱乐、教育资源等公共设施的配置。

三是加强员工关爱，增强留温意愿。强化外地职工文化融入，举办各类用工地本土文化交流活动，鼓励面向企业职工发放文旅消费券。开展"最美劳动者匠心领军人物""最美务工者""最美新温州人"等评比活动，增

强员工工作获得感。稳定职工就业信心，鼓励企业设置"关爱之家""职工之家"等，引导企业关心关爱员工。并着力"婚恋留温"，创造"婚恋留温"的良好环境。借助工会、团委等，为青年人才提供联谊途径。注重内容创新，优选青年人才感兴趣联谊点，结合温州文化，引入兴趣活动等方式，创造轻松环境。按照不同性质企业男女比例特点，各区域工会、团委等部门形成合力，探索打造数字婚恋平台，按照青年人才不同需求做到精准匹配。探索人才配偶随迁安置政策，创造良好的婚恋留才环境。

参考文献

赖德胜、高曼：《地区就业岗位的创造——制造业对服务业的就业乘数效应》，《中国人口科学》2017 年第 4 期。

谢勇、周润希：《农民工的返乡行为及其就业分化研究》，《农业经济问题》2017 年第 2 期。

马俊龙、宁光杰：《互联网与中国农村劳动力非农就业》，《财经科学》2017 年第 7 期。

陈龙：《"数字控制"下的劳动秩序——外卖骑手的劳动控制研究》，《社会学研究》2020 年第 6 期。

贾文娟、颜文茜：《认知劳动与数据标注中的劳动控制——以 N 人工智能公司为例》，《社会学研究》2022 年第 5 期。

顾楚丹、文军：《应对不确定性：互联网"大厂"实习生的数字劳动过程》，《华东师范大学学报》（哲学社会科学版）2022 年第 5 期。

B.12
2023年温州社会治安形势分析

黄建春*

摘　要：　2023年温州社会治安发展平稳有序。相较于传统治安类案件发案数的持续走低，电信网络诈骗仍是社会治安防控重点。经过持续对电信网络诈骗行为的打击与治理，温州积累了不少值得推广的成功经验做法。随着数字技术发展，网络空间违法行为呈现上升势头，成为社会治安防控重要"新"领域。针对经济下行压力下社会治安风险隐患呈现的复杂态势，既需要科学排查风险，运用好矛盾纠纷化解创新机制，避免小矛盾发展为大案件，又需要进一步夯实社会治安治理基础。

关键词：　电信网络诈骗　社会治安　温州

一　2023年温州社会治安形势

2023年温州社会治安继续保持平稳向好态势，全市刑事与治安类警情同比下降10.7%和19.7%。作为亚运会协办城市，温州以安全、稳定的社会治安面貌助力赛事的平安顺利举办。温州社会治安形势具体呈现以下态势。

（一）电信网络诈骗仍是重点整治领域

2023年是我国首部反电信网络诈骗专门立法——《中华人民共和国反

---

* 黄建春，中共温州市委党校政法与统战理论教研部副教授。

电信网络诈骗法》实施的第一年，该法的实施为反电信网络诈骗工作提供了有力的制度支撑。温州在防范与打击电信网络诈骗违法行为上成效显著，在防范方面，实施电话预警回访 300 余万人次，成功劝阻拦截 4000 余起案件，避免人民群众损失 1.8 亿余元；在打击方面，抓获各类诈骗犯罪嫌疑人 4000 余人，破获案件 2000 余起，追缴返还资金 1.3 亿余元。同时，数据量大也反映了电信网络诈骗仍是当前社会治安防范的重点领域。查办案件主要特点如下。

（1）案件类型。电信网络诈骗案件高发类型分布与 2022 年相似，刷单诈骗、贷款诈骗、冒充电商客服诈骗、虚假征信诈骗仍高居发案量前四位。其中，以"足不出户轻松赚钱"为幌子，诱骗受害人"做任务"方式的刷单诈骗类再次高居发案数首位，发案数占到总案件数的接近一半。此类型案件受害人最初是为小额返利进入骗局，在收到返利后往往会产生"有收益应该没有受骗""即使受骗，收到返利后及时抽离即可"等心态而最终陷入骗局；被骗途径是加入诈骗人员组建的群，群里有扮演返利成功分享返利所得的各类人，从而让受害人放松警惕。并且，刷单诈骗类案件还呈现与网络招嫖诈骗、网络博彩诈骗等其他内容相结合的复合型诈骗新形式。

（2）受骗群体。从电信网络诈骗案件受骗者的性别分布来看，女性比例稍稍高于男性，但总体差异不大。性别差异主要体现在案件类型上，男性易受骗类型为网络招嫖诈骗，女性易受骗类型为刷单兼职诈骗。相比男性，女性更容易陷入打着婚恋名义的"杀猪盘"骗局中，诈骗分子一般会准备好人设、交友套路等"饲料"，通过称为"猪圈"的社交平台，在其中寻找被称为"猪"的受骗对象。骗财得逞，即称为"杀猪"。从年龄分布来看，最大年龄的受害者为 91 岁，最小为 7 岁，受害群体超过 60%集中在"90后""00 后"。从受骗者职业分布来看，医生、教师、财务人员和公司职员属于易受骗群体，尤其是教师、医生，因为经济状况稳定，征信较好，即使没有一定的存款，也能贷款，往往成为诈骗分子首选目标，容易遭受虚假征信类诈骗。

（二）网络空间领域违法呈上升势头

随着数字技术的不断发展，网络数据类违法行为相应呈上升趋势。一是传统的聚众赌博、卖淫嫖娼违法犯罪行为的网络化、信息化趋势日益凸显。网络赌球、六合彩、与境外赌博集团联网赌博等赌博形式时有发生，且赌资动辄上千万元甚至上亿元。此类违法行为往往比较隐蔽，上下家之间互不接触，仅通过微信、QQ等互联网平台交流，且违禁物品一般通过邮递业传递，相应案件侦破的难度也会较大。二是扰乱网络空间秩序成为违法"新"行为形态，主要表现：有一些网络自媒体为了吸引流量牟利，随意发布未经核实的消息，引导大众舆论。如2023年8月"杜苏芮"台风期间，温州就查处涉台风谣言信息网民46人。其中乐清一网民为吸引眼球，发布标有"乐清满大水了"文字的视频。经核实该内容并非发生在乐清，鉴于视频传播所造成的负面影响，当事人被依法予以行政处罚。2023年11月23日，钟某等利用缅北电信网络诈骗热点话题，编造"缅北电诈团伙背后有温州帮、温州资本介入"等虚假视频信息在网络传播。不到半个月时间，该视频总计播放量就高达300余万次，转发12万余次，造成恶劣影响，钟某等人也因涉嫌寻衅滋事罪而被依法逮捕。还有"网络水军"组织专业刷手利用专门开发的软件为平台直播间增加虚假浏览量的违法行为。如2023年5月，瑞安侦破短视频直播平台增加虚假浏览量的"网络水军"非法经营案，案件涉及金额高达1000余万元。再有以个人信息为目标的违法行为。此类违法行为不仅能为电信网络诈骗提供精准群体引流数据支撑，即电信网络诈骗大多伴随个人信息的泄露，同时也延伸出从事个人信息窃取、倒卖等灰色产业。如2023年4月，瓯海区人民法院依法审理侵犯公民个人信息案件，犯罪嫌疑人乔某在从事房产中介工作期间，非法获取170余个小区包含业主姓名、联系电话、房产信息等内容的公民个人信息7万余条以及包含公民姓名、联系电话等内容的公民个人信息17万余条后打包倒卖，从中获利共计4000余元；乐清某大药房数据分析师利用工作便利将大量会员交

易数据信息私自导出保存后，以 300 美元的价格在境外网络平台上挂售，涉及公民个人信息 800 余万条。

（三）经济下行压力传导下的社会风险触点多

2023 年经济发展增速呈现放缓态势，社会风险隐患趋向复杂多变，给社会治安风险防控带来一定的压力。一是各地房地产市场相对低迷。从境内外公开市场债券来看，房企违约仍是债券市场违约的绝对主力，整体行业风险尚未出清。部分违约房企，采取的债务展期、置换、债务重组等措施仅暂时缓解了流动性问题，难以从根本上解决债务问题。一旦进入清算程序，将会给普通债权人带来较大的财产损失。虽然中央和地方都出台了地产保交楼纾困政策以及包括信贷支持、债券融资、股权融资在内的支持房地产企业融资的组合政策，但由于开发商和购房者预期发生了趋势性改变，因此相关政策难以在短时间取得立竿见影效果。以上风险投射在社会治安领域，主要表现为部分房地产企业无法交付、延期交付房屋或房屋交付未能按合同约定标准等，导致购房者维权而可能引发群体性治安风险隐患。二是在经济运行不确定因素增多情形下，部分企业面临着发展压力，一旦企业盈利能力降低就会给特定就业市场带来收缩，特别是当前青年失业率处在相对高位。据国家统计局统计，2023 年 6 月，16 岁至 24 岁劳动力调查失业率为 21.3%，与 2022 年 12 月的 16.7% 相比有所上升。当前就业难更多是结构性的，它与特定行业用工难并存，因此，尚不存在因就业难而带来影响社会治安稳定的规模性风险，但就业作为社会稳定的"压舱石"，其不特定个体或局部的风险仍需要予以关注与防范。三是防控地方政府债务风险。由于受到经济下行、大规模减税降费退税、土地出让市场下滑的冲击，各地方财政紧平衡形势进一步延续。虽然浙江整体债务指标相对温和，但温州存在财政自给率下滑幅度较大，专项债限额分配偏高、限额使用率亦较高等情形。因此，在有效降低债务风险方面，需要进一步完善专项债券全生命周期管理，强化项目前期科学谋划和收益动态监控，并可以考虑适当减少限额配置。另外，除了对限额内的专项债和隐性债务情况摸清底线，加强审查监督之外，还要关注限额外的债务情况。

（四）"民转刑"案件成为威胁社会治安的重大隐患

近年温州刑事案件、治安案件和严重暴力犯罪案件数量持续下降并保持低位运行，但是仍然存在特定人群，如高危心理极端人员、非发病期精神病人、社会弱势群体以及利益诉求受阻人群等，因矛盾纠纷引发个人极端报复行为的情形。特别是"民转刑"案件在刑事案件中占比不断攀升，近五年温州全市命案发案数中"民转刑"占比已经超过50%。"民转刑"通常是指民事纠纷，由于未能及时化解或化解方式不当，从而发展转化为刑事犯罪案件。此类案件呈现的特点主要有发生诱因多样、作案手段单一、矛盾纠纷琐碎以及社会影响恶劣等。"民转刑"案件一旦发生，不仅直接侵犯特定主体的生命、健康和财产安全，同时也危及社会公共安全，极大影响人民群众的安全感。因此，遏制"民转刑"案件发生已经成为当前社会治安治理的重要任务之一。

二 2023年温州社会治安治理新态势

2023年温州围绕保障经济与社会平稳运行发展，采取措施应对社会治安领域出现的新情况，取得一定成效。

（一）有效应对破坏网络空间安全稳定新挑战

针对网络违法行为增多的治安形势，温州在具体防控方面采取新举措。一是更加依托数据融合开展防范。传统碎片化的业务分割治理模式难以适应网络违法行为的隐蔽性和多样性，温州公安部门通过构建"人在一起干、数据一起算、案件一起办"的业务数据融合体系来应对网络违法形态的特点与规律。一方面，完善硬件设施为数据融合奠定基础，如瓯海区按照"集中办公、类案侦办、全案支撑"理念建成占地730平方米、总建筑面积

4970平方米的公安合成大楼，涵盖防控治理中心、反电信网络诈骗中心、业务数据融合专班、侦查中心、情报指挥中心、联勤调度中心六大主要功能区，为打造"平时分兵、战时并轨、要时合战"的变革型组织模式提供硬件支持。另一方面，创新机制为融合通畅提供可能，如瓯海区通过业务数据融合专班的技战法，打掉一个非法获取大量电商订单信息的犯罪团伙，抓获犯罪嫌疑人51名；平阳县公安开展跨警种融合，通过集中专业力量侦破一个制作木马程序盗取企业资金的犯罪团伙，抓获犯罪嫌疑人30名。二是净化网络空间，形成清朗网络环境是防控的目标。温州将严重误导舆论、扰乱网络空间秩序的违法行为整治作为防控重点，具体包括打击刷量控评、造谣引流等网络黑灰产业链和遏制网络谣言高发频发趋势，铲除谣言滋生土壤。2023年温州共侦破涉黑客、侵犯公民个人信息、网络黑产等各类网络犯罪案件495起，抓获犯罪嫌疑人1536名，查处违法互联网平台23个，处置、清理各类谣言等有害信息1.2万余条，其中涉及"网络水军"案件15起，依法查处犯罪嫌疑人86名，瑞安、苍南、文成等地成功打掉9个组织专业刷手为短视频直播平台增加虚假浏览量的犯罪团伙，斩断上下游多个环节，全力维护网络空间安全。

（二）完善电信网络诈骗防范打击机制与手段

防范打击电信网络诈骗犯罪一直是温州社会治安领域最为重要的一项工作，近期发案数与案损数呈现难得的下降趋势。2023年上半年温州全市发案、案损数在上年已下降29.93%、23.1%的基础上，同比再分别下降1.38%和7.38%。这与温州数年实践积累的成熟经验与特色做法不无关系。一是工作体系上，构建了一套完善的防范网络诈骗体系。建立完善的反诈信息资料库，该资料库不仅支撑本地反诈工作的科学开展，而且为国家反电信网络诈骗提供可靠的线索。温州首创的"人员流"技战法，提炼的反诈战法被业内称为"温州战法"，在全国推广。二是组织架构上，温州较早专门成立了反诈中心。电信网络诈骗是一个犯罪生态链，只有依靠反诈专业团队才能更好守护好人民群众的钱袋子。反诈中心运行，既能开展专业防控打击，也让此项工作跳出单一部门，聚合更多资源，形成合力，如联动电信运营商、银行等主体，让神速拦截、冻结成为可能。三是参与主体上，全民反诈工作格局已见成效，特别是防范功能显著的预警劝阻，除了公安派出所、街镇网格、金融行业三支专业队伍之外，越来越多来自各行各业的人员加入反诈宣传志愿者队伍中，以各自特有专长和方式共同参与反诈行动。四是防范手段上，一方面，强化拦截、回访、劝阻等传统防范方式，在数字化应用监测基础上，及时向高危群体预警，与诈骗分子"抢时间、抢群众、抢损失"。2023年温州就拦截涉诈短信数十万余条，预警电话回访数百余万人次，成功劝阻上千人，避免直接财产损失上亿元，冻结涉诈资金十多亿元。另一方面，2023年7月，温州开始试点推广主要面向被预警群众及电诈案件受害人等易受骗群体的"反诈AI警官"，即温州市反诈中心企业微信号。通过添加"反诈AI警官"，市民在自己的微信好友列表中有了一位24小时在线、零距离服务的警官，实现"点对点"反诈，"面对面"宣传。五是成果溢出效益上，近年来温州先后破获多个跨国电信诈骗、赌博案，打掉相关犯罪集团，并协助破获澳门特大"洗米华"案，形成了温州在查办电信诈骗类案件方面的权威与影响力。2023年年末，温州市公安机关决定对缅北果敢自治区涉我电信网络诈骗犯罪集团重要头目明学昌等四人进行公开悬赏通缉。

（三）整治涉企违法行为，助推营商环境优化

2023年，温州贯彻落实关于深入实施"八八战略"，推进创新深化、改革攻坚、开放提升的决策部署，重点针对扰乱破坏企业生产和经营秩序的各类违法行为开展整治与打击，为区域营商环境优化和经济高质量发展提供保障。具体涉及，一是为重点项目顺利推进提供安全外部环境，主要针对工程建设领域存在的"劳务碰瓷"敲诈违法行为进行打击，如利用恶意讨薪方式实施敲诈勒索。2023年2月，瑞安市依法查办王某等人多次使用虚构工资册，以拖欠农民工工资为名义，向市域某重点铁路项目的承包方及工程方进行恶意讨薪，实施敲诈勒索，抓获犯罪嫌疑人9名，涉案资金达150余万

元；2023 年 3 月，瓯海区破获利用农民工非法讨薪的涉恶团伙案件，抓获犯罪嫌疑人 13 名，以周某等人为首的包工头在承接的多个政府建设项目中，先期以工程量结算承揽工程，在工期、质量达不到转包方要求时，单方面提出按日工资结算工程款，并制作虚假工资册、虚报工人工时，同时利用国家保护农民工工资政策，鼓动农民工拨打市长热线和到属地劳动部门投诉，多次聚众阻挠施工或罢工，迫使项目方支付超工程总量的工资款项，达到非法获利目的。二是依法保护企业知识产权。温州通过对侵犯知识产权违法行为进行查处，既保护了企业和消费者合法权益，也有助于市场公平竞争秩序的维护。2023 年 3 月，龙湾区跨区域破获了未经注册商标权利人许可授权，在山东省生产、网上销售的李某等人假冒温州某品牌五金产品的违法行为，案件涉及资金近 4000 万元，追回赃款 100 余万元，抓获 6 名涉嫌销售假冒注册商标商品罪的犯罪嫌疑人。三是将助企服务寓于监管履职之中。涉企类违法行为，除了对企业实施的之外，也包括企业内部的违法行为。2023 年 6 月瑞安市侦办的马某等人利用合伙之便，通过伪造虚假销售合同、出货单、对账单等方式，骗取某集团 6000 余万元的案件，以及 2023 年 3 月苍南县侦办的蔡某等人利用其地产公司股东职务之便，以非法侵占企业合法财产等方式为自己或他人谋取利益的案件，均系典型的企业内部人员非法侵占企业合法财产的情形，遵循着"打击犯罪、追赃挽损同步推进"的执法理念，相关职能部门通过破案减少企业经济损失的同时，还通过回访提醒告知等方式，指导企业规范管理、堵塞漏洞，增强抗风险能力。

三 相关建议

（一）提升社会治安治理参与实效性

温州在试点全国市域社会治理现代化三年以来，已打造了千个"共享社·幸福里"红色治理单元，还建有 4000 余支平安志愿者队伍，动员人数达 9 万余人，占全市常住人口数的比重接近 1%，立体化、信息化社会治安防控体系已基本搭建完成。但社会治安防控体系并不仅仅指向硬件方面，也体现在全民参与社会治安治理方面。当前针对社会风险复杂态势，有必要立足于各个治理单元，特别是村（居）社区、物业小区等基层治理最末端，因为它们与群众最为贴近，更容易识别长期未解纠纷、违法上访以及危险物品存放等可能会危及社会治安平稳的风险，更容易发现个人极端暴力违法犯罪行为的征兆。挖掘上述单元内部各主体能动性，激发其主体意识和自治意愿，是今后一段时期保障社会平安稳定的重要内容。充分利用村（居）社区、物业小区的平安与个体利益一体的天然优势，将热衷公益的积极分子作为牵引力量，通过情感动员、行动感召等发动更多个体参与到单元组织的治安服务中。在形成有向心力、行动力的治理队伍基础上，有条件组织通过建章立制来协调规范治安治理行动以及参与个体，在规范形构下将参与的异质个体真正粘合，实现个体利益追求融入安全治安秩序形成之中。

（二）科学排查矛盾纠纷，防范极端案件发生

在经济发展增速放缓时期，各类矛盾风险随之呈现多元、多变态势，因此科学全面排摸风险，尽早介入矛盾纠纷化解是避免重大恶性事件发生的有效途径。一是充分利用信访这一收集矛盾纠纷的平台，对矛盾纠纷开展分类型分析研判，如区别初次或重复、涉及利益群体规模等信息，突出重点人重点事，围绕重复访、越级访等疑难信访件涉及的矛盾纠纷的化解，建立相应的工作机制，分类施策，做到纠纷涉及事实查清、法律责任查明、化解责任主体明确，排查矛盾纠纷转为治安刑事案件的可能，避免个人极端暴力恶性案事件的发生。二是借力数字化改革的成果，实现"数字排摸"。2023 年由鹿城区公安分局牵头设计的"啄木鸟"重点矛盾纠纷预警管控平台建成并使用，该平台通过对重点矛盾纠纷的数据归集、标签化预警、分级分类管控，实现对"民转刑"和个人极端暴力恶性案事件的防控一体。下一步以该智慧警务创新为基础，统合公安部门 110 接处警和日常警务工作中的非紧急非警务类事件，流转推送至"基层治理四平台"，由对应的政府职能部门依据法定职责跟进处置、反馈结果，最大限度地整合各类警务资源和政府其

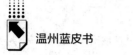

他职能部门力量，特别是系统数据的打通与融合，以数据信息共享形成矛盾纠纷依法化解合力，构建警务"吹哨"、职能部门"报到"的工作格局，实现力量联合、风险联防的预警防控整体化。三是对科学排查出的高风险人群建立心理健康档案。依托相关专业领域的专家组成团队对可能存在异常心理倾向的个体建立日常心理健康档案，实现长期动态监测，并适时提供有针对性的心理疏导服务和社会救助保障支持。

B.13
2023年温州城乡居民收入与消费状况分析报告

程宗迪　方　迪*

摘　要： 2023 年随着温州经济稳中向好发展，城乡居民收入增长呈现"低开高走"的良好态势。四大项收入全面增长，农村居民收支恢复均快于城镇居民，城乡居民收支相对差距进一步缩小。居民消费八大类支出呈现"七升一降"态势，消费结构进一步优化。但是由于外部不确定因素依然较多，影响了居民增收的预期，从而束缚了居民消费意愿。因此，要促进温州城乡居民的消费增长，必须从促进经济发展，保证居民收入稳定持续增长入手。为此，建议持续优化营商环境，激发市场主体活力，拓展增收致富渠道，完善物流配送体系，营造放心消费环境，进而激发城乡消费热点，释放居民消费潜力。

关键词： 城乡居民　收入　消费　温州

2023 年，随着温州经济运行稳中向好发展，城乡居民收入增长也呈良好态势，消费潜力持续释放。但疫情的负面影响尚未完全消除，经济复苏基础仍不牢固，居民收支增速仍低于 2019 年水平，居民消费潜力仍有较大挖掘空间。下一阶段居民收入和消费保持快速增长依然面临压力和挑战。

---

* 程宗迪，国家统计局温州调查队党组书记、队长，高级统计师；方迪，国家统计局温州调查队住户调查处处长。

一 2023年温州城乡居民收入基本情况

抽样调查显示，2023年温州全体居民人均可支配收入67380元，同比增长6.9%，增速居全省第1位；全体居民人均消费支出46879元，同比增长9.5%，增速居全省第2位。

（一）2023年温州城乡居民收入总量变化情况

1.全市经济稳中向好，居民收入增长率"低开高走"

一季度，温州疫情防控较快平稳转段，但疫情对居民收入的传导效应与不利影响仍在延续，收入增速仅为4.9%，较上年有所趋缓。上半年，温州经济社会恢复常态化运行，市场需求与信心逐步提振，民生保障措施显效发力，居民收入呈现恢复性较快增长，迅速提升至6.5%。下半年以来，温州经济持续全面恢复，工业发挥支撑性作用，服务业尤其是与居民生活相关的旅游、教育、文化娱乐等线下行业持续改善，吸纳就业情况继续好转，居民

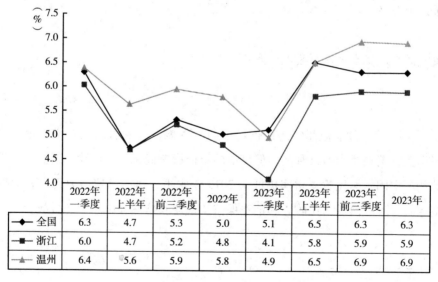

	2022年一季度	2022年上半年	2022年前三季度	2022年	2023年一季度	2023年上半年	2023年前三季度	2023年
全国	6.3	4.7	5.3	5.0	5.1	6.5	6.3	6.3
浙江	6.0	4.7	5.2	4.8	4.1	5.8	5.9	5.9
温州	6.4	5.6	5.9	5.8	4.9	6.5	6.9	6.9

图1 全国、浙江和温州全体居民收入分季度增速走势

收入逐季提速，前三季度同比增长 6.9%。在经济稳中向好和民生保障有力支撑下，疫情对居民收入造成的影响逐步缓解；全年温州全体居民人均可支配收入 67380 元，同比增长 6.9%，增速高于上年 1.1 个百分点，也高于全省平均水平 1 个百分点，居各设区市第 1 位（见图 1）。

从收入总量看，温州 2013 年以来曾长期居全省第 6 位，2022 年起已连续两年超越嘉兴，跃居全省第 5 位，2023 年比全省平均水平高 3550 元，但与省内杭州、宁波等地差距依然较大（见表 1）。

表 1　2023 年浙江省各市居民人均可支配收入情况

单位：元，%

指标	全体		城镇		农村	
	金额	增速	金额	增速	金额	增速
全省	63830	5.9	74997	5.2	40311	7.3
杭州市	73797	5.0	80587	4.6	48180	6.6
宁波市	71731	4.9	80144	4.5	48350	6.3
温州市	67380	6.9	77973	6.3	41622	8.2
嘉兴市	66353	6.0	75909	5.3	49643	7.3
湖州市	63972	5.6	74400	4.7	47455	7.6
绍兴市	69707	6.0	80392	5.5	48825	6.8
金华市	61710	6.3	73639	5.8	38136	7.0
衢州市	48237	6.5	60592	5.4	33993	8.0
舟山市	68110	6.7	76435	6.2	49379	7.5
台州市	61067	5.2	73879	4.4	40153	6.5
丽水市	47182	6.1	58583	5.0	30811	8.2
温州位次	5	1	4	1	7	1

2. 城乡居民收入比缩幅创近年新高，加快发展县增收有力

分常住地看，2023 年温州城镇居民人均可支配收入 77973 元，同比增长 6.3%，增速居全省第 1 位。农村居民人均可支配收入 41622 元，同比增长 8.2%，增速和丽水市并列居全省第 1 位，并继续快于城镇。全年城乡收入比为 1.87，比 2022 年（1.91）收窄 0.04，幅度高于 2022 年的 0.03 和 2021 年的 0.02（见图 2），表明温州推进乡村振兴战略，推动乡村产业高质量发展，拓宽农民增收渠道取得阶段性成效。

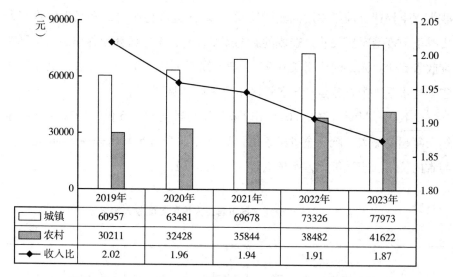

图2 2019~2023年温州城乡居民人均可支配收入总量和比值

各县（市、区）均保持同步增长，据测算，永嘉、平阳、苍南、文成和泰顺五县全体居民人均可支配收入为49821元，同比增长7.5%，增速分别高于全省、全市平均水平1.6个和0.6个百分点。各地城乡差距均有不同程度的缩小，其中文成（1.99）和泰顺（1.98）城乡收入比首次低于2.00，分别比上年缩小0.07和0.04。从地区差距看，收入总量最高鹿城（84363元）为最低文成（37921元）的2.22倍（见表2），比上年略有缩小，区域发展协调性仍需进一步提升。

表2 2023年温州各县（市、区）居民人均可支配收入情况

单位：元，%

县（市、区）	全体		城镇		农村	
	金额	增速	金额	增速	金额	增速
温州市	67380	6.9	77973	6.3	41622	8.2
鹿城区	84363	6.5	86782	6.3	49796	7.8
龙湾区	—	—	78250	7.3	—	—
瓯海区	75448	6.3	80687	6.0	50231	7.7
洞头区	53886	6.4	63785	5.8	41881	7.1

续表

县（市、区）	全体		城镇		农村	
	金额	增速	金额	增速	金额	增速
永嘉县	52593	7.7	64337	6.9	34228	9.2
平阳县	53203	7.8	65787	7.1	35097	8.9
苍南县	51217	7.4	61292	6.7	33064	9.0
文成县	37921	5.4	52216	3.8	26190	7.3
泰顺县	38317	8.2	52696	7.2	26603	9.1
瑞安市	71424	7.2	82476	6.8	45644	8.0
乐清市	70828	6.5	81501	5.8	48480	7.9
龙港市	58048	7.5	68801	7.0	38425	8.6

（二）2023年温州城乡居民收入结构特点

1. 工资性收入平稳增长

2023年温州居民人均工资性收入35758元，同比增长6.7%，增速较上年提高0.7个百分点，占人均可支配收入的53.1%（见表3），拉动可支配收入增长3.6个百分点，对居民较快增收起到决定性作用。其中城镇和农村居民分别为40414元和24435元，同比分别增长6.1%和8.3%。2023年温州落实国家、省稳经济一揽子政策和接续措施，努力应对外部环境不确定性，积极推进各项稳就业措施，加强就业创业培训，支持和规范新就业形态发展，就业形势保持总体平稳，为工资性收入增长打下了良好基础。

表3 2023年温州居民人均可支配收入来源及构成

单位：元，%

指标	金额	增速	比重
可支配收入	67380	6.9	100.0
工资性收入	35758	6.7	53.1
经营净收入	12369	6.8	18.4
财产净收入	10368	6.8	15.4
转移净收入	8885	7.8	13.2

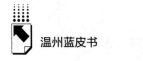

2.经营净收入逐步恢复

2023年温州居民人均经营净收入为12369元，同比增长6.8%，增速较上年提高0.5个百分点，占人均可支配收入的18.4%，拉动可支配收入增长1.2个百分点。其中城镇和农村居民分别为13372元和9930元，同比分别增长6.3%和7.7%。防疫政策调整后，温州居民消费市场逐步回暖，尤其批发零售、住宿餐饮和文化旅游等行业经营情况明显改善，带动居民经营收入进一步恢复。

3.财产净收入保持增长

2023年温州居民人均财产净收入为10368元，同比增长6.8%，增速较上年提高1.1个百分点，占人均可支配收入的15.4%，拉动可支配收入增长1.1个百分点，是居民收入保持增长较为重要的因素。其中城镇和农村居民分别为13763元和2113元，同比分别增长6.3%和7.3%。随着全市深入推进以集体经济为核心的强村富民乡村集成改革，开展闲置宅基地、闲置农房"双激活"等举措，切实惠及农村居民，改革红利持续释放，有效激活农村各类要素资源，支撑城乡居民财产净收入稳定增长。

4.转移净收入兜底保障

2023年温州居民人均转移净收入为8885元，同比增长7.8%，增速较上年提高3.5个百分点，占人均可支配收入的13.2%，拉动可支配收入增长1个百分点，转移净收入是居民收入增长的坚实保障。其中城镇和农村居民分别为10423元和5144元，同比分别增长7.3%和8.7%。2023年温州各项民生保障措施持续发挥效力，城乡居民养老金水平继续提高，低保、困难群体救助标准同步提升，农村综合帮扶工作成效显现。同时，疫情防控措施优化调整后，在外温商返温数量明显增加，具备"温州特色"的寄带回收入进一步释放增长动能，有效促进转移净收入稳定增长。

二　2023年温州城乡居民消费主要情况

2023年温州消费市场复苏明显，餐饮、文化休闲、夜间经济、旅游等都出现一定程度的火爆场面，居民消费活力进一步释放，消费支出持续较快增长。全年温州全体居民人均生活消费支出 46879 元，同比增长 9.5%，增速比上年加快 2.2 个百分点，高于全国、全省平均水平 0.3 个、1.2 个百分点，居全省各设区市第 2 位。

（一）农村消费恢复好于城镇

分城乡看，城镇居民人均消费支出 53333 元，同比增长 8.5%；农村居民人均消费支出 31187 元，同比增长 12.9%，快于城镇消费增速 4.4 个百分点。城乡居民消费支出比为 1.71，较上年收窄 0.07。

（二）八大类支出呈现"七升一降"态势

从结构来看，2023 年居民消费八大类支出恢复性增长，呈现"七升一降"态势。其中，教育文化娱乐、医疗保健、其他用品和服务等回升较快，增幅均超过两位数。文旅消费带动作用最为明显，教育文化娱乐支出增幅达 37.1%。食品烟酒、交通通信、生活用品及服务、居住等基本支出，由于刚性较强，增长相对平稳，分别比上年增长 6.8%、6.6%、4.1% 和 1.3%。

表4　温州全体居民人均生活消费支出情况

单位：元，%

指标名称	2023 年	2022 年	同比增幅	占比
人均生活消费支出	46879	42809	9.5	100.0
食品烟酒	13137	12301	6.8	28.0
衣着	2491	2497	-0.2	5.3
居住	10719	10583	1.3	22.9
生活用品及服务	3565	3424	4.1	7.6
交通通信	5889	5523	6.6	12.6
教育文化娱乐	6228	4542	37.1	13.3
医疗保健	2771	2229	24.4	5.9
其他用品和服务	2078	1711	21.4	4.4

（三）消费结构进一步优化

随着收入在疫情防控措施优化调整后恢复增长，居民的消费意愿得到一定提振，消费结构进一步提质升级，消费层次逐渐从生存型转为发展型和享受型。2023年在促消费政策和"五一"、端午、暑期、迎亚运等带动下，居民旅游、在外餐饮、休闲娱乐等消费需求进一步释放，全年全市居民教育文化娱乐支出在上年低基数基础上同比增长37.1%。同时也带动住宿、饰品、美容美发等居民其他用品和服务支出增长21.4%。后疫情时代居民健康消费意愿明显增强，温州居民医疗保健消费支出增加明显，同比增长24.4%。

三 促进温州城乡居民收入和消费共同增长的建议

2023年随着温州经济稳中向好发展，居民增收积极因素累积增多，但疫情的负面影响仍未完全消除，全体居民人均可支配收入增速尚未恢复到2019年的水平（9.7%），扣除价格因素实际增长6.4%，低于GDP增速0.5个百分点。同时，宏观经济持续增长面临的外部不确定因素依然较多，影响了居民增收的预期，从而束缚了居民消费意愿。因此，要促进温州城乡居民的消费增长，首先要从促进经济发展，保证居民收入稳定持续增长入手。

（一）不断优化营商环境，夯实经济发展基础

深入实施"415X"先进制造业集群培育行动，做强新兴主导产业，布局前沿产业，促进传统产业加速转型。持续提升"一区一廊一会一室一集群"创新能级，加快高端创新资源向环大罗山科创走廊集聚，做强创新平台。引进专业运营机构，新增孵化空间，为创新创业者提供平台，加速壮大创新主体。同时持续深化新时代"两个健康"先行区创建，不断优化营商环境，加快构建线上线下融合运行企业综合服务中心，规范提升行政审批中介服务，优化服务场景，进一步完善市场准入负面清单管理模式。

（二）继续完善公共服务，激发市场主体活力

完善惠企政策直达快享机制，推动惠企政策提质扩面，做好政策宣传，简化申报流程。深入实施"金融富瓯"行动，进一步加大普惠小微企业、个体工商户贷款支持力度，促进综合融资成本稳中有降。鼓励高就业吸纳能力的服务产业发展，支持微商电商、网络直播等多样化自主就业、分时就业，推动发展具有本地特色的小店经济等。持续打响"好学温州"品牌，有序推进集团化办学、城乡教共体建设，持续做好创业就业群体随迁子女就学服务保障。扎实推进重点群体就业帮扶行动，关心关爱新就业形态劳动者，完善"共富型"大社保体系，深入推进全民参保计划，实施"医保纾困"升级版，加快公共服务提质扩面。

（三）拓展增收致富渠道，统筹城乡均衡发展

充分发挥平台对乡村特色产业发展的集聚优势，提速提质推进"两带一园"建设，加快促进特色产业向产业平台集聚、向优势产区集中，强化产业链各环节对农民的增收效果，在挖掘传统动能的基础上同步培育增收新动能。促进农村居民实现就地增收致富。精准落实山区海岛县"一县一策"，做大做强"一县一业"，提速打造泵阀、时尚轻工、绿色能源、新材料、食品饮料等百亿级主导产业集群，带动山区五县增收提速。深入实施扩中提低行动，推动低收入家庭综合帮扶集成改革扩面提质，持续缩小城乡居民收入倍差。

（四）积极扩大有效投资，释放居民消费潜力

聚焦扩大有效益的投资，优化投资结构，提升产业投资比重，实施政府和社会资本合作新机制，以"市场+资源+应用场景"拓宽民间投资领域。围绕居民中高层次消费需求，聚焦激发有潜能的消费，优化商业综合体布局，加快改造提升城市商圈和街区，推动形成一批高品位、高质量消费聚集地。大力发展数字消费、绿色消费、健康消费，积极培育会展经济、银发经

济和国货"潮品"等新的消费增长点。同时，以政策补贴作为撬动点，进一步优化大宗消费的刺激政策，如加大汽车直接补贴力度的同时，加大针对汽车停车、洗车等附带服务方面的支持力度，激发新能源汽车消费需求。

（五）完善物流配送体系，激发城乡消费热点

完善县乡村三级快递物流配送体系，提高农产品流通效率，降低物流成本，促进消费品价格的下降。因地制宜发展乡村旅游、休闲农业等新产业新业态，盘活和挖掘具有本地特色的乡村文旅资源，提升乡村文旅设施效能。积极培育地域特色鲜明、消费带动作用强、具有浓郁本地特色的消费集聚区，打造富有特色的夜间游项目，设置夜间景观带，加快一二三产业融合，举办系列有辨识度、有吸引力的主题文旅市集、乡村音乐节等特色活动。加快推动互联网平台企业向农村延伸拓展，助力传统线下业态数字化改造和转型升级，拓展新业态新模式新场景。

（六）完善维权机制，营造放心消费环境

全面营造良好的居民消费环境，提升消费服务质量，开展放心消费行动。聚焦日常消费、服务消费、新消费等重点领域开展放心消费建设，加强消费市场线上和线下监管，畅通群众诉求表达渠道，构建专业化、高效化、智能化矛盾协调和权益维护平台，健全消费纠纷调解制度、消费维权共治机制等，提升投诉举报处理效能，加大消费者司法保护力度，营造安全放心消费环境，维护消费者权益。加强宣传教育，提升消费者的法律意识和自我保护能力。引导消费者积极了解相关法律法规，明确自己的权利和义务，增强维权意识，遇到问题及时维权，同时促使经营者更加重视消费者权益保护。

B.14
2023年温州市民社会心态调查报告

闫欢 李仪萍 王迪 车颖*

摘　要： 市民社会心态是城市发展变化的"晴雨表"和"风向标"，为相应政策的制定与工作重点的调整提供参考。941份有效问卷调查数据的分析表明，温州市民社会心态积极向上，对生活满意，有幸福感，注重健康，信任家人和朋友，关心社会问题，有创新意愿，对温州有认同感、归属感，对未来有理性财务计划。结合调查结果，应对部分市民群体焦虑程度、精神需求等方面予以关注，培植对应市民群体创新意愿、城市认同感，全面提升温州市民积极社会心态水平。

关键词： 社会心态　幸福感　城市认同　创新意愿　精神需求

社会心态是在一定时期的社会环境和文化影响下形成的，社会中多数成员表现出的普遍的、一致的心理特点和行为模式。[1] 市民社会心态是城市发展变化的"晴雨表"和"风向标"。伴随城市的多元发展，市民社会心态呈现多维演进状态。为初步了解当前温州市民社会心态基本状况，本报告在问卷调查基础上进行分析，进而提出来自市民社会心理源动力的策略指向，以期为相关社会政策的改进与完善提供有针对性的参考。

---

* 闫欢，温州商学院商港文化新媒体传播研究中心负责人，教授、博士，主要研究方向为传播心理理论、温州文化传播；李仪萍，澳门科技大学博士生，主要研究方向为计算传播；王迪，澳门科技大学副教授、博士生导师，主要研究方向为健康传播、社交媒体的传播心理、新媒体的商业传播；车颖，温州商学院传媒与设计艺术学院副教授，主要研究方向为新媒体传播。

[1] 王俊秀：《社会心态的结构和指标体系》，《社会科学战线》2013年第2期，第167~173、2~6页。

一　温州市民社会心态调查的基本情况

本调查报告以 2023 年温州市民为对象，采用李克特五分量表对社会心态相关指标进行测量，包括社会幸福感（生活满意度、获得感）、社会信任、社会安全、社会情绪（渴望、愤怒、焦虑）、精神需求、城市认同、创新意愿以及未来财务规划趋势等八大指标，呈现温州市民社会心态的基础状况及其多方面、多维度的差异。然后将以上被测指标与人口统计学信息结合，进行交叉分析，得出描述性统计结果。

本调查通过"问卷星"发放问卷，采用滚雪球抽样，受访者可以通过手机答卷，也可以通过电脑答卷。预调查时间为 2023 年 10 月 28 日至 10 月 30 日，逐一对量表进行信度检测，结果都大于 0.9，显示问卷中的变量信度均为良好。正式调查时间为 2023 年 11 月 3 日至 11 月 29 日，调查对象包括温州户籍市民和常住温州的非户籍市民。本调查总计有 1021 人参与答卷，剔除回答时间少于 30 秒的问卷后获得有效问卷 941 份，有效回收率为 92.16%。

在性别分布上，男性和女性的比例接近，分别为 51.89% 和 48.11%。表明本次调查的人群在性别分布上是较为均衡的。

在年龄分布上，受访者通过填空题填写了自己的年龄，统计出现并且占比最高的前 15 个年龄数字，发现参与问卷调查的市民，年龄集中于 40 岁以及 50 岁阶段，大部分问卷调查受访者都处在中年阶段。

在婚姻状况方面，大多数受访者（约 65%）已婚。

在教育程度上，62.53% 的受访者具有大学本科学历，24.94% 具有研究生及以上学历，两者总和达 87.47%。

月收入的分布较为分散，分布最多的一档是 7001~10000 元，占 31.09%（见图 1）。疫情期间，分布最多的一档收入占比没有明显变化，占 38.3%，其后是与疫情前同期持平，占 22.34%（见图 1）。

职业分布方面，居前三位的为公务员（25.53%）、专业技术人员

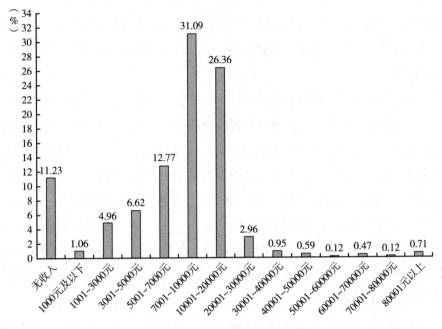

图1　受访者收入水平

（24.94%）、学生（15.48%）。

在企业所属行业分布上，批发零售行业的受访者所占比重最大，占26.83%，其后为工业部门，占19.51%。

二　温州市民幸福感、生活满意度、获得感情况

本调查对温州市民幸福感的测量是直接向被调查者询问生活的幸福程度，将幸福程度分为5个等级。为便于进行定量比较，分析时将幸福程度的等级转换为幸福感得分，非常赞同为5分、赞同为4分、中立为3分、不赞同为2分、非常不赞同为1分。这样既可以考察市民幸福感的总体程度，又可以比较不同市民平均得分来分析幸福感的差异情况。

2023年温州市民幸福感的平均得分为3.79。在回答"自己的生活是

幸福的"这一问题时,有18.06%的市民非常同意,有49.94%的市民同意这一说法,有26.56%的市民持中立态度,有3.42%的市民不同意,有2.01%的市民非常不同意。由此可见,超2/3的温州市民认为自己的生活是幸福的。

调查数据表明,不同职业的市民幸福感存在一定的差异。从不同职业市民的幸福感差异上看,幸福感平均得分最高的是工人(4.12),其后是商业服务人员(4),公务员(3.94)位列第三,党政部门、企业、事业单位负责人(3.91)位列第四;处于中等水平的是中小企业经营者(3.86),个体工商户(3.85),职员、办事人员(3.82);幸福感分数较低的是专业技术人员(3.64)、学生(3.64);离退休人员(3.58)幸福感分数最低。其中工人、商业服务人员、中小企业经营者、个体工商户等职业的市民幸福感得分均处于中高水平,这与温州重视商业文化传统的滋养以及"两个健康"相应政策举措有所对应。

生活满意度是主观幸福感的关键指标。在回答"总的来说,对自己的生活是满意的"这一问题时,平均得分为3.75。在回答这一问题时,选择非常同意的市民占15.35%,选择同意的市民占51.83%,选择中立的市民占27.74%,选择不同意的市民占2.95%,选择非常不同意的市民占2.13%。从平均得分以及不同等级分布情况看,基本与幸福感情况接近,超2/3的温州市民对自己的生活是满意的,进一步有效衡量了其幸福感的稳定性。

获得感是幸福感的重要组成部分。在获得感的测量中,平均得分为3.48,主要考察温州市民在生活质量、交通状况、环境质量、医疗服务质量方面的获得感。参与调研的市民中,有33.29%的市民同意"和一年前相比,生活质量提高了";有39.67%的市民对"和一年前相比,交通顺畅程度有所提高"这一问题持中立态度;有39.08%的市民同意"和一年前相比,环境质量有所提高";有47.82%的市民对"和一年前相比,医疗服务质量有所提高"持中立态度。

三 温州市民信任感、安全感情况

（一）信任感的基本情况

对信任感的测量包括测量被调查者对大多数人包括家人、朋友、亲戚、同事、普通熟人、陌生人的信任程度。运用李克特五分量表对回答结果进行分数评级，非常赞同为5分，赞同为4分，中立为3分，不赞同为2分，非常不赞同为1分。

温州市民整体信任程度较高。"我信任社会上的大多数人"一题平均得分为3.63，非常同意占14.76%，同意占43.92%，中立占32.7%，不同意占6.61%，非常不同意占2.01%。

对"强关系群体"信任程度高于对"弱关系群体"。其中"我信任家人"一题平均得分为4.38，"我信任朋友"一题平均得分为4.08，"我信任亲戚"一题平均得分为3.82，"我信任同事"一题平均得分为3.67，"我信任普通的熟人"一题平均得分为3.67，最低分为"我信任陌生人"一题，平均得分为2.67。温州社会的宗族意识、民间联结传统对温州市民产生着深远的影响，这与家人、朋友、亲戚的较高信任水平相呼应。

本调查数据表明，不同受教育程度的市民社会信任存在一定的差异。初中文化水平市民的社会信任平均得分为4，其后是大学文化，为3.69，高中文化为3.65，大专文化为3.58，小学及以下文化为2.83。这一方面表明受教育程度在提升知识水平、认知能力、道德素养的同时，也提升社会信任的水平；另一方面也提示受教育程度并非影响高水平社会信任形成的唯一因素。

（二）安全感的基本情况

对温州市民安全感的调查包括6个方面，分别是人身安全、个人隐私安全、财产安全、环境安全、交通安全和公共卫生安全的问题。将安全感的选

项转换为分数后，非常赞同为 5 分，赞同为 4 分，中立为 3 分，不赞同为 2 分，非常不赞同为 1 分，得分越高表明安全感程度越高。

调查数据显示，"人身安全是被保障的"一题的平均得分为 4，"个人隐私安全是被保障的"一题平均得分 3.12，"财产安全情况是被保障的"一题平均得分为 3.71，"环境安全是被保障的"一题平均得分为 3.55，"交通安全是被保障的"一题平均得分为 3.69。"公共卫生安全是被保障的"一题平均得分为 2.88。这表明温州市民在安全方面感知良好。

"人身安全是被保障的"一题非常同意占 24.32%，同意占 56.91%，中立占 14.64%，不同意占 2.6%，非常不同意占 1.53%。

"个人隐私安全是被保障的"一题平均得分为 3.12，非常同意占 12.4%，同意占 27.39%，中立占 29.87%，不同意占 20.9%，非常不同意占 9.45%。可见，居民的人身安全感较强，但隐私安全感不强。

"财产安全情况是被保障的"一题平均得分为 3.71，非常同意占 17.83%，同意占 46.87%，中立占 26.56%，不同意占 6.38%，非常不同意占 2.36%。

"环境安全是被保障的"平均得分为 3.55，非常同意占 14.99%，同意占 41.32%，中立占 30.81%，不同意占 9.45%，非常不同意占 3.42%。

"交通安全是被保障的"平均得分为 3.69，非常同意占 15.47%，同意占 49.59%，中立占 25.27%，不同意占 8.15%，非常不同意占 1.53%。

四　温州市民的社会情绪与精神需求情况

（一）近半市民最渴望"身体健康"

根据问卷问题"目前最渴望的是什么"（只能选择一项）数据统计结果，"身体健康"是市民最渴望的选项，占比高达 49.53%，显示出市民对于健康问题的高度关注。之后选项依次排序为："收入增加" 23.64%，"事业发展" 11.11%，"拥有自己的住房" 3.9%，"爱情" 1.77%，"获得他人认可"1.65%，"艺术欣赏、创作、慈善"1.3%，"环境更好"1.06%，"拥有更多朋友"0.83%，"孕育新生命（二胎）"0.71%，"孕育新生命（一胎）"0.59%，"改善交通"0.12%。

（二）"官员腐败或不作为"最经常引起市民愤怒

"官员腐败或不作为"是最经常引起市民愤怒的选项，占比为25.06%，这反映了市民对于政府行为和官员品行的期待。"最经常引起市民愤怒的事"之后的选项依次排序为，"有人不讲公德"14.3%，"家庭内部问题"12.06%，"亲友、同事矛盾"10.87%，"诈骗、推销电话"9.34%，"商家不讲信誉"8.75%，"看病贵、看病难"6.97%。

（三）过半市民因"工作压力""物价上涨"感到焦虑

对温州市民焦虑情绪来源的调查包括物价上涨、房价上涨、交通堵塞、同事亲友关系、工作压力、健康问题、养老问题、就业问题、环境问题、社会治安问题、收入情况、未来焦虑以及外出感染病毒等13个选项。焦虑情绪选项转换为分数后，非常赞同为5分，赞同为4分，中立为3分，不赞同为2分，非常不赞同为1分。得分越高表明焦虑程度越高。

"因物价上涨感到焦虑"一题的平均得分为3.52，"因房价上涨感到焦虑"一题的平均得分为3.29，"因交通堵塞感到焦虑"一题的平均得分为3.52，"因同事、亲友关系感到焦虑"一题的平均得分为3.11，"因工作压力感到焦虑"一题的平均得分为3.61，"因健康问题感到焦虑"一题的平均得分是3.49，"因养老问题感到焦虑"一题的平均得分为3.04，"因就业问题感到焦虑"一题的平均得分为3.06，"因环境问题感到焦虑"一题的平均得分为3.06，"因社会治安问题感到焦虑"一题的平均得分为2.59，"因收入情况感到焦虑"一题的平均得分为3.38，"当想到自己未来的时候，会感到焦虑"一题的平均得分为3.34，"担心外出购物或上班时被感染新冠病毒"一题的平均得分为2.64。

调查结果显示，过半市民因"工作压力""物价上涨"感到焦虑。"因

工作压力感到焦虑"一题，非常同意的市民占 19.48%，同意的市民占 38.37%；"因物价上涨感到焦虑"一题，非常同意的市民占 14.52%，同意的市民占 39.43%。同时，"因社会治安问题感到焦虑""担心外出购物或上班时被感染新冠病毒"平均得分较低，说明社会治安、外出感染病毒虽可能成为市民焦虑情绪的因素，但不是主要的影响因素。

不同职业的市民对自己未来的社会焦虑存在一定的差异。对自己未来感到最焦虑的为学生，平均得分为 3.86；中小企业经营者平均得分为 3.48，商业服务人员平均得分为 3.41，焦虑程度较高；工人平均得分为 3，公务员平均得分为 3.11，个体工商户平均得分为 3.15，这三种职业的市民对自己未来的焦虑程度较低。

（四）市民对"与家人的关系紧密""获得家人更多支持""找到内心的平静"的精神需求最高

对温州市民精神需求的调查内容，包括"需要与他人倾诉你的恐惧与忧虑""投入自然之美""去一个安静的地方"等 17 个选项。精神需求选项转换为分数后，非常赞同为 5 分，赞同为 4 分，中立为 3 分，不赞同为 2 分，非常不赞同为 1 分。得分越高表明精神需求程度越高。

调查结果显示，"需要与他人倾诉你的恐惧和忧虑"一题的平均得分为 3.16，"投入自然之美"一题的平均得分为 3.88，"去一个安静的地方"一题的平均得分为 3.8，"找到内心的平静"一题的平均得分为 3.89，"在疾病和/或痛苦中寻找意义"一题的平均得分为 2.98，"与他人讨论人生意义"一题的平均得分为 3.47，"求助于他人"一题的平均得分为 3.24，"跟别人说一些自己的秘密"一题的平均得分为 3.04，"安慰他人"一题的平均得分是 3.64，"原谅他人"一题的平均得分为 3.53，"被他人原谅"一题的平均得分为 3.33，"与家人的关系紧密"一题的平均得分为 3.96，"把自己的人生经历讲给他人"一题的平均得分为 3.51，"确信自己的生活有意义和价值"一题的平均得分为 3.79，"受朋友欢迎"一题的平均得分为 3.73，"获得家人更多支持"一题的平均得分为 3.91。

温州作为浙江"共同富裕示范区"建设的第三极城市，在实现物质富裕的同时，精神富足也是重要的建设任务，精神需求是实现精神富足的社会心理基础。本调查数据显示，"觉得与家人的关系紧密""获得家人更多支持"的精神需求程度最高，这表明发扬温州宗族文化传统、发挥现代家庭教育作用的重要性。

市民在面对恐惧和忧虑时，倾向于寻求倾诉和帮助，这表明社会支持对于应对心理压力具有重要意义。投入自然之美、寻找内心的平静以及去安静的地方等活动，对于提升市民的心理健康具有积极影响。这些活动可以帮助市民减轻压力、恢复精力，从而更好地面对生活中的挑战。市民在疾病和痛苦中寻找意义，这表明在面对困境时，积极的心态和信念对于应对困难至关重要。与他人讨论人生意义、求助于他人、跟别人分享自己的秘密等行为，有助于市民建立良好的社会关系，增强彼此之间的理解和信任。安慰他人、原谅他人以及与家人的紧密关系等，体现了市民在人际关系中的善良和宽容，这对于个体和社会的和谐稳定具有重要意义。觉得自己的人生经历有价值、生活有意义，以及受到朋友欢迎，这些因素有助于提高个体的自尊和幸福感。获得家人的更多支持，对于市民在生活中的发展具有积极影响，有助于提升个体的应对能力。

五　温州市民的创新意愿、城市认同
与未来财务规划趋势

（一）近八成市民认为"能接受新想法"，近六成市民"喜欢尝试新想法"

对温州市民创新意愿的调查内容如表1所示，包括"我的朋友经常向我寻求建议或信息""我喜欢尝试新的想法"等20个选项。创新意愿选项转换为分数后，非常赞同为5分，赞同为4分，中立为3分，不赞同为2分，非常不赞同为1分，得分越高表明创新意愿程度越高。

表 1　温州市民创新意愿调查

题　目	平均得分
我的朋友经常向我寻求建议或信息	3.54
我喜欢尝试新的想法	3.65
我总是追求新的做事方法	3.52
我通常对新想法持谨慎态度	3.53
当答案不是显而易见时，我经常即兴想出解决问题的方法	3.53
我对新发明和新思维方式持怀疑态度	3.03
我很少能接受新的想法，直到我周围的绝大多数人接受新想法的时候我才会接受它们	2.87
我觉得我是我朋友中有影响力的一员	3.38
我认为自己在思想和行为上具有创造性和独创性	3.49
我通常是周围人中最后一个接受新事物的人	2.61
我是个有创造力的人	3.45
我喜欢担任我所属团队的领导职责	3.34
我不愿意采用新的做事方法，直到我看到这些方法对我周围的人是有用的方法	2.95
认为在思维和行为上保持独创性很刺激	3.47
倾向于认为旧的生活方式和做事方式是最好的方式	2.91
喜欢挑战模棱两可和悬而未决的问题	3.09
必须看到其他人在使用创新的事物	3.05
能接受新的想法	3.9
喜欢挑战回答尚未回答的问题	3.45
经常觉得自己对新想法持怀疑态度	3.07

　　调查结果，温州市民创新意愿总体平均得分为 3.29。总体上，创新意愿得分还是较高的。可见，创新成为温州赓续千年的社会心理基因，创新基因实践更成就了改革开放的"温州模式"，在"续写创新史""中国式现代化"的新征程中，温州市民的创新意愿是温州创新动力的重要衡量指标。对创新意愿的调查数据显示，"能接受新的想法"选项平均得分最高，非常同意占 16.41%，同意占 60.64%；"喜欢尝试新想法"选项平均得分排在第二位，非常同意占 13.71%，同意占 45.51%。由此可见，温州市民对新想法的接受、尝试的意愿较高，应得到持续发展并使之助力城市创新。

　　本调查数据反映了市民在对待创新和挑战方面的态度，显示出一定的保守性和开放性。在思维和行为上保持独创性、接受新的想法和挑战，对于个体的发展和进步具有积极意义。然而，也要注意到有一部分人倾向于认为旧的生活方式和做事方式是最好的，这可能会限制个体的创新能力和进步空间。因此，在培养创新能力的同时，在尊重和理解不同的观点和态度的同时，促进创新意愿的提升，也是影响城市创新发展建设的重要因素。

不同职业市民的创新意愿存在一定的差异。工人的创新意愿是最高的，平均得分为 3.75；其后是商业服务人员，平均得分为 3.71，党政部门、企业、事业单位负责人为 3.67；创新意愿最低的是离退休人员，平均得分为 3.25。值得关注的是，创新意愿处于中间水平的三种职业分别为中小企业经营者 3.57、个体工商户 3.45、专业技术人员 3.43，促进这三种职业市民创新意愿的提升，应引起重视。

（二）六成市民对温州有"认同感""归属感"

对温州市民城市认同的调查内容如表 2 所示，包括"如果我离开了一段时间，回来的时候我会很高兴""我认同这座城市""这座城市就像是我身份的一部分"等 13 个选项。城市认同选项转换为分数后，非常赞同为 5 分，赞同为 4 分，中立为 3 分，不赞同为 2 分，非常不赞同为 1 分，得分越高表明城市认同程度越高。

表 2 温州市民城市认同度调查

题　目	平均得分
如果我离开了一段时间,回来的时候我会很高兴	4.08
我认同这座城市	4.05
这座城市就像是我身份的一部分	3.96
我感觉自己属于这座城市	3.96
我感觉自己是这座城市的人	4.02
我想移居到其他城市	3.17
我想移居到海外	3.9

续表

题　目	平均得分
我喜欢生活在这座城市	3.91
我对这座城市有一种情感依恋	3.92
如果我不得不搬到其他城市,我会非常遗憾和难过	3.53
当我离开一段时间后,我真的很想回来	3.91
在这座城市,我真的感到宾至如归	3.75
当我离开时,我会思念这座城市	3.98

调查结果显示,城市认同的总平均得分为 3.86,整体看来,温州市民对温州城市有认同感、归属感,且认同、归属程度较高。同时,也反映出温州前市长钱兴中所讲的温州人"恋家不守土"的特点,尽管温州人有浓厚的家乡情结,但又是愿意走四方,哪里有机会就去哪里创业。

在城市认同量表选项的回答中,超过 3/4 的选项非常同意、同意占比之和均超过 60%,可见超六成市民对温州有认同感、归属感。

根据不同职业对城市认同的交叉分析可知,公务员平均得分为 4.35,党政部门、企业、事业单位负责人平均得分为 4.34,对城市认同程度最高;商业服务人员平均得分为 4.18,中小企业经营者平均得分为 4.1,个体工商户平均得分为 4.1,职员、办事员平均得分为 4.05,工人平均得分为 4,对城市认同程度较高;专业技术人员、离退休人员、学生对温州的城市认同感较低。

根据不同受教育程度对城市认同的交叉分析可知,初中及以上的人群,对温州的城市认同较高,平均得分均在 4 上下浮动;小学及以下受教育程度市民对城市认同程度明显偏低。

(三)六成市民"预计未来的消费会明显地增加",近五成市民"预计未来会增加稳健性理财支出"

对温州市民未来财务规划趋势的调查内容详见表 3,包括"预计未来的收入会明显增加""预计未来的消费会明显增加""预计未来会增加风险型理财支出①""预计未来会增加稳健型理财支出②"4个选项。未来财务规划趋势选项转换为分数后,非常赞同为5分,赞同为4分,中立为3分,不赞同为2分,非常不赞同为1分。得分越高表明未来财务规划趋势程度越高。

表3 温州市民未来财务规划趋势调查

单位:%

项目	非常赞同	赞同	中立	不赞同	非常不赞同	不适用
赋分分值	5	4	3	2	1	
预计未来的收入会明显增加	12.88	19.50	40.66	19.27	3.90	3.78
预计未来的消费会明显增加	19.27	41.96	28.96	6.38	1.41	2.01
预计未来会增加风险型理财支出	8.51	15.48	41.96	18.44	6.26	9.34
预计未来会增加稳健型理财支出	13.00	39.72	33.92	6.03	2.13	5.20

根据调查结果可知,"预计未来的消费会明显增加",温州市民同意的人数占41.91%,非常同意的人占19.27%,总计占比61.18%,表明超六成市民"预计未来的消费会明显增加"。"预计未来会增加稳健型理财支出",同意的市民占39.72%,非常同意的占13%,总计52.72%,表明超五成市民"预计未来会增加稳健型理财支出"。

根据不同职业对"预计未来的消费会明显增加"的交叉分析可知,商业服务人员(4.06)、工人(4)、学生(3.95)、中小企业经营者(3.95),认为未来消费会明显增加的程度最高。职员、办事员(3.8),公务员(3.77),个体工商户(3.75),党政部门、企业、事业单位负责人(3.73),认为未来消费会明显增加程度较高。专业技术人员(3.68)认为未来消费会明显增加程度不高。离退休人员(3.17)认为未来消费会明显增加程度最低。

六 调查总结

本报告通过对941份有效问卷的分析,揭示了温州市民在社会幸福感

---

① 例如证券股票、期权期货、黄金石油等。
② 例如储蓄存款、保险等。

（生活满意度、获得感）、社会信任、社会安全、社会情绪（渴望、愤怒、焦虑）、精神需求、城市认同、创新意愿以及未来财务规划趋势等八大方面的态度和看法。对温州市民社会心态特点作出总结，并建议如下。

其一，超2/3的温州市民认为生活幸福，对生活满意，体现出相对稳定的幸福感，与"中国最具幸福感城市"的称号相呼应。但仍需重视专业技术人员、学生、离退休人员三个平均得分较低群体幸福感的提升。

其二，温州市民整体信任程度较高，对家人、朋友和亲戚等"强关系群体"信任程度高于普通熟人、陌生人等"弱关系群体"，教育在一定程度上能提升社会信任。建议发挥温州宗族文化、民间社会组织以及各阶段教育的作用，提升整体市民社会信任程度。

其三，温州市民在安全方面感知良好，体现在人身、财产、环境、交通等方面。但市民认为个人隐私安全被保障程度较低，应进一步加强对个人隐私安全的保护。

其四，近半温州市民最渴望"身体健康"，"官员腐败或不作为"最经常引起市民愤怒，过半市民因"工作压力""物价上涨"感到最高程度的焦虑。这提示城市加速发展进程中，应加强对市民社会情绪的关注。学生群体对自己未来感到焦虑程度最高，教育主管部门及社会各方必须加以重视。中小企业经营者对未来焦虑程度较高，应基于"两个健康"建设基础，予以重点关注。

其五，温州市民精神需求程度高，对"与家人的关系紧密""获得家人更多支持"的需求程度最高，"投入自然之美""去一个安静的地方""找到内心的平静"的需求程度次之，应重视市民精神需求的满足程度，加大力度提升市民精神富足水平，促进共同富裕。

其六，温州市民整体创新意愿较强，尤其体现在，近八成市民"能接受新想法"，近六成市民"喜欢尝试新想法"，应加强市民创新意愿的动机转化，促进创新行为的达成。中小企业经营者、个体工商户、专业技术人员这三类市民创新意愿相对较弱，应尤为引起重视。

其七，近两年伴随朔门古港遗址的发掘复现，"戏从温州来"在各地、各平台展演以及海上丝绸之路文化溯源等"文化温州"形象的涌现,"商业温州"形象走向多元化的历史文化名城形象。本次调查结果显示,六成市民对温州有认同感、归属感,且程度较高,这在一定程度上体现了市民对多元化城市形象的认同。但专业技术人员、离退休人员、学生对温州的城市认同感较低,应有所关注。

其八,六成市民"预计未来的消费会明显增加",近五成市民"预计未来会增加稳健型理财支出",其中商业服务人员、学生、中小企业经营者这三类市民认为未来消费会明显增加程度最高,市民在未来财务规划上的社会心态规律可为相关领域提供一定发展策略指导。

综上所述,温州市民在社会心态方面表现出积极向上的态度,注重健康、信任家人和朋友、关心社会问题,并且具有一定的创新意愿,对温州有认同感、归属感,对未来有理性财务规划。然而,也存在一些引起政府和社会各界关注的问题,应积极为市民创造更好的生活环境,增强市民的幸福感,从而促进温州社会高质量发展。

文 化 篇

B.15
2023年温州文化发展报告

陈中权*

摘　要： 2023年，温州市认真贯彻习近平文化思想，在建设朔门古港国家考古遗址公园、打响城市文化品牌、开展与丝路沿线国家和欧洲文化名都间国际交流等方面取得了较好成效，但还存在公共文化治理水平和服务品质有待提高、文化遗产研究利用不够充分、文化产业结构有待优化、文艺创作精品力作缺乏、文化产品贸易薄弱等问题。2024年，温州应在提高公共文化供给能力和治理水平、擦亮城市文化"金名片"、争创国家文化和旅游消费示范城市、推进艺术乡建和文艺惠民、加大对外文化交流力度等方面努力取得新进展。

关键词： 公共文化　文化遗产　文旅融合　文艺　温州

---

* 陈中权，中共温州市委党校（温州行政学院）文化与社会学教研部副教授，主要研究方向为文化学。

2023 年是全面贯彻落实党的二十大精神的开局之年，是"八八战略"实施 20 周年、亚运会和亚残运会举办之年，是新冠疫情防控转段后经济恢复发展的一年，人民群众精神文化消费需求大为增长，推动了文化繁荣与发展。

一 2023年温州文化发展基本情况

2023 年，温州市认真贯彻习近平文化思想、党中央建设社会主义文化强国和浙江省委新时代文化浙江建设的决策部署，积极推进"三年百项文化工程"，在建设朔门古港国家考古遗址公园、打造城市文化品牌、推进重大文旅项目、开展与丝路沿线国家和欧洲文化名都间国际交流等方面取得了较好成效，为加快建设"千年商港、幸福温州"提供了精神动力和智力支持。

（一）现代公共文化服务体系建设稳步推进

2023 年，温州市围绕健全现代公共文化服务体系建设，推进城乡公共文化服务体系一体化建设，国家公共文化服务体系示范区创建成果得到深化。

"中国民办博物馆之城"建设力度加大。以《建设中国民办博物馆之城的实施意见》和《温州市促进民办博物馆发展扶持办法》的制定出台为基础，进一步提质扩面，联合国家、省、市三级专家团队力量，健全国有博物馆带动帮扶机制，不断壮大民办博物馆集群，将民办博物馆建设列入省民生实事工程。全年新建 25 家乡村博物馆，总量已达 98 家，泰顺县司前畲族文化展示馆入选浙江省乡村博物馆建设示范点。全市非国有博物馆（美术馆）获批备案登记 32 家。

"全民阅读之城"建设成效稳步提升。2021 年，温州获得全国首个"全民阅读示范城"称号。2023 年，温州积极开展浙江省"春苗阅读计划"温州行、2023"书香社会 阅读温州"全民阅读节、"让阅读点亮人生"身边

的阅读榜样寻访、2023 城市书展、中国寓言文学大会暨第七届"金骆驼奖"颁奖典礼等活动。"央地共建全民阅读城市项目"获"2022~2023 年度全民阅读优秀项目推介工作入选项目"荣誉，全国共 15 个，此为全省唯一。

公共文化品牌影响力持续扩大。推动城市书房国家综合标准化试点项目通过国家验收，进一步实施《文化驿站建设与服务管理规范》《公共图书馆馆外服务场所服务规范》两个国家行业标准，以规范化建设引领行业发展。出台《温州市流动书巴扶持资金管理办法》，修订《温州市城市书房扶持补助办法》，为公共文化品牌高质量发展提供政策保障。聚焦谋划"城市书房"文化品牌后半篇文章，制定《城市书房社会认养实施方案》，开启城市书房社会化运作机制探索。文化驿站、乡村艺术团、城市书房联盟等创新做法在全国性专题研讨会上做经验交流，公共文化服务品牌的全国影响力持续扩大。

2023 年，温州以东部地区第二名成绩通过国家公共文化服务体系示范区创新发展复核验收，全市现有 3 个全国文化先进县（市）、2 个国家级公共文化服务体系示范区（项目）、1 个省级公共文化服务体系示范区、24 个省级文化强镇、84 个省级文化示范村（社区）、4 个省级公共文化服务体系示范区（项目）。

（二）文化遗产保护和利用工作取得突破性进展

2023 年是温州建城 2215 年和建郡 1700 年，市委、市政府十分重视温州地域文化挖掘、保护和利用，举办系列纪念性活动，文化遗产保护和利用成效显著。

考古工作取得历史性突破。温州朔门古港遗址入选 2022 年全国十大考古新发现，这是迄今国内外海上丝绸之路港口遗址最为重要的考古发现，在世界航海文明史上具有突出价值。加入中国海丝申遗城市联盟，承办 2023 海上丝绸之路城市影响力市长交流大会，扩大了城市影响力。启动温州朔门古港国家考古遗址公园建设，意在打造古港文化地标。完成"三普"文物复核工作，登录 29 处列入"四普"文物储备候选名单，启动廊桥保护三年行动计划。

"南戏故里"文化品牌火爆出圈。央视戏曲春晚在温州"九山书会"举办，全网累计曝光量超 36 亿人次，获 13 亿次点赞，100 余个国家和地区转播，央视《新闻联播》连续 4 次报道，权威认证了"百戏之祖是南戏 南戏故里在温州"，打响了"中国戏曲故里"金名片。借助央视戏曲春晚东风，打造"戏从温州来"南戏经典文化周品牌活动，组织南戏经典剧目走进长三角、京津冀、粤港澳，在中国最强核心城市群推动南戏唱响全国大舞台。先后创排青春版越剧《孔雀东南飞》、新编越剧《琵琶记》、新编历史瓯剧《朔门潮》、昆剧《监察御史徐定超》等戏剧作品。

"中国工艺美术之都"成功摘牌。温州工艺美术产业发展历史悠久，规模较大，产品门类丰富。5 月，中国轻工业联合会和中国工艺美术学会共同授予温州市"中国工艺美术之都"称号，成为继广东潮州、福建泉州之后的第三个获该称号的城市。同月，占地面积 50 亩、建筑面积 4000 平方米的志通艺术馆开馆，这是温州著名工艺美术品牌、国家级非遗瓯塑集中展示的窗口，是将非遗和城市雕塑等融为一体的美学空间。

历史文化街区综合保护利用取得新进展。4 月，鹿城区墨池—东瓯王庙—县学前历史文化街区开街，该街区以"风雅墨池坊、千年东瓯王"为定位，占地面积约 2.83 公顷，总投资约 1.11 亿元。5 月，瓯海区梧田老街历史文化街区试营业，展现了浙南水乡风貌，一期总用地面积 61.1 亩，建筑面积 40741 平方米，总投资 6.4 亿元。此外，龙湾区寺前街、乐清市北大街等历史文化街区正在改造之中。

（三）文化和旅游产业融合发展步伐显著加快

2023 年，温州市实施"文化+"发展战略，积极探索文化产业现代形态，加快推动文旅深度融合发展步伐。

文化产业扶持政策进一步完善。在鹿城区、龙湾、瓯海区、永嘉县获得 3 亿元省文化产业发展专项资金扶持的基础上，市政府出台新版《进一步加快现代服务业高质量发展的若干政策意见》，每年安排 780 万元对举办

音乐节和演出、特色小剧场演绎等 14 个文化产业相关项目进行补助。市委宣传部联合市财政局出台《温州市重点文化产业项目扶持资金管理暂行办法》，计划连续 3 年对全市 10 个左右的重点文化产业项目进行扶持。出台温州市 2023 年度促进文化和旅游消费扶持政策，发挥财政资金带动激励作用，全市累计发放文旅专项消费券 6280 万元，测算拉动消费 3.14 亿元；发行电影专项消费券 427.8 万元，带动全市实现票房 1.79 亿元，位居全省第三。

重大文旅项目积极推进。全市纳入省"千项万亿"工程文旅项目 12 个，总投资 234.4 亿元，年度投资 19.25 亿元，投资完成率 161.19%；18 个在建实施类项目纳入省"文化和旅游"双百计划，投资完成率 128.6%，重大项目引领带动成效明显。楠溪江音乐节、青灯市集、非遗活态产业创意园、瓯窑小镇二期、九山书会南戏文创园、平阳宠物小镇等文化产业项目成为促进文化消费的重要平台。浙南时尚演艺中心连续举办薛之谦、张信哲、杨丽萍等明星商业演唱会。

文博展会精彩纷呈。成立世界温州人设计师联盟，举办第四届温州国际设计双年展、第十届温州文博会、手工艺 50 人论坛 2023 世界峰会、青灯市集全国生活美学大会暨海丝工艺美术产业论坛等活动。组织参展深圳文博会、长三角文博会、成都创意设计周等。青灯市集（春秋两季）活动，12 天共吸引 82.1 万人次，销售额达到 1.06 亿元，实现经济效益、社会效益双丰收。

文旅产业品质得到提升。泰顺廊桥—氡泉旅游度假区创成国家级旅游度假区。瓯海区三垟湿地景区、平阳县苏步青故里文化旅游区创成国家 4A 级旅游景区，瓯海区入选国家文化产业和旅游产业融合发展示范区建设名单，雁荡山和楠溪江景区入选全省千万级核心景区培育名单，鹿城区、瓯海区获评浙江省全域旅游示范县（市、区），苍南县福德湾村入选全国乡村旅游重点村。鹿城区获评省 5A 级景区城，瑞安市获评为省 4A 级景区城，洞头区东屏街道、瑞安市曹村镇等获评 5A 级景区镇（乡、街道），苍南县霞关镇霞关村等 8 个村（社区）获评金 3A 级景区村庄。"楠溪江打造乡村音乐漫都"和"青灯市集"入选首批 100 个"长三角人文经济典型案例"。

全国版权示范城市创建工作成效显著。2023年，温州开展全国版权示范城市创建工作，举办2023温州市版权宣传月活动，承办第11届浙江省知识产权杯创意设计大赛。全市共查处版权行政案件10起，刑事案件4起，全国挂牌案件2起，1起案件入选2023年全市打击侵权假冒典型案例，2个案件获评2022年度温州市知识产权保护十大典型案例。9月，中宣部国家版权局授予温州"全国版权示范城市"称号。

（四）文艺创作工作取得丰硕成果

温州开展纪念建城2215年、建郡1700年活动，成为第19届杭州亚运会分会场，激发了文艺创作热情，文艺创作和群众性文化活动成果颇丰。

搭建文艺创作和活动平台。出台《温州文化艺术发展基金项目资助和经费管理暂行办法》，成立全省首个地级市文化艺术发展基金。成立世界温州人文艺家联盟，促进海内外温籍文艺界人士相互交流，推进温籍文艺名家回归，累计播放文艺名家宣发视频和信息300余条，点击总量超800万余次。成立温州剧作中心，建设集素材管理、剧本策划、剧本孵化、创作管理、版权登记、剧作人才培养等功能于一体的综合服务平台。成立温州美术馆联盟①。实施"宋韵文化 海上温州"十个一工程，扶持一批优秀文艺项目，推动了优秀文艺作品的创作生产。

国字号文艺活动亮点凸显。举办第18届中国戏剧节温州展演活动、"梅映九山"中国戏剧梅花奖研习班、第六届林斤澜短篇小说奖颁奖典礼、第六届刘伯温诗歌奖、第二届中国校园文化节、全国名家瓯江山水诗路采风创作行、中国山海摄影大展等一批国字号文艺品牌活动。

文艺点亮城市烟火。实施"文艺赋美"工程，盘活存量文艺资源，打造流动城市景观，共建成江心屿景区、梧田老街、龙舟文化主题公园等361个文艺赋美演出场地，实现城乡全覆盖，组织招募4000余名来自艺术院校、

---

① 由温州市美术馆牵头，联合温州大学美术馆、衍园美术馆等18家美术馆，是全省首家地市级美术馆联盟。

文化馆（站）、演艺业协会的文艺志愿者，开展时光音乐会、戏曲展演、器乐表演等各种形式演出近 2000 场。温州"文艺之家"开馆，各县（市、区）文联建成"文艺之家"9 个。温州现代文学馆挂牌筹办。

艺术乡建全域体系初步形成。建成 21 个市级示范村、11 个市级创作基地，获评省级典型案例 4 个、省级艺术带头人 2 位，3 个村镇入选国家级试点及典型案例。《中国艺术报》整版推介温州市探索艺术乡建的实践。苍南县推进"文艺+金融"，赋能"艺术乡建"，推出"苍艺贷"授信 1 亿元。新成立街镇文联 71 个，全市 183 个街镇实现基层文联全覆盖。

群众性文化活动丰富多彩。围绕"建郡 1700 年""喜迎亚运"等重大主题组织策划各类群众性文化活动，以"向美而生'艺'起精彩"为主题，举办温州市第十一届市民文化节，贯穿全年、覆盖全城，市县两级联动开展文艺赛事和群文活动超过 30000 余场，线上线下参与群众达 3000 万余人次。

2023 年，温州文艺创作工作取得良好成效。名家写温州作品在《人民文学》专栏刊登；儿童剧《少共国际师》、歌曲《有根有梦有远方》获省"五个一工程"奖；哲贵获"汪曾祺文学奖"、百花文学奖，慕白诗歌获第七届国际诗歌奖一等奖；2 部作品分获省第十五届戏剧节兰花奖、优秀展演剧目奖，方汝将、黄燕舞获优秀表演奖；瓯剧《张协状元》入选第十八届中国戏节展演剧目，方汝将获评中国戏曲表演艺术年度人物。

（五）对外文化交流合作不断深化

温州市统筹发展对外文化交流和国内国际旅游市场拓展两个大局，构建文化事业和文旅产业对外开放新格局。

增进与丝路沿线国家和欧洲文化名都间国际交流。以"东亚文化之都"平台为支点，发挥温州籍海外侨胞力量，引进国家级高规格艺术展览，在温州博物馆举办中法文化之春活动暨"聚——古典主义的磐石"艺术展，线下参观人数超 25 万人。举办"聚——朱亦兵大提琴专场音乐会"，拉近市民游客与西方精品艺术的距离。举办的"当米兰遇上温州——中意艺术家温州写生与展览”，承办的“艺汇丝路——亚洲知名画家访华采风创作活动”，成为温州市首批列入国家文化和旅游部“文化丝路计划”的项目。增强与“东亚文化之都”当选国的互动，在韩国首尔中国文化中心举办的“茶和天下·雅集”上展示推广温州茶文化和文旅资源，在日本举办“东京—温州风情影像展”和“温润百工——时光打造的艺术”温州京都非遗展等，以东亚文明的共同符号唤醒共融共通的文化记忆。发布“让世界看见温州非遗”系列双语视频，扩大非遗对外影响力。

拓展国内国际客源市场。举办2023全国百家旅行商温州文旅采购大会、2023携程中国（温州）旅行者大会。开启京津冀、东三省和浙江两地合作，统筹全市开展文化和旅游消费月暨温州文旅推介会、长三角百家旅行商采购签约大会等，签订大团推送、互为重要客源地战略合作协议。分赴长三角、珠三角、中西部、海西等地区开展二十余场“2023我要游温州”“迎亚运、享赛事、游温州”系列旅游推介活动，推动大团合作落地来温。

二　2023年温州文化发展存在的问题

2023年，温州文化建设虽然取得了一些成绩，但也存在着不少需要解决好的问题。

（一）公共文化治理水平和服务品质有待提高

公共文化设施利用不够充分，不少已出现管理、运营、维护等方面的困难。基层公共阅读服务供给能力偏弱，难以有效满足当地居民对品质文化的需求，不少县（市、区）公共文化服务现代化发展指数（CMDI）城乡居民综合阅读率指标非常靠后。一些县（市、区）志愿者参与率不够高，志愿服务内容较单一，主要从事巡检、现场秩序管理等工作，在专业领域中的影响力和带动性还未发挥。县级公共文化机构人员数量配备不齐、高级职称人员比例整体偏低，高标准从业人员队伍建设待强化等，从全省县级公共文化机构高级职称人员比例排名来看，12个县（市、区）中有8个排在60名之

后。社会主流群体特别是城区人口占比较大的年轻人群体，对文化馆（站）提供的各类传统的艺术普及活动参与热情不高。公共文化服务效能有待提高。

（二）文化遗产发掘和利用不够充分

温州地方文化名片众多，比如山水诗发祥地、永嘉学派、宋韵瓯风、千年商港、南戏故里、数学家之乡等，但尚未形成整体优势，对千年古港文化精神主线溯源不足、文化名片标识度不够突出。温州历史名人辈出，但不少名人并没有引起关注，更是缺乏研究。温州各地都在改造和更新历史文化街区，但往往注重工程进度，而缺乏深度挖掘和精雕细琢。央视春节戏曲晚会热播后，"南戏故里"文化品牌火爆出圈，但缺乏相应的文旅配套服务。

（三）文化产业结构有待优化

文化产业结构有待优化，传统文化产业占比过高，新兴文化业态发展不足，原创能力弱，具有自主知识产权的中高端产品缺乏，知名文化品牌少。规模以上文化企业占比小，小微企业盈利不稳定、生命周期短。文化产业投融资渠道不完善，缺乏政策资金、社会资本和企业投入等渠道，温州市大罗山基金村募集与投资资金规模超过150亿元，但大多流向新兴主导产业，文化产业领域难以获得资金支持。数字赋能文化产业能力有待提升，文化内容数字创新不足，如报业广电集团传统文化形式融入数字媒体的系统化布局未形成，未充分创造满足百姓需求的数字文化产品。商业模式数字化创新不足，本土文旅企业仍停留在数字化场景布局阶段，对新型商业模式涉足不够，细分领域亟待拓展。

（四）文艺创作精品力作缺乏

从创作现状来看，2023年，温州的作家、艺术家虽然奉献了众多作品，但真正能够温润心灵、启迪心智、为人民群众所喜爱的优秀作品很少，特别是现实主义题材的文学、电影、电视作品不多，温州如何创作出"大作、大戏、大剧、大片"依然是一个大问题。文艺活动经费投入不足，不仅远远不及杭州和宁波，与城市规模小于温州的绍兴、丽水等地相比，也是相差甚远，经费不足难以吸引高规格、大规模的省级、国家级文艺活动和项目。宣传效果不够明显，近些年，温州涌现"温州家人"系列、"戏曲春晚"等爆款文化精品，但主要在官方平台播放，在圈外影响力、传播力不够。

（五）对外文化交流和文化产品贸易比较薄弱

随着温州入选"东亚文化之都"，温州对外文化交流明显增加，但在温州举办的文旅部和文旅厅高能级的重要文化交流活动并不多。温州人遍布全球各地，但文化产业领域的开放程度并未与之匹配，出口文化产品规模小、层次低，对外贸易地理方向单一，专业人才缺乏，文化产业外向开放水平仍需提升。温州建立了一批华侨国际文化交流基地，但作用发挥还不够明显。

三 2024年温州文化建设对策建议

2024年，温州应坚持以习近平文化思想为指导，认真贯彻落实《中共温州市委、温州市人民政府关于实施"强城行动"打造全省高质量发展第三极的意见》，以文塑城、以文铸魂、以文惠民、以文兴业，努力打造新时代文化温州高地。

（一）提高公共文化供给能力和治理水平，增强公共文化服务品质

提高公共文化供给能力。强化政府在公共文化高质量发展中的责任意识，适当提高公共文化文物事业费占财政支出比重，尽可能地扭转"人均公共文化事业费"在全省落后的局面，加快形成政府主导、市场主体与社会组织广泛参与、方式灵活、高效率的公共服务多元供给体系。高标准建设温州新国际会展中心、温州美术馆、温州档案中心、温州市非遗馆、温州工艺美术博物馆等功能性项目，形成有温州辨识度的城市文化地标，为文化精品创作、展示、交流提供空间和平台。不断巩固提升以"城市书房""文化驿站""百姓书屋"等为主要形态的城乡新型公共文化空间，组建起网络式

分布"15分钟品质文化生活圈"。

提升公共文化治理水平。完善社会力量兴办文化事业的体制机制,健全公建民营、民办公助等制度,按照"非禁即入"的原则,鼓励和引导社会力量进入法律法规未明确禁止准入的文化事业领域,健全政府购买服务机制和监管制度,完善政府向社会力量购买服务的政策措施和实施办法。引导支持人员配备不足的基层文化场馆通过政府委托运营等方式引入专业团队参与管理和运行。开展各级各类公共文化机构人员培训,提升公共文化从业人员的政治水准、专业素养、管理水平和业务能力,特别是加强公共文化服务领军人才、关键岗位少数人才队伍建设。提升每万人拥有文化志愿者数量和品质,积极开展群众性文化活动,高水平办好市民文化节、艺术节、全民阅读节,让文化融入市民生活。

增强公共文化服务品质。持续深入推进"15分钟品质文化生活圈"建设,迭代升级"15分钟品质文化生活圈"应用场景。建立市级层面的业务指导机制,充分发挥市图书馆、市博物馆、市文化馆等中心馆的业务指导能力和辐射作用;优化城乡文化资源配置,将优质文化资源向农村和城市社区倾斜,提高乡镇文化驿站、文化礼堂的使用率。建立群众文化需求反馈机制,及时准确了解和掌握群众文化需求,制定公共文化服务提供目录,开展"菜单式""订单式"服务。设立公共文化服务体系建设专项资金,对于财政困难的区县由市级财政给予必要补助。

深化公共文化服务数智化。全面深化数字化改革,整合公共文化数字资源,探索推进公共文化多跨应用场景,加快图书馆、文化馆等公共文化场馆数字化转型升级,深化公共文化服务数智化。

(二)进一步赓续历史文脉,擦亮城市文化"金名片"

打响海丝文化品牌。深入推进温州朔门古港遗址考古发掘、价值研究和保护利用,高水平建设好国家考古遗址公园,打造海丝文化品牌。积极谋划馆藏文物活化利用和IP打造,探索国有博物馆场馆文创发展路径机制,推动文物"活起来"。

用好"文化基因解码工程"成果。培育一批解码成果转化利用示范项目，实现"瓯窑、瓯菜、瓯塑、瓯绣、瓯剧"等"瓯系列"文化资源研究成果转化利用，推出一批具有鲜明瓯越印记的文化标识集群。围绕"温州学""永嘉学派"开展全方位立体化系统性研究，高质量推进《温州大典》研究编纂工作。

打造"全国戏曲朝圣地"。弘扬南戏文化，实施戏曲寻根行动，改造提升市区九山书会、瑞安高则诚故里、平阳木偶生态园等戏曲主题项目，将温州打造成为集戏曲溯源与传承、戏曲审美与体验、戏曲展示与传播于一体的"全国戏曲朝圣地"。

放大"非遗在社区"国家试点效应。不断深化"非遗百家坊""瓯越非遗讲坛"品牌建设，增强传统非遗在现代社会中的传承传播活力，展示温州非遗"见人见物见生活，共建共享共富有"的新生态。做深做精永嘉昆曲、乐清细纹刻纸、瑞安东源木活字印刷术、泰顺编梁木拱桥营造技艺等入选联合国教科文组织非遗名录资源的挖掘工作，强化市级非遗代表性项目和代表性传承人政策保障，丰富非遗资源数字化监测手段，凝聚非遗传统文化传承保护合力，持续放大温州非遗国际化传播声音。

（三）构建文化和旅游重大载体双轮驱动机制，争创国家文化和旅游消费示范城市

争创国家文化和旅游消费示范城市。进一步实施重大文旅项目牵引机制，推进扩大有效投资。深入推进全域旅游示范创建，带动旅游品质大幅提升。积极培育文旅消费新场景，打造具有旅游功能的休闲街区和特色商圈，开展文化和旅游消费集聚区创建。发挥亚运会长尾效应，挖潜赛事经济、平台经济资源流量，扩大亚运举办城市品牌影响力，提升文旅服务品质满意度，推进"流量"向"留量"转化、向"含金量"迈进，将"国家文化和旅游消费试点城市"努力升级为"国家文化和旅游消费示范城市"。

打造具有温州辨识度的创意国潮品牌。以温州获"中国工艺美术之都"称号为契机，推动市工艺美术电商直播中心、工艺美术产业园区和工艺美术

专题博物馆等项目落地建设。发挥世界温州人设计师联盟的作用，打造一批创意设计交流合作平台或产业园区，加快打造"时尚设计之都"。巩固扩大"全国版权示范城市"创建成果，努力将温州建设成为全国领先的民间文艺版权保护和促进地区。

大力发展数字文化产业。积极培育数字文化和版权、文创等新业态，加速包装印刷、教玩具、制笔、鞋服等产业向智慧化、个性化、品牌化转型。以创新思维抓好文旅数字赋能，顺应旅游市场大众化、数字化、网络化、优质化发展趋势，加大对Z世代等新人群引发旅游结构性变化的重视程度，释放数字化改革的放大、倍增和叠加效应，创造更多旅游科技创新成果，为旅游高质量发展提供强有力的数字化支撑。

发挥好省文化产业专项发展基金和温州市重点文化产业项目扶持基金的示范引领作用，指导督促各地切实完成项目年度建设计划，以重点项目建设激活文化产业创新活力，推动文化产业做大做强。

（四）聚力聚焦文艺工作出精品出人才，推进艺术乡建和文艺惠民

深入实施文艺精品"高峰计划"。要把创作生产优秀作品作为中心环节，不断推进文艺创新，提高文艺创作质量，创作生产文艺精品，特别是具有温州地域特点的优秀作品，推出更多"大作、大戏、大剧、大片"。要把文艺人才培养作为关键一招，充分发挥世界温州人文艺家联盟作用，积极实施文艺人才培养各类计划，更好推动文艺名家"引进来""走出去"双向良性互动，更好推动温州文艺人才和温商队伍双向良性互动，让优秀文艺人才更多更好地留在温州、为温州发展助力，以文气带动人气，以人气提升商气。

推进文艺赋能强城行动，特别是在"文艺+"公园广场、历史街区、公共建筑上出实招、求实效。以文艺赋美文化品牌建设为依托，推动搭建人文律动的城市景观集群，持续筛选一批精品化、品牌化文艺赋美演出点位，联动全市文艺资源打造赋美演出矩阵，不断丰富演出表演形式，组织开展富有时代气息、展现瓯越风貌的文艺赋美演出活动，以独具温州气质的品牌效应

集聚人气、赋美城市、点靓乡村，培育打造一批具有瓯越鲜明特色和人文底蕴的文旅融合新场景。

（五）加大对外文化交流力度，做好"侨"文化特色文章

做好朔门古港海丝申遗基础性工作。以获评全国十大考古新发现为契机，继续推进古港遗址考古发掘、价值研究和保护利用工作；以申报第九批全国重点文物保护单位、推动建设国家考古遗址公园为抓手，谋划打造海丝文化品牌，使之成为"千年商港"最具影响的优秀传统文化传承实物和最富鲜明特色的温州文化地标。依托"东亚文化之都"和海丝申遗城市联盟平台，充分发挥 2023 海上丝绸之路城市影响力市长交流大会作用，提升城市载体能级。

持续深化"东亚文化之都"品牌建设。利用华商华侨优势，做好"侨"文化特色文章，提升国际传播叙事能力。立足"东亚文化之都"文化交流大平台，广泛参与中日韩文化交流活动，开展"东亚文化之都"城市之间友好合作与交流推广活动，讲好温州故事，传播好温州声音，提升温州国际影响力和城市综合竞争力。积极拓展与东亚文化之都、欧洲文化之都、东盟文化城市的文化交流半径，争取在温举办文旅部和文旅厅高能级重要文化交流活动，进一步打响"东亚文化之都"城市品牌。培育一批具有较强竞争力的文化贸易领军企业，推动对外文化贸易规模稳步增长。

构建"非遗之都"对外交流话语体系。推出"让世界看见温州非遗"主题系列活动。2024 年，恰逢中法建交 60 周年、中国加入世界《保护非物质文化遗产公约》20 年和人类非遗项目昆曲与剪纸向联合国教科文组织履约报告之际，以督导提交永嘉昆曲、乐清细纹刻纸等 2 项人类非遗履约报告为载体，进一步搭建与联合国教科文组织间桥梁纽带，提高温州人类非遗项目保护水平，向世界兑现庄严承诺。全力支持急需保护名录项目中国木拱桥传统营造技艺转人类非遗代表作名录项目工作，力争实现转型升级。

B.16
2023年温州学研究报告

方韶毅*

摘　要：　温州学是全国创立较早的地方学之一。2023年，温州学研究在地方文献整理、温州人研究、温州区域特色文化研究、开展学术活动等方面取得了较好成效，但还存在着理论建构不深、精品成果不多、辨识度不高、研究力量分散、研究经费不足等问题。2024年，建议在优化温州学规划、构建温州学理论体系、建立温州学研究数据库、加强制度与平台建设、提高温州学辨识度等方面下功夫。

关键词：　地方学　温州学　温州文化　温州大典　温州

温州学是全国创立较早的地方学之一，创立于2002年7月。在中共温州市委八届十一次全体（扩大）会议上，时任温州市委书记李强提出要"抓紧建立温州学""深入开展温州学研究"。随后又在《光明日报》发表《关于创立"温州学"的思考》，对温州学的方方面面进行了提纲挈领式的论述。文章认为，"温州作为一个市，文化与经济有其鲜明的区域特色。创立温州学，对其进行系统的研究，无论从温州的历史或现实角度看，还是从温州人群体看，都很有意义。""温州学应该是一门主要研究温州文化，研究温州人和温州人精神，研究温州文化与经济互动发展，揭示温州经济和社会发展内在规律的综合性地方学科。""温州学的研究，要着眼于发展这个角度，遵循开放性原则，坚持历史与现实、区域性与世界性、文化与经济的

---

* 方韶毅，温州大学人文学院副编审，主要研究方向为中国现代文学文献学、温州学等。

统一。"温州市委提出创建温州学，得到了时任浙江省委书记习近平的肯定与赞同。

一　温州学二十年研究回顾

温州学二十年（2002~2022年）大致可以分为三个阶段。第一阶段是开创期。2002~2006年，温州学初创，便掀起一股研究热潮，召开了一次全国性、高规格的温州学学术研讨会，同时召开了多个历史专题和名人纪念研讨会。《光明日报》《温州日报》等报刊开辟专栏探讨温州学问题，发表了五六十篇相关文章，出版了《温州文献丛书》《制度变迁与经济发展：温州模式研究》等一批成果。第二阶段是发展期。2007~2016年，温州学处于发酵阶段。虽然有关温州历史文化、社会经济等方面的研究一直在持续，《温州通史》编纂全面启动，出版了《温州文献丛刊》《永嘉学派与温州区域文化崛起研究》《温州族群与区域文化研究》等一批成果，但温州学建设并未纳入党委政府层面推进，学科建设蛰伏沉潜。第三阶段是深化期。2017~2022年，温州学研究进入深化阶段。在2017年温州市委党校秋季主体班次开班仪式及2018年温州市委十二届三次全会、十二届八次全会上，深化温州学被提上议事日程，成为党委政府主抓的一项文化工作。2019年10月，温州大学成立温州学研究所，温州市社科联组织起草《温州学研究规划（2021~2025）》、编辑出版温州学研究丛书等，温州学再度受学界关注。

二十年来，据不完全统计，温州学研究相关论著有七八百部、论文数千篇，并形成了以下特点。

一是地方文献整理硕果累累。温州学二十年最大的亮点是文献整理，出版了《温州文献丛书》40种48册、《温州文献丛刊》10种、《温州市图书馆藏日记稿钞本丛刊》60册等重要文献整理成果。同时，乐清、苍南、平阳、龙湾、瓯海等地也相继出版了当地文献丛书，全市上下互动、优势互补，塑造了地方文献整理的新形象。尤其是2021年12月，《温州大典》研

究编纂工程启动，再次掀起温州文化建设的一个高潮。这些都有效夯实了温州学的研究基础。

二是温州历史研究引人关注。温州学在历史研究方面成绩卓越，其中一项重大成果就是《温州通史》的编纂出版。这是温州有史以来第一部官方编修通史，自2011年启动，海内外60余位专家参与，花了十年工夫，完成了六卷本《温州通史》及十余种专题史。此外，2008年和2018年，改革开放三十年、四十周年之际，组织出版了《温州民营经济发展30年丛书》《续写创新史——温州改革开放40年研究》等研究成果，总结温州模式的创立和发展，梳理温州人的创新思维、务实品格、进取精神和商业智慧，成为总结浙江实践、构建新浙学的成果之一。

三是温州人研究和温州文化研究并驾齐驱。温州人研究是温州学的特色所在。经过温州学的梳理，刘基、高则诚、孙诒让、宋恕、夏鼐、夏承焘、苏步青、谷超豪等一批名人进入海内外专家视野，研究成果丰富。同时，温州具有丰富历史文化底蕴，有多项具有地域辨识度的文化符号，比如"永嘉学派""南戏""瓯江山水诗"等研究不断深入，相关课题列入浙江文化研究工程，凸显了温州深厚的文化底蕴和地域文化特色，体现了传统浙学的新时代转化。

四是温州学学术研究群体初步形成。温州不仅具有鲜明的人文个性，而且是中国民营经济先发地，一直以来深受学界关注。所以，温州学研究不仅受到国内专家关注，很多海外学者也把温州作为研究课题和方向。二十年来，初步形成了一个学术研究群体，有一批研究温州学的专家，并先后在温州市社科联和温州大学成立了温州学研究中心和温州学研究院等研究平台，为温州学深入研究提供了专业支撑。

二 2023年温州学研究基本情况

如果以二十年为一个历史阶段，那么，2023年是温州学又一轮二十年的开端和新起点。以创立二十周年为契机，温州学受重视程度和受关注范围有较明显的提高和扩大，运作机制方面也有重要突破。研究成果颇为可观，有300余篇论文发表、100余种著作出版，对标浙江文化研究工程提出的"今""古""人""文"四大研究主题，彰显了温州学的特色。

（一）温州学研究基础进一步夯实

文献收集整理是研究基础。当前，温州学研究以《温州大典》研究编纂工程为主抓手，夯实文献整理基础。经两年努力，2023年10月，《温州大典》研究编纂工程发布了由中华书局出版的首批成果《永嘉丛书》20册。此次所用底本是温州图书馆存张棡旧藏本，过录有孙衣言批校本，为首次披露，具有较高的文献价值。此外，《永嘉诗人祠堂丛刻》《敬乡楼丛书》《浙江省永嘉区征辑乡先哲遗著》等丛部其他丛书亦已进入出版流程。

6月，陈斐辑著的《唐诗三体家法汇注汇评》由凤凰出版社出版。该书以台湾藏元刊《唐三体诗说》二十一卷为底本，全面辑录了包括元代温州人裴庾《增注唐贤三体诗》在内的多家注释、评点，扩大了温州人文献的影响力。《唐诗三体家法》是晚宋诗人周弼所编的一部唐诗选本，是"宋人选唐诗"的代表作，也是宋元规范诗学和宗唐诗学的重要著作，盛行一时。同月，温州市档案馆编辑的《〈北华捷报〉与温州史料编译（1916～1935年）》由社会科学文献出版社出版。该书选取《北华捷报》1916～1935年有关温州的主要新闻报道和评论，按编年顺序进行编辑和翻译，译文共137篇。

9月，中国国际广播出版社出版《温州老照片》第四辑。该辑分"瓯江潮韵""往事芳馨""诗路遗风""落霞烟雨"四大主题，精选老照片超600张，生动再现了城市温度与历史厚度。《温州老照片》系列图册是温州近十多年来最受关注的本土历史图片丛书之一。同月，浙江古籍出版社《浙江文丛》又添一种温州文献《黄淮集》。明代太子少保、户部尚书兼大学士黄淮著有《省愆集》《黄文简公介庵集》等，经汤志波重新整理后出版的《黄淮集》通过补缺校讹、调整误会之顺序，对于研究黄淮生平以及明代政治、文化具有重要价值。

10月，乐清市档案馆、乐清市社会科学界联合会编，张志杰主编的《手工珍重随时好——乐清工艺美术史料选编》由西泠印社出版社出版。该书精选草编、花边、麻底工艺鞋（登山鞋）、竹编、竹丝绣帘等工艺美术品种及乐清县黄杨艺雕厂、乐清县工艺美术公司有关档案、文件、新闻报道等史料281件，原汁原味呈现上世纪乐清生产生活相关细节，特别是温州模式萌芽时期工艺美术产业作为"农副互补"最主要的副业形式，为资金积累、市场开拓、经营管理人才培养等提供有利条件。

（二）温州人研究亮点纷呈

温州人研究一直是温州学研究的重要组成部分。2023年，关于温州历史文化名人徐照、刘基、黄绍箕、刘景晨、夏承焘、萧铮、王季思、赵瑞蕻、董每戡、夏鼐等的研究取得了新的成果。

3月，黄山书社出版的卢礼阳编《刘景晨年谱》和谢作拳编《黄绍箕年谱》，系温州市文史研究馆策划的"晚近温州人物年谱丛刊"之一，增补了两位谱主诸多新见材料，丰富了谱主生平细节。9月，文汇出版社出版"温州学人印象丛书"两种，即黄仕忠编《戏曲史家王季思》和易永谊编《弦歌中西赵瑞蕻》，为研究王季思、赵瑞蕻的生平和学术成就提供了多维视角。

《浙江学刊》《中原文化研究》《考古学报》《文化遗产》等期刊发表的教授钱志熙《复变与正变：论刘基的文学性格与造就》，诸葛忆兵《论徐照的模拟民歌诗作》，王兴《夏鼐与中国马克思主义史学的古史建构》《考古学家夏鼐入党的前前后后》，段金龙《董每戡与二十世纪戏剧学》、董上德《"就戏论戏"与董每戡阐释剧本的着眼点》，赵逸洲《从地权到政权——萧铮土地改革思想的源流与构建》，郑凌峰《人道新诗胜旧诗——夏承焘〈韦端己年谱〉的三次修订》等论文，从不同视角深化了温州历史文化名人的研究，凸显了温州历史文化名人所取得的成就。

值得一提的还有，由中国摄影出版社出版的《筑码头 闯天下——温州苍南供销员口述与影像历史》一书，通过寻访起步于上世纪八十年代的

11位苍南供销员代表人物，用口述访谈和影像拍摄等方式，挖掘和记录他们当年走南闯北、艰苦奋斗的精彩故事，以及他们后来投资创业、转型创新的奋斗史，生动展现了温州人走遍千山万水、说尽千言万语、想尽千方百计、吃尽千辛万苦的"四千精神"。

（三）温州区域特色文化研究多姿多彩

5月，任维、王向荣的研究成果《温州滨海丘陵平原传统地域景观》由中国建筑工业出版社出版。该书多层级、多尺度、系统性地探讨了古代温州"山—水—田—城—卫—乡"一体的传统人居环境营建历程及其传统地域景观体系。

6月，方坚铭的《明代东南一胜境："永嘉场"地域文化研究》在浙江大学出版社出版。此书是《"永嘉场"地域文化研究：以明代永嘉场为考察中心》的修订再版，阐述了永嘉场地域文化的特色，初步总结和探讨了明代永嘉场地域文化崛起的原因。首次提出"永嘉场学"，认为随着永嘉场地域文化研究的深入广泛，有望形成永嘉场学，成为温州学的重要分支。同月，陈云昊在《人文杂志》2023年第5期发表《晚清民国永嘉学派的承传谱系——兼论"温州学派"命名的问题》，认为胡适晚年对"温州学派"的命名在学术史意义上是一个误解，割裂了这个学派与在温州地区渊源已久的永嘉学派的关联。

9月，香港中文大学博士研究生张伟峻及其导师莫碧琪教授在布拉格举办的第20届国际语音科学大会上发表温州方言研究论文《韵律位置与阻塞音清浊之交互关系：以温州吴语字母词为例》。研究结果显示，温州话字母词中阻塞音清浊对立之语音实现方式，包括辅音带音/不带音与后接元音发声态两项语音特征，分别受韵律层级中音节所处之不同韵律位置制约。

12月，方韶毅、陈瑞赞主编的《宋韵瓯风十二章》由浙江大学出版社出版。这是温州实施宋韵瓯风文化传世工程的研究成果，从城市、经济、文学、科技、宗教、民俗等方面梳理最具有温州辨识度的12个文化亮点，总结了宋代温州的文化特点。

《浙江文史记忆》是浙江省文史研究馆组织策划的一套大型文化研究丛书，由省卷1卷、市卷11卷、县（市、区）86卷共98卷组成，浙江人民出版社出版。2023年，《鹿城卷》《龙湾卷》《瑞安卷》《泰顺卷》相继出版。

（四）《温州通史》研究工程溢出效应逐渐显现

《温州通史》研究工程已持续十多年，目前进入收官阶段。2023年11月，人民出版社新出版三部专题史，即祁刚等《温州民间信俗文化》、邱国珍等《温州民俗简史（1368—1949）》、朱海滨《温州古代教育科举史研究——盛极而衰及其背景》。

《温州通史》研究工程的溢出效应逐渐显现。华东师范大学历史系教授冯筱才、副教授李世众分别负责《温州通史》民国卷、清代卷编纂，十多年来致力于研究温州历史。8月，社会科学文献出版社出版冯筱才《"战时繁荣"：1937—1945年温州的经济贸易及其统制》一书，作者认为，"战时繁荣"是改革开放时期形成的"温州模式"的触手可及的源头。11月，上海社会科学院出版社出版李世众《地方视野中的认同困境与行为抉择：以清代温州历史为中心的考察》，旨在揭示清代温州深陷认同困境或认同危机的群体之生存状态，以及认同危机如何导向群体的行为选择。台湾大学历史学系副教授罗士杰参与了《温州通史》工程，新撰写的《地方菁英如何应对兵灾？以1924年江浙战争的温州战场为中心》发表在《国立政治大学历史学报》2023年第59期，通过研究温州文献，重新理解20世纪的中国东南沿海的地方政治生态。

（五）温州学研究学术活动丰富多彩

2023年，温州市举办了一系列与温州学研究相关的学术性活动。

中国山水诗高端论坛。4月1日，温州大学山水诗研究中心举办中国山水诗高端论坛，四川大学教授王兆鹏、西北大学教授李浩、北京大学教授钱志熙、中山大学教授彭玉平等专家与会，建议转换视角，多关注诗背后的山水，接通唐诗之路、自然文学、博物学等领域，以拓宽温州山水诗及谢灵运研究视野，强化温州山水诗的区域意义与全国意义。

4月12日，一项贯穿全年的温州学主题系列沙龙活动在温州医科大学揭开序幕。由温州市委宣传部、市社科联和相关部门联合主办，由各在温高校轮流承办，每月举办1场，全年共举办了八场，先后围绕"永嘉医派的传承与发展""传承温州商港千年文脉，打造宋韵瓯风文化高地""深挖温州农耕文化 赋能共富精神建设""弘扬非遗时代价值助推工艺美术之都建设"等主题展开研讨，进一步推动和推广了温州学研究。

4月23日至24日，由温州市社会科学界联合会、浙江大学管理学院等联合主办的"2023刘基文化学术研讨会"在文成县召开。南开大学陈洪、北京大学廖可斌、首都师范大学左东岭、南京大学周群、丽水学院吕立汉等五位教授分别就刘基的文学形象、刘基思想的当代价值等作了主旨报告，复旦大学陈广宏、北京师范大学杜桂萍两位教授进行报告评议。学术研讨会期间，还举行了刘基思想学术论文报告会和评审会、刘基文化赋能转化专家座谈会等活动。

10月28日至29日，由温州大学、温州市文化广电旅游局联合主办，温州大学人文学院、温州大学浙江传统戏曲研究与传承中心承办的第十届南戏国际学术研讨会在温州大学举办。会议共收到论文80篇，研究范围涉及南戏研究、古代戏曲研究、曲体曲律研究、戏曲理论研究等多个方面。来自海内外47所高校及研究机构的百余名专家学者，以新视角、新材料、新观点进行了一场精彩的学术交流。温州是南戏故里，在戏曲史上具有重要历史地位，南戏国际学术研讨会已连续召开十届，形成了南戏研究高地。

11月24日，"寻找周达观"学术研讨会在温州举行。会议发布了《寻找周达观倡议》，指出周达观不只是一个历史人物，更是千千万万温州人远涉重洋、走向世界的象征。"周达观们"身上所体现的海纳百川的开放包容精神、风雨与共的团结协作精神、凭栏观涛的求真务实精神和劈波斩浪的开拓创新精神，虽历经沧桑，仍薪火相传、历久弥新。同时，面向全球征集"周达观们"的线索，包括各类文献、实物、影像资料等。

11月29日，翁同文先生学术贡献研讨会在泰顺县召开，来自复旦大学、上海大学、台湾彰化师范大学大专院校的16位专家学者，围绕翁同文生平与学术成果等展开研讨。翁同文（1914~1999年）是泰顺县筱村镇翁山人，一生致力于中国史学教学与研究工作，在中国科学技术史、艺术史等领域成就颇高。

（六）温州学研究得到民间公益慈善基金的支持

2023年11月，温州市黄孟启蒲公英慈善基金会在温州市社会科学界联合会的指导下，与世界温州人联谊总会社科分会、温州大学温州学研究院共同发起温州学研究"白鹿青年学者资助计划"，支持温州学研究人才的培养和成长，鼓励优秀青年学者开展温州学尤其是海外温州人相关研究，并设立"启华奖"，定期对温州学研究成果进行奖励。

黄孟启蒲公英慈善基金会由旅西班牙温州人黄志坚于2017年出资1000万元建立。为了支持温州学发展，该基金会决定每年拿出一笔经费，资助温州学研究、奖励温州学成果。"白鹿青年学者资助计划"和"启华奖"首开全国地方学研究激励机制先河，体现了温州民间的力量、制度的创新。白鹿青年学者资助计划发布后，通过发动海内外专家学者推荐和自荐，1个月内陆续收到42份来自国内外高校青年学者的申请。经过专家评审、网络公示等环节后，于12月上旬确定12个项目为第一批资助对象。这些项目包括叶适、项乔、孙诒让、宋恕、董每戡等温州名人研究，温州华侨史、温州宗教史研究等，具有一定的学术价值。"启华奖"将于2024年组织第一次评选。

（七）温州学研究走出温州取得突破

经过二十年的努力，温州学日益受到国家、省级层面研究机构与部门的关注，正被逐渐纳入世界中国学的视野深化研究。

4月，《浙江文化研究工程（第三期）实施方案》正式发布，"支持温州学等地方学研究"列入"浙江特色文化与历史研究"领域。这是浙江文化研究工程首次将温州学列入相关实施方案，表明了省级部门对温州学的重视。

9月25日至27日，由世界中国学研究联合会、中国社会科学院文化发展促进中心联合主办的"彰显中华文化特色　加快构建新时代中国学"研讨会在北京举行，来自全国各地的80余名相关专家学者与会。温州学研究受到重视，被认为是近距离观察四十多年来中国经济快速发展和社会长期稳定两大奇迹的一个窗口。

11月23日至26日，中国社会科学院文化发展促进中心党委书记、主任崔建民来温调研，参加2023年"海上丝绸之路"城市影响力市长交流大会子活动周达观学术研讨会，并围绕温州学研究和"一带一路"建设等进行了考察。

三　当前温州学研究存在的问题

温州学二十年研究虽然取得一定的进展，走在了全国地方学研究前列，但也要正视存在的不少短板。

一是理论建构不深。温州是否有"学"，即"温州学"是否成立，一段时间乃至现在均受到质疑，思想认识还不统一，以至于研究者的研究热情不高。另外，理论建构尚不深入，二十多年来，未有充分的、深入的厘清和论证也一定程度上导致温州学研究层次处于低水平。温州学提出二十多年来，对其研究内涵、研究对象、研究领域、研究方法和研究特色等基本问题，尚未形成系统的理论体系和学界共识。

二是精品成果不多。从研究成果来看，都是零碎的，尚不成系统，缺乏有组织的研究，尤其缺乏具有温州学辨识度的精品成果。一方面，温州学多局限于温州内部，没有更高层次的专家指导，没有开阔研究视野。另一方面，温州学研究还只是为温州而研究，很多研究尚未站在全国的角度、全球化的角度来看待地方与之的关系，甚至有过分拔高之嫌。

三是辨识度不高。温州相关研究一直在持续，并非"温州学"提出才开始。从现阶段看，温州学相比过往的温州研究有什么不同，尚难以辨识，只是把一切温州研究归类于温州学研究。而且，地方学方兴未艾，全国有四

十多个地方都提出建立相应的城市学。与其他地方学相比，温州学研究的特色还不鲜明，未脱颖而出。与地方历史文化特色接近的泉州学、潮州学等相比，存在同质化现象。

四是研究力量分散。虽然海内外有一大批关注温州历史文化、社会经济的专家学者，但他们分散在全国各地，或在学院机构，或在地方民间，没有一个专门的机构从事温州学的细化、深入研究。同时，没有建立相应的配套立项、奖励等机制。从全局观察，高水平研究团队较少。

五是研究经费不足。多年来，温州学研究经费都是零打碎敲，不管是省市级层面，还是地方高校层面，目前尚没有设专项经费来支持相关研究。

四　2024年温州学研究工作对策建议

温州学研究是一项长期的任务，不可能一朝一夕完成。温州学研究要符合学术规范，更要强化科学规划。现阶段研究什么，下阶段研究什么，哪些是短平快课题，哪些是长期项目，要做好统筹。要持之以恒执行温州学规划，不能一时冷、一时热。2024年主要应做好如下工作。

（一）以理论建设为突破，系统推进温州学研究走深走实

自温州学提出二十多年来，对其研究内涵、研究对象、研究领域、研究方法和研究特色等基本问题，尚未形成系统的理论体系和学界共识。要从温州学的内涵、研究对象与研究方法，温州学的历史渊源、发展历程与时代价值，温州学的基本精神及与其他地方学的比较研究，温州学的规划任务、项目实施与未来展望等四个方面，厘清其基本概念和基础理论，明确其重点领域和研究方法，彰显其基本精神和区域特色，系统构建一套温州学理论体系，推动温州学更为深入主流学术圈和社会大众视野。

（二）以建设数据库为抓手，整理温州学研究成果，优化温州学规划

温州学创建以来，成果丰硕。据不完全统计，检索中国知网有关温州历

史、文化、经济、社会等方面的关键词，有 20 余万条。而且，每一年都有许多新增温州学成果。建设数据库，不仅是盘点温州学成果，推动数字化共享，而且是掌握海内外温州学研究动态，在此基础上可以撰写温州学研究综述，编印《温州学研究年鉴》等。在盘点的基础上，进一步优化《温州学研究"十四五"规划》，编制选题规划，指导学者参与温州学研究，以有利于温州学研究可持续发展。

（三）以制度与平台建设为契机，在立项、评奖等方面向温州学研究倾斜，吸引更多的研究者

要改革现有立项、评奖机制，为温州学研究开绿灯。积极将温州学相关研究机构创建为浙江省重点社科基地，调动高校专家学者温州学研究积极性。温州市哲学社会科学优秀成果奖评选应单列温州学研究成果。温州学研究可以接轨教育部特色学科实验室建设。可以创办《温州学研究》学术集刊，策划组织海内外有关知名学者研究温州，并推动《温州学研究》学术集刊进入 C 刊序列，扩大《温州学研究》的影响因子。并且要组织力量，编写《温州学概论》，完善和提升温州学研究体系。

（四）以扩大温州学研究视野为方向，积极融入中国学研究框架，提高温州学辨识度

温州学研究要站在中国学视野下，要走出温州研究温州，积极对接中国学研究，借力研究，扩大温州学研究的影响力。同时，以接轨浙江文化研究工程为机遇，促进温州学研究上台阶。温州学研究要提高辨识度，应加强当代温州研究。温州模式是中国改革开放重要发展经验，"四千精神"是温州人的特色精神，温州是活力之城，要从哲学的高度进行提炼和研究，提高温州学研究辨识度。此外，做好普及工作，编写温州学普及读本，使之走进中小学校园、大学校园。以温州学出海为策略，充分利用海外资源，讲好温州故事，讲好中国故事。

此外，深化温州学研究还需要资金保障，需要一支稳定的温州学研究队

伍。可以逐步实体化温州大学温州学研究院，落实编制，安排专项研究经费，招聘研究人员，把温州本地与域外的涉及温州学研究的老中青专家联系起来，统筹有关温州学研究工作，以此为载体，团结研究人员，落实研究项目。

B.17
温州乡村博物馆发展报告

董姝 占姗 郑全*

摘 要: 近年来，乡村博物馆在温州形成建设潮流，并在承载乡愁、传承乡村文明、丰富人们精神生活、推进文旅融合、带动乡村经济发展等方面都发挥着重要作用，成为农村公共文化服务供给的重要支撑。但也存在着缺乏统筹协调、缺乏前瞻性规划、保障支持不力、专业人才供给不足等问题。政府应加强前瞻性规划和统筹协调，举办丰富多彩的展览活动，加强专业人才队伍建设，形成政府引导、社会为主体的格局，深化文旅融合发展。

关键词: 乡村博物馆 乡村振兴 文化赋能 共同富裕 温州

习近平总书记多次强调"一个博物馆就是一所大学校"，要加强包括博物馆在内的重大公共文化工程建设。党的十九大提出乡村振兴战略以来，在建设"绿水青山就是金山银山"的生态文明思想以及建设"美丽乡村"的城乡和谐发展理念引导下，如何通过文化赋能方式打通乡村博物馆"建、管、用"环节，已成为社会各界关注的重要课题。近年来，乡村博物馆在温州形成建设潮流，在以文化赋能乡村振兴、推动公共文化服务、探索多元资金投入、文旅融合发展等方面取得了显著成效，已然成为全市农村公共文化服务供给的重要支撑，为乡村振兴增添了浓厚的文化气息。

---

* 董姝，温州博物馆馆长，研究馆员，主要研究方向为文化遗产保护；占姗，杭州西湖风景名胜区凤凰山管理处，文博馆员，主要研究方向为文化遗产保护、古代文明；郑全，温州市委党史研究室。

一　温州乡村博物馆发展基本情况

温州，是中国民营经济的摇篮。进入20世纪80年代，随着温州民营经济的快速发展，一些先富群体开始涉足收藏行业，温州民间收藏悄然兴起。经过几十年的发展，大批收藏爱好者和民营企业家创办的私人博物馆如雨后春笋般涌现，虽形态各异、规模不一，却共同推进了温州地区不同类型博物馆的发展。温州是我国民间博物馆发展较早和较好的地区之一，其博物馆不仅保存了历史的记忆，也成为展示温州历史文化名城、东亚文化之都等多元文化身份的窗口。

近年来，温州文博事业蓬勃发展，乡村博物馆作为连接过去与未来、文化与乡土的重要桥梁，得到了广泛重视与快速发展。截至2023年底，温州已建成98家乡村博物馆，其中12家市级乡村博物馆、86家省级乡村博物馆，并有7家获省级星级称号（见表1），无论数量还是质量上均居于浙江省前列。

表1　2023年浙江省星级博物馆名单（温州市）

三星博物馆	四星博物馆	五星博物馆
瑞安市东梨民艺博物馆 温州市洞头区海陶美术馆 苍南县金乡博物馆 泰顺县司前鑫族镇畬族文化展示馆 平阳县黄汤制作技艺体验馆	永嘉县瓯忆文化博物馆	瓯海区泽雅传统造纸专题展示馆

（一）乡村博物馆类型多样、建设运营主体多元

根据浙江省乡村博物馆建设指南（试行）的界定，乡村博物馆不仅仅强调地理位置上的概念——位于乡村地区，更承载着传承与弘扬中华优秀传统文化、社会主义核心价值观的使命。它们展示反映地域历史文化、特色文

化、革命文化以及乡村生产生活、非物质文化遗产保护、产业发展的实物见证，向公众开放，成为兼具教育、研究与欣赏功能的文化空间。这一定义恰如其分地概括了温州众多乡村博物馆的核心价值与功能。

温州以乡土乡情、名人文化、艺术品收藏、工艺美术、红色印记、非遗文化和民俗风情等为主题，建成了类型丰富的乡村博物馆。在温州的老城区、乡村、田野间有众多古民居，在岁月的沉淀下散发着历史文明的气息。而不少地方对古宅、村落大拆大整，古屋老宅随之消失在历史长河中。如何在文物保护与发展之间求得平衡，温州不同地区也纷纷交出了自己的答卷。比如被列为全国重点文保单位和中国景观村落的永嘉县芙蓉村，古建筑众多，近乎完整地保留了宋元以来楠溪江古村落的原始风貌，俨然一座古老的建筑博物馆。从村落里发家致富走出去的乡贤、永嘉商人，怀着赤诚的思乡之情回归故里，用满腔的热情用心打造题材各异、主题鲜明的乡村博物馆群。这里现有摄影器材馆、民俗馆、古石雕馆、宋瓷馆、瓯瓷馆5家博物馆，未来将会有博物馆群文创产品会客厅、红色题材博物馆、芙蓉书画博物馆等，吸引更多游客前来这座古村落，实现文旅融合发展，赋能乡村振兴。龙湾区一处名为"钟秀园"的休闲公园，在进行旧村改造过程中，按照原有风貌将该区各村镇9栋清代中、晚期和民国时期的古建筑整体迁移到此处。在整体迁移过程中，这些古建筑的每片瓦、每块砖、每根梁都被编上号码，像拆搭积木一样从"老家"搬到"新居"，配套"古宅新生"全生命周期管理应用，融合运用地理信息技术、物联网智能终端、大数据挖掘等技术，以数字化手段赋能古建筑保护利用开发，走出"科技保护古建"的新路子。搬迁至此处的古建筑被分为四处，一号为贞义书院，二号为龙湾非遗体验馆，三号为郑家园麦麦酒酒坊，四号开发为钟秀园管理房。它们有着"龙湾非遗"的共同主题，又有着自己各自的特色与功能，在历史人文景观积淀深厚的钟秀园，打造龙湾的非遗体验基地，将非遗文化与博物馆融合，通过乡村博物馆的"聚集效应"，让到此处的游客一次性打卡多家博物馆，使古建筑重新绽放新时代的活力，同时也为乡村带来新的商机。这是城中村改造中启动古建筑落架异地迁移植入新业态（展馆）工程的范例。

温州的乡村博物馆建设和运营主体多元，主要有乡镇政府、村集体、国有企业、民营企业、个人等五种类型。其中乡镇政府主要是为了促进地方的文化宣传和旅游发展，希望通过创办乡村博物馆，将有地域标识度的文化旅游资源向更多的游客展示，促进当地文化和旅游的发展。这类的乡村博物馆以地方的资源为基础，如鹿城区驿头文博馆、鹿城区藤桥非遗馆、龙湾区姜立纲书法艺术馆、瓯海区泽雅传统生态造纸专题展示馆等。村集体为主体建设的乡村博物馆主要是为了乡村、宗祠、名人、地方产业等的宣传和展示，如瓯海区燎原社史陈列馆、永嘉县碧莲乱弹博物馆、平阳县历代陶瓷博物馆、苍南县桥墩镇桥溪乡村记忆馆。国有企业、民营企业为主体建设的乡村博物馆多与其所从事的行业、产业或与地方的经济文化相关，如瓯海区锁文化科技展示馆、洞头区海陶美术馆、瑞安市南方喜文化喜俗博物馆、平阳县黄汤制作技艺体验馆。这类乡村博物馆建设主要是为了提升企业文化和人文品质，扩大其社会影响力，形成品牌效益。个人主体主要是文物收藏者和爱好者，他们收藏了大量的文物和艺术品，希望通过乡村博物馆的建设，能将这些具有民间特色的艺术品向世人展示。这类博物馆如龙湾区志通艺术馆、瓯海区藏灯阁灯文化博物馆、瓯海区金临轩美术馆、乐清市黄金溪民俗馆、瑞安市东梨民艺博物馆等，类型丰富多样、建设运营主体多元，遍布于各个景区乡村，温州的乡村博物馆满足了不同人群和游客的需求。逛逛田园，参观乡村博物馆已经成为温州一种新的时尚打卡方式。2023年温州首批省级乡村博物馆名单如表2所示。

表2 2023年温州首批省级乡村博物馆名单

序号	名称	面积（平方米）	登记藏品数量（件）	财政资金（万元）	自筹资金（万元）	性质
01	鹿城区东瓯古家具博物馆	840	300		10	个人
02	泰顺县国立英士大学陈列馆	4300	312	5		乡镇
03	瑞安市活字印刷博物馆	1300	200		80	国企
04	瑞安市南方喜文化喜俗博物馆	716	150	5	5	民营

序号	名称	面积 （平方米）	登记藏品 数量(件)	财政资金 （万元）	自筹资金 （万元）	性质
05	瓯海区燎原社史陈列馆	300	50	5		村集体
06	乐清市中雁艺术博物馆	1000	1200		100	个人
07	乐清市柳市镇非遗展示馆	1000	160	50		乡镇
08	瓯海区龙舟文化博物馆	2000	50	200		国企
09	龙湾徐志通艺术馆	1800	50	40	1000	乡镇
10	苍南县桥墩镇桥溪乡村记忆馆	300	200	20	20	村集体
11	苍南县钱库镇瀛桥文化馆	500	220	10	10	村集体
12	文成县红色像章展示馆	5400	300	50		民营
13	文成县珊溪革命历史纪念馆	678	50	70		乡镇
14	平阳县万全镇瓦窑文化馆	220	100	5	5	村集体
15	永嘉碧莲乱弹博物馆	220	80		2	村集体
16	洞头区霓屿紫菜馆	120	50	1	1	村集体
17	龙湾姜立纲书法艺术馆	180	50	150		乡镇
18	鹿城区七都街道乡贤馆	100	50	1		乡镇
19	平阳县萧江大鼓博物馆	1330	60	150	150	国企
20	泰顺县林秉权革命纪念馆	1800	50			乡镇
21	泰顺县周大风音乐文化博物馆	200	380		20	乡镇
22	泰顺县司前畲族镇畲族文化展示馆	500	180			乡镇
23	龙港市谢云纪念馆	300	100	50		国企
24	龙港市姜立夫纪念馆	400	80	50		国企
25	永嘉县芙蓉宋瓷博物馆	220	70			个人

（二）乡村博物馆发展模式已初步形成

温州乡村博物馆的快速发展得益于省、市、县（市、区）配套政策支持。温州市文化广电旅游局专门成立了"中国民办博物馆之城"建设专班，出台了一系列文件与政策，开展一对一精准帮扶非国有博物馆建设工作、相关业务培训等，形成国有、非国有和乡村博物馆联动矩阵。这一系列举措使乡村博物馆成为连接城乡、融合文旅的纽带，为乡村振兴注入新动力，焕发乡村新活力。乡村博物馆的建设虽然需要政府引导，但真正促进乡村经济、

社会、地方旅游发展的，还是要市场化运行。如永嘉县三江街道瓯窑小镇的瓯忆艺术博物馆，是从事瓯窑相关产品的研发、展示、销售业务的企业创建的，随着永嘉县人民政府对于乡村博物馆发展的布局，企业看到建设乡村博物馆的政策优惠和发展的潜在优势，开始积极申报创建。原有的企业空间很难再支撑建设一家乡村博物馆，经过企业的慎重考虑，在瓯窑小镇重新租赁一块闲置空间，投入了大量的财力、物力和人力建设了瓯忆艺术博物馆。为了增强自身造血功能，企业通过研发文创、开放课程、承办研学等，逐渐把乡村博物馆培育成为文化会客厅，借助市场运作、地域优势、人才优势、社会资本、资源共享共赢等，让更多的有识之士共同参与博物馆发展，同时也带动瓯窑小镇周边产业的发展，让瓯窑小镇周边的村民真正致富。各类具有乡村记忆、承载着乡村文化遗产的乡村博物馆正在温州蓬勃发展。当前，温州乡村博物馆已初步形成了"政府支持引导，乡镇、村集体为核心，市场化运作、规范管理"的办馆模式。在这种模式引导下，温州乡村博物馆的办馆质量与服务水平显著提升，形成了公私合作、优势互补的良好局面。

（三）乡村博物馆建设社会效益较为显著

近年来，温州积极响应乡村振兴战略，依托深厚的文化底蕴，乡村博物馆发展进入快车道。这些乡村博物馆不仅丰富了乡村的文化生态，还成为乡村振兴战略中的亮丽风景线，与文化乡建、艺术乡建等系统工程深度融合，共同推进乡村社会经济的全面振兴。温州的实践证明，乡村博物馆不仅是文化传承的载体，更是激发乡村活力、实现文化自信与经济社会协调发展的关键力量。乡村博物馆在乡村振兴战略中扮演着至关重要的角色，其功能定位复合多元，既作为连接乡情民心的情感纽带，又担当起驱动产业升级的实践平台。通过精心策划和举办各类活动，乡村博物馆极大地提升了乡村旅游的吸引力，有效促进了地方经济的蓬勃发展和村民收入的增长，为乡村振兴战略提供强劲的文化动力与经济支持。苍南县矾山镇曾是以采矿炼矾闻名的"世界矾都"。因明矾市场不断萎缩，矾矿发展日渐式微，如何找寻自己独特的发展道路，成为矾山镇转型的一大难题。当地政府意识到，矾山几百年来的工业文明和文化积淀，是其独一无二的优势资源，蕴涵着丰富的生活内容、宗教信仰、社会生活、传统风俗等，它们是研究社会经济发展、人文价值和文化传统的重要史料，也为矾山镇建设并走向博物馆发展之路提供了重要依据。矾山镇以博物馆建设为载体，挖掘和传承矾山文化资源，不仅有助于矾山向历史文化名镇转型，也能把矾山的文化能量释放出来。2012年，温州矾矿正式启动申报世界工业文化遗产，以此为契机，在当地政府、村民和促进会的通力协作下，矾山周围的大批工业文化遗存，如矿道、车间、仓库、老设备等，被有意识地修复并保护起来，并有计划地开展打造成"工业遗存博物馆群"。在定位上这些乡村博物馆大多与矾山特有的矿山文化景观相关，政府出地、政策补助、企业筹资、民间集资，吸引本土在外成功企业家回乡办馆，目前，已形成以温州矾矿博物馆、矾都矿石博物馆、矾都奇石博物馆为核心，正在筹建的国家矿山博物馆矾山教育博物馆、矾都矿山机械设备博物馆为特色馆的苍南矾矿工业遗址博物馆群。曾经没落的工业遗址，在文旅、商旅、农旅的融合下，成为新的网红打卡点。瑞安市东梨民艺博物馆展馆整合旧村办公楼和闲置农业设施用地，建成乡村博物馆，同时结合当地非遗文化内涵、生态保护、农事创新等，盘活农业用地110亩，种植玉米、水稻、棉花、油菜花、小麦、草莓等农作物，探索"儿童友好+非遗研学+休闲农业"的未来乡村文旅新模式。瓯海区泽雅传统造纸专题展示馆场馆利用先进的多媒体形式将造纸生产过程的关键流程等形成知识点，以视频、声音、图片、文字、插图、流程演示等多种媒体形式对中国造纸材料的演变、造纸术的传播、温州造纸等相关内容进行详细阐述。紧贴展馆外部历史悠久的室外造纸体验园区，重点展现泽雅古法造纸的工艺流程及价值，让观众参观结束后可马上亲身经历从纸浆生产到抄造纸张的全部过程，展示传统造纸工艺与自然生态环境的完美结合而形成的特色旅游文化景观。

二 温州乡村博物馆建设存在的问题

长期跟踪和调研发现，温州乡村博物馆建设面临的主要问题是功能缺失、形式单一、方法雷同等。

（一）片面追求"高大上"，缺乏统筹协调

当前乡村博物馆建设中暴露的关键问题在于缺乏有效的统筹协调与资源整合。部分项目急于展现短期成效，忽视了长远规划与集体协作的重要性，导致博物馆建设偏离实际需求，与乡村生活的紧密联系被割裂。选址偏远、资源匮乏及脱离群众的博物馆不仅难以维系运营，更无法充分发挥其作为乡村振兴战略支点的功能。馆内展示内容单一、缺乏创意，无法激发参观者的兴趣，阻碍了文化传承与乡村发展的和谐共进。此外，单纯追求数量增长与外在形象的"一村一馆"运动，忽视了博物馆的实际承载能力与社会效应，这种短视行为亟须修正。

（二）缺乏前瞻性规划，发展后劲不足

乡村博物馆面临的另一大挑战在于后续发展动力不足，缺乏科学合理的长远规划。一些博物馆在创建初期虽有投资，但因经营策略不当，未能与当地产业和旅游资源有效融合，运营难以为继。例如，碧莲村缸文化展览馆凸显出孤立运作与市场需求脱节的问题。不少乡村博物馆陷入同质化困境，展品单一、展示形式陈旧，缺乏创新与互动性，难以吸引访客，限制了其持续发展潜力。另外，乡村博物馆"千馆一面"现象突出，藏品不够丰富，展陈形式往往停留在收集、摆设的初级阶段，既缺乏文化的深度挖掘和阐释，也缺乏巧妙的空间布局和互动场景打造，难以吸引眼球，影响持续发展。

（三）保障支持不力，专业人才供给不足

乡村博物馆的发展还受到保障支持体系不完善与专业人才匮乏的双重制

约。多数博物馆依赖村级组织或个人自发建立，从场地、资金到运营管理的全链条支持薄弱，政府层面的有效干预和政策扶持不足，如平阳历代陶瓷博物馆的昙花一现便是典型例证。管理人员多为非专职且缺乏专业培训，导致服务与项目策划的专业水平低下。同时，参与文化建设的乡贤、村民与志愿者虽有热情，但在乡土文化深度挖掘与复兴方面的能力有限，整体上制约了乡村博物馆的质量提升与可持续发展。

三　关于温州乡村博物馆发展的建议

中共温州市委、温州市人民政府将打造"中国民办博物馆之城"列入"强城行动"，乡村博物馆建设工作要作为助力强城行动的重要抓手。乡村博物馆建设和乡村振兴不是一劳永逸的应景式工作，而是润物细无声的持续性工程。为让乡村博物馆能够真正成为促进乡村振兴的强大文化引擎，有力地传承乡村文化，强力地助力乡村振兴，成为乡村蓬勃发展的关键重要力量，需要做好以下工作。

（一）举办丰富多彩的展览活动，在乡村振兴中发挥文化支撑作用

为实现乡村物质与精神的双重繁荣，乡村博物馆不仅要成为乡村生活环境的改善者，还要通过配套环境整治，如优化道路、绿化和卫生，打造宜居乡村。为此，温州乡村博物馆建设需秉承"以人民为中心"的核心理念，加强前瞻性规划和统筹协调。在规划与建设中，应邀请景观设计师和艺术家参与，确保乡村传统建筑和自然资源的和谐共存，提升乡村整体魅力。同时，挖掘并传承乡村历史文化，提振文化自信，建立档案数据库，与学术机构和研究团队合作，形成系统的历史文化研究成果。乡村博物馆还应成为乡村振兴的亮点，通过售卖乡村文化、手艺、味道、记忆和文创产品，深化文旅融合，将其纳入旅游线路和景点推介。创新服务模式，策划举办多样化的文化活动、艺术展览、乡村音乐会等，以丰富的内容和形式吸引游客和市民的广泛参与，从而显著提升乡村博物馆的知名度和影响力。在展览形式上，

需摒弃传统模式，丰富馆藏内容，运用科技手段打造沉浸式、互动式展览，提升参观者的体验感和参与度。讲好乡村故事，让博物馆从单一的物理空间转变为文化育人、传播、惠民的多元化平台。

（二）加强多领域专业人才队伍建设

温州乡村博物馆应实现传统与现代、文化与经济相结合，成为乡村振兴的重要文化引擎，推动乡村产业与文化的繁荣发展。要致力于培养文史研究、文化创作、博物馆展览管理、文化创意展示以及讲解服务等多领域专业人才队伍。此外，应提升农村文艺团队的活跃度，培育乡村文化交流平台，吸引更多文化从业者、研究者和爱好者的参与。需深度融合传统工艺振兴与历史文化传承，遵循相关法规文件，稳固乡村振兴的文化基石，守护乡愁与乡土情怀。应秉持精品理念，把握数字乡村发展机遇，构建"云上乡村博物馆"，突破物理边界，实现线上线下的无缝连接。借助数字技术和网络平台，将乡村博物馆的精髓内容线上化，通过 VR、AR 等创新技术，为观众提供沉浸式的乡村历史与文化体验。同时要积极探索乡村文化与经济效益的转化路径，加强与高校、研究机构的合作，深入挖掘和记录乡村文化的独特元素，并通过多种媒体渠道广泛传播，提高乡村文化的知名度和辨识度。

（三）形成政府引导、社会为主体的格局，拓展可持续发展路径

为推动温州乡村博物馆的建设，政府需明确发展目标、政策扶持与管理要求。政府应加大扶持力度，鼓励社会机构、企业、非营利组织参与建设运营。建立以奖代补机制，激发社会力量参与，形成政府引导、社会为主体的建设格局，有效节约政府投入。设立专项资金，支持乡村博物馆从选址到运营的全方位发展。特别是要加强政府各部门间的协作，形成政策联动机制，确保乡村博物馆的建设与发展得到有效保障。规划部门需精准布局，确保乡村博物馆的功能与空间利用合理化。镇村需具体落实土地、场馆等政策安排，保障乡村博物馆的后续长效运营。深化文旅融合，依托优势文旅资源，为乡村博物馆提供广阔的平台，促进社会效益与经济效益的双赢。鼓励乡村

博物馆与国有博物馆合作，组织联展、展览输出和文创产品开发，拓宽乡村博物馆的运营渠道。此外，政府还需提供专业人才培训和引进计划，提升乡村博物馆的管理和运营水平，激活其造血功能。通过这一系列政策的制定与实施，促进温州乡村博物馆健康、有序发展，成为乡村振兴的文化新引擎。围绕"千年商港、幸福温州"城市定位，建设填补本市博物馆门类空白，体现行业特性、地域文化，以及突出千年古城、山水诗源、田园乡情、瓯越名人、百工百艺、红色浙南等六大系列文化主题的不同类型的博物馆。鼓励社会各界主动积极参与乡村博物馆建设，使乡村博物馆成为展示温州百工之乡、轻工之城、活力之市、民营之都、文旅消费强市的重要平台与形象窗口。

（四）深化文旅融合发展，打造助推乡村振兴的优势载体

乡村博物馆在文旅融合战略中占据着举足轻重的地位。温州乡村博物馆应作为文旅融合、城乡共进的桥梁，深入挖掘乡村历史与文化，同时紧密结合非遗与文物保护，将其融入博物馆建设中，以展现乡村独特的历史底蕴、文化内涵和艺术魅力。深度融入当地特色产业，推广特色产品，提升品牌价值与市场竞争力，引领产业升级。与艺术乡建平台相融合，吸引文艺家、企业家等人才为乡村文博事业注入新动能，培育本土文化人才。加强宣传，提升博物馆知名度与影响力，吸引更多游客，推动乡村文化旅游发展。要发挥其独特的优势，必须全面整合乡村旅游资源，与旅游景点、民宿、特色产品等形成紧密的联动机制，共同构筑乡村文旅的崭新格局。建立高效的合作机制，积极与文化创意企业、旅行社等开展深度合作，共同推广乡村博物馆的文化产品和特色旅游线路，以实现乡村博物馆经济效益与社会效益的双赢，为乡村振兴注入新的活力与动力。通过拓展宣传推广途径，提升乡村文化的产业性和经济性，鼓励乡村博物馆与文化创意、旅游、农产品等产业深度合作，形成产业与文化深度融合的发展模式。

B.18
温州数字文化产业发展研究报告

谢中榜*

摘　要：　当前，温州数字文化产业加速发展，内容生产数字化转型趋势加深，文旅场景数字化应用不断拓展，赋能传统产业转型升级初见成效。然而，温州数字文化产业仍处于自然演进阶段，存在顶层设计不足、缺乏明确的商业模式和产业链不完整等问题。建议温州加快制定数字文化产业发展蓝图，明确目标定位，并积极引入先进技术，探索创新业态。同时，构建数字文化产业政策框架，并加快构建原创数字文化产品的产业生态，打造优质文化资源数字化的公共服务平台。

关键词：　数字文化产业　转型升级　高质量发展　温州

数字文化产业是以文化创意内容为核心，依托数字技术进行创作、生产、传播和服务的文化产业新形态，主要包括数字创意、网络视听、数字出版、数字娱乐、在线演播等业态。在数字经济和文化科技融合创新背景下，我国文化产业数字化发展不断加速，数字文化产业已成为文化产业高质量发展的战略主线。2022年，我国数字文化产业营收规模为67747亿元，占全部文化产业营业收入的比例为40.93%。预计到2035年，数字文化产业在文化产业中的占比将超过70%。当前，温州文化产业已正式迈进千亿级大关，也亟须布局文化新业态、新模式、新生态，推动数字文化产业高质量发展具有十分重要的意义。

---

* 谢中榜，中共温州市委党校文化与社会学教研部副主任、副教授，主要研究方向为文化学。

一 温州数字文化产业发展的基本情况

近年来，温州深入实施数字经济创新提质的"一号发展工程"，"数安港"等数字产业重大集聚平台相继落地，数字经济实现了突破性、跨越式的发展，经济社会发展的数字化、网络化、智能化水平不断提升。这也使得数字化进程不断渗透到文化产业领域，推动了数字文化产业的快速发展，展现了良好的发展势头。

（一）内容生产数字化转型加快

一是数字传播平台建设逐渐提速。温州市财政 3 年累计投入资金 4.86 亿元，引导温州日报报业集团、温州广播电视集团融合发展，整合资源成立温州市新闻传媒中心。合并后新机构聚焦内容重构、产业升级两方面，与一批央媒省媒，阿里巴巴旗下饿了么平台、蚂蚁集团旗下支付宝平台、巨量引擎、每日互动等头部平台，13 个政府部门，以及高校、社区、商会、侨团等社会机构开展深层次合作，精准拓宽"新闻+政务""新闻+服务""新闻+商务"路径，打造全媒体传播体系，并推出全新品牌"温度新闻"宣传矩阵。聚焦央视戏曲春晚、朔门古港遗址入选全国十大考古新发现，温州入选"中国工艺美术之都"等重大文化事件，"温度新闻"推出系列创意海报、SVG 互动作品、H5 新媒体产品、直播、系列短视频、新媒体访谈等数百个融媒产品。聚焦杭州亚运会，先后开设"升温！亚运""亚运有温度"等专栏、频道，制作系列海报，推出夺金时刻、感人时刻等系列短视频，特别是针对火炬传递温州站活动，发布相关报道 800 余条，其中不乏 100 万+短视频爆款。

二是数字版权产业发展初显成效。一方面，温州网络文学发展起步早，作家群体及其作品在国内具有一定影响力，为数字版权产业发展奠定了良好的基础。目前，温州网络文学作家协会拥有 130 余名作家，年更新文字量超过 1000 万字，作品年点击总量超过 30 亿，涌现了诸如蒋胜男、善水、那等十几位国内一线写手。2017 年，温州成立了国内首个网络文学全产业链双

创服务平台——温州市网络文学众创空间（墨客工场），以网络文学原创 IP 为核心，打造了影视、动漫、游戏、经纪、衍生品等全产业链的众创空间平台。与咪咕、掌阅文化、杭州趣阅、书香云集、爱阅读、十音文学等 15 家影视娱乐及网络文学平台签署了战略合作协议，已有数十部作品陆续改编成影视剧、动漫、游戏。另一方面，温州通过全国版权示范城市创建，积极推动数字版权价值转化。目前，温州的版权作品转化率达到 66% 以上，版权转化值超过 100 亿元，通过版权产业直接或间接带动全市民营经济增加近千亿元产值。奥光动漫作为温州文化产业的龙头企业，在 2022 年取得了 1000 余件《版权登记证书》，版权转化率超过 80%，公司营收达到 2.9 亿元，版权转化值达到 5 亿元，成为温州数字 IP 产业的领军企业。温州华旭集团从印刷行业成功转型为文化企业，突破了传统模式，以知识产权为核心构建出儿童绘本全产业链项目。华旭集团年均登记原创儿童绘本知识产权 150 余项，目前已出版 300 余套儿童绘本，形成了 200 余种文创产品，2021 年产值超过 1000 万元，2022 年更是突破了 3000 万元。华旭集团计划在未来 3 年投资 5200 万元，用于推动知识产权、数字技术、绿色印刷等环节的强链补链，争创国内一流的国产儿童绘本品牌。

三是数字创意设计业态集聚发展。创意设计和广告产业是温州文化产业的传统优势项目，近年来已成为数字文化产业快速集聚的典型缩影，形成了数安港、温州国家广告产业园等多个空间集聚板块。数安港设立了浙江省大数据联合计算中心、浙江数据交易中心温州基地和中国温州数据金库。与中国广告协会共建了"全国互联网广告数据合规应用创新基地"，开展了对互联网广告行业数据合规安全的基础方法与理论研究，推动了互联网广告行业的数据合规创新应用。目前，数安港已上线 18 个数算场景，为蒙牛、宝洁等头部企业提供广告营销人群的计算分析和精准适配投放，驱动数字化投放金额 1.9 亿元，为温州文化产业数字化转型打开了新局面。温州国家广告产业园是浙江省内继杭州、宁波之后第三个获批的国家级广告产业园区。已入驻了华臣太合影视文化、猪八戒浙南总部、三形设计、巨浪视觉等知名广告企业及关联企业 170 余家，从业人员约 3000 人。已成为温州互联网广告的最大集聚平台。此外，温州数字影视文创产业园建成于 2020 年，是温州首个可提供影视数字 IP 孵化、影视剧投融资、网络化体验等全维度功能的影视创意基地。园区内设有影视创作中心、直播孵化器、数字艺术创意、艺术展陈等多个艺术空间。园区已有 15 家数字影视企业入驻，截至 2021 年底产值达 2000 余万元。

（二）文旅场景数字化应用不断拓展

温州文旅融合发展亮点突出，形成了不少以文化创意为核心的文旅创新项目，如青灯市集、山根音乐艺术小村、小坝坊、城市岛屿等一批深受年轻群体欢迎的网红项目已经走出本地，取得了广泛关注。在这些网红现象的背后，是温州文旅数字化发展的创新实践和大胆尝试，取得了值得肯定的成绩和十分有益的经验。

一是数字媒介成为文旅宣传推介的主渠道。针对前沿消费趋势和时尚群体消费偏好，温州的文旅企业积极探索与传统文旅宣传推介模式不同的方法。青灯市集作为温州数字文旅推介的探路者，率先采用去中心化和平行视角的"柔性渗透"传播手法，成功吸引了大量粉丝流量。一方面，青灯市集提供了富有创意的传播内容，通过在社交平台上共享原创的文化视觉影像，形成了高效的粉丝传播链条。每年青灯市集期间，大量美学生活主题的照片在朋友圈"屏霸"，形成了线上线下的同频共振。另一方面，青灯市集在投入大量宣传经费，通过国内知名数字媒体平台打造宣传矩阵。以 2021 年春季青灯市集为例，人民网、新华网等官媒以及腾讯、新浪等网络媒体共计 37 家单位发布了新闻稿，连续 3 天占据抖音温州同城热点话题第一，总点击量超过 1.2 亿人次。

二是数字应用成为文旅公共服务的主阵地。随着智慧城市和数字政府建设加速，数字化文旅应用已广泛融入温州文旅场景。全市重点景区和文博场馆的客流量、视频监控、预约预订数据均已接入省市平台，4A 级及以上景区建成智慧景区的比例超过 30%。2020 年，温州智慧文旅数据中心上线，全面形成温州文旅一体化监管、"一站式"服务、一中心决策的智慧文旅服

务体系。完成"云游温州"全域导览系统上线推广，进一步丰富"一部手机游温州"的功能应用。积极构建城市大脑"全域旅游监测精品场景"，实现一屏监控全域旅游运行，并同步启动"公共文化服务精品场景"建设。搭建温州文旅统一预约预订入口，目前全市 76 个 3A 级及以上旅游景区（子景区）和 7 个重点文博场馆已完成入驻，实现分时预约错峰旅游和在线订票。此外，温州还推出了登山探险"驴友通""错峰乐游""茶花未来城"、雁荡山"5G+5A"、文成"侨家乐"全域数字平台、洞头区智慧文旅数字化平台等一批文旅数字产品，打造文旅产业与公共服务双向导流的良性互动机制，形成了显著的乘数倍增效应。

三是数字化文旅体验引领文旅消费的新方向。近年来，温州文旅系统大力倡导数字文化和旅游产业新业态，鼓励并扶持文旅企业探索"互联网+文化""互联网+旅游"新模式。在这一政策导向下，温州不断开发数字文旅产品，如沉浸式旅游演艺、全息互动投影、无人机表演、夜间光影秀等，形成了光影互动的新型文化和旅游业态。这些数字化文旅体验项目与山体灯光秀、户外实景演出不同，更加注重科技融合与交互体验，同时更注重内容与形式的多元化和个性化。温州市新闻传媒中心联合清华大学新闻传播学院推出全国首个空中智能城市地标项目"蜂巢地标—空中智媒"，借助 AI 技术打造空中内容与自媒体平台联网展示。该项目已在江心屿、城市阳台等景点形成多个常态化展示空间，催生出温州文旅经济的新亮点。全新改造的"梧田老街"通过"凤凰飞天""百人巡游""民俗演艺"等沉浸式项目的开街，吸引了大量游客。其中，数字化文旅项目"凤凰飞天"将神话场景拟真呈现，成为揽客引流的关键视觉场景，获得了远超预期的效果。据不完全统计，温州已有 1/3 的 4A 级以上景区引入了 4D 数字虚拟场景、数字灯光秀、AI 体验项目，数字化文旅体验正在引领温州文旅新消费趋势。

（三）文化制造数字化赋能效果初显

温州是文化用品制造产业集聚地，近年来通过数字化、智能化改造和创意赋能逐渐实现产业转型升级。印刷、包装、制笔、教玩具等行业 2021 年总产值超过 300 亿元。

一是优势文化产业项目数字化改造初见成效。一方面，通过数字化技改提升传统文化产业的效率。龙港市是国内规模较大的印刷集散地之一，2002 年被授予"中国印刷城"称号，但同质化竞争和粗放式发展问题长期存在。近年来，龙港市主动对接北京印刷学院、复旦大学院士团队，成立北京印刷学院龙港研究院、浙江理工大学龙港研究院、复旦大学高分子材料研究院等高能级平台和创新载体，打造出"印刷行业工业互联网平台"等应用，形成"产业大脑+未来工厂"的数字化印刷产业发展格局，并入选浙江省第二批中小企业数字化改造试点县（市、区）创建培育名单。另一方面，通过数字化运营积极拓展细分市场。龙港市充分利用互联网和大数据技术，在数字化运营的支持下，文化产业在传统产业基础上迅速扩大了覆盖面，涵盖了文创衍生品、数字艺术展览、在线文化体验等多个领域。通过与国内外知名文化机构的合作，龙港市成功引入了一系列具有创新性和前瞻性的文化项目，为传统优势文化产业项目的升级提供了强有力的支撑。

二是传统文化制造企业向数字平台型企业转型。作为文化制造业大市，温州形成了一批在传统文化产业领域具有一定影响力的龙头企业，这些企业在产业转型升级中扮演着领头羊的角色。其中，一些文化制造企业已经将核心业务调整为搭建和运营平台，通过平台连接不同的参与方，促进交易、服务或信息的流动，并提供平台上的服务和生态系统。例如，东经科技原本是温州的一家普通包装印刷企业。近年来，通过数字化转型，它发展成为具有行业影响力的平台科技型公司。利用云计算、大数据、人工智能、数字孪生、物联网等技术，东经科技改造了包装产业，深化数字技术在包装生产、运营、管理和营销等多个环节的应用，打造出的创新型数字文化产业平台"东经易网"，成为全国最大的包装行业资源平台。又如，炜冈科技是温州印刷包装行业中走出的第一家上市公司，2019 年开始建立国内和海外的定制化印刷设备的营销与售后网点，逐渐打破了德国海德堡等印刷企业的垄断，成为国内最大数码印刷设备的平台型服务商。此外，温州还涌现一批优

质平台项目，如中胤时尚儿童智能智造、橙数网络科技数字会展等，传统文化制造业平台化发展的步伐逐渐加快。

二　温州数字文化产业发展存在的问题

相较于省内数字文化产业发展领先的城市如杭州、宁波，温州数字经济与文化产业的融合发展仍处于初步阶段。数字赋能文化产业的规模、强度和深度仍然不足，不断涌现的新业态、新模式仍呈发散性。温州数字文化产业在快速崛起的同时，也存在一些突出问题，迫切需要从全局性、系统性的高度进行审视与思考。

（一）数字文化产业发展缺乏顶层设计

数字文化产业代表着中国文化产业高质量发展的新方向、新路径和新逻辑，因此十分依赖于制度的顶层设计，这也是当前地方文化产业实现弯道超车的关键所在。国内武汉、成都等地都已制定数字文化产业发展的专项规划，而浙江省内的杭州、宁波也已出台了《加快数字文化产业发展的实施意见》，明确了数字文化产业发展目标和重点领域，细化了数字文化产业的具体扶持政策。例如，宁波以打造全国数字文化产业新兴集聚区为目标，提出大力招引培育数字文化企业、支持数字文化内容创作生产、推动金融支持数字文化产业发展等五大举措。其中，宁波利用人才政策支持企业引进数字文化产业高层次人才和团队，最高给予100万元的扶持补助。

当前，温州数字文化产业的发展仍处于自发状态，主要原因在于市级层面尚未制定明确的顶层设计方案。尽管2021年温州市文化广电旅游局出台了《温州市文化和旅游数字化改革工作方案》，但该文件更多关注文化和旅游数字化改革的细节，未涉及产业层面的总体布局和发展规划。缺乏顶层设计方案使得数字文化产业发展缺乏明确的方向。在这种情况下，温州市只能参照原有的数字经济和文化产业的顶层设计和政策体系，这使得发展策略缺乏针对性和导向性。原有体系已无法适应数字文化产业的快速变化和创新需求。由于缺乏明确的政策引导，温州数字文化产业的发展只能依赖自发性的市场行为，而非有针对性的战略规划。这可能导致资源分散、产业链断裂、创新孤立等问题。此外，缺乏明确的顶层设计也意味着可能存在政策不协调和制度短板，阻碍数字文化产业发展的协同推进。这一情况严重制约了温州市抢抓数字文化产业发展机遇的进程。在数字化时代，数字文化产业不仅仅是单一产业的问题，更是涉及多领域协同发展的复杂体系。因此，制定清晰的顶层设计方案对于指导数字文化产业的健康发展至关重要。这包括对产业链的全局规划、创新生态的构建、人才培养机制的建立等方面的系统考虑，以确保数字文化产业在温州实现更为可持续和协同的发展。因此，制定完善的数字文化发展规划和政策体系将是推动温州数字文化产业升级的迫切需要。

可喜的是，温州市瓯海区作为数字经济和文化产业创新发展的试验田，率全省之先出台了县（市、区）域数字文化产业高质量发展实施意见，这也为温州市域层面探索数字文化产业顶层设计奠定了基础。该实施意见围绕打造全省领先的数字文化产业强区，提出了七个方面12条具体举措，包括培育特色数字文化产业、加快构建数字文化产业体系、营造数字文化消费新场景和推动文化制造业数字化转型等。但从市域数字文化产业高质量发展的角度看，温州仍需对定位、目标、重点领域进行系统、细化研究，并对空间布局和县域特色进行深度整合。

（二）数字文化产业核心发展动能不强

数字内容生产的创新创意依然不足。长期以来，温州文化产业难以摆脱粗放型、低端化发展的路径依赖，加之受市域层面的人才资源和金融资本局限，处于起步阶段的数字文化产业也暴露出创新创意不足的突出矛盾。数字内容生产的创新创意是文化产业可持续发展的关键要素，当前温州的数字文化企业更多地将关注点放在了规模扩张和生产效益上，而对于文化产业创意

的挖掘和培育相对较少。此外,温州文化产业的发展在市域层面受到了人才资源和金融资本的局限。人才和资本是数字文化产业创新的双重驱动力,但受限于地域发展水平,温州在这两个方面可能面临一定的挑战。人才短缺、技术水平相对滞后,以及对数字文化产业风险投资的不足,都成为创新创意发展的瓶颈。

数字文化产业的商业模式不够优化。新业态的形成通常伴随着新的商业模式和产业链的建立,然而温州数字文化产业在这方面的表现相对滞后。虽然近年来温州数字文化产业的新业态、新现象层出不穷,但依然具有模仿性、散发性,商业模式的稳定性和整合程度尚未达到理想状态,多停留在数字化场景的布局阶段,对订阅制、数字化版权交易、虚拟物品交易等新型商业模式涉足不够,细分领域亟待大力拓展。例如,青灯市集拥有现象级的文旅数字IP,且早已开始布局数字文化产业发展,但因在NFT数字艺术藏品领域未形成稳定的商业模式而浅尝辄止。这是因为行业内企业对数字技术的应用尚处于探索阶段,缺乏足够的经验积累和成功案例,导致商业模式的整合和优化进展较为缓慢。商业模式尚未充分整合,产业链的上下游关系相对独立,缺乏协同合作,导致资源利用效率低下、创新协同不足等问题,制约了整个温州数字文化产业的发展。

数字内容传播渠道的整合仍需加强。在市域层面,普遍面临资源配置和竞争压力等方面的挑战,温州同样面临这些问题。尤其在数字内容传播渠道方面,碎片化现象较为突出,市、县两级传媒机构缺乏协作机制,使得数字内容传播难以形成规模效应。例如,温州报业广电集团合并组建后,尚未实现传统文化形式与数字媒体系统的有机整合,优秀人才持续外流,数字文化产品未能满足百姓需求,缺乏有影响力的代表性作品。而各县域融媒体面临更大的人力、财力、技术设备方面的资源短缺,无法投入足够的资源进行技术更新、内容制作和人才培养,限制了其在数字时代的发展潜力。在数字化时代,平台整合是提高效益、实现协同发展的关键。然而,温州数字文化产业受到传播渠道分散的影响,难以实现全面拓展和企业的规模化发展,这对于构建温州数字文化产业的核心竞争力产生较大影响。此外，海外温州华文传媒的庞大力量主要表现在遍布世界各地的温州华人社群中形成了一个庞大的传媒网络。这些媒体覆盖了新闻、文化、社交等多个领域，具有丰富的内容和庞大的受众群体。然而，由于分散在不同地区，这些传媒机构之间的整合程度相对较低，形成了一种信息碎片化的状态。

（三）优势产业资源的价值转化不足

传统优势文化产业项目仍有挖掘潜力。温州是文化制造业强市，印刷、礼品、制笔、教玩具等产业是传统优势项目。近年来，通过数字化、智能化改造，这些领域形成了新的发展亮点，但数字加持赋能和产值倍增仍有巨大空间。然而，考虑到3906家企业的基数，产业效率方面仍需数字化大力赋能。另外，近年来创意设计、工艺美术、文化娱乐等核心文化产业类目持续做大做强，但是数字知识产权授权形成的产值占比不足。例如，2021年温州市版权产业行业增加值为446.47亿元，占全市生产总值的5.89%，在全国同类城市中位于前列。然而，多数是传统的产品形态，数字化开发衍生不足。

优质文化资源难以转化为数字文化资产。温州拥有多张国字号金名片，正在开展多项国字号改革试点，具备数字文化产业发展的诸多优势资源。虽然温州拥有丰富的文化资源，但缺乏对数字化时代潜在机遇的敏感性，市场意识和推动力在数字文化产业方面也存在不足，导致未能及时推动资源向数字化领域转化。例如，温州是网络文学高地，同时还是"中国寓言文学之乡"，且已创成中国版权示范城市。温州完全有条件打造全国一流的原创数字内容的版权交易平台，但始终没有推出相应的举措。同时，温州又具有文化用品制造的传统优势，完全有条件形成数字IP产业的上下游产业链，打造数字文化内容衍生品的产业集群，然而这一优势资源依然没有得到有效利用。

三 推动温州数字文化产业高质量发展的对策建议

在数字化浪潮的推动下，温州正站在文化产业发展的新起点上，既显示出强劲的发展势头，也存在一些突出的问题。基于当前数字文化产业的发展趋势和自身瓶颈，温州必须把握机遇，积极布局，以数字化转型为引擎，推动文化产业的创新和升级。以下是对温州数字文化产业发展提出的几点建议，旨在通过一系列战略性规划和政策支持，助力其实现跨越式发展。

（一）加快制定数字文化产业发展蓝图

首先，通过充分了解产业基础、资源和特色优势，确保蓝图制定的科学性和实际性。其次，应明确温州数字文化产业的目标定位，明晰其在整个文化体系中的地位和作用，使其与国家数字文化发展战略相契合。发展方向和重点领域的确定需要兼顾温州的实际情况，如数字文化在经济中的地位和区域特色。将全省领先的数字文化产业集聚区作为目标，有助于在空间布局上集中资源，形成规模效应，提高温州在数字文化领域的竞争力。新技术、新业态、新消费的战略重点要求在数字文化产业中积极引入先进技术、探索创新业态，适应快速变化的市场需求。可以通过构建数字文化产业体系，加强上下游关系，提高产业整体效益，推动文化产业结构的升级。最终目标是提升数字赋能文化制造业的能力，实现数字技术与文化产业深度融合，助力温州文化制造业的创新和可持续发展。

（二）加快完善数字文化产业政策框架

首要任务是突出核心业态的发展导向，特别强调数字内容生产、数字创意设计、数字版权、数字文化平台等关键领域的优先发展。这将有助于引导和聚焦温州文化产业的力量，推动产业的升级和创新。要以数安港为核心集聚区，通过强有力的政策支持，使其成为引领温州数字文化产业发展的重要枢纽。这不仅有助于集聚人才和企业，还能形成产业集聚效应，推动整个数字文化产业链的发展。政策框架应当积极定向招引文化大数据、文化云计算的头部企业以及国家、省级重点实验室，以增强产业的技术实力和创新能力。同时，政策还应聚焦打造全省一流的文化数据服务和产权交易中心，以满足数字文化产业对于信息资源和知识产权交易的需求。这不仅有助于推动文化数字化的深入，还为温州文化产业提供了更加便捷和高效的服务平台。通过这一政策框架，可以推动温州文化产业在数字化时代取得更大的发展，实现产业的快速弯道超车。

（三）加快形成良好的数字文化产业生态

首先，通过实施数字内容创新工程，将文化产业扶持资金向生产原创性短视频、数字出版、数字教育等产品的文化企业倾斜。这种倾斜政策将有力地激发企业创新活力，促进数字文化产品的多样性发展。其次，通过创作指导、评选推优、作品发布等手段，积极引导数字化视听产业内容创作生产，鼓励企业深度参与数字文化产品的创作与制作。这将有助于提高数字文化产品的质量和影响力。同时，政府强调重视创新、创意、创造的数字文化产业发展，意味着鼓励企业在数字化时代更加注重创意和创新，推动数字文化产业向更具活力和可持续发展的方向迈进。最重要的是，从源头解决文化产业结构调整的关键问题，倡导建立良性的数字文化产业生态。这包括在政策上加大支持力度，提供更多的培训和交流机会，以及加强版权保护等方面的综合措施，形成鼓励创意、保护创新的发展环境。

（四）加快打造优质文化资源数字化公共服务平台

首先，需要深化落实温州文化基因解码工程，通过系统性的研究，推动宋韵瓯风文化、塘河文化、红色文化、龙舟文化等特色 IP 的数字化创新。这将为文化资源的数字化转型提供坚实基础。其次，要推进优质文化资源的"数字孪生"，即数字化建模，实现文化遗产的数字形态呈现。通过这一过程，可以更好地保护和传承温州的优秀文化遗产。利用温州文化高地建设的平台优势，加快推进数字赋能"文化温州"，促进南戏、瓯剧、寓言文学、网络文学等文化形式的数字化转化。同时，可以鼓励文艺工作者和非物质文化遗产传承人在数字平台上进行创作、直播展演，以更好地适应数字时代的文化传播方式。为了更好地推动数字文化产业发展，可以以"中国寓言文学之乡"的金字招牌为基础，打造中国第一个寓言文学数字版权交易中心，通过数字平台促进寓言文学作品的创作、交易和传播。这一系列措施将有助于构建数字化的文化产业生态，提升温州文化的影响力和传播力。

生态篇

B.19

温州生态环境志愿服务组织
参与社会治理成效研究

温州市生态环境科学研究院课题组*

摘　要：　本报告以温州市生态环境志愿服务组织的发展现状为切入点，通过对温州市生态环境志愿服务组织发展情况进行摸底调查，总结其参与社会治理的主要做法、经验，对存在的组织松散、专业知识不足、经费保障不足等问题进行分析，并提出建设性改进意见，以期进一步推动温州市生态环境志愿服务行业健康可持续发展，为全国提供公众参与生态环境治理领域的"温州经验"。

关键词：　生态环境志愿服务组织　社会治理　温州

---

* 温州市生态环境科学研究院课题组成员：章松来，温州市生态环境科学研究院副院长、高级工程师；黄晓忠，温州市生态环境局党委委员、副局长；万哲慧，温州市生态环境促进中心主任、高级工程师；贾显乐、徐婷婷，温州市生态环境促进中心工程师；王颖盈，温州市生态环境局龙湾分局办公室副主任、工程师；蔡一珍，温州市生态环境科学研究院党风纪检室主任。

在现代生态环境治理体系中，生态环境志愿服务组织是不可或缺的重要参与力量，对推动生态环境实现持续性好转有着不可替代的作用。生态环境志愿服务组织在生态环境宣传教育、实践体验和监督管理等方面发挥了重要作用，深化了公众生态环保理念，实现了生态环境资源整合，推动了生态环境治理的理性化、专业化发展。但受限于生态环境志愿服务组织的权力获取、资源配置和参与范围，部分生态环境志愿服务组织存在组织松散、专业性差和自我造血功能缺失问题，导致其参与社会治理过程中存在规范性不足、成效难以评价等问题。因此，如何规范发展生态环境志愿服务组织，提升其参与社会治理的能力和成效，为推动国家治理体系和治理能力现代化贡献力量，是非常值得探讨的问题。

本报告以温州为例，对温州市生态环境志愿服务组织发展情况进行摸底调查，并结合地方标准《生态环境志愿服务组织建设及服务规范》（DB3303/T 047—2022）实践情况，评估生态环境志愿服务组织参与社会治理成效，总结提炼公众参与生态环境治理领域的"温州经验"，以期为全国提供参考借鉴。

一 温州生态环境志愿服务组织发展现状分析

本报告对温州市生态环境志愿服务组织进行了摸底调查，截至2023年底，全市共有核心生态环境志愿服务组织38家，其中在民政部门注册登记26家，未在民政部门注册但在其他部门备案10家，志愿者人数达到2.3万人。通过对调查数据进行汇总分析，发现20余年来温州市生态环境志愿服务组织呈现以下发展特点。

（一）成立时间：起步早、发展快

在温州人敢为天下先的精神引领下，温州的生态环境志愿服务组织呈现起步早、发展快速、活跃度高的特点，在生态环境宣传教育、实践体验和监督管理等方面发挥了重要作用，成为生态环境治理的重要力量。

在 2000 年 11 月，温州市绿眼睛环境文化中心（以下简称"绿眼睛"）便已组建成立，成为我国东南沿海地区最早的生态环境志愿服务组织之一。其从关注生态、关心社区、关爱动物三个方面入手，配合政府部门打击贩卖、滥杀野生动物等非法行为，是中国最活跃的以"野生动物与生态环境保护"为使命的生态环境志愿服务组织。如今"绿眼睛"已成为温州民众心中的权威环保志愿组织，让"保护野生动物就是保护生态环境和人类自己"的观念深入人心。

在"绿眼睛"的影响下，温州的生态环境志愿服务组织呈现积极发展态势。统计显示：2012~2022 年，温州市生态环境志愿服务组织注册成立数量为 29 家，是前 10 年注册成立数量的 3 倍多（见图 1）。这主要是得益于温州市生态环境部门高度重视和支持生态环境志愿服务组织工作。2015 年，温州市生态环境志愿服务组织活跃度达到高峰，这与当时温州市生态环境部门开展的公众参与生态环境治理领域的"百团万人"行动有着密切联系。

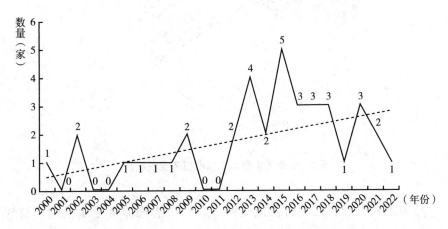

图 1　温州市生态环境志愿服务组织注册情况变化曲线

（二）组织类型：全社会参与

根据发起方不同，生态环境志愿服务组织分为由政府部门发起成立的、民间自发成立的和高校社团 3 种类型。统计显示：由政府部门发起成

立的、民间自发成立的和高校为发起单位的生态环境志愿服务组织数量占比在29%~37%浮动，发展相对均衡。其中，民间自发成立的生态环境志愿服务组织有14家，占比为37%；由政府部门发起成立的生态环境志愿服务组织有13家，占比为34%，两者几乎处于均衡水平（见图2）。这对应我国公众参与治理过程中的"自下而上""自上而下"两种模式，说明温州市的生态环境志愿服务组织培育工作取得显著成效，"政府引导、民间主导、社会倡导"的公众参与格局基本形成，全民参与生态环境志愿服务氛围浓厚。

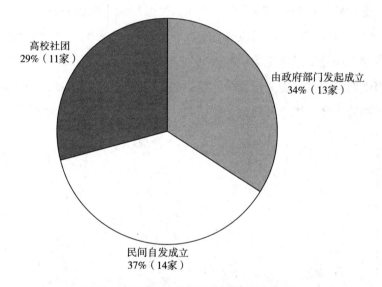

图2 温州市生态环境志愿服务组织类型

　　笔者调研发现，民间自发成立的生态环境志愿服务组织呈现积极性高、群众参与度高等特点，但也面临资金不足、政府资源匮乏等现实问题。由政府部门发起成立的生态环境志愿服务组织则表现出资金有保障、与政府部门工作紧密结合等优势，但也面临着积极性不足、群众参与度低等劣势。而高校社团面向高校师生开展相关生态环境志愿服务，在高校团委领导下，形成了学生参与度高、资金有保障的发展格局。

（三）地域分布：各县（市、区）均衡发展

按照注册地不同，对全市生态环境志愿服务组织进行分类统计，结果显示：温州市 12 个县（市、区）已实现生态环境志愿服务组织全覆盖，各地至少有 1 家生态环境志愿服务组织服务辖区生态环境治理工作。另外，还有高校组织 11 家，以校园为主要活动区域；市本级注册组织 9 家，它们在全市范围开展志愿服务活动（见图 3）。

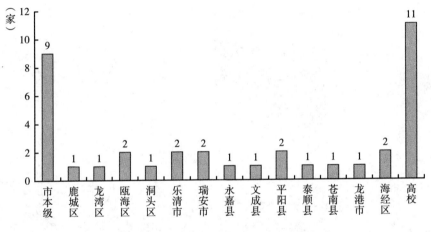

图 3　温州市生态环境志愿服务组织区域分布情况

各县（市、区）都成立了生态环境志愿服务组织也是温州市生态环境治理的显著特征，这与温州市生态环境部门系统谋划、持续推进公众参与有着必然联系。针对温州市本级注册组织较多的特点，温州市生态环境部门在 2018 年便建立了市本级生态环境志愿服务组织结对县（市、区）的做法，对各县（市、区）生态环境志愿服务组织发展起到了积极的推动作用。

（四）注册数量：日趋成熟

志愿服务组织在有关部门登记注册或者备案需要具备较完善的组织框

架、办公场所、人员配备等条件，这是志愿服务组织成熟的重要标志。

温州市 38 家核心生态环境志愿服务组织中，在民政部门注册的 26 家，占比达 69%，未在民政部门注册但在其他部门报备的 10 家，两者合计占比达 95%（见图 4）。可以说，温州的生态环境志愿服务组织已经走上规范化发展道路，组织建设日趋成熟。

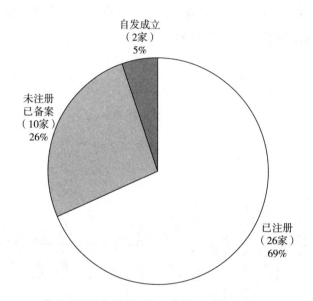

图 4　温州市生态环境志愿服务组织注册情况

经了解，未经相关部门注册或备案的生态环境志愿服务组织共 2 家，因为参与志愿者不稳定、资金保障不足等，尚不具备登记注册条件。调查还发现，近年来温州市的高校学生环保社团也走上了规范化发展道路。温州大学的温州市文达清源水环境公益中心、温州市青城环保公益中心和温州市职业技术学院的温州市绿意青年志愿者服务中心等高校社团均已在温州市民政部门登记注册，引领高校环保社团新一轮发展。

（五）活动类别：差异化发展

根据地方标准《生态环境志愿服务组织建设及服务规范》（DB3303/T

047-2022），生态环境志愿服务活动分为生态环境宣传教育和实践、生态环境技术提供、生态环境监督、生态环境公益诉讼等 4 个类别。统计显示，全市有 35 家生态环境志愿服务组织提供生态环境宣传教育和实践服务，占比达 92%；民间河长作为生态环境宣传教育和实践单独类别予以统计，以温州市民间河长联盟为代表，参照地方标准《民间河长工作规范》（DB3303/T 048-2022）执行，全市共有 10 家生态环境志愿服务组织开展民间河长活动。生态环境技术提供对生态环境专业知识要求较高，开展相关工作的组织只有 5 家，占比为 13%。开展生态环境监督需要地方政府大力支持，否则难以持续，开展相关工作的生态环境志愿服务组织仅 8 家，占比为 21%。温州市没有生态环境志愿服务组织开展环保公益诉讼服务（见图 5）。

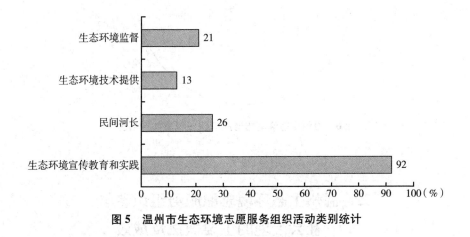

图 5　温州市生态环境志愿服务组织活动类别统计

（六）标准执行：提供规范引领

2022 年，温州市生态环境局率先制定发布《生态环境志愿服务组织建设及服务规范》（DB3303/T 047-2022）、《民间河长工作规范》（DB3303/T 048-2022）两项地方标准，均领先全国，填补了国内公众参与生态环境治理领域的空白，引领生态环境志愿服务组织和民间河长队伍的健康可持续发展。

对温州市生态环境志愿服务组织执行地方标准《生态环境志愿服务组

织建设及服务规范》（DB3303/T 047-2022）的情况进行调查，发现全市 29
家生态环境志愿服务组织已经执行相关标准，占比达 76%；剩余未执行标
准的 9 家（见图 6），主要是未注册组织，这与信息交流不到位、受新冠疫
情影响提供志愿服务少等因素有关。

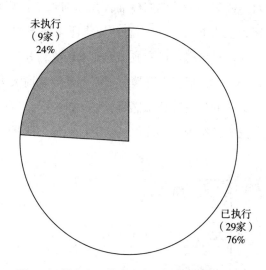

图6　温州生态环境志愿服务组织标准执行情况

二　温州生态环境志愿服务组织参与
社会治理的主要做法及成效

　　党的十八大以来，温州市生态环境部门以习近平生态文明思想为指导，
深入践行"绿水青山就是金山银山"理念，高度重视生态环境志愿服务组
织的培育扶持管理引导工作，通过"一二三"做法，充分发挥温州市环保
志愿者联合会联合协调指引引领作用，加强制度规范化建设、志愿服务专业
化培养、志愿品牌精品化打造、志愿人员（组织）典型化培树，形成了多
个精品项目和精品团队，受到媒体广泛关注，获得多项荣誉，多次得到领导
批示肯定，相关工作编入《浙江生态文明建设典型经验选编》。

（一）搭建一个平台，提升生态环境志愿服务组织凝聚力

一是壮大生态环境志愿队伍。自 2000 年温州出现第一家生态环境志愿服务组织以来，经过长达 20 余年的发展，温州市已有核心生态环境志愿服务组织 38 家、生态环境志愿者 2.3 万名，是全省乃至全国生态环境志愿服务最活跃的地区之一。二是建立枢纽型社会组织平台。2017 年，温州市生态环境局指导成立温州市环保志愿者联合会（以下简称"联合会"），作为全市生态环境志愿服务组织和生态环境志愿者队伍的统一管理服务平台，在做好对生态环境志愿服务组织的管理服务的同时，兼顾开展全市生态环保公益活动，引导公众参与，提高公众的生态环保意识。三是建章立制规范运作。摸索完善了联合会的运行框架，突出"党建红引领生态绿"，创新生态环境志愿服务组织党建工作，构建生态环境宣传、教育、实践体验等项目组和日常办公机构并行运转的模式。通过联合会平台，建立了信息报送、宣传奖励和活动报销等制度，充分调动志愿者的积极性，示范引领，进一步规范了生态环境志愿服务组织运作发展。

（二）制定两项标准，提升生态环境志愿服务组织竞争力

一是率先制定两项地方标准。近年来，温州市生态环境局高度重视生态环境治理体系和治理能力现代化建设，将制度建设作为治理体系的龙头。2022 年，温州市生态环境局率先制定发布《生态环境志愿服务组织建设及服务规范》《民间河长工作规范》两项地方标准，均领先全国。二是引领志愿者参与生态环保事业。《生态环境志愿服务组织建设及服务规范》是为了规范生态环境建设与管理、指导志愿组织提供多样化的生态环境服务，以及服务形式、流程的标准化、统一化、规范化，引导志愿者充分发挥保护生态环境的能动性，让更多的志愿服务组织开展切实有效的生态志愿服务，发挥管理延伸作用，引领广大生态环境志愿服务组织深度参与生态环境保护事业。三是规范民间河长参与方式。《民间河长工作规范》以解决民间河长队伍在发展壮大过程中出现的一系列问题为出发点，畅通民间河长沟通机制、

规范巡河作业、严格组织纪律，防止出现以民间河长的名义从事营利性活动或与河湖保护无关的活动，鼓励和引导社会公众争当民间河长，主动参与巡河、发现问题等工作，引领广大民间河长深度参与护河治水事业。

（三）建立三大机制，提升生态环境志愿服务组织驱动力

一是建立信息共享机制。温州市生态环境局联合温州市民政局加强对全市生态环境志愿服务组织的支持，加强环保专业知识的培训，提升其环保业务能力。依托温州市环保志愿者联合会，每年组织开展多场座谈交流会，加强信息共享，搭建生态环境部门和生态环境志愿服务组织沟通桥梁，如开展生态环境志愿服务组织座谈交流、环保业务培训会、"新启航"主题论坛、大学生生态环境志愿服务组织骨干培训、治水论坛等。二是建立资金扶持机制。明确生态环境志愿服务组织经费保障机制，拓展政府扶持、社会赞助、会费收取等渠道，筹集生态环境志愿服务经费。2015年，率全国之先开展生态环境公益创投项目，为全市30个生态环境志愿服务组织提供30万元扶持经费。2018~2020年，温州市生态环境局连续三年为温州市环保志愿者联合会提供近百万元扶持资金，用于扶持全市生态环境志愿服务组织发展。三是建立结对帮扶机制。2018年起，温州市环保志愿者联合会发动全市12家生态环境志愿服务组织与21个生态文明教育基地、生态环境设施进行共建结对，资源共享，实现生态环境志愿服务组织阵地建设和队伍建设两提升，引领公众开展生态实践体验活动，加深对生态环保的认识。每年组织开展生态环境体验活动百余场，参与人数达上万人次。

（四）打造多个精品项目，提升生态环境志愿服务组织影响力

一是打造多个精品活动。结合环境日、"浙江生态日"、"温州生态文化月"等环保节日，发动全市生态环境志愿服务组织开展形式多样、内容丰富的环保活动，打造了"生态环境公益一条街""环保小卫士""环保定向赛""满意度宣传"等多个全市统一的宣传活动品牌，形成规模效应。二是精品项目受到多方认可。2018年，温州市环保志愿者联合会为全市生态环

境志愿服务组织争取政策、资金等支持，乐清市环保公益协会、鹿城区南塘大妈护河队、永嘉县绿色环保志愿者协会等，作为第三方志愿主体参与第二次全国污染源普查工作，相关做法得到生态环境部副部长翟青批示肯定，成为社会组织参与第二次全国污染源普查宣传工作的典型案例。2018年，温州市环保志愿者联合会积极整合全市环境教育资源，择优组建了一支由30余人组成的生态环境公益讲师队伍，围绕绿色生活、环保研学、保护母亲河等主题开展线上线下讲座，年均开展近百场宣讲，受众达上万人。联合永嘉县绿色环保志愿者协会率全省之先进行"零污染村"试点创建，探索"村民—村两委—生态环境志愿服务组织—企业—政府"共建模式，建立多方合作伙伴关系，极大地改善了农村生态环境质量，受到媒体广泛关注。三是引导团队品牌化发展。指导提升全市生态环境志愿服务组织品牌意识，指导打造了多个品牌，如"绿眼睛"以"野生动物与自然保护为使命"，设立野生动物保护热线和野生动物救助基地，专注于野生动物保护工作；鹿城南塘大妈护河队摸索打造社区环保自治队伍开展生态环保自治模式；乐清环保公益协会设立乐清湾湾滩长制，助力乐清湾保护；瑞安市民间河长协会通过监督，督促乡镇加强治水工作；平阳县海之梦环保协会持续做大南麂岛海洋保护项目；永嘉县绿色环保志愿者协会持续15年守护楠溪江，多次获得国家"母亲河奖"；平阳县环保志愿者协会助力乡镇推动垃圾分类，扶持资金上百万元。此外，全市范围也涌现诸如陈飞、方明和、杨建南、李雷、张蓓蓓、张宇一、刘彭、白洪鲍等多位环保领军人物，杨建南、李雷、孙钰岷等多位志愿者入选全国百名"最美生态环保志愿者"。

三 存在的问题和原因分析

20余年来，虽然温州市生态环境志愿服务组织参与社会治理取得了诸多成效，但也面临着组织松散、专业知识不足、经费保障不足等发展困扰，与新时代对生态环境志愿服务组织的发展要求还有一定的差距。综合分析存在的问题，剖析原因如下。

（一）组织松散，凝聚力有待提升

一是党建工作有待加强。部分生态环境志愿服务组织对党建工作重视度不高，导致党组织建设不完善，党建工作指导作用发挥不明显。由于生态环境志愿服务组织的自治性和民间性等特点，其党建工作落实存在一定时滞性。生态环境志愿服务组织大多以拓展性党支部形式开展党建工作，个别生态环境志愿服务组织存在党组织空转现象，需要进一步加强生态环境志愿服务组织的党建工作。

二是品牌意识有所欠缺。大部分生态环境志愿服务组织缺乏品牌意识，每年开展不同的新项目，对项目品牌化打造缺乏系统谋划和持续推进的定力。由于缺乏计划性和组织性，生态环境志愿服务组织开展志愿服务活动存在单一性、临时性和重复性。

三是组织间交流合作少。一方面，政府部门与生态环境志愿服务组织之间的交流缺乏制度性安排，导致生态环境志愿服务组织对政府部门的工作信息掌握不及时、不全面，难以参与到生态环境治理具体业务中；另一方面，生态环境志愿服务组织之间也缺乏有效的沟通交流平台，难以形成跨组织合作，全市生态环境志愿服务组织的凝聚力还有待提升。

（二）专业素质不高，规范性有待提升

一是参与能力不足。温州市生态环境志愿服务组织和生态环境志愿者数量较多，参与生态环境治理的热情高，但参与能力不足，参与深度和广度不够，存在走马观花、点到为止的现象。一些生态环境志愿服务组织和志愿者简单理解环保就是捡垃圾，未曾深入参与到治水治气治土等专业领域。

二是专职人员缺乏。生态环境志愿服务组织配备专职人员需要缴纳社保、发放工资，这对生态环境志愿服务组织来说，是一笔不小的开支，存在较大压力。目前，温州市生态环境志愿服务组织中，除了部分获得政府稳定资金扶持的组织配备1~2名专职人员外，其他大部分组织没有配备专职人员。全市生态环境志愿服务组织普遍缺乏懂业务、懂管理的专职人员，亟须

加强生态环境志愿服务人才培养、储备。

三是参加培训少。一方面，各级政府部门为生态环境志愿服务组织开设的专题培训班不多；另一方面，生态环境志愿服务组织自我学习、内部交流少，导致生态环境志愿服务组织专业能力达不到新时代对生态环境志愿服务工作的新要求。

（三）活动经费来源不固定，缺乏稳定保障

一是组织造血功能弱。温州市生态环境志愿服务组织资金主要来源于政府项目，且政府资金主要用于政府购买服务项目的开支，导致生态环境志愿服务组织日常运营缺乏保障。生态环境志愿服务组织的造血功能，直接决定了生态环境志愿服务组织发展水平。

二是政府部门资金投入不足。在生态环境志愿服务组织具备造血功能前，需要政府部门先进行"输血"，为生态环境志愿服务组织的发展提供稳定的政策和资金保障。目前，温州还没有专门成立扶持生态环境志愿服务组织的基金会；且在政府部门过紧日子要求之下，政府部门相关预算经费呈现下降趋势，这将影响全市生态环境志愿服务组织的发展和壮大。

三是社会赞助少。由于生态环境志愿服务组织资源配置有限，与企业接触不多，获取赞助途径较少。大部分小微企业的社会责任感和环保意识还需要进一步提升，无偿赞助生态环境志愿组织的企业较少；一些愿意赞助的企业更讲究效益，一般都通过活动冠名形式，这对生态环境志愿服务组织的活动影响力提出一定的要求。

四　提升生态环境志愿服务组织参与社会治理成效探讨

（一）加强政治引领

一是提高政治站位。加强生态环境志愿服务组织政治建设，有利于党的

方针政策得到全面贯彻落实，对社会经济稳定发展起到积极作用。只有提高生态环境志愿服务组织政治站位，不断加强对生态环境志愿服务组织方向把握，引导生态环境志愿服务组织与党和国家生态环保政策相向而行，才能更好地提升生态环境志愿服务组织参与社会治理的成效。

二是加强党的建设。加强生态环境志愿服务组织党建工作，发挥基层党组织的战斗堡垒作用，进一步激发生态环境志愿服务组织的活力，促进生态环境志愿服务组织在国家治理体系和治理能力现代化进程中更好地发挥作用。要把生态环境志愿服务组织人才和生态环境志愿者紧密团结在党的周围，不断扩大党在生态环境志愿服务组织中的影响力，对于增强党的阶级基础、扩大党的群众基础、夯实党的执政基础，具有重要意义。

三是加强群众工作。加强政府部门与生态环境志愿服务组织之间的有效沟通，及时听取生态环境志愿服务组织和志愿者的呼声，充分发挥生态环境志愿服务组织与生态环境志愿者、社会公众的沟通纽带作用，进一步夯实群众工作。要充分发挥温州市环保志愿者联合会的管理引导作用，加强对全市生态环境志愿服务组织和生态环境志愿者队伍的统一管理指导，规范生态环境志愿服务组织健康有序参与社会治理工作。

（二）加强机制建设

一是加强制度建设。各级生态环境部门要创新生态环境志愿服务相关政策制度和地方标准，进一步激发生态环境志愿服务组织的积极性，加强对生态环境志愿服务行业的指导，规范生态环境志愿服务组织参与行为。要从制度方面支持和鼓励生态环境志愿服务组织开展生态环境舆论监督和社会监督，支持生态环境志愿服务组织参与环境公益诉讼。

二是加大管理服务力度。各级生态环境部门要充分认识生态环境治理体系和治理能力现代化建设中生态环境志愿服务组织的作用，持续做好管理服务工作。要加强对生态环境志愿服务组织的业务指导，切实发挥生态环境志愿服务组织政府与群众间的桥梁和纽带作用，做好上情下达、下情上传，提升群众对生态环境治理的满意度。要做好资金保障，加大对生态环境志愿服务组织的扶持培育力度，引导生态环境志愿服务组织由生态环境宣传和实践为主的志愿服务逐步调整到以提供生态环境技术为主的服务上来，引导生态环境志愿服务组织专业化、品牌化发展，通过加大政府部门的"输血"力度，增强生态环境志愿服务组织的"造血"功能。

三是建立培训交流机制。各级政府部门要建立与生态环境志愿服务组织之间、生态环境志愿服务组织之间的交流机制，不断提升生态环境志愿服务组织参与社会治理的能力。要开展针对生态环境志愿服务组织的培训和交流，通报有关法律法规和行业监管要求，加强与生态环境志愿服务组织的联系，建立培训交流机制，引导生态环境志愿服务组织健康有序发展。

（三）加强组织内部治理

一是优化内部结构。完善现代生态环境志愿服务组织法人治理结构，建立健全以章程为核心的各项规章制度，推动生态环境志愿服务组织成为权责明确、运转高效、依法自治的法人主体。目前，生态环境志愿服务组织的规模普遍较小，专职人员不多，小微生态环境志愿服务组织占比较大，要探索适合组织发展的既灵活高效又规范有序的内部治理结构，为组织的稳步发展打好基础。

二是加强人才储备。要开展生态环境志愿服务组织人才摸底，有针对性地引导相关人才加入生态环境志愿服务组织，补齐生态环境志愿服务组织人才短板。要发挥高校环保、公共管理等相关专业和学生社团在培养人才方面的作用，鼓励大学生社团开展生态环境志愿服务活动，尤其是鼓励大学生依托专业优势，策划和开展生态环境志愿服务活动，为生态环境志愿服务组织储备具有跨学科背景的跨界人才打好基础。

三是推广地方标准。推荐全市生态环境志愿服务组织执行地方标准《生态环境志愿服务组织建设及服务规范》（DB3303/T 047-2022），通过对管理人员、财务人员、志愿者进行分类设置和管理，设施设备和办公场所实现规范化建设，建立和完善组织管理、人员管理、财务管理、服务管理和信息管理

等制度，多渠道落实经费保障等，加强组织建设；通过规范调研、方案制订、项目实施、宣传、效果评估等服务流程，进一步规范服务行为。

五 温州生态环境志愿服务组织参与社会治理 成效研究及经验启示如下

本报告从政治引领、经济效益、社会效益和生态效益等四个维度评价生态环境志愿服务组织参与社会治理成效，并得出相关经验启示如下。

（一）加强政治引领，生态环境志愿服务组织参与社会治理要显"正气"

温州着力构建的现代生态环境治理体系，是"党委领导、政府主导、企业主体、生态环境志愿服务组织和公众共同参与"的全民参与体系。"党建红引领生态绿"，生态环境志愿服务组织参与社会治理是在党的领导下进行的。党的领导指明了生态环境志愿服务组织前行道路，规范了生态环境志愿服务组织的有序参与，引领着生态环境志愿服务组织健康发展。各生态环境志愿服务组织均在党的领导下开展工作，从政治引领上把握发展动能，规范志愿服务行为，树立了生态环境志愿服务组织参与社会治理的"正气"。

（二）发挥经济效益，生态环境志愿服务组织参与社会治理要接"地气"

生态环境志愿服务组织经济规模体量非常小，难以用经济指标去衡量其价值。不过，从经济投入与效益产出角度，去衡量生态环境志愿服务组织参与社会治理的经济效益：温州市各级生态环境部门投入少量经费向生态环境环境志愿服务组织购买服务，引导全市生态环境志愿服务组织开展生态环境宣教和实践活动，年均开展上百场活动，打造了多款精品项目，将经济效益发挥到极致。比如，温州市生态环境局连续三年投入不超过100万元，扶持温州市环保志愿者联合会发展，对全市 38 家核心生态环境志愿服务组织的发展壮大起到了重要作用，实现了生态环境志愿服务行业的健康可持续发展。温州市民间河长联盟推出的民间河长"绿水币"制度，实现了"问题有发现、发现有积分、积分有奖励、奖励有保障"，同步"绿水币"微信小程序，每年主动落实"绿水币"奖励专项资金 20 余万元，设置话费、大米、食用油、温州特产等群众喜爱的兑换物品，做到"快递到家"，极大方便公众参与，非常接"地气"。

（三）凸显社会效益，生态环境志愿服务组织参与社会治理要聚"人气"

在开展生态环境志愿服务组织参与社会治理成效评估时，对其社会价值、社会效益的考量至关重要。但是，生态环境志愿服务组织参与社会治理所倡导的工作、情感的投入以及促进社会和谐、督促政府服务效能提升等方面的社会价值均无法测量。

对生态环境志愿服务组织参与社会治理的社会效益进行评估，主要体现在：一方面，通过开展志愿服务活动，38 家核心生态环境志愿服务组织加强了 2.3 万名志愿者之间的互动和交流，有助于促进社会的和谐与稳定；另一方面，生态环境志愿服务组织参与社会治理，有助于推动生态文明理念在公众中的普及，提升公众的环保意识和文明素质，提升社会的文明程度；此外，加强政府与公众之间的沟通与联系，有助于提高政府的服务效率和社会治理水平。

温州市通过树立一批先进典型，带动全社会关注、支持、参与生态环保事业，起到示范带头作用。比如，依托温州市环保志愿者联合会，指导打造了鹿城南塘大妈护河队、瑞安民间河长协会、永嘉县绿色环保志愿者协会、平阳县环保志愿者协会等多个知名团队，还涌现了方明和、陈飞、杨建南、李雷、张蓓蓓等多位环保领军人物，通过媒体加强宣传，营造了良好的"全民参与"氛围，集聚了"人气"。

（四）彰显生态效益，生态环境志愿服务组织参与社会治理要留"清气"

生态环境志愿服务组织成立的初衷是改善生态环境，通过生态环境宣传教育和实践、生态环境技术提供、生态环境监督、生态环境公益诉讼等方式参与社会治理。生态环境志愿服务组织不仅可以通过自身的生态环境实践行动，还可以通过联动政府、企业和公众来开展环境治理，进而提升群众对生态环境质量的满意度。根据浙江省统计局统计，温州市公众生态环境质量满意度由2008年的49.93分提升至2023年的86.55分，实现连续16年的提升，提升幅度超73%。生态环境质量大幅改善、公众满意度大幅提升，生态效益明显，都离不开生态环境志愿服务组织的助力。

B.20

温州减污降碳协同增效创新机制研究

苏园 林曦 王慧芳 孙肖沨*

摘　要： "十四五"以来，我国生态文明建设进入了以降碳为重点战略方向、推动减污降碳协同增效、促进经济社会发展全面绿色转型、实现生态环境质量改善由量变到质变的关键时期。面对环境质量改善与温室气体减排的双重挑战，协同推进减污降碳已成为我国新发展阶段经济社会发展全面绿色转型的必然选择。本文从温州实践出发，总结了温州市减污降碳协同增效的进展与不足，在分析面临的主要难点的基础上，有针对性地提出了若干改进建议。

关键词： 减污降碳　绿色能源　产业转型　碳市场

2021 年 11 月，中共中央、国务院印发《关于深入打好污染防治攻坚战的意见》，其中明确要"以实现减污降碳协同增效为总抓手"。2021 年 12 月召开的中央经济工作会议进一步提出，加快形成减污降碳的激励约束机制。党的二十大报告明确指出，要统筹产业结构调整、污染治理、生态保护、应对气候变化，协同推进降碳、减污、扩绿、增长，推进生态优先、节约集约、绿色低碳发展。2022 年 6 月，生态环境部等 7 部门联合印发了《减污降碳协同增效实施方案》。2022 年 9 月，生态环境部复函同意浙江省率先开

---

* 苏园，温州市生态环境科学研究院大气与生态环境研究所，工程师；林曦，温州市生态环境科学研究院院长，高级工程师；王慧芳，温州市生态环境科学研究院大气与生态环境研究所，工程师；孙肖沨，温州市生态环境科学研究院大气与生态环境研究所所长，高级工程师。

展减污降碳协同创新区建设。在碳达峰、碳中和工作整体布局下，统筹优化减污和降碳工作以实现协同增效，对进一步深化环境治理、助推高质量发展具有重要意义，甚至可以说协同推进减污降碳已成为我国新发展阶段经济社会发展全面绿色转型的必然选择。本文从温州实践出发，总结了温州市在"减污降碳新赛道"上积极探索的进展与不足，以期为全省乃至全国的减污降碳协同增效贡献"温州样本"。

一　温州减污降碳协同增效创新实践经验

2022年，温州将"绿色低碳发展先行"写入温州市第十三届党代会报告，并提出建设"全国新能源产能中心和应用示范城市"的奋斗目标。2023年12月，温州市生态环境局等九部门联合印发《温州市减污降碳协同增效实施方案》（以下简称《方案》），突出以降碳为源头治理的"牛鼻子"，从加强源头防控、推进大气污染防治协同控制、推进水环境治理协同控制、推进固体废物污染防治协同控制、统筹保护修复和扩容增汇、开展模式创新、创新政策制度和提升协同能力等八个方面提出了25项主要任务，全面推进实施减污降碳协同治理，牵引促进经济社会发展绿色转型和生态环境持续改善。总体来看，温州在减污降碳协同增效创新实践中主要积累了以下几方面的经验。

（一）聚焦结构调整，加快绿色能源发展

温州气候温暖湿润，地处我国两大海上风电资源富集带之一，拥有海域面积8649平方公里，沿海滩涂约80万亩，海岸线长度、滩涂面积、海岛数量均占浙江全省的1/5以上，拥有丰富的风能、太阳能、水能、潮汐能等资源。初步统计，全市可开发（含在建项目）海上风电和滩涂光伏资源容量近1800万千瓦。良好的先天禀赋也赋予温州竞逐新能源赛道的资本，站在新能源产业的风口，温州着力建立覆盖新能源产业全生命周期的政策体系，在《温州市能源发展"十四五"规划》的基础上，密集出台了《温州市加

快新能源产业创新发展五年行动方案（2022—2026 年）》《促进温州新时代新能源高质量发展实施意见》《温州市推动新能源高质量发展若干政策》等一揽子支持政策。同时，锚定"打造全国新能源产能中心和应用示范城市"的目标，温州不断深化"核风光水蓄氢储"强链补链。2023 年全市签约重大新能源产业项目 102 个，远景风电全省首台海上风机、金风科技省级首台套 16.5 兆瓦海上风机先后下线。在《2023 胡润中国新能源产业集聚度城市榜》上，温州位居第 28 名，居全省第三。

一是积极安全有序发展核电。坚持发展与安全并重，安全有序发展核电，推进核电项目建设，夯实核电作为中长期主力电源的战略地位。"十四五"期间，充分依托三澳核电厂址资源，在确保安全的前提下积极有序发展核电，加快三澳核电一期工程 2×120 万千瓦核电机组建设。二是实施风光倍增行动计划。坚持集中连片的原则，实现近海海上风电规模化集约高效利用，推动远海海上风电规模化开发，建设若干个百万千瓦级海上风电基地。2021 年 11 月，浙江省最大海上风电项目——"苍南玉海风电项目送出工程"正式投产，实现并网发电。全面推进光伏项目，鼓励集中式复核光伏发展，利用内陆荒山荒坡、设施农业用地，标准化建设农光互补光伏电站；利用沿海滩涂资源，稳妥推进滩涂渔光互补光伏电站项目建设，确保龙港滩涂光伏，乐清渔光互补 1 号、4 号发电项目，鹿城丰晟光伏，瑞安大唐马屿光伏等集中式光伏项目的建设投运。持续深挖分布式光伏潜力，用好"屋顶"资源，在工业园区以及商场、学校、医院等建筑屋顶继续推进分布式光伏应用，在新建厂房和商业建筑等积极开发建筑一体化光伏发电系统。三是有序推进抽水蓄能和常规水电项目开发。推动抽水蓄能与可再生能源协调发展，加快泰顺抽水蓄能项目建设，确保在"十五五"期间建成；加快永嘉抽水蓄能项目建设，加快文成抽水蓄能项目核准开工进度，启动乐清、苍南抽水蓄能项目前期工作；推动泰顺交溪流域、瑞安、平阳等抽水蓄能电站纳入中长期规划滚动调整工作。因地制宜开发水电，"十四五"期间，开工建设泰顺交溪流域龟湖、甲家渡、垟溪 3 个水电开发项目。四是推动建设氢能全产业链工程。探索在苍南等地谋划布局氢能产业链，不断提升氢能源

供应保障能力，逐步拓展氢能产业的应用示范和发展空间。大力发展可再生能源制氢，探索核能制氢、深远海风电制氢。探索氢能应用，构建氢能"制储运加"体系，推进加氢站试点建设，提升氢供应和保障能力。五是鼓励可再生能源创新发展。按需推进生物质发电项目，鼓励海洋能、地热能技术创新，通过示范带动产业发展。发展垃圾焚烧发电及热电联产，以满足温州市城镇生活垃圾分类和无害化处理工作要求。积极探索潮汐能、波浪能等海洋能开发示范应用，推动海洋能在海岛能源供给和海洋水产养殖电力供应方面的推广应用，鼓励开展海洋能与海上风电的综合开发试验示范。推进可再生能源+储能发展模式，鼓励开展"风光储一体化"试点，利用存量电源，发展"风光火储一体化"和"风光水储一体化"项目。

（二）聚焦转型升级，推进企业提升改造

电气、鞋业、泵阀、汽车零部件和服装是温州五大传统优势产业，具有相对完善的产业链和较大的市场份额，荣获过"中国电器之都""中国鞋都""中国服装时尚定制示范基地""中国汽摩配之都""国家级阀门产业集群转型升级示范区"等诸多国字号金名片。同时，温州坚决贯彻新发展理念，抓牢"培育新动力、形成新动能"这一关键点，大力推进产业升级和主体培育，着力提升产业竞争力。2019年印发实施了《温州市五大战略性新兴产业"1+5"方案》，明确提出聚焦数字经济、智能装备、生命健康、新材料和新能源等五大新兴主导产业；"十四五"期间，在《温州市制造业高质量发展"十四五"规划》的基础上，密集出台《温州市实施产业链链长制"十个一"机制方案》《关于推动经济高质量发展的若干政策》《浙江省"415X"先进制造业集群建设温州行动方案（2023—2027年）》等一揽子支持政策，培育传统产业和战略性新兴产业两大万亿产业。近年来，温州市全面实施新一轮制造业"腾笼换鸟、凤凰涅槃"攻坚行动，深化"亩均论英雄"改革、绿色星级创建，正向激励与反向倒逼相结合，推动高耗低效企业全面出清，不断提升制造业绿色发展水平。2021年率全省之先启动"千企节能改造行动"，支持工业园区、企业开展节能降碳技术装备应用、新能源应

用、资源综合利用等技术改造，实现工业领域能源结构和产业结构双优化。

一是大力发展新兴主导产业。大力培育发展数字经济、生命健康、智能装备、新能源、新材料等新兴主导产业。积极引进具有前瞻引导性的战略性新兴产业中的龙头骨干企业，培育一批隐形管家企业，促进产业高质量集聚发展。将土地、能耗、金融等资源要素向新兴主导产业倾斜，优先保障新兴主导产业及产业链关键环节重大项目落地实施，推进全市工业结构低碳化。2023 年，全市新兴主导产业规上总产值超 6500 亿元，规上工业增加值增长9.4%，新兴产业崭露头角，两大万亿级产业集群培育取得突破性进展。二是加快传统支柱产业改造提升。全力推动传统制造业由区域块状经济向现代产业集群转型，结合数字化转型，重塑以电气、鞋业、服装、汽车零部件、泵阀五大传统支柱产业为主体的集群发展开发区（园区），提质推进小微企业园建设。2022 年，乐清电气、永嘉泵阀分别入选国家先进制造业集群、国家中小企业特色产业集群。深化"亩均论英雄"改革，突出亩均、碳均、人均三大特色，将碳排放指标纳入亩均效益综合评价、"标准地"指标体系，完善数据归集共享机制。发展面向广大中小企业的节能诊断和碳普惠服务，在绿色低碳领域培育专精特新"小巨人"。2023 年，温州新增专精特新"小巨人"企业 34 家，入选省级服务型制造示范企业（平台）16 个、数量居全省第 2。三是加快高耗低效企业整治。率全国之先发布 59+1 个行业单位工业总产值碳排放参考值，为全市相关行业企业碳排放评价提供了参考数值和推荐标准。制订《温州市制造业高耗低效企业排摸指南》，精准排摸高耗低效企业，明确分行业指导标准。严格按照安全、环保、质量、能源等法律法规、强制性标准，制定整治提升方案，实施分类整治。对存在违法违规的企业限期整改，逾期未整改或经整改仍未达标的，坚决依法处置；对其他高耗低效企业，实施"一企一策"，对标提升。定期修订《温州市产业能效指南》，对能源消耗超过单位产品能耗限额标准的企业严格执行惩罚性电价政策。四是强化重点用能企业管理。针对年综合能耗 5000 吨标准煤以上、1000 吨（含）至 5000 吨标准煤、1000 吨标准煤以下的重点行业企业，实行用能预算分级管理，加强对七大高耗能行业重点用能单位的能源计量审

查。推动企业建立健全能源计量体系和能源管理体系，组织开展节能减排自愿承诺活动，持续推进能效"领跑者"制度。构建集约高效的用能要素市场化配置规则和利用管理体系，推进企业用能权交易试点，稳步扩大用能权交易范围。严格落实《2023年浙江省电力市场化交易方案》规定，提高用能效率。五是推动工业企业清洁生产。贯彻《中华人民共和国清洁生产促进法》，在"双超双有高耗能"行业实施强制性清洁生产审核，支持规模以上企业按照国家鼓励发展的清洁生产技术、工艺、设备和产品导向目录实施清洁生产，提高资源利用效率。进一步规范清洁生产审核行为，提高清洁生产审核质量。推动建材、化纤、有色等重点行业企业实施节能、节水、节材、减污、降碳等系统性清洁生产改造工程，推动一批重点企业达到国际国内清洁生产领先水平。2023年，乐清电镀园区成功入选国家级清洁生产审核创新试点。

（三）聚焦试点探路，凸显试点示范效应

温州低碳实践走在全国前列，积累了丰富的试点经验。2008年成立全国首个地市级碳汇专项基金，募集资金近亿元，又编制全国首个《温州市森林经营碳汇项目技术规程》《低碳小区绿化增汇减排项目方法学》《贝藻类碳汇计量方法学》等标准规范，获全国政协颁发的"低碳中国贡献城市"奖。2012年温州入选国家第二批低碳城市试点，并在2023年公布的《国家低碳城市试点工作进展评估报告》中被评为优良。

自浙江省创建减污降碳创新区以来，温州积极推进一体化、多层次的减污降碳协同试点创建，在城市、县市（区）、园区等层面累计申报成功8个省级减污降碳协同试点，其中包括1个试点城市、3个试点区县以及4个试点园区，并在企业层面开展了三个批次共计16个减污降碳协同标杆项目建设。瓯海电镀园区率先出台《瓯海电镀园区减污降碳建设指南》，为全市电镀行业和电镀园区探索低碳化改造路径；龙湾特殊钢小微园深挖减污降碳协同潜力，创新试点酸洗废水资源化利用等工程，打造绿色低碳的"中国不锈钢管材生产基地"；瑞安市扎实推进能源绿色低碳转型，推动能源供给体

系低碳化和终端能源消费电气化；浙江温州海洋经济发展示范区秉持"未污先治"的理念，以减污降碳规划统领园区全生命周期发展；平阳县重点推进制革企业蓝湿皮加工技术改造、含铬皮革下脚料资源化创新利用，实现传统皮革皮件行业绿色转型；龙港市探索编制《包装印刷行业减污降碳技术指南》，协同推进污染物与碳减排；鹿城（中国）鞋都积极提升鞋履产品水性胶水使用率，以减污降碳绿色智造推动从"中国鞋都"迈向"世界鞋都"的跨越式发展。

积极推动传统产业抢抓绿色低碳转型发展新赛道。以市两大万亿产业龙头企业为重点，推进绿色供应链建设。鼓励企业开展绿色设计、选择绿色材料、实施绿色采购、打造绿色制造工艺、推行绿色包装、开展绿色运输、做好废弃物再利用与再制造等，实现产品全生命周期的绿色环保。支持产业链一体化，培育一批具有生态主导力的产业链链主企业，构建上下游联动的低碳产业链供应链。乐清市抢抓"双碳"带来的电网和新型电力装备改造等机遇，发挥千亿级电气产业集群优势，向新能源产业链转型延伸，已有172家规上电气企业跨入新能源领域，并涌现正泰石墨烯新材料（"超级铜"）、高企氢能水电解制氢设备等占据技术制高点的绿色低碳项目；平阳县推动传统皮革行业"一张皮"向低污染高产值的宠物行业"一条链"的转型升级，形成技术革新—减污降碳—降本增效的良性循环。

二　温州减污降碳协同增效的主要难点

（一）中小微企业数量多，分散式治理成本大、能耗高

温州是一座靠民营经济"起家""发家""立家"的城市，民营企业数量约占全市企业总数的99.5%，而民营企业又同中小微企业高度重合，中小微企业数量庞大。随着生态环境质量持续提升，污染防治攻坚向纵深推进，工业企业的污染治理设施也亟待提升改造。以大气污染防治为例，根据生态环境部印发的《臭氧污染防治攻坚行动方案》，对采用单一低温等离

子、光氧化、光催化以及非水溶性 VOCs 废气采用单一喷淋吸收等治理技术且无法稳定达标的，加快推进升级改造，严把工程质量，确保达标排放。温州涉 VOCs 工业企业以中小微企业为主，分布广泛，与大企业相比，中小企业虽然单个 VOCs 排放量不多，但是企业数量巨大，总体排放量不应小觑。根据调研，目前温州中小微企业涉 VOCs 废气治理以活性炭吸附为主，但企业自主更换活性炭的意识较为薄弱，且企业零散，环保在监管上存在较大难度。而中小微企业对生产成本敏感程度更高，大规模 RTO 催化燃烧废气处理技改短期内必定会增加企业的研发、运营成本，中小企业生存压力加大。同时从节能降耗层面考虑，在单个企业废气量不足的情况下，设备运行能耗较高，不利于减污降碳协同。

（二）碳市场激励机制薄弱，"碳壁垒"风险挑战加剧

全国碳排放交易市场正式开启之后，温州首批只有 7 家发电企业参与全国碳市场交易。长期来看，"双碳"目标带来碳价预期上升，增加终端电价上涨压力，并导致整个能源使用成本的上升，带来商品价格上涨，一定程度上削弱产品竞争力，可能对温州产品在海外市场竞争产生一定影响。2023 年 10 月 1 日起，欧盟碳边境调节机制（CBAM）法规，即全球首个"碳关税"开始实施，从现在到 2025 年为过渡期，2026~2034 年将逐步全面实施。按照新规，欧盟将对从境外进口的钢铁、铝、水泥和化肥额外征税，欧盟进口商现在开始必须报告相关商品生产过程中的温室气体排放量。据海关数据统计，2023 年温州市累计进出口 2821.9 亿元，其中出口 2339.4 亿元，跨境电商综试区进出口额、国家进口贸易促进创新示范区进口额均增长 10%，综合保税区跻身全国 90 强。但温州出口商品以劳动密集型产品（鞋类、服装、纺织制品、塑料制品、箱包、家具、玩具等）为主，约占 30%，碳排放量较高，而且产品的碳足迹、碳标签等均尚未形成有效的核算认证体系，面对贸易碳壁垒可能会受到较大冲击。目前温州减污降碳还是以政府管理部门使用行政手段为主，如下达能耗"双控"目标、推进主要污染物减排、对企实施事前事中事后监管等，都是依靠行政手段逐级落实，管理成本较

高，且难以充分调动企业减污降碳的主动性。随着生态文明建设的深入推进，企业环境信用评价、绿色金融、排污权交易等市场化机制逐渐建立并发挥效用。但在降碳领域，碳普惠平台、企业碳信用应用场景、碳排放交易市场、温室气体自愿减排交易市场（CCER）等市场激励机制还较为薄弱，有待进一步完善。

（三）碳排放数据核算基础不扎实，考核体系尚未确立

为加快构建减污降碳一体谋划、一体部署、一体推进、一体考核的制度机制，浙江首创发布了减污降碳协同增效指数。温州在此基础上进行了本地化的探索，开展了温州县（市、区）减污降碳指数研究，但目前指数评价体系与考核挂钩的制度机制暂不明确，省—市—县指数测评压力传导链尚未有效构建。温州已构建起常态化大气源清单编制机制和温室气体清单编制机制，具备较为齐全的污染物和碳排放数据，但各套数据相互独立暂未有效融合。统计部门尚未构建市级碳核算、县级能源平衡表机制，各部门间污染物和碳排放相关数据共享机制暂未完善。

（四）部门协同机制不够健全，减污降碳尚未形成合力

减污降碳是跨部门综合性的工作，涉及能源、工业、交通运输、城乡建设、生态建设、环境治理等多个领域。随着碳达峰、碳中和工作专班的建立，温州已经形成了相对明确的部门责任分工体系，各部门依据职责分工在各自条线做了大量工作并取得积极成效，如市发改委牵头推动能源结构调整，市经信局牵头推进千企节能改造行动，市住建局牵头实施超低能耗、（近）零能耗建筑建设，市交通运输局牵头引导建设区域性集中式钣喷共享试点，市农业农村局牵头推进"低碳农场"建设等。但部门之间对彼此的工作不熟悉，仍存在一定的信息壁垒，部门之间互相借力助力、主动寻求合作的协同工作格局尚未形成，"1+1>2"的增效作用尚未显现。反映在相关试点创建中，发改部门牵头的碳达峰试点、循环经济试点、经信部门牵头的绿色工厂/园区试点和生态环境部门牵头

的减污降碳试点，尽管创建主体和建设任务比较接近，但现阶段仍是以牵头部门"单兵作战"为主，尚未形成统筹联动推进同一主体创建多个试点的"联合作战"模式。

三 关于推动温州减污降碳协同增效的几点建议

（一）积极开发末端治污共享模式，加快工业领域绿岛建设

推动同类型行业的中小微企业集群，开发末端治污共享模式，集中处理废水、废气和固废等，减少污染物排放，降低企业治理成本和治污能耗。一是深化废水专业治理方式。合理布局电镀等表面处理和印染等行业企业集中服务点，引导企业向工业园区集聚，推动配套建设可供多个市场主体共享的污水集中预处理示范项目，实现涉水污染物统一收集、集中治理和稳定达标排放。二是探索涉气污染管理模式。针对涉 VOCs 中小企业废气治理难和处理成本高的问题，积极推进活性炭集中再生中心、集中喷涂中心等废气治理公共基础设施建设工作，建立废气吸脱附治理活性炭全周期管理平台，实行集中收集、再生处理、回收使用，减少废活性炭产生量，减轻企业治污成本。指导机动车维修企业对钣喷业务进行整合，鼓励区域性集中式钣喷共享中心试点建设，促进行业钣喷业务集中式、节约化、环保型发展。三是完善小微统一收运体系。建立完善全市小微企业危险废物统一收运体系，制定实施《小微危险废物收贮运服务规范》，规范小微危险废物收贮运单位服务提供和内部管理，合理布局小微危险废物收运点，强化源头分类指导、中间规范收运和末端科学利用。四是试点污染土壤闭环管理。依托浙江省建设用地土壤污染风险管控和修复"一件事"改革试点，加快建设龙湾土壤修复工厂项目，通过对重污染行业企业转产遗留污染土壤集中处理，实现污染土壤异地集中修复和资源化利用，从而缓解修复与开发时序矛盾、促进土壤污染修复集中闭环监控，助力探索建设用地污染土壤全生命周期管理。

（二）充分运用市场化手段，提高减污降碳水平

以构建市场机制有效、微观主体有活力、宏观调控有度的经济体制为目标，探索建立市场化、多元化减污降碳激励机制。一是推进能源要素市场化配置改革。深入开展用能权有偿使用和交易制度改革，制定分行业能耗确权方法，强化用能权交易平台应用，推动能源要素向优质项目、企业、产业流动集聚。深入推进排污权市场化交易，逐步将挥发性有机物纳入排污权交易范围，在排污权交易制度的基础上，积极运用市场机制推动企业自愿开展碳减排。推广绿色电力证书交易，全面推进电力需求侧管理，推行合同能源管理，推行环境污染第三方治理，强化能效标识管理制度建设，根据统一的绿色产品标准、认证、标识体系，推行绿色产品认证及节能低碳环保产品认证。二是打造企业碳信用应用场景。谋划建设全市碳信用信息仓，构建企业碳排放信息采集、碳排放目标管理、碳信用评价三大业务管理系统，开发若干"碳信用+"重点应用。构建碳信用建设政策体系，形成碳信用应用场景建设实施方案、政府扶持实施意见等政策制度，建立企业碳排放核算方法学、碳信用评价方法学。打造"企业降碳—信用赋分—企业受益—产业升级"良性循环，推动企业自主减排，使行政管理成本最小化，实现"以信治碳、以信降碳"。三是完善出口行业碳标签制度。积极应对贸易碳壁垒，以乐清电气行业为引领，逐步完善碳足迹核查及产品碳标签认证机制。初期选择性地披露龙头企业产品的单个或多个阶段（制造、储运、废弃等）碳排放量信息，企业自愿上报参与，对试点企业进行专业性培训。后期在自愿推行的基础上，采取目录管理式措施，执行有选择的强制性推行模式。加快推进与中国电子节能技术协会开展"数字化碳标签认证"试点，构建数字化电力交易系统。以贸易碳壁垒带来的挑战，倒逼产业绿色低碳转型，全过程推进生产方式的绿色低碳循环化改造，降低能源、水、土地消耗强度和污染排放强度，提升绿色发展水平。

（三）明确减污降碳考核体系，统筹数据统计核算

进一步明确减污降碳管控考核体系，建议在经济社会发展主要指标体系

中增加减污降碳综合指标，表征地区环境质量改善和应对气候变化的协调性与协同效益。一是探索建立县域减污降碳工作成效评价新机制。深化温州县（市、区）减污降碳指数研究，完善本地化指标设置，将减污降碳指数、排名情况与各地减污降碳工作成效挂钩，激发地方政府减污降碳协同创新内生动力。二是研究编制城市污染物和温室气体排放融合清单。基于污染物和碳排放数据库，分析本地产排污系数，研究本地化碳评价标准，编制污染物和温室气体排放融合清单。加快建立数据共享机制，形成有序的数据共享与流转体系。

（四）建立部门联动协调机制，加强减污降碳工作合力

减污降碳协同创新涉及能源、工业、建筑、交通等多个领域，需要多部门联动、多要素集聚，形成合力，走出创新驱动的绿色转型路径。一是强化组织领导。成立温州市减污降碳协同创新工作专班，建立部门协调联动机制，明确重点任务及各部门责任分工。各部门集中资源力量，全面推进减污降碳协同创新工作，高质量、高水平地完成各项工作任务，加速经济社会绿色低碳转型，切实推动生态环境和绿色低碳高质量发展。二是实施工作例会制度。定期召开减污降碳协同创新工作推进会，各部门分享工作开展情况、存在的问题、建议、好做法、好经验及下一步工作安排，相互协调，形成工作合力。三是搭建信息共享平台。充分利用信息化手段，建立减污降碳协同数字化管理平台，搭建各部门信息共享平台。各部门梳理条线上与减污降碳相关的工作，及时凝练总结和遴选报送减污降碳协同创新经验和改革举措，整理成果台账并上传平台。

B.21
温州水环境质量巩固提升对策研究

许益新 张旭 林曦 陈凯*

摘　要： 　近年来，温州市深入实施"五水共治"碧水行动、"污水零直排区"建设等专项行动，坚持科学治水、精准治水、依法治水、全民治水，水环境逐步改善，但仍存在水环境治理成果脆弱、部分河道返黑返臭、平原河网水质易反弹等问题。本文立足于当前不断深化的生态文明建设要求，在充分调研温州市河网水系特点的基础上，分析影响河网水质的制约因素，总结近年来水环境保护的主要经验做法，围绕"活水工程、理水工程、洁水工程、清水工程、熵水工程"等五大工程，提出新时代温州市水环境质量巩固提升的对策，以期为温州市水环境质量进一步提升提供参考。

关键词： 　五水共治　碧水保卫战　水环境质量　温州

温州依水而建、伴水而居，境内河湖交错、水网纵横，江、河、湖、海、库一应俱全，素有"浙南水乡"之称。近年来，温州市以习近平生态文明思想为引领，坚持绿色发展战略，深入践行"绿水青山就是金山银山"理念，以改善生态环境质量为主攻方向，深入实施"五水共治"碧水行动、近岸海域水污染防治攻坚战、入河（海）排污口整治监管、水源地规范化整治、"污水零直排区"建设等专项行动，重视程度不可谓不高，耗费资源

---

* 许益新，温州市生态环境科学研究院水环境研究所副所长，工程师；张旭，温州市生态环境科学研究院副院长，工程师；林曦，温州市生态环境科学研究院院长，高级工程师；陈凯，温州市生态环境科学研究院水环境研究所副所长，工程师。

不可谓不丰，投入力度不可谓不大，水环境质量逐步改善。根据《2023 年度温州市生态环境状况公报》，国控断面水质优良率达到 100%，省控断面水质优良率达到 93.8%，市控断面水质优良率达到 85.7%，提升幅度明显。

尽管如此，温州市水环境治理成果仍然脆弱，全市平原河网部分河道返黑返臭、水质易反弹等问题时有发生，水生态环境质量持续向好的基础还不稳固。事实证明，要想彻底破解平原河网水质"反复治、治反复"这一难题，仍需回归到"科学治水"上来。现结合全市平原河网特点，对温州特色的平原河网治水新思路作分析和探讨。

一　温州市河网水系特点及其制约因素分析

（一）温州市河网水系特点

温州市三面环山、一面临海，市域中部为瓯江、飞云江和鳌江等三大江及其形成的五大滨海平原，整体呈现"七山一水二分田"的自然地理格局，水网具有"河网密、水面平、水岸亲、水生弱"四大特性。

其一为河网密。温州市境内河道纵横、水网密布，形成了温州不可替代的经纬骨架。瓯江、飞云江和鳌江由西向东横贯温州市域，属于浙江省八大独流入海水系。三大江两岸分布着温瑞塘河、永强塘河、瑞平鳌塘河、乐清塘河、江南河网等五大滨海平原河网，水系发达，是温州市人口及产业的主要集聚区。全市共有大小河流 14465 条，河网总长度 18650 公里，水域面积达 622.2 平方公里，河道数量、长度和水域面积位居全省前列。根据第三次国土调查结果，鹿城区、龙湾区水域面积占全区国土面积超过 10%。

其二为水面平。温州市滨海平原河网由于沿江、沿海闸门的控制，整体呈现"平、静"的特点，整体水位波动性较小，除了汛期防洪排涝外，其余时段水体基本不流动。以温瑞塘河河网为例，河道日常水位 2.62 米，汛限水位 2.72 米，根据温州西山水位站长序列监测数据，温瑞塘河河网水位在 2.50~2.80 米的天数接近 90%，河道水位变幅较小，水体流动性差。

其三为水岸亲。五大滨海平原河网是温州市人口最密集的区域，以温瑞塘河、永强塘河人口密度最大，楼宇大多依河而筑、傍水而居，七成以上的河道河滨带、缓冲带不足 5 米，河湖水生态空间和岸线受侵占现象依然存在。同时，平原河网水面与驳岸高差较小，使得百姓更易亲水、近水，河道亲水性更强。

其四为水生弱。温州市平原河网经济发达，大部分河段岸线主要用大量钢筋混凝土挡墙、浆砌石的岸坡代替天然泥土和植被，使河岸丧失了原有的生态功能；或是受土地面积限制，虽有少数植被覆盖，但植被类型单一，生态功能脆弱。污染物入河、岸线改造、河道清淤、水工工程建设等因素导致平原河网水生生物的原有栖境受到较大破坏，河道水生态系统严重恶化，导致着生硅藻、底栖动物和鱼类的分布减少，物种数相对缺乏，物种多样性降低。

（二）温州市河网水质制约因素分析

根据《2022 年温州市海洋生态环境公报》，瓯江、飞云江、鳌江三大江携带入海的化学需氧量合计为 8.55 万吨、氨氮 2.65 万吨、总磷 0.82 万吨，水体中全年负荷污染物总量仍然较大。从污染物源头来看，水环境中污染物来源主要包括外源汇入污染和内源释放污染，其中外源汇入污染主要来源于生活污水、工业废水、初期雨水、地表径流、农业面源等；内源污染主要来源于河道底泥沉积物的缓慢释放。现就各类污染来源具体分析如下。

其一为生活污水。生活污水来自居民日常生活中排出的废水，主要来源于居住建筑和公共建筑。对水环境影响较大的污染物主要有化学需氧量、氨氮、总磷等。近年来，温州市持续推进"污水零直排区"建设，加快补齐污水治理短板，城镇生活污水集中收集效能得到提升，农村居民生活污水分散处理能力也得到有效提高。根据初步测算，2022 年，全市常住居民年产生生活污水约 55000 万吨，化学需氧量约 20.12 万吨，氨氮约 1.40 万吨，总磷约 0.21 万吨。以 2022 年温州市污水集中收集率 78% 来计，未实现集中

收集处置的污水尚有 12100 万吨，化学需氧量约 4.4 万吨，氨氮约 0.31 万吨，总磷约 0.05 万吨。

其二为工业废水。据不完全统计，全市共有涉水企业 48000 余家，主要涉及皮革、毛皮、羽毛及其制品和制鞋业，造纸和纸制品业，眼镜制造，金属表面处理及热处理加工等重点行业。2021 年化学需氧量排放量约为 1.1 万吨，氨氮排放量约为 0.13 万吨，总磷排放量约为 0.01 万吨，总氮排放量约为 0.36 万吨。目前，全市工业企业生产废水均已按"污水零直排区"建设要求，完成截污纳管，全收集全处理后达标排放，工业企业对周边水体的污染已降到最低。但仍应加强工业企业污水管网运维管理，防止污水管网破损、地质沉降错口等问题导致污水外渗污染周边水体。

其三为初期雨水。初期雨水一般是指地面 10~15mm 厚已形成地表径流的降水。由于降雨初期，雨水中溶解了空气中大量的酸性气体、汽车尾气、工厂废气等污染性气体，雨滴降落后，又冲刷屋面、车胎碾压沥青混凝土道路等，导致初期雨水中含有大量的污染物。研究数据表明，部分初期雨水中化学需氧量高达 1800mg/L。温州城区商业区、工业区、居民区、交通路面、绿地等五大功能区初期雨水对地表径流污染特征的研究结果表明，温州城区地表径流污染严重，特别是径流形成前 10 分钟的初期径流，其悬浮物、化学需氧量、氨氮、总磷等污染物指标均劣于Ⅴ类水质标准，其中，交通路面造成的径流化学需氧量负荷最高，商业区和工业区造成的径流总磷污染较为严重，而工业区、商业区和居民区氨氮径流污染则相对严重。

其四为地表径流。地表径流造成的污染一方面包括雨水冲刷带来的污染（主要来自初期雨水冲刷），另一方面包括合流制下水道溢流污水的污染。2016 年以前，全市污水截污纳管采用合流制方式进行，近年来根据"零直排区建设"要求，逐渐开展雨污分质分流改造工程。根据调研结果，温州市区现状排水体制以分流制为主，但在旧城区仍保留约 4 平方公里的合流式排水体制，主要分布在市区西部。此外，许多工业区半径 5 公里范围内的城中村、老旧小区管网建设较为滞后，主要采用临时截污纳管措施，工业区辐射范围内城中村、老旧小区租户密度非常大，临时截污纳管措施污水溢流现象时常发生。

其五为农业面源。农业面源污染是引起水体富营养化的主要原因，相比点源污染，面源污染具有污染面广、控制治理难度大等特点。农业面源污染主要来自农村生活污水，农业活动中化肥、农药施用以及畜禽养殖粪污排放等，在河道形成氮、磷等元素富集，最终导致水体富营养化。如三垟湿地周边曾因瓯柑种植施用大量有机肥，水体氮磷超标；泽雅水库因库周边15万亩农用地种植导致水田总磷超标，在温度升高时引发水库藻类大量繁殖，最终造成饮用水水源地藻类超标。

其六为内源污染。生活垃圾、农业污染、低等浮游生物以及部分底栖生物在厌氧环境下堆积河底，逐渐演化形成底泥。底泥不断淤积并向水体缓慢释放污染物，成为内源物质污染水体的主要途径。底泥表面通常附着一层有机软泥物质——腐泥质，因其密度较小，容易被搅动上浮而影响水体观感。底泥污染程度在区域分布上与河水水质有较好的相关性，同时，底泥污染与河道污染有对应的空间位移。目前对平原河网底泥污染的关注主要集中在重金属污染，但随着近年来水体重金属污染逐渐得到控制，有机污染、氮磷污染的控制问题亟须解决。

二 温州市水环境保护主要经验做法

"十四五"以来，温州市以系统观念落实水污染防治，以集成改革推进数字赋能，以协同治理推动减污降碳，持续加速发力水生态环境治理体系和治理能力现代化建设，主要经验做法如下。

（一）水环境综合治理稳步推进

一是水环境质量持续提升。以断面水质"达Ⅲ消Ⅴ"为目标，深入开展"千人百日"治水攻坚和水环境质量"奋战100天、打好翻身仗"攻坚"两大攻坚行动"，综合运用监测分析、预警提醒、帮扶指导、督查考核等措施，推动水生态环境治理取得实效。制定印发《关于进一步加强全市监

测断面水质防反弹工作的通知》，完成 14 个国控、18 个省控断面走航排查，制定实施"一点一策"治理方案，2023 年国控断面水质优良率达到 100%，省控断面水质优良率达到 93.8%，跨行政区域交接断面达标率达到 100%，市控断面水质优良率达到 85.7%，全市县级以上集中式饮用水源地水质达标率稳定在 100%，水环境持续改善。

二是持续深化"污水零直排区"建设。全面落实《温州市"城镇污水零直排区"建设攻坚行动方案（2021~2025 年）》，制定实施全市年度"城镇污水零直排区"建设方案，组建"城镇污水零直排区"建设专家库，涵盖市政工程、给排水工程、水污染防治等技术领域，发挥专家智库作用。同时，引进第三方技术服务团队，深入建设现场，狠抓项目质量管理，及时分析、督办、推进建设过程中出现的各类问题。2021~2022 年，全年完成 176 个生活小区、14 个工业园区、74 个镇街城镇"污水零直排区"建设，完成投资 49.18 亿元。

三是攻坚提升污水收集处理能力。深入实施环保基础设施提升行动，"十四五"以来新建城镇污水配套管网 350 公里，改造城镇市政污水管网 107 公里，新扩建城镇污水处理厂 8 座，提标改造城镇污水处理厂 23 座，新增污水处理能力 12.85 万吨/日，提标改造污水处理能力 30 万吨/日。编制出台《温州市区排水管网提质增效三年行动计划（2021~2023 年）》，优先整治超低浓度网格，2021~2023 年完成 72 个"回头看"网格整治及 10 个加压网格片区的阶段性整治工作，2023 年温州市区主要污水处理厂平均进水 COD 浓度达 180mg/L 以上。

四是开展农业面源污染治理"强基增效"行动。高质量开展农田氮磷生态拦截沟渠建设，全市新建氮磷生态拦截沟渠 30 条，长度总计 29.7 千米，覆盖农田面积 1.86 万亩。依托农污运维监管平台，发挥数字化监管效能，定期对已达验收条件的标准化设施进行审核，对完成质量较差和进度滞后的地区进行通报，促进标准化运维工作稳步推进，不断健全维养机制体制建设。同时，组建温州市农村生活污水治理专家库，为农污治理工作提供技术咨询、培训等服务，切实提高全市农村生活污水治理设施运维管理水平。

全市 2023 年共完成农污设施标准化运维 2709 个，完成率达 113.92%，实现已接收农污设施标准化运维全覆盖。

（二）水资源高效利用潜力挖掘

印发《"十四五"用水总量和强度双控目标》（温水政发〔2022〕92号），强化指标刚性约束。先后印发了鳌江流域水量分配方案、瓯江流域（温州段）水量分配方案及飞云江流域水量分配方案，推进流域水量分配。建立飞云江峃口、鳌江埭头断面生态流量监测预警机制，执行生态流量保障调度预案。推进大中型水库生态流量目标确定，落实生态流量泄放条件，配合做好跨市河流生态流量保障，重点河湖生态流量达标率保持在 95% 以上。全面推进水网安澜提升工程建设，加快水资源联网联调等工程建设，构建南北连通、区域联调、互通互济的水资源配置新格局，全面推进南北联网保供水应急工程，保障瓯江引水以北区域应急供水，加快推进瓯江引水工程。

（三）水生态保护修复力度加大

强化湿地保护与修复，出台《温州市湿地保护办法》，加快国际湿地城市创建，扎实推进城乡湿地生态体系、湿地生态修复治理体系等五大体系建设，全市湿地保护面积达 13.6 万公顷，最新湿地保护率达 61%，湿地生态系统质量和功能持续提升。开展瓯江、飞云江、鳌江"三大江"水生态健康调查评价及 35 条县级及以上河道的河湖健康评价工作。持续开展河湖生态缓冲带修复工作，"十四五"以来累计修复河湖缓冲带 74.12 公里。印发实施《平阳县水生态环境治理示范试点县建设方案（2021~2023 年）》，有序推进平阳县水生态环境示范试点县建设，完成瑞平塘河昆阳片水系生态修复、五十丈水源地生态缓冲带建设、南麂海洋生态保护与修复等系列工程。

三 温州市水环境质量巩固提升对策建议

目前，全市水环境改善和提升压力持续加大，新时期各类水环境问题交

织,水环境质量呈现不进则退的爬坡趋势,在打赢打好升级版碧水攻坚战的关键期,如何推动构建地上清水河网,防止河道水体黑臭反弹,结合河网水污染物主要来源,建议从系统观、全局观入手,深入实施"活水工程、理水工程、洁水工程、清水工程、熵水工程"五大工程,巩固提升温州市水环境质量。

(一)立足"水水连通",实施"活水工程"

构建"大连通"和"小连通"网络,实施"活水工程",科学制定江河湖库水量调度方案和调度计划,加强江河湖库水量配置与调度管理,全面提高水资源调控水平,保障江河湖库生态流量,增强水体自净能力,改善水生态环境质量。

所谓"大连通",指的是江河湖海的"水水连通"。通过理顺浙东水资源配置通道(温州段)、瓯江引水工程等现有水系连通工程脉络,将瓯江、飞云江、鳌江、楠溪江、清江等大江大河串联起来,构建南北连通、区域联调、互通互济的水资源配置新格局。联合调度水量—水质—水生态"三要素",在遵循自然河流水系演变规律的基础上,按照"生态优先、最小干预、低碳循环"的原则,引进大江大河清洁水源带动温瑞塘河、永强塘河、瑞平鳌塘河、乐清塘河、江南河网等滨海平原河网水体流动,打造区域生态配水体系,建设平原河网活水工程,系统解决平原河网水动力不足、水体交换条件差等客观因素。

所谓"小连通",指的是利用污水处理厂清洁尾水对小微水体进行生态补水,推动水体流动。温瑞塘河、永强塘河流域可通过"温州市中心片、西片、东片、南片污水处理厂"共计84万吨/日的尾水对河道进行生态补水;瑞平鳌塘河、乐清塘河、江南河网流域可充分利用乐清市污水处理厂、虹桥污水处理厂、翁垟污水处理厂、平阳县昆鳌污水处理厂、苍南县河滨污水处理厂、龙港污水处理厂等清洁尾水"盘活"流域内小微水体,改善水环境质量。此外,可在公园、学校、社区等地,着力打造小微水体"小透析"工程,采用喷泉、河水灌溉等方式,以小流动推进水环境质量改善,实现水生态修复。

（二）立足"流动均衡"，实施"理水工程"

针对平原河网地区"水流不畅、流向不明、改善不佳"等问题，全面排查受人为活动影响水流不畅的河道，根据河道宽度、长度、底高程、边坡系数等基础数据，研究构建平原河网水动力数学模型，并开展野外同步观测水文试验，对河网水动力模型进行率定验证，系统模拟计算河网内部流量、流速、流向、水位等变化情况，科学评估各河道分流情况，分析影响河网水流不畅的主要问题和症结，研究制订水动力条件改善方案。

在平原河网水动力数学模型构建的基础上，以市控以上断面所在河道为重点，兼顾河网内部小微水体，采用"疏、堵"结合的方式，理顺河网内部水体流动情况，优化局部区域河网流动性，构建等级清晰、流动均衡、生态健康的河道分布格局，使河网水系连通效率达到最大。针对流动性较差的河道和区域，一方面通过设置泵站、闸坝等措施，改善河道水动力条件，实现河网有序流动；另一方面，通过清淤、开挖等措施，改变河道底部高程，恢复河道自流水动力条件。针对盲肠河、断头河较多的区域，可适当采取"占补平衡"的原则，打通断头河，沟通小微水体，使水系流动通畅，形成具有自净能力的流动水体，改善水生态环境，发挥河道的综合功能。

（三）立足"科学清淤"，实施"洁水工程"

河道淤积会导致水流不畅，水流不畅会引起水质变差及淤积加快，形成恶性循环。从近年的河道清淤情况看，部分河道淤积厚度达0.5~1.0m，影响河道输水蓄水和河道内水质的自净能力。根据集中连片原则，以温瑞塘河、永强塘河、瑞平鳌塘河、乐清塘河、江南河网等五大平原河网为重点，开展河道淤积情况排查，对淤积严重的河道进行全面清淤。根据河道水质、功能的不同，需将淤泥、杂物全部予以清理，为防止塌岸，保持河床稳定，堤脚处的底坡需确保大于1：3。

以往河道清淤往往采取机械清淤的方法，挖泥船挖泥清淤不但清除了底泥表面附着的腐泥质，而且在清淤过程中搅动原来已沉积的污染物，造成污

染物扩散，从而影响河道水质和周边居民的亲水体验。建议采用绞吸式清淤法开展新一轮清淤工程，即在河面垃圾清理的基础上，采用绞吸式清淤设备，由淤泥底部自下而上开展清淤工作，既完成河床淤泥的清理，又在一定程度上保留了淤泥表面的腐泥质。开挖出来的淤泥采用泥驳或排泥管输送至特定地点，进行无害化堆放；对于杂质较少、有机质含量较高的河段，可将泥输送至旱地，进行土壤改良；部分淤泥可以作为洼地填高及堤身填筑，还可以制砖。

（四）立足"因地制宜"，实施"清水工程"

所谓"清水工程"，即"管网整治提升工程"。温州是典型的滨海软土区域，地表以下分布着厚厚的淤泥层，软土地基加刚性干管的连接方式无法保证管网的建设安全，往往使排水管网更容易产生破损沉降，从而引发管网错口、管内污水渗漏等问题。

实施"清水工程"，一要加强统一运维。建议深入实施"一城一网一主体"运行机制，进一步整合现有的专业技术人员，由市公用集团负责一、二、三级污水管网的统一管理、统一运维，提高各级管网建设的衔接性、运行管理的整体性和监督考核的有效性，完善更加系统的排水管网"一张图"。二要优化设施布局。根据污水处理分区分片分质分流原则，完善并优化各地基础设施建设布局，实现污水就近收集、短途运输、分质分流处理。实践证明，高浓度混合污水的处理费用远远高于高纯度废水的处理费用。就近收集、处理还可从源头上降低长距离管网建设的投入，杜绝长距离运输造成的污水渗漏风险。三要强化技术创新。借鉴粤港澳大桥、S2 线等大型交通运输设施建设经验，探索在软性地基上建设刚性干管的新技术，从技术层面进一步降低管网错口、破损、渗漏等引发的雨污混排风险。四要加强团队建设。通过专业的管网运维团队，借助管道机器人、管线探测仪、清管器等先进设备，全地域实现管网实时运维，减轻公用集团运维压力。

（五）立足"生态修复"，实施"熵水工程"

所谓"熵水工程"，即"水生态修复工程"。新时期水生态环境保护将由过去污染治理为主，向水资源、水生态、水环境等流域要素协同治理、统筹推进转变，河道水环境治理还要实现"有河有水""有鱼有草""人水和谐"的目标。

实施水生态保护修复，一要严格水生态空间管控。按照"守、退、补"的原则，推进山水林田湖草沙系统治理，严格落实生态红线及河湖岸线管控要求，退出不符合空间管控要求的生产、生活活动，退耕（渔）还湖（湿地），同时，对已破坏的河湖岸线开展生态缓冲带建设、湖岸线清理复绿（优先采用土著物种）。二要推进河湖生态治理。加大推进瓯江、飞云江、鳌江、温瑞塘河、瑞平塘河等重点河流廊道生态修复试点力度，促进平原河网水质由"浊"转"清"、由"清"转"美"。因地制宜实施水生植物恢复等生态修复措施，培育种植温州本土的水生植物，积极构建"水下森林"系统，促进河湖生态健康与美丽建设。三要开展水生生物保护。开展瓯江、飞云江、鳌江和温瑞塘河、永强塘河、瑞平鳌塘河、乐清塘河、江南河网等重点水域水生生物多样性调查，以重现温州历史上曾有的土著鱼类（瓯江凤尾鱼、楠溪江香鱼）、水生生物为导向，提高生物多样性，推进生物链完整性，提升水体自净功能，实现"有鱼有草""人鱼和谐"。

B.22
温州工业危险废物生态补偿机制研究

温州市生态环境科学研究院课题组*

摘　要：　随着全球人口的日益增长、经济的高速发展、城镇化的快速推进和人类生活水平的不断提高，全球固体废物产生量逐年增加，固体废物利用处置难题已然成为继气候变化、臭氧层破坏、水资源短缺、生物多样性锐减等之后的又一全球环境问题。本研究借鉴国内外有关经验，充分调研温州市工业危险废物产生和利用处置现状以及存在的问题，从补偿主体、补偿客体、补偿内容、补偿方式、补偿标准、保障机制以及对策建议等方面提出科学合理的工业危险废物跨区域转移生态保护补偿机制，助力浙江省危险废物污染防治工作阶段提升。同时，为浙江全省乃至全国生态保护补偿机制在工业危险废物跨区域转移领域中探索实践起到先行示范作用。

关键词：　趋零填埋　跨区域转移　生态补偿　危险废物　温州

温州市工业危险废物产生量大，且填埋占比位列浙江全省之首，依赖填埋类工业危险废物资源化利用能力存在缺口。为贯彻落实《关于深化生态保护补偿制度改革的意见》（中办发〔2021〕50号）要求，加快提升温州市工业危险废物资源化利用能力，推进利用处置设施共建共享，实现危险废

---

*　温州市生态环境科学研究院课题组成员：曾恩伟，温州市生态环境局党委书记、局长；吴超，浙江省生态环境集团战略规划部，高级工程师；郑元铸，温州市生态环境科学研究院副院长，高级工程师；金茅，温州市生态环境科学研究院土壤环境与固体废物研究所副所长，工程师。

物"趋零填埋"目标，同时减少"邻避效应"，温州市积极探索工业危险废物跨区域转移生态保护补偿机制。

一 产处概况

2022 年，温州全市工业危险废物产生量多达 46.8 万吨，且处置率位列全省第六，资源化利用率低，尤其是生活垃圾焚烧飞灰等依赖填埋类危险废物资源化利用能力存在缺口。自浙江省危险废物"趋零填埋"三年攻坚行动启动以来，全市危险废物填埋占比全省最大，俨然成为全域"无废城市"建设工作中的突出短板。

（一）产生现状

2022 年，全市共有工业危险废物产生单位 18993 家，年工业危险废物总量达 48.73 万吨（其中，本年度新产生工业危险废物 47.04 万吨，上年度留存 1.69 万吨），较 2021 年增加 14.26 万吨。利用处置 46.36 万吨，企业自行处置 0.89 万吨，贮存量达 1.07 万吨（见表 1）。全市 2022 年共产生 29 大类危险废物，其中，表面处理废物（HW17，19.81 万吨），焚烧飞灰（HW18，14.77 万吨），废酸（HW34，3.81 万吨），含铜废物（HW22，0.55 万吨），其他危险废物（HW49，1.45 万吨），约占产废总量85.84%（见图 1）。2022 年危险废物跨市转出量为 23.61 万吨，转入量为 7.67 万吨。

表 1　工业危险废物产生及利用处置情况

单位：万吨

工业危险废物	数量
产生量	47.04
利用处置量	46.36
企业自行处置量	0.89
贮存量	1.07

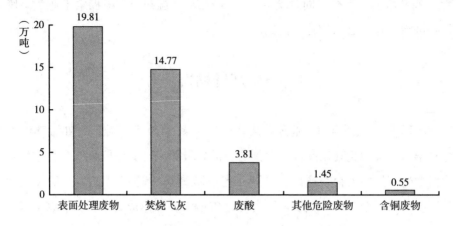

图1　2022年温州市工业危险废物主要种类

其中,生活垃圾焚烧以炉排炉为主,产灰率为3%~5%。根据相关资料,飞灰主要来源于4个市辖区、个别县及县域级市,整个温州市(全市共辖4个市辖区、5个县,代管3个县级市)2020年的飞灰产量约为10万吨,温州市2016~2020年的飞灰产量如表2所示,产量变化趋势如图2所示。

表2　温州市生活垃圾处置量及焚烧飞灰产生量

单位:万吨/年

年份	生活垃圾处置量	焚烧飞灰产生量	所属区域	备注
2020	128.82	5.15	市区	不包含洞头
	133.35	5.33	其他县(市)	
2019	154.88	6.20	市区	不包含洞头
	149.56	5.98	其他县(市)	
2018	149.64	5.99	市区	不包含洞头
	71.12	2.84	其他县(市)	
2017	143.7	5.75	市区	不包含洞头
	—	—	其他县(市)	
2016	118.44	4.74	市区	不包含洞头
	—	—	其他县(市)	

图2 温州市焚烧飞灰产量变化趋势

（二）利用处置现状

2022年，温州市外工业危险废物转入量为7.69万吨，转出量为20.6万吨，工业危险废物利用处置量为47.25万吨，利用处置率为96.96%。工业危险废物主要来源于金属表面处理及热处理加工、环境治理、钢压延加工、常用有色金属冶炼、电子元件及电子专用材料制造、精炼石油产品制造、基础化学原料、非特定行业、合成材料制造等行业。整体物质代谢情况如图3所示。

其中，生活垃圾焚烧飞灰以螯合固化填埋为主。根据《2021年温州市固体废物状况与污染环境防治信息》，温州市环境发展有限公司是温州市内唯一具备处置HW18（焚烧处置残渣）资质的单位。温州市内生活垃圾焚烧厂产生的飞灰运至温州市环境发展有限公司西向生态填埋场进行飞灰填埋，填埋作业量约184吨/天，年填埋量约6.7万吨，覆盖温州市生活垃圾焚烧飞灰产能的2/3。截至2022年3月，填埋场剩余库容20.67万立方米，剩余使用年限约3~4年。

2022年，全市现有危险废物经营单位（包括收集单位和小微收运单位）62家，其中利用处置单位24家（含医疗废物处置单位），收集单位25家，

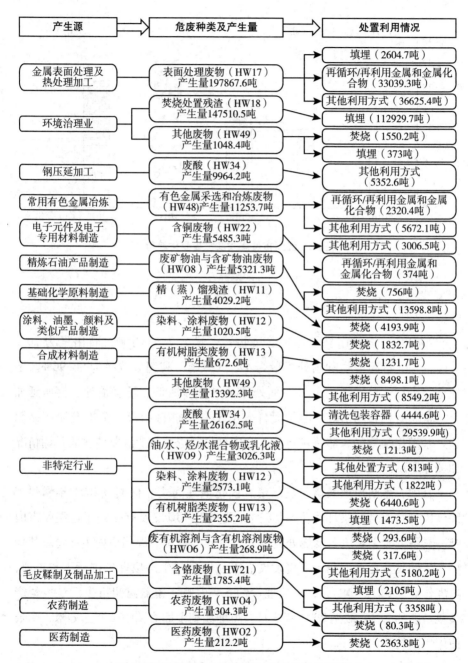

图3 温州市工业危险废物产生及利用处置情况

小微收运单位 13 家，全市总能力达 133.43 万吨/年。2022 年收集危险废物 22.64 万吨，上年度留存 2.77 吨，其中利用处置 19.18 万吨，转移处置 3.72 万吨，贮存 2.50 万吨。24 家利用处置单位总能力 82.17 万吨/年，其中医疗废物处置能力 1.4 万吨/年。25 家收集单位总能力 35.9 万吨/年，2022 年共收集危险废物 2.76 万吨，其中温州本地 2.68 万吨，省内外市 0.082 万吨。13 家小微收运单位总收集能力 15.65 万吨/年，2022 年共收集危险废物 0.79 万吨，上年度留存 0.019 万吨，转移处置 0.78 万吨，贮存 0.020 万吨。2022 年全市工业危险废物贮存量为 1.07 万吨，占年总量的 2.2%，主要分布在龙湾区、瑞安市、永嘉县和平阳县（合计占全市总贮存量的 78.36%）。贮存量较大的工业危险废物种类主要是焚烧飞灰（HW18）0.18 万吨和表面处理废物（HW17）0.45 万吨，占贮存总数的 58.88%。表 3 为 2022 年温州市工业危险废物主要利用处置单位基本情况。

表 3　2022 年温州市工业危险废物主要利用处置单位基本情况

单位：吨

序号	企业名称	利用处置方式	处置量
1	温州市西向生态填埋场	填埋	81772
2	永嘉县方盛环保科技有限公司	再循环/再利用金属和金属化合物	66237.1
3	温州市环境发展有限公司	填埋、焚烧	38106.6
4	温州西子蓝环保科技有限公司	其他利用方式	35660.4
5	浙江力高环保科技有限公司	其他利用方式	20846.8
6	天津建昌环保股份有限公司(平阳县垃圾填埋场)	填埋	18705.2
7	浙江顺通资源开发有限公司	其他利用方式	13658.6
8	浙江华峰合成树脂有限公司	其他利用方式、焚烧	13188.8
9	乐清市瑞集环保科技有限公司	其他利用方式	12050.4
10	瑞安市成飞金属材料有限公司	其他利用方式	5672.1
11	平阳县环源污泥处置有限公司	再循环/再利用金属和金属化合物	5496.3
12	温州市巨德环保科技有限公司	其他利用方式	5180.2
13	温州卓策再生资源利用有限公司	清洗包装容器	4444.6
14	温州市新广环保科技有限公司	其他利用方式	3358
15	温州科锐环境资源利用有限公司	再循环/再利用金属和金属化合物	3285.8
16	永嘉县楠江废水处理有限公司	其他利用方式	2951.5

序号	企业名称	利用处置方式	处置量
17	乐清市腾达废旧金属回收有限公司	其他利用方式	2057.8
18	瑞安市南方电解厂	再循环/再利用金属和金属化合物	2030.4
19	温州市清能节能再生资源有限公司	再循环/再利用金属和金属化合物	1994.1
20	瑞安市华邦印染产业园有限公司	其他利用方式	1710.4
21	温州中田能源科技有限公司	其他利用方式、焚烧	1684.1
22	乐清市飞灰填埋场	填埋	1473.5
23	温州鑫鹏再生资源利用有限公司	其他利用方式	1249.8
24	温州清流环境资源利用有限公司	其他利用方式	813
25	温州和道活性炭再生有限公司	其他处置方式	562.1
26	平阳升瑞废旧物资回收有限公司	其他利用方式	25

（三）基础现状

2020 年 8 月，《温州市全域"无废城市"建设工作实施方案》中提出，要坚持问题导向，全面推动制度创新精准化。破解利用处置项目落地难，探索建立并实施固体废物处置生态补偿机制。2022 年，为大力推进危险废物处理设施建设提升，全市印发《温州市生态环境基础设施提升行动计划（2022~2025 年）》（温政办〔2022〕67 号），明确精准补齐短板，显著提升治理水平，加快构建"清洁排放、技术先进、管理规范"的固体废物收集利用处置体系的目标要求。围绕推进危险废物"趋零填埋"目标，制定《温州市危险废物综合利用设施建设三年攻坚行动方案》，提出产废源头管控、资源化利用能力提升、填埋资源优化配置、环境风险防范等要求，建立重点项目清单，着力补齐生活垃圾焚烧飞灰资源化利用能力短板。

除政策基础外，全市在流域领域先行实施了生态保护补偿机制，2022 年，文成县和瑞安市两地政府签订《飞云江流域上下游横向生态保护补偿协议书》，以流域水资源保护和水质改善为主要目标，形成责任清晰、合作共治的流域保护和治理长效机制，为全市开展工业危险废物跨区域转移生态保护补偿机制建立可行性评估奠定了实践基础。工业危险废物跨区域转移生态保护补偿机制的建立亟须通过硬件资源化项目建设和软件生态保护补偿机制建设"软硬兼施",主动作为,积极破题。

二　主要问题

(一)项目落地"难"

一是存在"邻避效应"。公众对工业危险废物利用处理设施的认知依然存在偏见,导致这些利用处理设施在布局和选址上仍会遭遇"邻避"的困境,一定程度上容易引发群体性事件。二是地方保护主义仍然存在。地方政府也不愿在自己的辖区多建此类设施而成为所谓的"固体废物集散地",有着严重的地方保护主义。固体废物处理"设施共建、资源共享"的意识仍尚未形成,无法正确发挥市场支配资源的作用,导致工业危险废物跨界转移与利用处置行政壁垒依然存在。三是各县市区工业用地资源紧张。受到土地指标的限制,工业用地的年新增供应量十分有限,相比制造业,危险废物处置业环境污染风险与生产安全风险相对较大,亩均产值相对较低,地方在供地上不会给予优先考虑。同时各地危险废物处置能力建设规划相对滞后,没有形成系统性的布局,带来的是新建、改建、扩建、搬迁等一系列的难题。

(二)转型推进"难"

2022年10月,浙江省生态环境厅印发《浙江省危险废物"趋零填埋"三年攻坚行动方案》,提出要加快提升工业危险废物资源化利用能力,拓宽工业危险废物资源化利用渠道,加快建设生活垃圾焚烧飞灰或工业废盐综合利用等项目,最大限度地减少危险废物填埋量,明确到2025年,全省危险废物填埋处置占比控制在5%以内,实现"趋零填埋"。而目前温州市危险废物填埋处置占比为31.16%,高于全省平均值(13.34%),依赖填埋的危险废物类别为表面处理废物(HW17)、焚烧处置残渣(HW18)和其他危险废物(HW49),与省定目标差距较大,危险废物"趋零填埋"目标亟待

实现。与此同时，全市资源化利用还处于转型起步阶段，总体进度较为滞后，还未形成成熟的产业链，经济效益与环境效益如何协调仍需摸索。

（三）市场培育"难"

一是缺乏市场竞争地。温州市仅有一家集中式工业危险废物处置企业（焚烧、填埋），虽然各地物价部门均出台文件，对本地以焚烧、填埋或水泥窑协同等方式利用处置工业危险废物收费确定了相应指导价，但此定价原则仅对本地工业危险废物的利用处置具有一定指导作用，不排除存在议价利用处置和变相拒收现象。二是缺乏市场空间。温州市工业危险废物处置行业市场总盘较为固定，各家处置企业在完成保底量的情况下才可以做到维持生存，目前整个市场分配较为饱和，想要突破现有格局做强做大，只能靠接收外市的工业危险废物以增加处置量。三是缺乏市场自信。在当前经济形势下，危险废物处置企业作为最下游单位，受上游企业影响较大，自身对改变经营状况较为被动，导致了危险废物处置企业市场信心不足，投资信心不足，从而进入了发展的死循环。唯有提升企业自身实力，提高处置效率，降低处置成本，控制污染隐患，打造品牌效应，才可以放眼全市，辐射周边。但是，发展与挑战是并存的，扩大市场面临的是异地处置管理压力与成本的增加，所以需要依托生态补偿机制去平衡。

三 政策建议

（一）机制框架

1. 补偿主体

补偿主体即生态保护补偿活动的发出者，解决的是"谁来补"的问题。依据外部性理论、受益者补偿原则，生态保护补偿主体应该是生态服务正外部性的享受者或是生态服务负外部性的产生者，对于受益对象明确的，由受益的区域、单位或个人承担相应的生态保护补偿费，对于受益对象不明确的，应由受益者代表即政府来承担相应的生态保护补偿责任。即温州市工业危险废物跨区域转移生态保护补偿机制的补偿主体应为工业危险废物产生和运出地区的一级政府，瓯海区为焚烧飞灰资源化和填埋生态保护补偿的补偿客体，洞头区为焚烧和填埋生态保护补偿的补偿客体，其余县市区为补偿主体。

2. 补偿客体

补偿客体即补偿主体权利、义务所指向的对象，解决的是"补给谁"的问题。依据外部性理论、受损者受偿原则，生态保护补偿客体应该是生态服务负外部性的承受者或是生态服务正外部性的产生者，也就是因向社会提供生态服务、进行生态环境建设等而付出相应成本或其他利益受损，应得到补偿的地区、组织或个人。在温州市工业危险废物跨区域转移生态保护补偿机制中补偿客体应为工业危险废物利用处置场所所在的区域一级政府。

3. 补偿内容

危险废物跨区域转移生态保护补偿的内容通常包括以下四个方面。一是环境整治与修复费用。为弥补危险废物跨区域转移对接收地环境可能造成的损害，补偿方需要承担环境修复费用，包括清理、净化或修复可能受到污染的土地、水体或其他生态系统的费用。二是监测与监管费用。补偿方需要支付用于监测和监管危险废物的费用，以确保其在接收地进行危险废物储存、利用处置过程中不会对环境造成负面影响。三是环保基础设施支持。一部分补偿金可能用于支持利用处置设施周边地区的环保基础设施，以帮助恢复或维护生态系统的健康。四是民生改善。生态保护补偿资金还需用于改善周边地区的民生，包括周边环境的美化绿化以及相关市政配套设施的建设等方面。

4. 补偿方式

补偿方式即在一定的社会经济条件、社会公平观念下，补偿主体向补偿客体按事先确定的形式所提供的具体补偿手段，解决的是"怎么补"的问题。补偿主体在确定补偿方式时，应优先考虑受影响区域经济社会的协调发展和生态环境的保护修复，在本研究中依据温州市 12 个区县经济发展水平

的差异制定了分级的政府之间资金补偿方式。

5. 补偿标准

补偿标准即在一定的社会经济条件、社会公平观念下，补偿主体向补偿客体按事先确定的依据所支付的具体补偿数额，解决"补多少"的问题。依据"充分补偿、现实可行"的原则，补偿主体应对工业危险废物利用处置产生的各种影响或损失进行核算。依据构建的核算模型，本研究对温州市的焚烧飞灰资源化、焚烧类工业危险废物以及依赖填埋类工业危险废物提出了补偿标准，分别不低于43元/吨、72元/吨和107元/吨。

对进入规定利用处置场所的工业危险废物按照指定的收费标准缴纳生态保护补偿费，并将生态保护补偿费用于工业危险废物利用处置设施周边居民的经济补偿、周围环境的综合整治及美化绿化、周边地区的经济发展扶持和相关的市政配套设施的建设和维护，以及工业危险废物利用处置设施的技术改造和设备维护等。

（二）配套保障

1. 组织管理

为了切实加强工业危险废物资源化工作，建议将工业危险废物生态保护补偿工作纳入温州市全域"无废城市"建设工作专班（以下简称"工作专班"）日常工作，工作专班负责全市工业危险废物补偿工作的统一协调、管理实施以及日常工作。市财政局和有关区（县）及相关单位要全力支持、参与该项目的实施。每年度都要召开工业危险废物跨区域转移生态保护补偿工作会议，全面部署工业危险废物资源化工作，层层签订责任状，定期进行考核。

2. 政策保障

认真严格执行有关法律法规和政策文件，配套制订工业危险废物跨区域转移生态保护补偿实施方案，保障工业危险废物资源化生态保护补偿工作的顺利进行。坚持统筹兼顾的原则，既要妥善解决当前矛盾尖锐的损失补偿问题，也要从长远的可持续发展角度支持一些未来效益好的生态环境保护项目。

3.措施保障

严格按照"谁保护、谁受益""谁受损、补给谁"的原则确定补偿对象，坚持做到信息公开、程序公开、补偿公开。对工业危险废物资源化项目，由工作专班组织受偿项目区（县）筛选符合条件的项目，确定实施单位、实施内容、实施地点、投资金额等，将项目交由所在地的区（县）组织项目的设计和招标，并负责项目的实施工作。对工程项目实施好的单位，今后在项目安排中予以优先考虑，对未按要求实施的项目将不予以验收。

4.资金保障

为了加强项目实施的资金管理，提高项目实施效率，确保项目按进度顺利实施，建立健全资金管理办法，明确规定项目专项资金实行"专人管理、专户储存、专账核算、专项使用"，对专项资金定期或不定期进行督查，确保项目资金专款专用。补偿资金不得用于平衡预算、偿还债务、建造办公场所、建设职工生活用房、购置车辆、购买通信器材、发放管理机构人员津贴补贴等与工业危险废物补偿无关的支出。严格执行项目财经纪律，对违反项目财经纪律的按有关规定进行处理。情节严重涉嫌违法犯罪的将移送司法机关惩处。

（三）机制构建路径

1.积极开展补偿实践

针对工业危险废物跨区域利用处置项目的生态保护补偿是一个全新领域，尚未经过实践考验，未来可以对此类项目开展更多的实践。同时让政府、企业、专家等利益相关者都积极参与，支持固体废物资源化，推动固体废物利用处置设施转变为"资源"并实现共建共享，为全域"无废城市"建设形成可复制可推广的新模式。

2.多场景协助修正

目前尚未有统一的固体废物跨区域利用处置生态保护补偿标准，此报告讨论的生态保护补偿办法在工业危险废物领域具有一定普适性，但仍需要更

多的场景协助修正。在推行具有普适性思路的固体废物资源化生态保护补偿后，可以探索更加靶向的补偿思路，使用更精准的计量工具，挖掘更多的补偿途径。

3. 定期评估与调整

绩效评估是一种发现问题的监督和反馈机制，对补偿机制进行评估不仅可以厘清补偿工作的执行效果，还可以反映补偿机制的执行对社会、经济、生态等方面产生的影响及变化趋势，为机制的优化和调整提供参考，提高生态保护补偿资金使用的效率。首先，通过不同的方法如专家咨询、实地调查等，明确生态保护补偿评价相应的指标体系，科学制定评价指标，从而保证评价效果的客观性与准确性；其次，针对不同的地区确定合理的评价方法，由于各个地区存在一定的差异，因此在评价方法的选择使用上不能一概而论，要结合各地的实际情况采取相应科学合理的评价方法；最后，及时反馈信息，了解生态保护补偿效果后，根据实际情况对生态保护机制进行调整和改进，确保机制能够适应变化的需求。

4. 尝试多元化补偿

此报告主要讨论了最直接的补偿手段——政府财政资金补偿，但实际上生态保护补偿的方式是多样的。除了创新资金的筹措途径外，还可以考虑政策补偿、技术补偿、市场补偿等多种补偿方式。其中，发挥市场的力量可以解决政府主导下生态保护补偿资金有限性及不可持续性问题。因此，在拓宽资金渠道上，应注重通过创新金融手段，实现资金来源的多元化。充分发挥金融信贷在生态保护补偿方面的融资功能，通过国家与各级财政生态专项补偿、建立生态保护补偿保证金制度、征收生态保护补偿费与生态保护补偿税、优惠信贷、资产证券化融资等途径拓宽生态保护补偿基金的渠道。除此之外，探索基于公私合作模式的生态保护补偿基金、PPP模式、积极争取国际社会捐助和国际相关组织（NGO）的支持和社会公益捐赠等，引导各种社会资本参与其中。同时，也需要建立完善的生态保护补偿法规政策体系，保证各方的权责明确，保障生态保护补偿市场化运作的风险应对，平衡生态保护补偿的公益性与社会资本的逐利性，保障补偿机制的可持续性。

5. 逐步完善补偿机制

目前对工业危险废物跨区域转移生态保护补偿还处于探索阶段，为后续更加精细化地进行工业危险废物生态保护补偿，建议引入除政府补偿外的其他补偿方式以及对工业危险废物实行分级分类和豁免机制。进一步完善危险废物分级分类管理体系，对不同危险特性、不同危险等级的危险废物实施分级分类补偿措施，对于高附加值的危险废物可以考虑实行豁免补偿机制，逐步完善生态保护补偿方案，以实现更为全面、科学、可持续的工业危险废物生态保护补偿机制。

B.23
温州典型乡镇低（零）碳
发展路径研究

浙江中蓝环境科技有限公司课题组*

摘　要： 浙江省在"两个先行"大格局中扎实推进碳达峰碳中和工作，全面探索以更低碳排放实现更高质量发展的现代化新路。为激发各领域、各层级探索创新精神，浙江省于 2021 年 8 月正式拉开低（零）碳村镇试点建设的序幕。温州市持续推进低（零）碳村镇试点建设工作，鼓励乡镇立足地域生态资源特色，积极探索低（零）碳发展路径，累计已有 13 个乡镇（街道）入选省级低（零）碳乡镇（街道）试点。本研究报告旨在分析温州市典型乡镇低（零）碳发展已有的成效及存在的问题，围绕生产降碳、生态固碳、生活低碳、管理降碳等四个维度提出温州市典型乡镇低（零）碳发展路径。

关键词： 低（零）碳乡镇　生活低碳　生产降碳　生态固碳　温州

一　温州市乡镇（街道）低（零）碳建设现状

实现碳达峰碳中和，是以习近平同志为核心的党中央作出的重大战略决策，是着力解决资源环境约束突出问题、实现中华民族永续发展的必然选

＊ 浙江中蓝环境科技有限公司课题组成员：薛设，浙江中蓝环境科技有限公司科研中心副主任，高级工程师；宋跃群，浙江中蓝环境科技有限公司副总经理，正高级工程师；全盈盈，浙江中蓝环境科技有限公司，工程师；余诗，浙江中蓝环境科技有限公司，初级工程师。

择，也是构建人类命运共同体的庄严承诺。在绿色低碳转型发展逐步进入攻坚阶段的当下，浙江省全面推进"双碳"工作，鼓励基层首创精神，点线面结合，探索多领域、多层级、多样化低碳零碳化发展模式。截至 2023 年底，全省已有 148 个乡镇（街道）入围，温州市有 13 个乡镇（街道）入围，涵盖山区、沿海、城市等多种乡镇（街道）类型，其中山区型的有泰顺县竹里畲族乡、泰顺县西旸镇、永嘉县岩坦镇、瑞安市马屿镇、文成县铜铃山镇、乐清市仙溪镇；沿海乡镇有苍南县沿浦镇、洞头区霓屿街道、平阳县海西镇；城市型的有鹿城区大南街道、鹿城区蒲鞋市街道、瓯海区泽雅镇、龙湾区瑶溪街道。

（一）山区乡镇低碳建设

山区型乡镇人口数量相对较少，相对城市而言，具有更为丰富的土地和自然生态资源，自然生态系统碳汇为乡镇低（零）碳社会建设提供重要支撑。例如，永嘉县岩坦镇开发山区风力资源，利用岩坦风电场构建绿色低碳能源体系，实现全域零碳新优势。岩坦风电场项目计划按 5 期开发，总装机容量预计达 200 兆瓦以上，年上网电量可达 5.4 亿度，为实现永嘉县"零碳示范县"做出重要贡献。依托满山林海，构建特色共富产业链，打造上层（杉树固碳主力军）、中层（铁皮石斛"仙草"固碳产业）、下层（黄精、三叶青"黄金"固碳产业）立体固碳体系。泰顺县西旸镇挖掘山林荒地潜力，以"财政牵头+政企合作+贫困村入股"做法落地造价 1.7 亿元、总装机容量 22.836 兆瓦的集中式光伏发电站，通过建设"光伏+药用红豆杉"农光互补项目，在优化地区能源结构的同时，盘活土地资源，实现绿色新能源和绿色新种源的有机结合，为乡村振兴增添绿色新动能。2020 年正式投产以来，至今发电 8000 万千瓦时，等于节约标准煤 2.6 万吨，减排二氧化碳 7 万吨，累计为泰顺县 56 个经济薄弱村和全县 1.3 万户低收入农户分配收益近 2000 万元，将荒山坡打造成为泰顺县的一个"聚宝盆"。在自然生态资源利用方面，泰顺县竹里畲族乡立足乡村旅游集聚发展特色，以"三月三"畲乡民族传统节日活动为突破口，利用本地丰富

的碳汇资源，探索开展了温州首个大型碳中和活动；制定碳账户本地化核算指南，在乡级低碳管理体系创新方面进行了初步的尝试。瑞安市马屿镇深挖农业种植减污降碳潜力，深化农业数字化集成服务，开发马屿智慧农资系统，率先实施"肥药两制"改革，打造数字化育苗系统，建立全景助农服务体系，有效降低农业生产全周期用能、用肥损耗。建设高标准农田6.66万亩，推广有机肥施用0.85万亩，秸秆还田4.3万亩，进一步增强农田固碳增汇能力。

（二）沿海乡镇（街道）低碳建设

海岛乡镇（街道）海洋碳汇资源相对较为丰富，沿海试点乡镇充分挖掘蓝碳潜力，全力打造低（零）碳建设海岛样板。例如，洞头区霓屿街道发挥万亩紫菜养殖基地优势，全力构建集育苗养殖、加工销售、休闲观光于一体的"海上菜园"特色低碳产业，建设多功能绿色低碳高质高效养殖示范海区，促进紫菜产业绿色可持续发展。规划千亩红树林和百亩桤柳种植带，规范生态修复项目的技术路径，加强护林造林的科学性、系统性，形成"十里湿地"生态修复效果，进一步提高红树林固碳增汇能力。苍南县沿浦镇利用丰富的贝藻类渔业养殖资源，结合海水养殖生态化治理，全面提升沿浦湾海洋生态系统碳汇能力，并落实浙江省首笔渔业碳汇交易，点"碳"成金助力海水养殖产业低碳绿色转型。平阳县海西镇深入推进平阳西湾蓝色海湾整治、黄金海岸游步道和低碳民宿联盟等建设，打造"绿色康养、红色旅游、黄金海岸、滨海古邑"四张金名片，全面打响"风情海西"低碳旅游品牌。

（三）城市乡镇（街道）低碳建设

城市乡镇（街道）人口较为集聚，产业基本以商贸服务业为主，辖区的碳排放主要来自居民生活和交通能源消耗。聚焦生活源碳减排，鹿城区大南街道围绕"衣食住行用育游养"，制定出台衣、食、住、行、用、育、游、养等八方面低碳绿色创建标准，并打造低碳街区、低碳河道、低碳学校、低碳公园、低碳体验馆、低碳宣传等六大低碳应用场景，大力推动生活方式低碳化，为城市日常管理树立了绿色低碳的标杆。瓯海区泽雅镇作为温州都市后花园，以推广分散式清洁能源、发展休闲观光低碳农业、实施水源地碳汇林工程为主抓手，推进全域生产生活低碳发展。针对城市交通排碳痛点启动"绿电引擎"，倡导低碳出行，通过建设山区公共汽车充电桩推动山区新能源汽车普及，建成总长近40公里的滨水步道网络，形成"快进漫游"的生态旅游模式，拉动绿色低碳经济发展。鹿城区蒲鞋市街道以"无废城市"建设为主抓手，在城镇化进程中，摒弃大拆大整的模式，"以旧修旧"，小规模、渐进式地有机更新，实施微改造精提升，践行建筑全生命周期低碳理念。

二 温州市乡镇低（零）碳发展存在的问题

尽管全市已有多个乡镇在低（零）碳试点建设方面进行了探索和尝试，受乡镇低碳建设缺乏整体设计、产业绿色低碳水平较低、规模化推进低碳改造难度大、居民低碳生活意识偏弱等多种因素影响，乡镇低（零）碳发展方式尚未完全形成。

（一）乡镇低（零）碳发展缺乏整体设计

低（零）碳发展涉及产业结构、生产方式、生活方式以及空间格局等多个方面，需要用系统的思维全面推进。乡镇政府作为我国最基层的一级行政单元，经多轮机构改革后，机构设置与县级政府及其相关职能部门实行条块分割与垂直管理，在工作推进过程中更多强调的是对上级规划目标任务的落实，低（零）碳发展整体设计较为匮乏。且乡镇在低碳建设过程中缺乏专业管理和技术队伍，政府管理人员的专业素质、理论水平以及现代信息技术的应用能力等相对较弱，低（零）碳建设规划和管理能力相对较弱。乡镇碳汇资源丰富但是碳汇产品开发力度较小，碳汇生态产品价值实现路径有待进一步拓宽。

（二）乡镇产业绿色低碳水平较低

乡镇产业结构相对完整，一、二、三产业均有发展。第一产业发展方面，目前全市乡镇农业仍以传统农业发展为主，绿色有机种养、生态循环种养等减污降碳协同农业发展普遍较少。第二产业发展方面，温州是民营经济较为发达地区，工业企业以小微企业为主，自发形成的乡村工业集聚区块往往技术工艺落后、绿色低碳水平较低，乡村工业亟待绿色低碳转型。第三产业发展方面，随着乡村振兴战略的持续推进，乡村农文旅产业和商贸产业大力发展导致乡镇能源消耗普遍呈上升趋势，低碳发展理念尚未融入乡村振兴工作。

（三）乡镇规模化推进低碳改造难度较大

乡镇属于相对低密度开发的区域，已开发的集镇区域面积规模普遍较小，且所辖行政村（社区）分布相对零散，各类环境基础设施、绿色交通系统、公共建筑等规模较小且布局较分散，故规模化推进公共基础设施低碳化改造难度大。此外，农村建筑往往缺少整体规划布局，居民建筑基本以自建为主，很难实现规模化、标准化低碳改造。受低碳改造资金投入不足以及低碳改造技术的影响，乡镇绿色建筑、零碳建筑以及超低能耗建筑技术等推广难度较大。

（四）乡镇居民低碳生活意识普遍偏弱

乡镇居民生活行为较城市地区相对低碳，但随着城镇化率和人民生活水平的持续提升，逐渐呈现高碳化趋势。根据首批省级低碳试点乡镇——泰顺县竹里畲族乡的乡镇区域2021年、2022年度碳排放核算结果，目前乡镇碳排放主要集中在能源消费领域（占比达85%以上），涵盖居民日常用电、居民出行等方面。根据浙江省生态环境厅开展的《浙江省居民低碳意识行为调查问卷》统计结果，乡镇居民低碳环保知识了解渠道偏少，个人低碳环保意识不强，日常生活中污染环境、浪费能源的行为时有发生，居民节能降耗、绿色出行等低碳生活意识有待提升。

三 温州市典型乡镇低（零）碳发展路径建议

低（零）碳发展方式是通过资源的高效利用、节能减排和低碳技术的应用来促进经济增长与环境保护相协调的经济发展方式，是绿色高质量发展的内在要求。乡镇应依托开阔的国土空间、三次产业融合发展的优越条件、淳朴简约的传统民风等，积极推动绿色能源建设，培育绿色生产链，持续提升区域固碳增汇能力，引导形成更低碳的生活习惯，引入专业技术力量和现代信息技术提升低碳管理水平。为探索温州市典型乡镇低（零）碳发展路径，实现乡镇生产生活方式低碳化转变，本报告围绕生产降碳、生态固碳、生活低碳、管理降碳四个维度提出以下建议。

（一）生产降碳路径

山区型乡镇是农业领域减碳增汇的主战场，通过转变农用地利用方式、推行稻虾共生等循环种植农业、推广智能植物工厂、推进农机节能低碳改造等方式实现农业降碳；全面推进乡镇三次产业融合发展，打造农产品绿色生态种养、农产品绿色低碳加工和绿色商贸开发有机融合的低碳乡镇产业链，从整体上减少乡镇产业碳排放。在乡镇工业生产减污降碳方面，以小微园区和企业重点项目为重点，通过严把高耗能高排放低水平项目准入关、开展高耗低效企业整治、招引低碳产业等方式实现源头降碳；通过推动工业企业实施智能化电气化改造、清洁化改造等实现过程减碳；通过优化废水处理工艺流程、建立小微企业废弃物集中处理平台和构建固体废弃物资源化利用产业链等方式实现末端协同治理降碳。大力推广泰顺县竹里畲乡低碳旅游发展模式，实施乡镇农文旅基础设施低碳化改造，打造低碳景区、低碳民宿，提供低碳餐饮等，强化经营者的低碳经营意识，规范游客的低碳旅游行为，进而实现旅游业降碳。

（二）生态固碳路径

坚持以系统观念推动碳汇能力提升，通过保护和优化碳汇空间、加强自然资源管控、推进山水林田湖海草一体化修复等方式提高自然生态系统质量和稳定性，有效发挥森林、海洋、土壤等生态系统的固碳作用，持续巩固提升生态系统碳汇增量。在泰顺县司前畲族镇、永嘉县岩坦镇和乐清智仁乡等竹木资源丰富的乡镇大力发展"竹木+"产业新业态，增强竹木产品固碳功能，加快推行"以竹代塑"，促进竹木产品碳转移；通过强化天然林保护与管理、经营林管理，提升林地生物多样性，促进林地生态系统固碳增汇。通过滩面整治、湿地恢复、植被引种等方式，在乐清市雁荡镇、龙港市鳌江北岸、平阳县鳌江镇等地实施海岸带保护修复增汇工程，提高海岸带蓝碳生态系统固碳能力。实施保护性耕作措施，因地制宜推广秸秆粉碎还田技术，提高农田生态系统固碳能力。

（三）生活低碳路径

倡导绿色低碳生活，持续推进生活垃圾分类工作，完善乡镇再生资源循环利用体系，鼓励农村厨余垃圾堆肥发酵处置后还田，减轻末端处置压力，实现生活碳减排。利用乡村就近能源资源回收利用的优势，推广"水循环、碳循环、产业循环"的水肥一体化生态化治理模式，推进生活污水治理低碳化。大力推进新建农居建筑低碳化，因地制宜探索推广装配式建筑、被动式阳光房等现代农房建造方式，推广使用节水、节能等环保家电产品。优化城乡公交路线和运营时间，提高乡镇新能源充电桩覆盖率，改善乡镇绿色出行条件。制定低碳生活村规民约，利用乡村的熟人社会结构和榜样效仿引导公众低碳行为；建立碳普惠奖励机制，如建立农村生活垃圾分类积分兑换制度，激励公众持续保持和扩大低碳行为。

（四）管理降碳路径

因地制宜推进乡镇林光互补、渔光互补、沼气能发电等绿色新能源建设，盘活乡镇水电资源，积极推行绿色电力交易，探索"可再生能源+集体经济""可再生能源+储能"等"可再生资源+"模式，推进零碳乡镇建设。推进乡镇生态系统碳汇监测核算和评价，开展碳汇资源资产清查，形成碳汇资源资产"一张图"，把生态碳汇作为重要的生态产品，探索碳汇交易和生态补偿制度。探索区域碳普惠制减碳行为量化核算和核证方法，实施减碳量化核证，建立区域碳普惠数据库。

B.24
温州公用事业一体化改革背景下环保基础设施提升对策研究

陈陈爱　黄洁　林恩伟　唐庆蝉*

摘　要： 近年来，温州市以"美丽温州"创建为目标，全面推进环保产业高质量发展，大力开展环保基础设施建设，并取得了显著成效。但环保基础设施建设仍存在不少问题和短板。本文全面分析当前温州市污水及固体废物治理领域环保基础设施建设现状，总结环保基础设施建设仍存在的突出问题，继而立足于温州市公用事业一体化改革这一现实背景，从发挥规划引领作用、深入推进污水治理、提升固废处置能力、构建循环产业体系、强化数字技术应用等五个方面提出深化环保基础设施建设、最大化发挥基础设施环境效益的对策与建议。

关键词： 环保基础设施　污水治理　固体废物治理　公用事业一体化改革

温州是长江三角洲中心区城市、改革开放的前沿阵地，位于浙江省东南部，三面环山，一面临海，地势从西南向东北呈梯状倾斜。全市陆地面积12110平方千米，辖4个市辖区、5个县，代管3个县级市。近年来，温州市以"美丽温州"创建为目标，全面推进环保产业高质量发展，大力开展环保基础设施建设，并取得了显著成效。随着污染防治攻坚战持续推进，生态环境保护工作被赋予了全新的历史使命，新任务、新问题不断涌现，必须

---

* 陈陈爱，温州浩宇生态环境科技有限公司工程师；黄洁，浙江中蓝环境科技有限公司工程师；林恩伟，温州市环保科技集团有限公司工程师；唐庆蝉，浙江中蓝环境科技有限公司高级工程师。

认清新形势，把握新要求。2023 年，温州市启动公用事业一体化改革，塑造"统一资本运作、统一规划建设、统一运营管理、统一服务标准"的"四统"公共服务体系。在此背景下，本文调研分析温州市污水及固体废物治理领域环保基础设施建设现状及存在的问题，并进一步探讨环保基础设施一体化建设、最大化发挥基础设施环境效益的对策与建议。

一　环保基础设施建设现状

环保基础设施是深入打好污染防治攻坚战、改善生态环境质量、推动生态文明取得新进步、增进民生福祉的基础保障。近年来，温州市强力推进环保基础设施建设，污水及固体废物治理领域基础设施逐步完善，治理能力显著提升。

（一）大力建设污水处理基础设施

以"剿灭劣 V 类"、"碧水行动"、"污水零直排区"建设等为载体，温州市持续实施污水管网"最后一米"纳管建设和污水处理厂新建、扩建、改建工程，逐步解决雨污分流不彻底、污水收集不完全、污水处理不到位等问题；积极推进污水处理厂尾水再生利用项目建设，提升水资源利用效率，降低纳污水体污染负荷；深入实施农村生活污水治理"强基增效双提标"行动，逐步实现农污零直排。为系统解决排水管网存在的一系列问题，温州市采用一、二级管网市级政府购买服务和三级管网特许经营权授予两种模式，实现了市区全域雨污排水管网"一体化"建管新格局；创新推出网格化整治模式，建立管网健康专题图，6 年溯源排水户超 12 万户，排查管网超 3400 千米。全市累计建成城镇污水处理厂 56 座，合计日处理能力达 206.88 万吨，相比 2018 年，城镇污水处理厂增加了 9 座，日处理能力增加了近 27 万吨。目前各县市区城镇污水处理厂基本能满足污水现状收集量的处理需求（详见图 1）。温州市试点推广再生水资源化利用，实现了南片污水处理厂尾水 150 米^3/日用于道路清扫、绿化灌溉。2023 年，全市投资 6.4

亿元，农村生活污水处理设施建设改造项目完成 240 个，新开工 294 个，农村生活污水处理设施行政村覆盖率达到 90.9%。温州市农村生活污水治理工作荣获 2023 年度省考核优秀设区市。

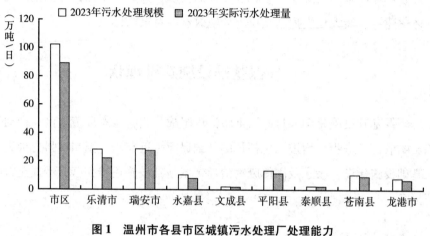

图 1 温州市各县市区城镇污水处理厂处理能力

（二）稳步提升固废处置能力

2018 年后随着"垃圾分类"专项行动的推进，温州市生活垃圾产生量总体呈下降趋势（2018~2023 年温州市生活垃圾日均产生量详见图 2），其中 2020 年因新冠疫情，社会生产生活秩序受到一定程度的影响，生活垃圾产生量减少较大。2023 年，全市生活垃圾日均产生量约为 9226 万吨。全市累计建成生活垃圾处理设施 20 座，合计日处理能力达 13020 吨，满足市域内生活垃圾无害化处置需求。

温州市一般工业固体废物以粉煤灰、炉渣、脱硫石膏、污泥等为主。其中，粉煤灰和炉渣主要来源于热电厂、污泥焚烧厂、生活垃圾焚烧厂，脱硫石膏主要来源于热电厂、污泥焚烧厂的尾气处理设施，污泥主要来自城镇污水处理厂、工业集中式污水处理厂、涉水企业的废水处理设施。温州市一般工业固体废物产生量总体呈上升趋势（2018~2023 年温州市一般工业固体废物年产生量详见图 3）。全市一般工业固体废物主要利用处置单位有 14

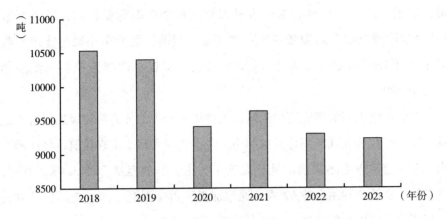

图2 2018~2023年温州市生活垃圾日均产生量

家，主要采用焚烧发电、制备建材、填埋等方式。2023年温州市一般工业固体废物综合利用率达99.70%，高于浙江省全域"无废城市"建设考核目标值（98%）。

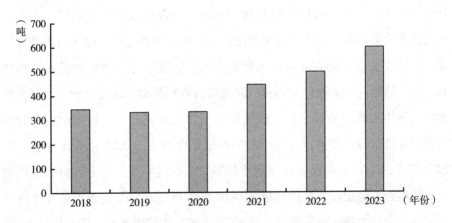

图3 2018~2023年温州市一般工业固体废物年产生量

温州市小微企业数量多，单个企业危险废物产生量少，存在处置成本高、处置困难等问题。2018年，温州市启动小微危废收运试点改革创新工作；2020年，温州市全面推进小微危废统一收运体系改革建设；2022年，温州小微危废统一收运体系建设入选省全域"无废城市"建设

最佳实践案例。2024 年，温州市发布全国首个小微危废收贮运服务标准《小微危险废物收贮运服务规范》并实施。目前，温州市小微危废统一收运单位有 15 个，已覆盖全市 12 个县市区，实现小微产废单位危险废物收运率 100%。

温州市绝大多数渣土直接运输至消纳场地，少部分建筑垃圾通过再生混凝土砖、陶粒等实现精细化资源利用，全市范围内基本实现建筑垃圾产消平衡。全市建筑渣土泥浆消纳处置设施 173 座，消纳容量合计 3740.2 万吨；建筑垃圾资源化利用企业 62 家，通过加工成再生混凝土砖、烧结砖等方式实现资源化利用，年设计处理能力达到 1383 万吨。

（三）打造首个环保循环产业园

龙港市循环经济产业园项目是温州首个环保循环产业园，总投资约 32 亿元，以"循环利用、协同处理、节能降耗、土地集约"为总体设计理念，打造"两核、三链、六厂"的总体布局架构，合理布局再生水厂、污水污泥及排水管渠污泥处理厂、固废焚烧厂、餐厨垃圾处理厂、建筑垃圾处理厂及危废转运平台、绿植垃圾及一般工业固废处理厂等六大处理设施，构建水、电、热绿色资源循环利用链，将城市污水和各类固体废物转化为可再生能源，最终实现"物料循环、能量回收"协同处置效应。餐厨垃圾处理项目作为龙港市循环经济产业园项目的首个子项目，于 2020 年开工建设，于 2022 年 1 月 1 日起全面接收龙港市餐厨垃圾收运处置工作，目前餐厨垃圾收运线覆盖龙港全市，日处理量达到 90 吨。再生水厂是龙港市循环经济产业园项目中最大单体投资项目，已于 2023 年底实现通水，一期规模达 12 万米^3/日，接收龙港全市生活污水和部分工业废水，出水水质达到浙江省城镇污水处理厂清洁排放标准，每年将有效削减化学需氧量、氨氮等污染物排放量近 2 万吨，同时再生水可回用于循环经济产业园内其他子项生产设施用水、周边企业生产用水，以及龙港市河道的生态补水，成为城市第二"水源"。

二 存在的问题分析

近年来，尽管温州市环保基础设施建设工作取得了积极成效，但对标"美丽温州"建设要求仍存在不少问题，突出表现在污水管网不完善、污水处理设施能力不足、生活垃圾处置能力不平衡、固体废物资源化利用水平不高、环境基础能力保障薄弱等方面。

（一）污水基础设施依旧不足

在"五水共治"工作高位推动下，温州市污水基础设施建设得到大力推进，但区域污水管网仍不完善，特别是受城镇污水处理厂分布与配水格局影响，部分片区污水输送能力不足，二三级管网覆盖率较低。受污水管网建设标准较低、运行管理力度不足、更新改造不及时等因素影响，部分排水管网存在雨污分流不彻底、管网破损渗漏严重等问题，导致部分城镇污水处理厂运行负荷率低下、污水进水浓度偏低。还存在部分城镇污水处理厂出水不能稳定达标的情形，城镇污水收集处理效能亟待提升。随着城市发展，污水产生量逐年增大，预计到 2025 年，市区外其他县（市）城镇污水处理厂处理能力普遍存在缺口，合计处理能力缺口约 56.52 万吨/日（见表1）。农村污水处理设施建设基础薄弱，全市仍有 9.1%的行政村未覆盖农村生活污水处理设施，现有部分农村污水处理设施受处理工艺不合理、处理能力不足、设施运维参差不齐、配套管网运维不到位等影响，实际运行效果不理想，离应收尽收、达标排放仍有较大的差距。

表 1 温州市污水处理能力现状及缺口分析

单位：万吨/日

序号	县（市、区）	2023 年污水处理规模	2023 年实际污水处理量	2025 年污水量预测	2025 年处理能力缺口
1	市区	102.4	89.25	94.98	/
2	乐清市	28.4	22.12	34.56	6.16

序号	县（市、区）	2023年污水处理规模	2023年实际污水处理量	2025年污水量预测	2025年处理能力缺口
3	瑞安市	28.8	27.68	38.15	9.35
4	永嘉县	10.5	8.02	22.98	12.48
5	文成县	2.15	1.99	4.96	2.81
6	平阳县	13.5	11.61	23.09	9.59
7	泰顺县	2.53	2.42	4.49	1.96
8	苍南县	10.6	9.38	17.83	7.23
9	龙港市	8	6.8	14.94	6.94
合计		206.88	179.27	255.98	56.52

注：表中2025年污水量根据用水量进行预测，污水量（日平均）=（最高日用水量/日变化系数）×污水排放系数×截污系数×（1+地下水渗入量）。用水量数据来源为《温州大都市区供水专项规划（2021~2035）》；系数指标参照《温州市城市污水和雨水专项规划（2021~2035）》，其中日变化系数取1.2；污水排放系数取0.85；截污系数取现状0.9、2025年0.95；地下水渗入量取0.15。

（二）固废治理体系仍有短板

在全域"无废城市"建设工作高位推动下，温州市一般工业固废、危险废物、生活垃圾、建筑垃圾、农业废弃物"五废共治"体系逐步完善，但仍存在固体废物处置能力配备不平衡、资源利用水平不高等问题。近年来，乐清市生活垃圾产生量超过辖区生活垃圾焚烧厂处理能力（800吨/日），多余的生活垃圾利用温州其他地区生活垃圾焚烧厂的富余处理能力进行处置，尚不能实现县（市）域内生活垃圾处置能力全量覆盖。部分生活垃圾中转站存在配套环保设施不齐全、垃圾运输车辆老旧、日常运行管理不规范等问题，亟待开展改造提升。苍南县、龙港市等地区市政污泥目前需要采取外运或临时处置方式，难以保证处置的及时性和规范性。全市工业危险废物填埋处置率远高于省"无废城市"危险废物填埋处置率5%的目标值。究其原因，主要在于其中占比最大的生活垃圾焚烧飞灰均采用无害化填埋方式处置。统筹建设生活垃圾焚烧飞灰资源化利用项目，降低危险废物填埋处置率，已经成为温州市全域"无废城市"建设迫切需要解决的问题。温州地区渣土含水率较高（约30%），渣土再生利用制砖容易断裂，建筑垃圾再生砖、再生填料、再生构件等再生产品缺乏统一的产品标准，价格成本高于原生建材，与常规产品相比市场竞争力较低。

（三）环境基础能力保障薄弱

随着物联网等信息技术发展，温州市积极运用在线监测监控、卫星遥感、无人机等科技智能化手段，通过"技防"与"人防"结合，促进环保基础设施运管效能提升，但环境基础能力保障依然薄弱。尽管自行监测制度逐步建立，但未建立统一的自行监测管理办法，在线监测设施建设、验收、运行及监管等内容缺少统一规范，导致自行监测信息有效性和采信度不高，海量自行监测数据应用不足。污染源数据资源的管理和应用也存在不足，信息化建设各自为政、重复建设，标准规范不统一，实现深层次互联互通、资源共享和业务协同机制不健全，应用"烟囱"和数据"孤岛"林立，信息资源开发利用程度低，综合支撑能力弱。

三 对策与建议

以一体化机制规划、投资、建设、运营环保基础设施，是提升城市环境治理和生态保护水平、推动生态文明建设迈上新台阶、促进高质量发展的重要保障。随着污染防治攻坚战持续推进，面对环境污染治理的复杂性日益提高的形势和国家、省不断提高的考核目标要求，下一步温州市将坚持市域一体发展，对标长三角城市公共服务标准，统筹优化环保基础设施布局，以互联互通、共建共享、协调联动，实现"民生保障最优化、运营成本最低化、效能发挥最大化、能力提升最高化"的"四化"目标。

（一）发挥规划引领作用，构建环保基础设施一体化格局

紧密围绕市委、市政府坚持市域一体发展，落实实现空间规划、公共设施等"六个一体化"的战略决策部署，坚持"需求导向、远近统筹、协同

创新、多元共治"原则，结合"双碳"战略、"无废城市"建设，加强科学性、系统性、全局性、前瞻性环保基础设施一体化建设研究。根据住建部和国家发改委《"十四五"全国城市基础设施建设规划》，结合各县（市、区）已有专项规划，编制温州市环保基础设施一体化发展规划，科学谋划全市环保基础设施建设，构建环保基础设施互联互通、应急保障高效有力的新格局。

（二）深入推进污水治理，最大化基础设施环境效益

一是提升污水处理能力。合理规划污水污泥处理厂布局规模，将清洁排放、扩容提升及再生水利用结合起来，统筹实施，着力构建市域一体的污水污泥治理格局，提高污水污泥处理能力和水平，因地制宜推进污水资源化利用。二是补齐污水管网短板。以污水系统安全、稳定、高效运行为目标，持续推进污水零直排、农污提升等工程，优先补齐城中村、老城区和城乡接合部等区域的设施短板，消除空白区，实现污水提质增效，改善城乡人居环境。三是推进区域互联互通。以立足自保的联保为主，充分发挥污水系统韧性，对节点污水设施适度扩容，根据实际情况选择"厂厂相连""厂网相连""网网相连"等合理方式实施一定范围的联保。

（三）提升固废处置能力，助力全域"无废城市"建设

一是提升生活垃圾处置能力。着力补齐区域性生活垃圾处置能力缺口，大力推行餐厨垃圾资源化利用，加快生活垃圾转运站及配套设施改造更新，提高生活垃圾中转水平和处置效率，防范化解生态环境风险。二是提升工业固废处置能力。聚焦生活垃圾焚烧飞灰资源化利用和市政污泥处置缺口，推动无害化填埋向资源化利用转变，完善"污水处理厂污泥—干化焚烧新型建材""污水处理厂污泥焚烧热电"等循环产业链。三是提升建筑垃圾综合利用能力。积极推动建筑垃圾精细化分类分质利用，建设一批废旧混凝土、废旧砖石、工程渣土、泥浆、装潢垃圾等建筑垃圾的资源化处理设施，打造规模化建筑垃圾资源化利用示范项目，健全建筑垃圾资源化利用产品标准体系，提高再生产品质量。

（四）构建循环产业体系，推动发展方式绿色转型

践行循环经济理念，以降碳为战略导向，以再利用、资源化为重点，大力建设循环经济产业园，推进厨余垃圾、市政污泥等低价值废物统筹协同处置，培育壮大以循环经济产业园为核心的公用环保服务产业集群，构建"园区化、协同化、链条化、产业化"的环保基础设施体系，打造"资源—产品—再生资源"闭环经济模式，实现绿色低碳循环发展。推进温州市中部、南部、北部三大循环经济产业园建设，布局厨余垃圾资源化、飞灰水洗资源化、废旧轮胎热裂解资源化、废旧电器资源化等项目，构建固体废物综合利用减污降碳协同增效体系，建立乐洞永、龙平苍、温瑞等固废区域一体化处置平台，发挥现有温州市西向生态填埋场和生态综合处置中心的社会效应，形成全产业链的环保基础设施协同布局。

（五）强化数字技术应用，提升环境治理现代化水平

把数字化改革作为提升生态环境治理现代化水平的关键一招，坚持数字赋能，推进整体智治，推动生态环境治理能力实现新跨越。一是构建环保基础设施运管指标体系。立足可持续发展、绿色发展、生态文明建设考核要求，从环保基础设施面临的问题、需求和发展趋势入手，系统研究并构建多维度可传导的环保基础设施运管指标体系，统一运管标准。二是搭建环保基础设施一站式数字化监管平台。部署红外双鉴探测器、高清摄像机、智能分析仪等传感器终端，构建天地空一体化的环境感知监测物联网，综合运用大数据、云计算、区块链等数字技术，整合汇聚全量数据，形成一个集污染源监控、监测指标预警、突发环境污染自动报警等功能于一体的全市统筹管理的数字化监管平台。

专题篇

B.25
温州数字经济发展报告（2023年）

夏择民　鲍金斌　徐丽芳*

摘　要：　2023年，温州继续深入实施数字经济"一号发展工程"，在产业布局、企业引培、平台建设、改革创新方面持续发力，取得了实质性进展。《2023浙江省数字经济发展综合评价报告》显示，温州在数字基础设施和产业数字化方面有所提升，而数字产业化、新模式新业态、政府和社会数字化等方面发展则相对滞后。分析认为，温州数字经济发展存在推进力量与目标定位不匹配、要素禀赋不足、增长点少等问题，提出优化制造业数字化培育路径五个方面的建议。

关键词：　数字经济　数字产业化　产业数字化　制造业数字化　温州

---

*　夏择民，中共温州市委党校经济学教研部副教授；鲍金斌，温州市经信局数字经济处处长；徐丽芳，温州市经信局云计算与大数据产业处处长。

数字经济是重组全球要素资源、重塑全球经济结构、改变全球竞争格局的关键力量，从中央到各级政府都十分重视数字经济发展。习近平总书记在中共中央政治局第十一次集体学习强调新质生产力时，指出要大力发展数字经济，促进数字经济和实体经济深度融合，打造具有国际竞争力的数字产业集群。2024年浙江省政府工作报告也明确提出，以深入实施数字经济创新提质"一号发展工程"为牵引，大力实施"415X"先进制造业集群培育和服务业高质量发展"百千万"工程。对于温州来说，提速推进数字经济发展不仅是"强城行动"中的一项重要任务，还是摆脱传统经济增长方式、生产力发展路径，实现产业高科技、高效能、高质量转型升级的重要途径。本报告将对温州2023年数字经济发展情况进行梳理，并尝试为加快温州数字经济发展提出有益建议。

一　2023年温州数字经济发展状况

2023年，温州市深入实施数字经济"一号发展工程"，持续推进数字经济高质量发展。从统计数据和官方评价看，温州数字经济稳居全省前4：数字经济核心产业实现增加值689.2亿元，连续第四年居全省第4，同比增长12.4%，其中规上数字经济核心制造业增加值273.3亿元，连续两年居全省第4，同比增长9%；根据2023年《浙江省数字经济发展综合评价报告》（以下简称《综合评价》）①，温州数字经济排名全省第4，连续第六年位居全省前4。从第三方评价来看，温州数字经济在全国排名领先于GDP排名，如工信部直属赛迪研究院《2023中国数字城市竞争力研究报告》②、新华三集团数字中国研究院《城市数字化发展指数（2023）——城市篇》③、稷量

---

① 2018年起浙江省经信厅和浙江省统计局每年会发布《浙江省数字经济发展综合评价报告》，从数字基础设施、数字产业化、产业数字化、新模式新业态、政府和社会数字化等五个方面对浙江省各地区、各县（市、区）数字经济发展水平予以评价。

② 赛迪研究院：《2023中国数字城市竞争力研究报告》，2023年9月25日，http://www.mtx.cn/u/cms/www/2022flowable/9b1c1686ce7a4e72a12f718e5cf6f383/index.html。

③ 新华三集团数字中国研究院：《城市数字化发展指数（2023）——城市篇》，2023年6月2日，https://www.h3c.com/cn/About_H3C/Home/Faq_White_Paper/202306/1859805_30008_0.htm。

数科《中国 50 强城市数字化发展能力指数（2023）》① 分别认为温州数字经济在全国排名第 27、第 27、第 24 位，均认为温州数字经济位列全省第3。总体来看，温州数字经济在省内排名大致在第三至第四名，并且经过多年发展，温州数字经济在产业布局、企业引培、平台建设、改革创新等方面已取得了一定的成果。

（一）产业布局：初步形成三大主导核心产业领域

目前，温州已初步形成物联网、网络通信、能源电子等三个具有本地特色的数字经济核心产业领域。一是物联网领域。在传统产业集群转型升级基础上，形成了智能电气、汽车电子、智能锁具三大细分优势产业集群。二是网络通信领域。借助大唐 5G 全球创新中心中国长三角区域中心落户温州契机，结合本地相关传统优势产业基础，形成了温州特色网络通信产业群。三是能源电子领域。在温州加快打造新能源产能中心和推广应用示范城市的背景下，比亚迪、瑞浦、伟明盛青、格林美、新宙邦等龙头企业齐聚温州，动力电池产业链闭环基本形成。②

（二）企业引培：培育聚拢一批领军企业

三大优势核心产业领域聚拢了一批综合实力较强的领军企业，构成温州数字经济往"高"攀升、向"新"进军的主力军。一是物联网领军企业。正泰、德力西、人民电器领衔智能电气产业，瑞立集团、力邦合信、长江汽车领衔汽车电子产业，天宇工贸、凯迪仕、威欧希（VOC）领衔智能锁具产业，不断带动产业转型升级。二是网络通信领军企业。大唐、意华接插件、新亚电子、赛泺通讯等龙头企业，构成网络通信产业领域的主力。三是能源电子领军企业。瑞浦兰钧规模超百亿元，在国内动力电池企业装车量位列前十；麦田能源实现跨越式增长；三澳核电项目总投资约 1200 亿元。

---

① https：//t. cj. sina. com. cn/articles/view/1700648435/655dd5f3020015fcr.
② 需要注意的是，电池制造在《浙江省数字经济核心产业统计分类目录》中属于数字经济核心产业，在国家统计局《数字经济及其核心产业统计分类》中则不是。

（三）平台建设：打造提升重大产业平台

以软硬件协同发展为目标，温州构建起以中国数安港、国际云软件谷、正泰物联网传感器产业园为代表的重大产业平台，并不断推动其能级提升。一是打造中国数安港，探索数据资源价值化。设立浙江省大数据联合计算中心和浙江数据交易中心温州基地，招引落地包括中国电子、联仁健康等头部企业在内的 88 家企业，挂牌成立全国首家数据资源法庭、首家数据资源仲裁院、首家数据资源公证服务中心，构建了"一庭一院一室一队一中心"数据资源司法体系。二是打造国际云软件谷，形成软件业发展新动能。温州国际云软件谷核心区致力于建设全球首个以云软件交付、全栈云技术为支撑的软件产业园，吸引慧与中国、上海微福思、科大讯飞等知名软件企业签约入驻。2023 年实现营收 15.6 亿元，占全市总量约 40%，同比增长 47.2%。三是打造正泰物联网传感器产业园，推动物联网产业创新提质。正泰物联网传感器产业园是浙江省重大产业项目，致力于构建以物联网传感技术应用和工业自动化装备制造为产业主体，相关的自动化零部件为支撑的产业生态圈。

（四）改革创新：积极推进数字化改革与应用

大力推进数字经济相关试点工作，探索以数字技术助力优化发展生态。一是数据价值化改革抢先破冰。中国（温州）数安港挂牌运营温州数据交易中心，目前累计交易额超 2 亿元，开出数据资产确认登记全国"第一单"。工业产品主数据标准在全市阀门行业率先试点。二是中小企业数字化改造试点铺开。8 个县（市、区）纳入中小企业数字化改造试点县（市、区）和创建培育名单，全省首场产业数字化系列推进会在乐清举行。三是以数字技术辅助基础服务持续完善。推出"企业健康诊断"、"帮企云"、"千企智改"、数据得地、科创指数贷等数字应用和创新机制。

二 温州数字经济发展水平评估——基于 2023年《综合评价》

2023年《综合评价》显示，温州市数字经济发展综合得分为92.2分，次于杭州（140分）、宁波（95.4）、嘉兴（94.1分）居全省第4位，与上一年持平。自数字经济"一号工程"提出以来，杭州在《综合评价》中一直高居榜首，宁波、温州、嘉兴三地则轮流位列2~4名，省内数字经济"一超三强"局面已持续六年。

（一）数字基础设施上，温州供给质量明显提升，需求增长较为稳定

2023年《综合评价》显示，温州市数字基础设施得分为109.0分，位列省内第3，较上年上升2位。六年来，温州在数字基础设施一项上首次进入全省前三。

从基础设施供给视角考察，温州在量上基本位于省内中上水平，且在质上增长迅速。从网络基础设施总体来看，温州城域网出口带宽达到16734Gbps，比上年增加16.5%，次于杭州（17158Gbps），连续三年位列省内第2。从固定网络来看，温州光纤宽带用户率为90.74%，连续第二年下降，排名居全省第4，与上一年持平。从移动网络来看，温州每万人拥有5G基站数量6.6个，排名居全省末位。这一项指标往年以每平方公里拥有移动电话基站数量考量，温州连续4年排名全省第4，2023年改成人均指标，由于温州人口密度较大，排名急剧下降，但结合5G用户普及率看，5G基站供给尚未构成温州移动网络发展瓶颈。从网络质量来看，温州固定宽带端口平均速率为339.52Mbps，比上年增长34.4%，排名从全省第7上升为第3。

从基础设施需求视角考察，温州增长稳定，省内位次比较稳固。固定互联网普及率达到每百人51.72户，比上年提升10.7%，比第一名的舟山（59.20户）少7.48户，位列全省第4，与上一年持平。5G用户普及率①为

---

① 这一指标为2021年《综合评价》新增，只有两年数据。

每百人 51.37 户，比上年提升 7.9%，比第一名的杭州（55.18 户）少 3.81 户，连续第三年位列全省第 4。付费数字电视普及率为每百户 191.91 户，比上年上升 5.0%，比第一名的杭州（266.29 户）少 74.38 户，连续第四年位列全省第 6。

（二）数字产业化上，温州数字经济核心产业规模增长不够快，发展质量和发展生态偏弱

2023 年《综合评价》显示，温州数字产业化得分为 76.4 分，低于杭州（162.9 分）、嘉兴（91.2 分）和宁波（79.4 分），总体水平位列全省第 4，失去了保持四年的省内第三位置。

从量的视角考察，温州数字经济核心产业相对规模居全省第三，但增长不够快，"追兵"将至。温州数字经济核心产业占 GDP 比重[①]为 7.6%，较上一年上升 0.2 个百分点，次于杭州（27.1%）、嘉兴（10.8%）。这一指标各地区历年的排名相对稳定，杭、嘉、温占据一到三名的格局已维持六年。从增长幅度看，榜首杭州出现了原地踏步的情况，数字经济占比的增长可能已经达到瓶颈；增长达到 0.4 个百分点及以上的地区有嘉兴（10.3% 到 10.8%）、金华（7.1% 到 7.5%）、衢州（4.3% 到 5.0%）、绍兴（3.9% 到 4.4%）、丽水（3.5% 到 3.9%）和台州（3.2% 到 3.8%）。金华与温州数字经济占比仅有 0.1 个百分点。

从质的视角考察，温州数字经济核心产业发展质量处于全省中下水平。从创新成果看，杭州人均拥有数字经济核心产业有效发明专利数以每万人 51.86 件遥遥领先，宁波（16.11 件/万人）、嘉兴（13.15 件/万人）、湖州（12.91 件/万人）为省内第二梯队，温州仅以每万人 6.95 万件居省内第七，与上一年持平；增速上，温州较上年增长 13.9%，远落后于榜首杭州（30.6%），在前六名中也仅比嘉兴（13.2%）略高；前六名除宁波、舟山外均为环杭州地区。从产品创新程度来看，温州数字经济核心产业制造业新

---

① 《综合评价》中凡涉及企业的统计数据，统计对象均为规上（限上）企业，不复赘述。

产品产值率为 54.53%，较上年增长 6.03 个百分点，排名省内第 8，较上一年上升 2 位。

从社会效益视角考察，温州数字经济核心产业人均产出偏低，但亩均产出较高。从单位劳动力产出看，温州数字经济核心产业劳动生产率为人均 17.64 万元，较上一年下降 1.46 元，连续第三年居全省末位。从亩产效率来看，温州数字经济核心产业亩均税收 23.71 万元，连续第四年位列全省第 2，与第一名杭州（55.04 万元）差距较大，但也明显高于省内其他地区。

从发展生态视角考察，温州总体处于省内中下游水平。温州数字经济核心产业 R&D 经费占营收比重为 2.32%，较上一年下降 0.02 个百分点，排名全省第 4，较上一年下降 2 位，被丽水（2.50%）和衢州（2.37%）超过。温州数字经济投资占全部固定资产投资的比重为 4.1%，较上一年增长 0.1 个百分点，排名全省第 8，较上一年下降 1 位，与排名靠前的嘉兴（14.3%）、衢州（11.0%）和湖州（9.7%）差距比较明显，排在温州前面的除了宁波，均为环杭州地区。温州数字经济核心产业人才占比①为 39.87%，较上一年增长 0.67 个百分点，排名全省第 5，与上一年持平。

（三）产业数字化上，温州产业数字化投入居全省前列，产业数字化应用居全省中游

2023 年《综合评价》显示，温州产业数字化得分为 87.7 分，排名上升 2 位至全省第 6，持平了六年以来取得在省内的最高排名，上一次省内第 6 出现在 2020 年《综合评价》。排在温州之前的均为环杭州地区。

从产业信息化投入视角考察，温州稳居全省前列，但与杭州仍存在巨大差距。温州企业信息化投入占营业收入比重为 0.216%，较上一年减少

---

① 指数字经济核心产业年末人才资源数量占数字经济核心产业从业人员期末人数的比例。人才资源指企业的经营管理人员、专业技术人员、高技能人员。

0.037 个百分点，仅次于杭州（0.560%），位列全省第 2，排名与上一年持平。温州该数值已经连续两年下降，且与杭州存在巨大差距，只有杭州的38.6%；不过与其他地区比仍存在明显优势。

从产业信息化应用视角考察，温州有所进步，整体处于省内中游水平。温州企业使用信息化进行购销存管理普及率为 58.25%，较上一年增长 0.45 个百分点，排名全省第 8，较上一年上升 1 位。企业使用信息化进行物流配送管理普及率为 20.13%，较以上年增长 5.73 个百分点，排名居全省第 4，较上一年上升 4 位，是六年来的最高排名。企业生产经营应用数字化转型覆盖率①为 57.7%，排名全省第 5，与排名第一的衢州相差 8.5 个百分点。该指标由往年的"企业使用信息化进行生产制造管理普及率"调整而来，温州在过去两年均位列全省第 9，说明温州企业在生产制造的数字化水平上整体较为落后，但综合生产经营诸环节来看，温州仍能保持省内中游水平，而排在温州前面的除了宁波，均为环杭州地区。

（四）新业态新模式上，温州电商发展遇瓶颈，但移动金融较为活跃

2023 年《综合评价》显示，温州市新业态新模式②得分为 80.0 分，位列省内第 5，较上一年下降 3 位，相对水平下降较为明显。

从电商发展视角考察，温州网络零售水平出现下滑。温州人均电子商务销售额为 9992.3 元，六年来首次出现下滑，也是省内唯一出现下滑的地区，排名全省第 7，较上一年下降 2 位，处于历史低位；杭州、宁波分列第 1、第 2，指标值分别是温州的约 7 倍和 4 倍。温州网络零售额相当于社会消费品零售总额的 58.9%，较上一年增加 1.2 个百分点，排名省内第 8，与上一年持平；杭州（143.9%）和金华（142.4%）这一比例都超过 100%，连续第 4 年分列省内第 1、第 2。温州工业企业电子商务销售额占营收比例为

---

① 该指标为 2023 年综合指标新增指标，企业生产经营应用数字化转型覆盖率=开展数字化转型的规模以上工业企业数/规模以上工业企业数×100%。

② 《综合评价》中主要指电子商务和移动金融。

4.10%，较上一年下降 1.01 个百分点，是除舟山外省内唯一下滑的地区，排名全省第 4，连续 5 年位居全省第 2 的势头被打破。

从移动金融发展视角考察，温州移动支付较为活跃。温州人均移动支付交易额①为 134.6 万元，排名省内第 2，虽然指标值仅为榜首杭州（266.1 万元）的一半，但与省内其他地区相比仍存在明显优势。

（五）政府和社会数字化上，温州社会民生部分指标排名下滑，政务数据共享居全省中上游

2023 年《综合评价》显示，温州市政府和社会数字化得分为 99.0 分，位列全省第 6，较上一年下降 2 位。排名出现较大波动，原因在于《综合评价》去掉了政务数字化的若干指标。在这些指标上，温州排名较为靠前，这是温州排名下降的重要原因。

从社会民生视角考察，温州各项指标排名基本都出现了一定程度的下滑。温州人均移动互联网接入流量为 253.1GB，较上一年增长 17.1%，与第一名金华（270.1GB）相差 17GB，排名全省第 6，较上一年下降 1 位。温州高速公路入口 ETC 使用率为 68.4%，较上一年下降 2.9 个百分点，排名全省第 5，较上一年上升 1 位。温州生均教育信息化经费投入为 836.8 元，较上一年下降 20.3%，排名全省第 9，较上一年下降 3 位。温州区域医院门诊智慧结算率为 84.6%，较上一年下降 3.4 个百分点，排名全省第 5，较上一年下降 2 位，处于五年来最低水平。

从政务数据共享视角考察，温州处于全省中上水平。温州公共数据有效共享率②为 92.3%，排名全省第 4，与前三的杭州（95.2%）、宁波（93.5%）、台州（93.5%）差距不大。

---

① 这一指标为 2023 年综合指标新增指标。
② 这一指标为 2023 年《综合评价》新增指标，公共数据有效共享率（%）＝有效调用的接口数/接口申请总数×100%。

三　影响温州数字经济发展的原因分析

（一）推进力量与目标定位不匹配

温州数字经济发展的推进力量，与"一号发展工程"的重要地位和省内"第三极"的发展目标不匹配。一是推进机制系统性不足。数字经济是一个新兴且交叉融合特征较强的经济领域，其快速发展对推进机制的系统性要求相对较高。温州市数字经济发展领导小组成立虽然较早，但数字经济各项工作仍分散在各部门和县（市、区），整体性和系统性不足，拧成一股绳加油干的态势尚未形成。二是统计监测机制不健全。数字经济发展的各项数据散落在各个部门，尚未建立起系统的数据汇报、共享机制，数据发布滞后，不利于数字经济发展领导小组办公室（简称"数组办"）和相关部门开展决策分析和指导服务工作。三是人员机构支撑偏弱。温州数字经济相关职能部门的人员编制较少，且支撑机构缺位，与"一号发展工程"的重要性不匹配。相比之下，杭州、宁波、嘉兴、绍兴、金华等地不仅充分保障了相关人员编制需求，还设立实体机构强化数字经济履职能力。

（二）要素禀赋弱

在数字产业化和产业数字化规模体量和发展质量方面，温州在不少指标上与环杭州地区和宁波还存在不小差距，这与数字经济发展要素禀赋不足息息相关。一是人力资源不足。《综合评价》显示，温州数字经济人才储备水平仅为浙江中游水平；而数字经济方面的高端人才，则主要被以杭州阿里为核心的数字经济生态圈所虹吸，并辐射到环杭州地区。这几年温州在人才政策上不断发力，但环杭州地区的人才待遇也不弱于温州，温州引人之路依然艰难。二是科技金融支持乏力。《综合评价》显示，温州数字经济相关投资被环杭州地区拉开较大差距，这可能与科技金融集中在杭州有关。温州的数字经济初创项目想要获得前期投资，原地起飞非常难，实践中不少数字经济

好项目获得融资的前提条件就是迁去杭州。三是土地资源紧缺。温州数字经济亩均税收高居全省第二，但同期数字经济税金总额排名仅为第四，受土地要素制约明显。四是创新配套偏弱。数字经济领域的大院大所在温州布局较少，数字经济关键核心技术研发及产业化支撑能力不足，培养数字经济高层次人才的能力不足。

（三）数字经济增长点少

当前，温州数字经济各项指标处于徘徊状态，一个重要原因在于，新动能培育尚待时日，旧动能转型更非一日之功，能够短期见效的增长点缺乏，数字经济发展内生路径不清晰。而通过招商引资向外寻求突破点，则可能面临创投失败风险。一是数字产业化还未形成强劲可靠动力。目前温州数字经济三大主导产业领域，物联网产业主要脱胎于传统的电子电器产业，仍在跟随产业发展缓慢转型中；网络通信能否爆发式增长取决于招引的龙头企业能否发力；能源电子则面临新能源产业产能过剩风险和统计口径变更风险，后者是因为根据国家统计局口径，数字经济核心产业并不包含电池制造。二是产业数字化配套薄弱，存在两极分化现象。数字产业化的配套环节较为薄弱，如温州软件业营收在全省仅排第8，规模仅有杭州的1/295，宁波的1/6。在缺乏良好数字经济生态的背景下，产业数字化转型出现了两极分化的现象：头部企业资金实力雄厚，数字化进程基本不受限于本地生态，数字化实践起步较早，而产业群落中大量的中小微企业，其数字化应用则相对滞后。三是数字基础设施难以成为主攻方向。数字基础设施是数字经济快速发展的底座，不过基础设施的强化在特定时间区间内存在极限。例如移动基站密度不可能无限提升，固定互联网、5G套餐、付费数字电视普及率提升也存在天花板。近年来温州数字基础设施进步较大，但数字基础设施不适合作为数字经济的主攻方向。

四 加快温州制造业数字化转型的建议

为贯彻落实数字经济创新提质"一号发展工程"要求，应充分发挥既有优势，克服短板困难，探索适合温州的数字经济高质量发展路径。当前，各地均重视数字经济核心产业发展，纷纷构建具有比较优势的产业领域，温州也不例外。与数字经济核心产业求"新"求"高"不同，制造业数字化更强调"新""旧"结合和转化，其中涉及复杂的技术转化和产业链条，各地都仍处在前期摸索阶段，尚未形成成熟可复制的经验。温州在传统制造业领域具有比较优势，制造业数字化转型的潜力较大。2023年《综合评价》共有5个一级指标，温州有3项指标出现不同程度的下降，仅产业数字化和基础设施两项排名上升，从而保持住了省内第四的位次，因此加快制造业数字化对于温州稳住数字经济相对发展水平，冲刺省内数字经济"第三极"，具有重要意义。温州可将加快推动本地制造业整体性、系统性、经济性数字化转型作为探索温州特色数字经济发展路径的突破口。

（一）优化制造业数字化培育路径

优化数字化培育路径，系统性降低传统制造业企业的数字化转型成本。一是系统培育。挖掘出具有良好数字化前景的重点产业，梳理从终端产品到原材料加工的一整个产业链条，针对所有环节进行数字化培育，而不是孤立地培育终端大企业。建立产业链共享的综合服务大厅、中试基地、公共技术研发中心、工业设计基地、投融资平台、检验检测中心等配套设施，降低产业链企业行政成本和研发成本。二是集中培育。应规划小微园或标准厂房，为同类型小微制造业企业提供统一的金融服务、物业管理、员工餐食、集中供热、集中供气、集中排污、数字化云平台等，帮助小微企业共享数字化配套设施，降低运营成本。三是精准培育。继续深入实施诊断咨询服务，探索将智能化诊断向规下企业延伸，由政府补助，引进优质的服务商，对企业的数字化改造进行诊断并编制解决方案。

（二）加快制造业数字化补链行动

一是梳理重点补链产业。邀请专家学者、行业协会、企业家代表，对重点产业链数字化升级急需的配套补链产业进行调研研讨，确定重点支持的补

链目录。一般来说，可以分为服务型制造业（如自动化设备制造、物联网设备制造）和生产性服务业（如软件与信息服务、工业互联网服务）两类。二是培育本地补链企业。借助补链行动，大力培育本地的补链企业，为本地的补链企业优先解决生产空间和融资问题，扶持政策向本地补链企业倾斜。对于为本地企业提供数字化软硬件服务的本地补链企业，要制定政策予以补贴。三是招引以补全配套为导向。对于确实需要招引的数字经济企业，要考察企业与本地产业的互补情况，并鼓励引导企业雇佣培养本地人才。进一步引导国际云软件谷为本地制造业软硬件升级进行布局。

（三）鼓励制造业数字化龙头带动

充分发挥数字化转型起步较早的制造业龙头企业的作用，加快数字技术和数字方案沿产业链传递和向产业集群溢出。一是鼓励支持高附加值企业沿产业链协同发展。鼓励高附加值企业"以大带小"，主导形成沿产业链的数字化基础设施共享体系和技术研发共享体系，实现共赢。对构建产业链数字化共享平台成功的，应予以奖励。二是鼓励行业龙头企业探索向数字技术服务商转型。正泰、报喜鸟等行业龙头企业，在制造数字化升级上不遗余力，取得了国内、省内领先的水平，应鼓励其向本地行业内企业提供技术服务，探索制造企业数字化方案服务化转型。

（四）开展制造业数字化示范引导

对于数字化成功案例，应发挥其示范带头作用，化解企业对数字化改造的疑虑。一是梳理一批共性示范项目。重点针对共性需求，邀请服务商走访企业，进一步了解真实需求和痛点、难点问题，梳理推介一批示范项目。二是梳理一批廉价示范项目。针对企业家对数字化改造费用的疑虑，应挖掘一批性价比较高的示范项目，如效果显著的微小创新、本地服务商提供的廉价解决方案等。三是开展示范推介活动。邀请服务商分行业、分专业开展推介活动，全面介绍解决方案涉及的关键技术和管理难点，进一步帮助企业明确提出建设需求。

（五）优化制造业数字化保障措施

一是打造系统化推进机制。明确制造业数字化工作方向和重点领域，通过强化市县数组办职能，围绕主攻方向和重点领域，优化信息报送和进度监督流程，探索构建跨部门、跨层级的功能模组，构建强有力的"中枢—系统"工作推进模式。二是强化推进力量。充实队伍力量，对标兄弟城市，增加数字经济相关处室人员编制，增强数组办协调能力。设立温州市数字经济创新发展中心或制造业数字化研究院，吸引组织高层次人才为温州制造业数字化提供智力支撑。三是加强要素保障。土地配置向制造业数字化潜力企业倾斜，向制造业数字化配套产业倾斜。持续完善人才政策，提升制造业数字化引才精准度和产业适配度，多途径推动产教融合。发挥引导基金作用，优化容错机制和利益让渡机制，扶持制造业数字化转型的前期项目。引导高能级创新平台和高校支持温州特色制造业数字化转型。

B.26
2023年温州经济社会发展评价
和2024年趋势判断

——基于领导干部和企业家的问卷调查

朱呈访　夏丽君　李美美*

摘　要：　为了解温州领导干部与企业家对2023年温州经济社会发展状况的评价，课题组进行了专题问卷调查，并使用SPSS25.0软件，采用均值、标准差、F检验等方法进行分析。结果显示，两大群体对2023年温州经济发展的满意度与区域竞争力评价的正面度偏低，但对社会发展的满意度较高；对2024年经济发展和社会发展的预测也持类似态度；他们较为关注人才缺乏、市场需求不足、就业难、法治保障水平有待提高等突出问题，认同政府在营商环境优化、创新平台打造、生态环境治理、社会治安等方面的工作，但认为政府在传统产业支持发展、教育领域改革、医疗卫生服务提质等方面存在不足。为此，要重点关注中小微企业家群体新诉求，优化人才培育生态，完善传统产业支持政策，提高法治保障水平，深化民生领域改革，以更好推动经济社会发展。

关键词：　领导干部　企业家　经济社会　温州

领导干部和企业家是社会两大精英群体。他们不但在经济社会发展过程中发挥关键作用，他们对经济社会发展的判断与预测也具有十分重要的参考意义。

---

* 朱呈访，中共温州市委党校副教授；夏丽君，中共温州市委党校教务一处四级主任科员；李美美，中共文成县委党校教师。

为此，课题组在问卷调查的基础上，对比研究领导干部与企业家对2023年温州经济社会发展的评价，并据此深入分析温州经济社会发展现状及其趋势。

一 研究对象与研究方法

（一）样本选取和样本特征

课题组于2023年10~12月在温州市领导干部与企业家两大群体中发放问卷。为了保证问卷调查信度与效度，课题组选用分层随机抽样法，一方面依据领导干部群体的职级与单位类型等特征选取温州市委党校8个班次学员进行问卷调查；另一方面依据企业规模与企业所在行业类型等特征选取温州12个县（市、区）的企业家群体（企业的董事长或总经理）进行问卷调查。此次调查共获得有效问卷576份，其中领导干部有效问卷302份，企业家有效问卷274份。从领导干部问卷样本特征来看，被调查者以男性为主，年龄集中在30~39岁，现任职级多为乡科级，主要来自县级机关；从企业家问卷样本特征来看，被调查主要是男性，年龄以40~49岁为主，所在企业规模以中型企业为主，所在行业类型以传统制造业为主，具体如表1所示。

表1 领导干部与企业家问卷样本特征

单位：份，%

领导干部				企业家			
特征变量	类型	样本数	百分比	特征变量	类型	样本数	百分比
性别	男	236	78.1	性别	男	253	92.3
	女	66	21.9		女	21	7.7
年龄	30岁以下	24	7.9	年龄	30岁以下	5	1.8
	30~39岁	156	51.7		30~39岁	88	32.1
	40~49岁	92	30.5		40~49岁	140	51.1
	50岁及以上	30	9.9		50岁及以上	41	15.0

续表

领导干部				企业家			
特征变量	类型	样本数	百分比	特征变量	类型	样本数	百分比
现任职级	县处级	18	6.0	企业规模	大型企业	33	12.0
	乡科级	175	57.9		中型企业	175	63.9
	乡科级以下	109	36.1		小微企业	66	24.1
单位类型	市级机关	65	21.5	企业所在行业	传统制造业	127	46.4
	县级机关	100	33.1		商贸服务业	86	31.4
	乡镇机关	91	30.1		高新技术产业	42	15.3
	事业单位	31	10.3		其他	19	6.9
	国企	15	5.0				

（二）问卷设计及其信度、效度检验

本次问卷选用封闭式题目与开放式题目相结合的方法进行设计，主要分为四个部分，包括经济社会发展现状评价、经济社会发展预测、政府工作成效评价与经济社会发展建议。

信度检验。信度系数是衡量测量工具稳定性与可靠性的重要指标。本文选用 Cronbach's α 系数进行检验，基于 SPSS25.0 软件的 Cronbach's α 系数结果显示，Cronbach's $\alpha = 0.803$。这表示本次问卷设计的信度较高，问卷设计内部一致性与被测特征的真实程度较高。

效度检验。效度检验能较好反映问卷的有效性与正确性。本文使用 SPSS25.0 软件进行 KMO 检验和巴特利球形检验，结果显示，KMO 检验值为 0.871，巴特利球形检验 $p < 0.05$，结果显著。这意味着本次问卷的效度较高，具有较好的结构效度。

（三）调查结果的统计方法

在回收的 576 份有效问卷中，课题组分别对领导干部问卷与企业家问卷进行编码，使用 SPSS25.0 软件对问卷数据进行统计分析。在此基础上，采用均值、标准差、F 检验等，对两大群体问卷数据进行深入分析。其中，满意度评价、正面度评价与乐观度评价，是调查对象对问卷内容满意、正面与乐观程度的主观感受的量化，用百分数来进行测量。满意度评价、正面度评价与乐观度评价计算方法类似，具体步骤如下：先按照李克特五点式量表法对评价指标按程度高低划分为五等级，如"好"（"强"）、"比较好"（"比较强"）、"一般"、"比较差"（"比较弱"）、"差"（"弱"）；再将五个等级选项分别进行赋分，分别赋予指数 10、8、6、2、0，并进行百分比计算。具体划分标准：满意度评价、正面度评价与乐观度评价处于区间［0.8，1］则为高水平，处于区间［0.6，0.8）则为中等水平，处于区间［0，0.6）则为低水平。此外，平均综合得分主要采用加权平均法，先将选项按照三项排序法进行排序，分别赋予排名前一、二、三的选项指数 3、2、1，以此计算平均综合得分，具体见下文。

二 温州经济社会发展评价判断的调查及分析

（一）2023年温州经济社会发展总体评价

温州经济社会发展总体评价主要包括温州经济发展评价、温州社会发展评价与温州区域竞争力评价三方面内容。这部分的满意度与正面度评价，按照前文方法，通过 SPSS25.0 软件对数据进行测算与分析。

1. 领导干部与企业家对2023年温州经济发展评价满意度偏低，领导干部满意度稍高于企业家

表 2 数据显示，领导干部与企业家对 2023 年温州经济发展评价满意度分别为 53.2% 与 50.9%，满意度仅为 50% 左右，这意味着两大群体的满意度处于低水平。相较于领导干部，企业家的满意度更低，低于领导干部 2.3 个百分点。此外，领导干部与企业家对经济发展评价满意度的标准差分别为 0.66 与 0.51，数值较小，反映出领导干部与企业家两大群体内部评价总体差异较小。分类别来看，就领导干部群体而言，年龄越大对温州经济发展评

价满意度越低，这反映了年龄越大的领导干部对经济发展评价越偏谨慎。就企业家群体而言，行业差异显著，来自高新技术产业的企业家群体的满意度最高，来自传统制造业的企业家群体满意度最低，这一定程度上反映了在当前经济形势下行的背景下，传统制造业的发展比高新技术产业更加艰难。总体而言，企业家群体比领导干部群体对温州经济发展评价更偏谨慎。就两大群体差异来看，企业家是经济活动的主要参加者，对经济发展形势更为敏感。在访谈中发现，较多企业家反映了温州经济转型较难、投资环境不佳、市场需求不足等问题，对市场与行业发展表现出一定的担忧。

2. 领导干部与企业家对2023年温州社会发展满意度偏高，且年龄越大满意度越高

表2数据表明，领导干部与企业家对2023年温州社会发展满意度处于高水平，分别为83.3%与85.4%，且企业家的满意度高于领导干部2.1个百分点。此外，其标准差只有0.32与0.21，标准差较小，这反映了领导干部与企业家两大群体内部对社会发展满意度评价较为集中，评价主要集中于"好"与"比较好"。在调研访谈中发现，领导干部与企业家认为虽然2023年温州经济形势不佳，但是温州社会运行状况较为良好，特别是在生态环境、社会治安、交通建设等方面发展较好，很多社会发展指标方面走在全省前列。特别注意的是，企业规模差异显著，小微企业的满意度最低，中型企业满意度次之，大型企业的满意度最高，呈现规模越大满意度越高的规律。此外，领导干部与企业家两大群体的评价满意度随着年龄增大呈现上升趋势，年龄越大，满意度越高。这反映了温州社会发展与社会进步是持续与长期的，多年来社会发展持续向好。

3. 领导干部与企业家对温州区域竞争力评价正面度偏低，且认为传统产业竞争力减弱是主要制约因素

领导干部与企业家对温州区域竞争力评价正面度分别为57.6%、48.8%，均处于低水平。此外，表2中F检验数据显示，领导干部与企业家在温州区域竞争力评价正面度层面上差异显著，两者差异达8.8个百分点。可见，领导干部对温州区域竞争力评价正面度高于企业家，这与2022年调查的结果相似。就两大群体内部评价差异来看，领导干部与企业家对温州区域竞争力评价的标准差分别为 0.81 与 0.86，高于对经济发展与社会发展的评价，这意味着领导干部与企业家两大群体内部对温州区域竞争力评价较为分散，两大群体内部差异性较大。具体而言，领导干部评价的正面度随着现任职级的提高而降低，而企业家群体评价正面度随着企业规模的变小而降低。就区域竞争力评价的分指标而言，领导干部与企业家两大群体对温州传统产业竞争力评价正面度均为最低，分别只有 48.2%、37.2%。可见，领导干部与企业家两大群体均对传统产业竞争力信心不足。现阶段传统产业面临着多重挑战，如技术落后、高成本压力、生产效率较低、市场竞争激烈、利润空间有限等，而这些问题在 2023 年经济整体下行的形势下更加恶化。

表 2　领导干部与企业家对 2023 年温州经济社会发展总体评价差异

评价项目	领导干部		企业家		F	Sig
	均值(%)	标准差	均值(%)	标准差		
经济发展评价满意度	53.2	0.66	50.9	0.51	26.543	0.000**
社会发展评价满意度	83.3	0.32	85.4	0.21	21.397	0.000**
区域竞争力评价正面度	57.6	0.81	48.8	0.86	31.267	0.000**

注：**、* 分别表示 1%、5% 的显著性水平，下同。

（二）2023年温州经济社会发展中存在的问题

针对经济社会发展中存在的问题，本文主要从温州经济发展问题、社会发展问题、三个"一号工程"① 实施中的问题三方面进行分析。每个部分的子问题按照前文的平均综合得分②进行排序，正面得分越高意味着调查对象

---

① 在 2023 年 1 月 28 日的浙江"新春第一会"上，浙江省委书记易炼红首次提出了三个"一号工程"，即数字经济创新提质"一号发展工程"、营商环境优化提升"一号改革工程"以及地瓜经济提升能级"一号开放工程"。

② 按照前文的计算方法，平均综合得分＝（Σ频数×权值）/本题填写次数，其中频数是被调查者选择该选项的次数，权值由被调查者对该选项的排序决定。文中全部采用三项排序法，排名第一的权值为 3，排名第二的权值为 2，排名第三的权值为 1。

认为该问题正面性越强；负面得分越高意味着调查对象认为该问题严重性越突出。

1. "人才缺乏"被领导干部认为是制约2023年温州经济发展最突出问题，而"市场需求不足"连续两年被企业家认为是经济发展最突出问题

由表3结果所示，领导干部与企业家对2023年温州经济发展突出问题排序差异较小，"人才缺乏"、"市场需求不足"与"创新能力不强"被两大群体认为是最突出的三大问题。值得注意的是，"人才缺乏"被领导干部认为是2023年温州经济发展最突出的问题，且领导干部的职级越高，评价越负面。虽然温州出台了众多人才引留政策，但人才总量不足、结构不优等问题一直是制约温州经济发展的突出问题，高层次人才数量、每万人口拥有人才资源数等指标排名仍较为靠后。"市场需求不足"连续两年被企业家认为是温州经济发展最突出的问题；且"市场需求不足"的负面平均综合得分要显著高于其他问题，特别是来自传统制造业的企业家对"市场需求不足"的评价负面程度最高。两大主体对经济问题评价差异可能在于，作为经济活动重要主体，企业家是经济活动的直接参与者，从2023年经济形势来看，温州经济增长放缓与市场需求不足密切相关。消费动能、投资动能与出口动能恢复乏力，需求不足问题进一步凸显，这成为企业家经营压力上升的重要因素。

表3　2023年温州经济发展突出问题排序统计

领导干部			企业家		
排名	选项	负面平均综合得分	排名	选项	负面平均综合得分
1	人才缺乏	10.67	1	市场需求不足	11.56
2	市场需求不足	8.91	2	创新能力不强	8.12
3	创新能力不强	6.55	3	人才缺乏	6.74

2. "就业难"被领导干部与企业家认为是2023年温州社会发展最突出问题

由表4可知，领导干部与企业家均认为"就业难"是2023年温州社会发展最突出问题。相较于上年的结果来看，企业家对"就业难"问题的负面评价程度大幅上升，从上年的负面评价第五位上升到第一位。可见，"就

业难"问题已经成为温州社会发展的关键问题。具体来看，领导干部的职级类别差异显著，乡科级以下领导干部对"就业难"的负面平均综合得分最高，乡科级次之，县处级最低。这反映了领导干部职级越低认为"就业难"问题严重性越突出，说明更接近一线民生的干部更能直观感受到当下就业的困境。企业家企业规模类型差异显著，来自小微企业的企业家对"就业难"问题评价最负面，中型企业次之，大型企业最正面，这意味着企业规模越小，对"就业难"问题评价就越负面。这也在一定程度上反映了小微企业的生存困境，在调研中发现，部分小微企业因为经营困难程度更高，其裁减的工人数量更多。除了"就业难"问题之外，领导干部与企业家对其他社会问题的负面评价差异较大，领导干部主要关注"房价高企"和"贫富差距大"的问题，而企业家则认为"地方社会治理能力不足"和"商品价格波动大"问题值得关注。

表4　2023年温州社会发展突出问题排序统计

领导干部			企业家		
排名	选项	负面平均综合得分	排名	选项	负面平均综合得分
1	就业难	9.24	1	就业难	8.26
2	房价高企	7.65	2	地方社会治理能力不足	8.11
3	贫富差距大	5.23	3	商品价格波动大	6.07

3. 领导干部与企业家认为"数字化高端和应用人才培育不足"是数字经济创新提质"一号发展工程"最突出问题，"法治保障水平有待提高"是营商环境优化提升"一号改革工程"最突出问题，"产业综合实力不足"是"地瓜经济"提能升级"一号开放工程"最突出问题

表5显示，针对温州三个"一号工程"实施中存在的问题，领导干部与企业家的观点较为相似。在数字经济创新提质"一号发展工程"突出问题中，"数字化高端和应用人才培育不足"被两大群体认为是最突出问题，且性别特征显著，男性比女性评价更加负面。调研中发现，数字经济发展对人才的依赖性很大，但是温州不仅缺乏高端人才，还缺乏技能应用型人才。

表5 三个"一号工程"突出问题排序统计

三个"一号工程"项目	排名	选项	领导干部			企业家			领导干部与企业家负面平均综合得分	F	Sig
			倾向值（%）	负面平均综合得分	标准差	倾向值（%）	负面平均综合得分	标准差			
数字经济创新提质"一号发展工程"	1	数字化高端和应用人才培育不足	32.6	9.88	0.37	30.3	8.76	0.41	9.32	15.323	0.000**
	2	数字经济创新能力不足	22.1	7.65	0.58	24.1	8.01	0.55	7.83	3.527	0.041*
	3	数字基础设施建设不足	14.3	7.32	0.71	10.9	6.87	0.72	7.10	21.023	0.000**
营商环境优化提升"一号改革工程"	1	法治保障水平有待提高	26.9	9.14	0.39	31.4	9.25	0.36	9.20	18.695	0.000**
	2	政策措施执行不到位	22.3	7.01	0.77	20.9	7.03	0.62	7.02	24.123	0.000**
	3	部分政策知晓率不高	13.2	6.37	0.81	19.1	6.59	0.78	6.48	3.327	0.032*
"地瓜经济"提能升级"一号开放工程"	1	产业综合实力不足	27.8	8.11	0.45	20.1	8.24	0.41	8.18	17.954	0.000**
	2	国内外联动发展不足	20.1	6.99	0.61	18.1	7.64	0.63	7.32	20.542	0.000**
	3	世界经济增长放缓	12.4	5.25	0.85	13.6	6.28	0.84	5.77	18.235	0.000**

在营商环境优化提升"一号改革工程"突出问题中，"法治保障水平有待提高"被两大群体认为是首要问题。此外，企业家群体比领导干部群体的评价更为负面，原因可能在于法治是营商环境最根本的保障，法治保障水平会对企业家的生产经营活动产生直接影响。在"地瓜经济"提能升级"一号开放工程"突出问题中，"产业综合实力不足"被领导干部与企业家认为是最突出问题，且有27.8%的领导干部将其排在第一位，有20.1%的企业家将其排在第一位。目前，温州产业发展在基础研发、技术创新、产品创新等方面与高质量发展要求存在较大差距，产业综合实力不强问题仍较为突出。

（三）2023年温州政府主要工作评价

在2023年温州政府主要工作评价部分，依据领导干部与企业家评价的平均综合得分（计算方法同上），本文分两大群体对政府经济工作与社会工作的评价进行分析。

1. 领导干部认为"营商环境优化"是最富有成效的政府经济工作，而企业家更认同"创新平台打造"

在领导干部问卷中，针对2023年温州政府经济工作，领导干部最认同"营商环境优化"，有58.9%的领导干部将其排在第一位，且其正面平均综合得分为9.13分，已经连续三年居富有成效政府经济工作的首位，且来自市级机关的领导干部对该项工作的评价最高，来自乡镇机关的领导干部的评价最低。基层干部更能直观感受企业对于营商环境诉求与反馈，这可能降低了该群体评价的正面度。此外，企业家对"营商环境优化"工作的认同度较上年有所上升，由第五位上升至第二位。与上年不同，企业家更认同"创新平台打造"工作，排名由上年的第四位上升至第一位。从两大群体评价来看，领导干部更关注成效数据，温州"营商环境优化"工作成效明显，"2023年万家民营企业评营商环境"结果显示，温州稳居全国第一方阵；而企业家更关注自身的收益，特别是"一区一廊一会一室一集群"创新格局、"一港五谷"等高能级创新平台打造成效明显，为企业创新集聚提供机遇，

成为企业创新发展关键利器。

2.“传统产业支持发展”被领导干部与企业家认为是最不足的政府经济
工作，连续两年认同度最低

576 份问卷显示，针对 2023 年温州政府经济工作最不足的评价，领导
干部与企业家最不认同“传统产业支持发展”，与上年评价一致。可见，
“传统产业支持发展”已经连续两年的认同度最低。如表 6 所示，领导干
部对“传统产业支持发展”的负面平均综合得分为 7.66，而企业家群体的
负面平均综合得分为 11.89 分，两大群体的负面打分均高于上年，且女性
领导干部与企业家群体的认同度有明显下降。此外，34.6%的领导干部将
其排第一位，有 51.3%企业家将其排第一位，可知，企业家对于“传统产
业支持发展”工作的评价更为负面。这反映了企业家对于传统产业发展支
持政策的普遍需求与期盼。相较于新兴产业，传统产业是温州产业体系的
根基，是经济发展的基础产业，不能简单地作为低端产业进行限制。调研
发现，两大群体普遍认为，近年来政府较多关注高新技术产业与战略性新
兴产业的发展，更多的政策向之倾斜，而对传统产业支持却显得较为
不足。

表6 领导干部与企业家对“传统产业支持发展”工作评价差异

评价项目	领导干部			企业家			F	Sig
	倾向值（%）	负面平均综合得分	标准差	倾向值（%）	负面平均综合得分	标准差		
传统产业支持发展	34.6	7.66	0.52	51.3	11.89	0.26	22.831	0.000**

3.领导干部认为“生态环境治理”是最富有成效的社会工作，而企业家
更认同“社会治安”

就 2023 年温州政府社会工作而言，领导干部最为认同“生态环境治
理”，其正面平均综合得分达 8.64 分，与上年得分较为接近；且 32.9%的
领导干部将其排在第一位。可见，近两年来，领导干部对政府在“生态环

境治理"方面的工作的认同度最高。此外，领导干部的性别特征差异显著，女性领导干部的认同度高于男性领导干部；领导干部的单位类型特征显著，来自事业单位的领导干部认同度最高，来自国企的领导干部次之。274份企业家有效问卷显示，企业家更认同"社会治安"。相较于上年，企业家对该项工作的认同度有大幅提升，从第三名升至第一名。具体而言，企业家的年龄特征显著，年龄增大，企业家对该项工作的认同度越高，这反映了多年来温州社会治安良好的状态，这种良好状态的维持是长期的而非短期的。从两大群体评价结果来看，企业家对安全稳定的生产秩序更为关注，温州政府多年来致力于工业区的安全隐患排查、流动人口管理、矛盾纠纷化解等社会治安提升工作，取得较好成效，企业家感受更为直观。

4. 领导干部认为"教育领域改革"是最不足的社会工作，而企业家最不认同"医疗卫生服务提质"工作，与上年评价一致

就温州政府社会工作的不足而言，领导干部与企业家的评价与上年一致。领导干部问卷显示，"教育领域改革"被认为是最不足的社会工作；而企业家则最不认同"医疗卫生服务提质"工作。此外，"教育领域改革"的领导干部负面平均综合得分较上年上升了1.01分，"医疗卫生服务提质"的企业家负面平均综合得分较上年上升了0.89分，可见，这两项工作的认同度在下降。教育与医疗是两项最基础的民生保障，也是政府社会工作的重点所在。在调研中发现，温州教育领域的教育资源分配不均衡、教育配套建设不完善、"减负提质"改革效果不佳等问题突出，多年来难以有效解决。此外，温州医疗领域的医疗费用较高、医疗腐败问题多发、医患关系较紧张等问题也一直制约着医疗领域改革难以实现突破。就两大群体差异原因而言，从被调查者年龄来看，领导干部年龄集中在30~39岁，而企业家年龄以40~49岁为主，领导干部更加年轻化，倾向于关注自身或子女教育问题，而企业家年纪偏大，则更加关注自身健康问题；此外，领导干部主要来自县级机关，而城乡、区域之间的教育资源差距会加剧其对"教育领域改革"的不认同。

（四）2024年温州经济社会发展趋势判断

在 2024 年温州经济社会发展趋势判断这部分，本文主要从经济发展预测、社会发展预测与区域竞争力预测三个层面进行深入分析。按照前文的计算方法在 SPSS25.0 软件对数据进行测算与分析的基础上，这部分用乐观度①来量化分析。

1. 领导干部与企业家对2024年经济发展预测乐观度不足，企业家信心强于领导干部

表 7 数据显示，领导干部与企业家对 2024 年经济发展预测乐观度分别为 54.1% 与 56.2%，略高于对 2023 年经济发展满意度，但仍未超过 60%，处于低水平。可见，领导干部与企业家对 2024 年经济发展预测乐观度不足，对未来预期较弱。就两大群体对比数据而言，虽然企业家对 2024 年温州经济发展评价的满意度低于领导干部，但对未来经济发展预测层面，企业家的乐观程度更高，高于领导干部 2.1 个百分点。这意味着企业家对温州未来经济发展信心强于领导干部。然而，企业家所在行业差异显著，来自传统制造业的企业家乐观度显著低于来自其他产业的企业家，低于最高乐观度的高新技术产业企业家 6.8 个百分点，这一定程度上反映了传统制造业面临发展的多重压力，正深刻影响着传统制造业企业家的发展预期。总体而言，在经济下行的背景下，两大群体对未来经济判断的乐观程度偏低。

2. 领导干部与企业家对社会发展预测乐观度偏高，两大群体差异不大

从社会发展预测乐观度来看，领导干部与企业家对 2024 年温州社会发展预测正面度较高，其均值分别高达 84.5% 与 83.8%，是经济、社会、区域竞争力三大预测值中最高的。此外，两大群体乐观度数值较为接近，差异

---

① 乐观度计算同上文，先按照李克特五点式量表法对评价指标按程度高低划分为五等级，如"好"（"强"）、"比较好"（"比较强"）、"一般"、"比较差"（"比较弱"）、"差"（"弱"）；再对五个等级选项分别进行赋分，分别赋予指数 10、8、6、2、0，并进行百分比计算。

不大；且两大群体标准差分别只有 0.34 与 0.39，内部差异也较小，85%以上主要集中于"好"与"比较好"的评价。可见，领导干部与企业家对未来社会发展的信心较强，这与上年的评价较为一致。具体而言，领导干部的职级差异显著，县处级领导干部预测乐观度最高，乐观度达到 89.9%，乡科级领导干部次之，乡科级以下领导干部最低，且县处级领导干部无人选择"比较差"与"差"，职级越高评价越乐观。企业家的性别差异显著，女性企业家评价比较保守，男性企业家更乐观，看法也更多元。由此可知，近两年来，两大群体对温州社会发展预期普遍较为稳定，这也反映了温州在社会发展领域取得的显著成绩。

3. 领导干部与企业家对区域竞争力预测乐观度中等，企业家的乐观度更高

从经济、社会、区域竞争力三大预测值来看，领导干部与企业家对区域竞争力判断谨慎偏乐观，乐观度分别为 71.3% 与 73.9%，处于中等水平。虽然两大群体对 2023 年温州区域竞争力正面度评价偏低，但两大群体对 2024 年温州区域竞争力提升的乐观度有所增加。可见，两大群体对未来温州区域发展的信心没有大幅度受到当前发展困境的影响。就评价结果而言，企业家群体乐观度更高，其乐观度高于领导干部 2.6 个百分点，这是温州经济发展市场主体基础较为扎实的表现，企业家预期越好，信心越足，温州区域竞争力提升的底气就越足。但从企业家具体类型来看，企业规模差异显著，来自中型企业和小微企业的企业家乐观度明显低于大型企业，这也反映了竞争实力与抗风险能力较弱的中小微企业持续发展的困境，这也是温州区域竞争力提升的症结所在。

表7 领导干部与企业家对 2024 年温州经济社会发展趋势判断差异

评价项目	领导干部		企业家		F	Sig
	均值(%)	标准差	均值(%)	标准差		
经济发展预测的乐观度	54.1	0.77	56.2	0.63	30.193	0.000 **
社会发展预测的乐观度	84.5	0.34	83.8	0.39	28.140	0.000 **
区域竞争力预测的乐观度	71.3	0.45	73.9	0.50	20.029	0.000 **

三 推动温州经济社会发展的对策建议

依据前文领导干部与企业家对温州经济社会判断、预测及反映的问题等，本文提出以下对策建议，以期进一步推动温州经济社会发展。

（一）特别关注中小微企业家群体新诉求与新期盼，进一步提振企业家信心

在经济低迷时期，促进企业家预期的稳定提升非常重要。前文的结果显示，企业家对 2023 年温州经济发展满意度与区域竞争力评价正面度偏低，且对 2024 年经济发展与区域竞争力预测乐观度不足，特别是中小微企业家表现得更加明显。为此，要做到以下三点。第一，要全面动态把握中小微企业家群体需求的新变化，要关注针对中小微企业的支持政策，要对政策进行及时调整。第二，积极引导企业家形成合理预期。引导企业家理性认清当前经济社会形势，科学判断当前经济社会趋势，并积极应对当前经济社会发展问题，形成合理预期。第三，进一步满足企业家群体的新期待。优化公平竞争机制，营造公平竞争环境，保障民营企业在市场准入、要素获取与使用等方面同等地位与平等待遇，激发企业家创新积极性。健全企业家参与涉企政策制定机制，提高涉企政策精准度。

（二）优化人才培育生态，化解人才短缺与就业难结构性矛盾

问卷结果显示，温州面临人才数量短缺、结构不匹配、创新复合型人才缺乏等问题。人才是区域发展的核心资源，振兴人才队伍是实现经济社会发展的关键。为此，要做到以下三点。第一，精准把握人才需求。对各行业开展统计，制定人才需求目录，特别是整理出产业链技能岗位设置清单、龙头企业清单，提升人才市场需求把握的精准度。第二，优化人才培养模式。针对不同类别不同层次人才，制定不同培养内容，实施不同培养模式，并定期检验实施效果，提升效率与质量。打造校、地、企协同培养模式，推动校企

合作深化，探索产教深度融合培养模式，实现产才融合、人岗相适。第三，着力造就拔尖创新人才。借鉴其他省市高端人才培育经验，集中全市优质资源建立一批高端科技创新中心和拔尖创新人才工作站，强化资金保障，优化激励机制，完善评价体系，创新合作模式，为拔尖创新人才提供成长平台。

（三）完善传统产业支持政策，打造与新质生产力相适应的产业竞争力

加快形成新质生产力是推动未来温州经济发展的重要动力，而传统产业竞争力提升是新质生产力发展的重要内容。然而在区域竞争力评价中，领导干部与企业家两大群体对温州传统产业竞争力评价正面度较低，且认为传统产业竞争力减弱是温州区域竞争力不足的主要制约因素。为此，要做到以下三点。第一，增强传统产业政策稳定性。按照"系统化谋划、节点化破解、清单化推进"策略，建立健全传统产业政策的目标体系、工作体系与流程体系，并依法依规设置政策调整程序，不断增强政策稳定性。第二，增强传统产业政策精准性。主动收集企业潜在需求，成立专题调研组，通过实地调研、调查问卷、圆桌座谈、线下窗口等多种形式主动征集传统产业政策需求建议；围绕高频需求，形成共性事项的政策体系，围绕个性需求，增加一批定制式政策服务。第三，构建传统产业政策反馈机制。建立以企业满意度为导向的政策评价体系与反馈体系，引入第三方专业机构随机抽查与重点检查涉企服务事项办理情况反馈，保障企业评价的客观性、真实性，构建企业评价反馈的压力传导机制。

（四）提高法治保障水平，助力推进营商环境优化提升"一号改革工程"

提升法治保障水平是营商环境优化提升"一号改革工程"重要内容，也是领导干部和企业家共同的呼声。第一，完善立法保障。结合温州本土经济发展实际，建立配套规则法律体系，提高营商环境立法的科学性；保证立法的民主性，用好地方立法权，最大限度地保障领导干部与企业家的立法参

与权、表达权、监督权。第二，完善司法保障。一方面，对各市场主体要做到公平公正，妥善处理政企纠纷，公正使用司法审判职能；另一方面，要推进司法公开，各类司法环节对民众要及时予以公开，为营商活动创建透明合理的司法环境而努力。第三，完善执法保障。走深走实执法工作改革，增强执法队伍法治理念，保证执法队伍清正廉洁；扎实开展执法监督工作，探索全方位执法监督机制，充分发挥内部监督、层级监督与社会监督等多渠道监督机制作用，严格高效保证回应营商主体需求。

（五）聚焦民生领域改革，构建与"强城行动"相匹配的高质量公共服务供给体系

2024 年是温州实施"强城行动"的重要一年，而持续保障和改善民生需求，是温州经济社会向上发展的内生动力亦是"强城行动"重要内容。在政府工作评价中，领导干部认为"教育领域改革"是最不足的社会工作，而企业家最不认同"医疗卫生服务提质"工作。为此，要做到以下三点。第一，推动教育、医疗资源不断集成整合。深化教育、医疗保障顶层设计，摸清全市名校名院资源底数，做好名师名校、名医名院资源集成整合工作，优化全市基本公共服务供给机制，因地制宜、保质保量推动公共服务朝好的态势发展。第二，推动教育医疗资源持续优化。持续修炼内功，大力推进教育医疗体系改革，努力加强名师名医人才队伍建设，使得全市办学办医能力全面提升，助力打造"学在温州""健康温州"特色品牌。第三，推动教育、医疗资源均衡发展。做好资源区域规划，优化资源空间布局，积极改善偏远山区、贫困地区等区域的基本教育医疗条件；持续推动数字化改革，借助远程网络手段，构建教育、医疗资源共享平台，促进优质教育、医疗资源开放共享。

B.27
2023年温州跨境电商发展报告

周怀中 钱 俊 陈彤童*

摘 要: 本文分析2023年温州跨境电商发展状况,剖析促进温州跨境电商发展的驱动性因素。聚焦跨境电商发展痛点,提出更好统筹市场主体分类监管、更好推动物流基地及园区建设、更好开展业态精细化管理等发展建议,以期实现跨境电商质的有效提升和量的合理增长。

关键词: 跨境电商 进出口 合规化 温州

一 温州跨境电商发展现状

(一)出口业务相对平稳

据浙江省商务厅监测进出口数据,2023年温州全市跨境电商进出口数据为487.9亿元,总量保持相对稳定。据分析,在外贸总体承压的情况下跨境电商保持相对平稳,其主要原因在于县市区重视跨境电商对于"稳外贸"的关键作用,加大跨境电商企业招引力度,与此同时新一轮跨境电商政策的优化完善也增强了企业在温发展跨境电商业务的信心。但从数据占比来看,2023年温州进出口总量占全省比重为9.5%,较2022年下降2.9个百分点,这也反映了在当前全球经济形势下,国际市场对于温州地区产品的需求相对有所下降,对温州的出口造成了一定压力(见表1)。尽管温州的出口面临

---

* 周怀中,温州市商务局副局长;钱俊,温州市商务局跨境电商综试区处处长;陈彤童,温州理工学院经管学院专任教师。

一定的挑战，但在一些领域和产品上，仍然具有一定的竞争优势和市场份额，可以进一步发掘和利用这些机会，提升出口的质量和效益。

表1　2023年1~12月浙江分地市跨境电商进出口数据汇总

单位：亿元，%

地区	进出口		其中：出口		进口	
	金额	占全省比重	金额	占全省比重	金额	占全省比重
全省合计	5129.3	100.0	3932.8	100.0	1196.5	100.0
杭州市	1266.8	24.7	1047.2	26.6	219.5	18.3
宁波市	1217.0	23.7	811.4	20.6	405.7	33.9
温州市	487.9	9.5	432.4	11.0	55.5	4.6
湖州市	287.6	5.6	282.6	7.2	5.0	0.4
嘉兴市	231.6	4.5	177.5	4.5	54.1	4.5
绍兴市	219.0	4.3	199.2	5.1	19.9	1.7
金华市	1133.4	22.1	730.6	18.6	402.7	33.7
衢州市	41.1	0.8	39.2	1.0	1.9	0.2
舟山市	32.7	0.6	11.3	0.3	21.4	1.8
台州市	143.9	2.8	136.4	3.5	7.5	0.6
丽水市	68.4	1.3	65.0	1.7	3.4	0.3

注：温州市商务局内部测算数据（试行），仅供参考。

（二）主要出口企业分布相对集中

从出口企业分布情况来看，全年跨境电商报关出口金额排名前10的企业总出口额约为30亿元人民币，占总出口额比重为13%；全市报关出口金额超2000万元的企业共200家，占总出口金额的93%。其中超1亿元的企业共70家，占总出口金额的62%。全市跨境电商出口前10企业都集中在市区，其中鹿城区4家、瓯海区6家。其他地区跨境电商龙头企业规模偏小，发展相对滞后。值得注意的是，前10企业中有多家企业为货代企业，反映了本地跨境电商企业出口依赖性较强，易受政策、外部形势等因素影响。

（三）出口结构与产业集群契合度高

跨境电商已成为温州传统外贸转型升级的必由之路。从出口品类分布情况来看，全市跨境电商出口商品品类占比较高的是塑料及其制品、玩具及其附件、机械器具、皮革制品、电气设备及其零件等，占全市跨境电商出口份额的34.88%（见表2），与全市产业集群契合度较高。这种契合性并非偶然，而是基于全市长期以来在相关产业领域的深厚积淀和持续创新。相关产业集群在全市拥有完善的产业链、丰富的资源储备以及高效的生产能力，为跨境电商提供了稳定且高质量的产品供给。同时，跨境电商平台的全球化运营模式和市场拓展策略，又进一步推动了全市这些产业集群的国际化进程，实现了产业与市场的双向促进。

表2　温州跨境电商出口前10品类

单位：亿元，%

序号	商品品类名称	出口额	占比
1	塑料及其制品	22.86	9.69
2	玩具及其附件	16.80	7.12
3	机械器具	15.76	6.68
4	皮革制品	13.71	5.81
5	电气设备及其零件	13.16	5.58
6	纺织制成品	13.07	5.54
7	钢铁制品	12.86	5.45
8	家具	12.06	5.11
9	针织服装及衣着附件	10.99	4.66
10	鞋靴护腿	9.93	4.21

资料来源：温州市商务局。

二　温州发展跨境电商的创新举措

（一）持续完善跨境电商顶层设计

2023年，温州市先后出台了《关于进一步加快开放型经济发展的若

干补充意见》《支持 2023 年外贸拓市场强基础稳增长的若干政策意见》
等一系列政策,其中对跨境电商新增了各项支持内容:一是鼓励跨境电商
企业自建独立站,以实现企业在自主权和品牌认知度上的双向提升;二是
支持在温高校开展跨境电商专业教育,旨在培养更多的跨境电商人才,为
行业提供源源不断的新鲜血液;三是鼓励各跨境电商聚集园区建设和创先
争优,持续优化跨境电商发展环境、提升服务质量;四是支持跨境电商海
关监管场所建设,不断提高跨境贸易的进出关效率和收发货便利性。同
时,市外汇管理局、市税务局等有关部门也相继出台支持政策,对跨境电
商发展的关键瓶颈问题进行逐一攻克。目前,温州跨境电商“关、税、
汇”制度体系已经基本完善,以支持商家进行合法、高效、便捷的跨境交
易业务。

(二)全力打造跨境电商生态链

一直以来,温州跨境电商综试区积极打造跨境电商优质生态,持续优化
“一区一核多园”空间布局,通过两大平台、六大体系、六大模式、六大载
体建设,构建“跨境电商+传统制造”创新发展示范区、跨境电商全球供应
链创新示范区、全球进口商品全渠道销售示范区、世界华商回归双创示范
区,加速形成集制造、交易、集货、支付、物流、结算、结汇等于一体全产
业链“闭环式”生态圈,打造区域商贸中心城市。

温州综保区作为温州跨境生态链的核心一环,倾力打造全新智慧零售
和全域消费互联格局,并与海南自由贸易港合作,积极复制延伸创新政
策。综保区在建设新兴高端智能外销制造和优质传统产业外销制造集聚地
的同时,致力于发展成为全市跨境电商的重要基地。为实现这些目标,综
保区加快打造跨境商品免税直销零售消费的新模式,开辟温州轻工产品品
牌化 B2C 跨境出口的新路径,助力构建温州外向型经济协同发展的新格
局。这一系列策略和方向相互支撑,共同推动着温州综保区向更高水平迈
进。未来,温州市将以综保区为主要发力点,构建辐射全市的跨境电商产
业链和生态链。

（三）打造温州"跨境电商新大脑"

跨境电商"一网通"线上服务系统作为温州跨境电商综试区的数字化大脑，由政务管理端和企业服务端组成。在政府端，通过整合政务数据与海关、外汇、税务等跨境监管服务部门的数据，辅助政府部门了解全市的跨境电商发展态势，摸清底账，支持政府部门决策部署。在企业端，整合跨境优质生态服务产品，帮助本地企业快速、便捷、一键应用，搭建政府与企业触达的桥梁。

这一创新举措的背后，是温州市对"1+2+6+N"数字化改革总体架构的深刻践行。在此架构下，温州市不仅构建了作为数据核心枢纽的"跨境电商数据仓"，还形成了跨境业态监测、信息共享、电商信用、风险防控、金融服务、智能物流六大关键体系。这些体系互为支撑，共同构成了温州市跨境电商健康、稳定发展的坚实基座。同时，跨境生态图谱、生态供需大厅、海外仓服务在线、跨境云课堂、跨境活动派等特色应用场景的推出，不仅极大丰富了"一网通"平台的服务内容，也显著提升了用户实际体验。通过上述一系列创新实践，跨境电商"一网通"线上服务系统实现了如"e库智治""e图智览""e链智环"等智能化功能，被誉为温州的"跨境电商大脑"。这一创新成果不仅在提升跨境电商运营效率方面发挥了显著作用，也为全产业的数字化转型注入了强大的动力。该项目在工信部举办的2022数字政府评估大会暨第二十一届政府网站绩效评估结果发布会上，荣获地市级网站优秀创新"十佳"案例称号。

（四）联合侨商共建跨境电商新格局

在全省上下深耕"地瓜经济"提能升级"一号开放工程"的热潮中，温州华侨"走出温州、回归温州"的过程，就是对"地瓜经济"的生动演绎。温州有70余万人在131个国家和地区经商创业，其中有38万人在共建"一带一路"国家和地区投资兴业，已建立了覆盖全国、联接世界的温商网络，为温州统筹国内外两个市场、利用两种资源提供宽广通道。目前，华侨

贸易已直接或间接占到温州对外贸易的80%以上，形成了华侨贸易活跃的独特格局。

为了让更多的侨商参与到跨境电商建设中来，温州市积极开展招商引资活动，通过举办投资环境推介会、组织实地考察等方式，引导侨商回归创业。同时，市商务局、市侨联持续强化与海外侨商的紧密联系，建立长效合作共赢机制，推动双方在跨境电商领域的深度合作。2023年9月，浙江省二轻集团与温州市人民政府共同建立了海外华侨仓联盟。此次合作旨在充分发挥省属企业的示范引领作用，并结合温州侨团的优势，进一步整合并扩展联盟内外的全球侨商侨胞资源。为实现这一目标，联盟将采取多项措施：资源共享与合作，知识与经验的交流，政策引导与合规指导，品牌推广与市场拓展，行业标准的制定与质量控制，以及线下平台与线上互联的深度融合。这些举措将有助于加速构建跨境电商的海外营销网络，完善跨境产业链和供应链。更重要的是，这一联盟将为广大中小微企业"跨境出海"提供坚实支撑，服务浙江省构建内外互促的双循环新发展格局。

（五）推动海外仓高质量发展模式升级

在海外仓建设方面，温州持续发力，助力跨境电商总体稳步增长。一是优化海外仓顶层设计，提升海外仓治理服务能力。通过探索优化标准建设、提高风险防控能力、加大监管创新力度等三大措施，优化海外仓运营环境，创新监管模式。2023年7月，《温州市海外仓高质量发展工作方案》经市政府常务会议审议通过，进一步明确海外仓发展目标、重点任务清单及保障措施，以全力破解海外仓政策风险，引导行业健康有序发展。二是提升数字化应用水平，加强行业主体招引培育。鼓励企业建设海外仓，培育海外仓服务整合运营商，提升海外仓体系化综合服务能力。加大对华侨海外仓摸排和优质海外仓招引力度，招引一批优质海外仓运营主体企业落地。举办系列海外仓业务推广和产业集群对接会，积极推动省级公共海外仓、市级公共海外仓华侨仓认定工作，探索开展海外仓评星评级模式。三是联合政校企多方力量，共建海外仓良性互动生态。温州积极搭建交流平台，推动多方资源共享和优势互补。市委政研室、市商务局、市侨联等部门共同参与，定期召开海外仓发展研讨会，分享经验、探讨问题，研究制定更加精准的政策措施。同时，温州还鼓励高校与企业开展深度合作，通过共同课题分析全产业链优化举措，推动海外仓产业链向高端延伸。

通过以上措施的实施，温州有望构建起一个集政校企多方力量、共建共享共治的海外仓良性互动生态。在这个生态系统中，政府提供政策支持和引导，企业发挥主体作用和市场机制，高校则发挥人才和智力优势，共同推动海外仓健康有序发展，为温州跨境电商产业的升级和发展注入新的动力。

三　温州跨境电商发展的主要痛点

跨境电商合规化是一个系统性问题，不仅只存在单个业务部门、单个公司、单个环节，而是涉及了整个供应链各环节。本课题组将跨境电商交易全流程精简化处理后，得出合规化风险点所主要集中的区域，针对这些问题总结出跨境电商发展痛点。

（一）主体培育不充分

一是温州缺乏有实力的本土货代企业，受周边上海、宁波、义乌、厦门等口岸"虹吸"影响，较难改变本地企业已经形成的"路径依赖"；二是跨境电商企业招引未列入市招商工作大局，联动不足；三是温州港及温州综试区对外宣传不足，口岸现有基础设施配套服务及口岸能级不利于大型货代公司落地；四是数字化改革实效有待提升，温州综试区"一网通"线上服务平台系统统计监测及企业信用功能模块所需 21 类数据涉及省、市两级 13 个部门，数据需求种类多、涉及部门广、系统对接费用大，且海关等垂直系统数据存在保密性要求，系统数据资源对接较为滞后，从而影响系统整体建设进度和系统实效。

（二）口岸能级不足

与宁波、杭州等地相比，温州国际物流仓储条件滞后于跨境电商发展需求，口岸能级亟待提升。一是物流用地规划不足。集货拼箱基地缺乏统筹规划，缺乏大型集货拼装公共平台，难以满足跨境电商订单多、货量小、频次高的特点，大多数温州跨境电商企业不得不将大量小订单及海外仓货物转至义乌、宁波、上海、深圳等地拼箱出运。二是港口条件及配套服务机制与大口岸差距显著。缺乏欧美主流航线，近洋航线数量不够多、班次不够密，水中转内支线的航次密度不够、口岸规模效应不足，难以满足跨境电商企业出口运输时效需求。三是"9610"进出口监管场地缺失。场地建设缺乏统筹规划，现有场地或因经营主体单一难以充分发挥实效，或因运营资质问题长期闲置。四是海外仓（华侨仓）"小、散、弱"特点突出，综合服务能力欠缺。建仓主体位于境外导致政策补助存在资金兑现风险，华商华侨虽有较强建仓意愿和积极性但建仓标准化、合规化程度较低。

（三）监管体系不健全

在跨境电商的监管体系方面，当前存在明显的不足。具体而言，"9710"报关流程因其简便性而受到青睐，相较之下，"9810"的备案和报关流程则显得烦琐且操作难度大。这一差异导致部分企业和跨境电商卖家出于避税及成本考虑，选择将无票货物通过货代企业进行层层转包后集货出运。更为严重的是，货代企业或将这些货物信息转售给报关代理，后者则利用"9710"监管代码进行出口申报，以此套取奖补政策。据调查，部分报关行存在"四无"现象——无人、无税、无汇、无社保，其实质是虚拟注册的空壳公司，并以申领补助为主要业务目标。此外，温州各县市区的跨境监管体系发展不均衡，步调不统一。虽然全市的退税体系和流程已相对完善，但仍有部分地区的税务通道相互之间并不贯通，这无疑加大了监管的难度和复杂性。综上所述，为推动跨境电商行业的健康发展，必须尽快完善相关支撑体系，明确监管政策，加快健全监管体系，以确保各环节的规范操作和有效衔接。

四 对策建议

（一）提质培优市场主体

1. 加强运营主体管理，实现有效监管

根据国家部委部署，商务部门需牵头对现行的跨境电商奖补政策进行清理和规范，以确保政策的合理性和有效性。另外，为了全面评估各地跨境电商业务的发展情况，商务部门需联合海关、税务、人行、审计等相关部门，多维度多层次共同开展综合评估工作。评估完毕后以分档分级的方式，对各区跨境电商业务进行客观全面的评价，并根据考核结果给予相应支持。这种"奖先促后"的机制将有助于持续提升跨境电商主体的发展动力，推动整个行业的健康、有序、持续发展。

2. 培育壮大跨境电商主体规模

建立重点跨境电商企业培育库、龙头企业招商名录库和跨境电商服务商名录，利用温州在外招商团队，提升对头部商贸企业的招引力度，可先行在杭州、宁波、深圳等地采用"飞地模式"培育引进龙头企业在温设立总部或团队；商务部门密切与阿里巴巴、亚马逊等主流第三方平台合作，壮大卖家主体规模，支持专业批发市场向线上线下互动、内外贸结合方向转型升级。

3. 完善温州跨境电商数字化服务体系

依托跨境电商"一网通"线上服务系统，打造"跨境电商大脑"，为温州跨境电商发展提供优质数据服务支持。推广应用海外智慧物流平台（海外仓服务在线），确保海外仓平台上线率达100%，规模以上跨境电商出口企业平台应用率进入全省前列。同时推进跨境电商信用评价体系建设，加大跨境电商知识产权保护力度，支持企业注册境外商标和申请专利。加强金融支持跨境电商、海外仓建设，扩大跨境电商企业出口信保覆盖面，打造"出口信保+海外仓"模式。优化"9610"退税模式，化解"9710"涉税风险，推广"9810"退税政策，提升跨境电商监管服务水平。

（二）优化跨境电商发展生态

1. 提升口岸条件，满足跨境电商需求

加快推动组货拼箱及跨境电商监管场地，推进永嘉、状元岙、瑞安等地组货拼箱仓储配套设施和乐清"9610"监管场地建设，提升温州空港、温州国际邮件互换局实际效能，推动鹿城"9610"监管场地尽快投入实际运营。

2. 加强园区建设，发挥跨境电商业务聚集效应

各县市区要切实发挥跨境电商园区集约化效应，加快跨境电商园区建设，对入驻园区的跨境电商企业提供租金补助，积极引导小型跨境电商卖家、贸易企业、报关代理企业向属地的跨境电商园区聚集，推动产业园区专业化、协同化、网络化发展，提升政府监管和服务效能。同时，需积极招引监管场地、跨境电商园区专业运营主体，对运营单位设立含出口贡献度等指标在内的综合考核体系，以综合贡献考核激励形式为其提供运营费用补助，引导相关运营主体以商招商，积极招引跨境电商企业来温开展业务。

3. 加快培育跨境电商综合服务体系，提高企业满意度

引育跨境电商综合服务企业，鼓励其为跨境电商企业提供代理报关、报税、知识产权代理等系列合规综合服务，鼓励大型物流企业、平台企业在温州设立区域总部。同时，需加快健全完善市县两级跨境电商公共服务中心体系，联合相关商协会共同发挥"政府助手、行业推手、企业帮手"作用，协助政府推进行业自律和日常服务工作，提升行业规范化水平。

（三）完善跨境电商监管体系

1. 明确监管政策，降低合规风险

一是发挥温州综试办职能作用，组建跨境电商高质量发展专班，建立定期"研判、会商、分析"机制，进一步明确监管条例，完善跨境电商相关法规和规定，推动各项工作举措落实到位。例如，对于跨境电商的税收政策，应明确不同模式下的税收标准，避免政策不明确导致的合规风险；二是加强商务部门对跨境电商相关政策的宣传和培训，依托温州综试区公众号，

并联合海关、税务、外汇、侨务等部门，密切联动行业商协会、产业园区、第三方平台等多方主体，通过线上线下相结合形式，开展多渠道、多场次的政策宣传和指导帮扶。

2. 完善监管体系，加大执法力度

一是定期梳理，按时整改。分县市区梳理在海关备案的跨境电商企业，对无实际办公场地、无实际办公人员、无税收、无结汇的"四无"备案企业，要求其将注册地址转移至指定的跨境电商园区或楼宇并进行限期整改，对限期未整改到位的，及时予以注销。二是应统尽统，规范管理。定期梳理龙头贸易企业和工贸一体企业名录，加强企业挂钩服务和应统尽统指导工作，对已开展实际跨境电商业务的企业引导其以对应的跨境电商监管代码规范申报。三是积极引导，合规报关。根据各县市区跨境电商实际卖家名录进行报关业务排摸，对目前业务开展在温州、实际报关在外地的企业，引导其在温州海关进行备案、报关或委托本地货代开展报关业务。

3. 实施跨境电商业态精细化管理，优化关汇税流程

一是对于 B2C 出口业务。在推进温州口岸监管场地建设，积极引导企业在温通关的同时，引导在杭州、上海等长三角口岸通关的温州企业向温州海关备案并以自身主体报关出口。二是对于跨境电商 B2B 出口业务。要区分"9710""9810"业务特点和结汇、社保、缴税、平台交易记录等具体实际，针对性进行政策设计，同时同步培塑合规服务商，协助企业开展规范申报。

B.28
2023年温州商贸流通业发展报告

张建东　王泼策　陈雪凡*

摘　要：　2023年，温州创新消费场景，丰富消费业态，消费得到恢复和扩大，呈现了一些新特点。从消费趋势和数据看，区域消费增长仍然面临大宗商品价格下降等问题。展望2024年，建议政府以增强动能、培育热点、提升质量、打造样板为着力点，制定和实施相应的行动计划，推进温州商贸流通业向数字化、数字化、时尚化、国际化方向发展，促进区域消费的稳步增长。

关键词：　商贸流通业　促消费　新业态　温州

2023年，温州市深入贯彻落实中央、省、市关于扩内需的决策部署，坚持把恢复和扩大消费摆在优先位置，按照"八八战略"擘画的宏伟蓝图，努力克服需求收缩、供给冲击、预期减弱等内外部复杂环境影响，全力扩内需促消费，稳外贸促开放，优环境育主体，强力推动"地瓜经济"提能升级"一号开放工程"，以"政策+活动"双轮驱动促进消费市场持续回暖向好。

一　发展现状

2023年，温州商贸流通业全年运行总体呈现低开、高走、趋稳的态势。

---

* 张建东，温州市商务局党组成员、副局长；王泼策，温州市商务局消费促进处工作人员；陈雪凡，温州市商务局流通发展处主任科员。

随着经济社会全面恢复常态化运行，正常生产生活秩序恢复，线下消费场景加快拓展，消费结构优化升级持续推进，新型消费快速发展。但也要看到，居民消费能力和消费信心仍待增强，恢复和扩大消费的基础还需进一步巩固。

（一）消费市场快速复苏

2023年，温州主要消费指标整体呈现"一季度低位筑底、二季度快速拉升、三季度平稳回落、四季度逆势上扬"态势，呈"N"字形走势。2023年温州居民人均消费支出46879元，同比增长9.5%，消费总量和增速均居全省第2位；全市实现社会消费品零售总额4257.1亿元，同比增长7.9%，高于全省平均水平1.1个百分点，居全省第4，高于全国平均水平0.7个百分点。①其中市区社零总额达1811.5亿元，占全市比重为42.6%，较上年下降0.1个百分点。①文成县、洞头区（含海经区）社零分别同比增长19.8%、19.4%，居全省各县（市、区）第1、2位。消费升级类商品保持快速增长，限上单位实现金银珠宝类、体育娱乐用品类、通信器材类商品零售额分别增长60.2%、126.8%、114.2%。权重类商品消费疲软，汽车类、石油类商品零售额占限上批零单位零售额比重为43.3%、16.2%，分别较上年下降2.4个、2.2个百分点，同比增速仅有3.0%、-3.7%。

（二）四大行业增势较好

2023年全市限上批发业、零售业、住宿业、餐饮业共实现销售（营业）额12294.5亿元。限上批发业销售额10864.8亿元，占限上四大行业销售额比重达到88.4%，占比与上年持平，销售额同比增长12.0%，高于全省平均2.7个百分点。龙港市（27.7%）、瑞安市（23.6%）、平阳县（20.7%）增速居全市前三，龙湾区（4.0%）、苍南县（1.6%）、海经区（-30.1%）增速居全市后三。金属类、化工材料及制品类商品批发额分别为6549.9亿

---

① 本文未注明数据均来源于温州市商务局。

元、1431.3亿元，占限上批发业销售额比重为59.4%、13%，销售额分别同比增长12.5%、29.1%，是全市批发业增长最主要的支撑；限上零售业销售额1287.3亿元，占限上四大行业销售额比重为10.5%，较上年下降0.1个百分点，销售额同比增长12.0%，高于全省平均2.9个百分点。文成县（188.5%）、海经区（37.1%）、泰顺县（25.6%）、平阳县（24.5%）增速居全市前三，瑞安市（9.3%）、鹿城区（5.9%）、龙湾区（5.0%）增速居全市后三；限上住宿业营业额41.5亿元，占限上四大行业销售额比重为0.34%，营业额同比增长14.2%，低于全省平均7.9个百分点。苍南县（25.0%）、鹿城区（21.5%）、瑞安市（20.7%）增速居全市前三，乐清市（3.2%）、龙港市（-14.5%）、泰顺县（-23.7%）增速居全市后三；限上餐饮业营业额100.8亿元，占限上四大行业销售额比重为0.82%，营业额同比增长22.1%，高于全省平均2.9个百分点。瓯海区（42.9%）、平阳县（36.3%）、海经区（30.2%）增速居全市前三，洞头区（9.1%）、文成县（5.6%）、龙港市（-2.1%）增速居全市后三。

（三）消费活动丰富多彩

深入实施"十大百项"兴消费旺市场行动，市县联动开展"浙里来消费·2023金秋购物节""城市夜生活节""温马美食节"等促消费活动400余场，其中"浙里来消费·2023金秋购物节"推出瓯货精品、瓯味鲜品、欧亚潮品、时尚雅品、山海香品、汽车新品六大主题展区，同步举办第二十届中国中华老字号精品博览会，打造了一场国际范、中华潮、瓯越风、烟火气的消费盛会，活动共接待客流总量30万人次，现场实现销售额5187万元，为第十三届以来规模最大、内容最丰富、效果最明显的促消费活动。累计发放各类消费券超6亿元，拉动消费额超120亿元，全面提振消费市场潜力。新型消费经济蓬勃发展。一是赛事经济溢出效应显现，举办亚运会（温州赛区）、全国摔跤锦标赛、中国公路自行车职业联赛、中国·温州长距离铁人三项国际公开赛、全国南拳传承发展交流大会和"温马""温网""温高""温帆""温足""温舟""温舞"等"温字号"自主IP赛事133

场，直接拉动消费超 3 亿元，增加赛事引流人次和赛事附加效益，全链条激发商旅体融合内生动能，其中亚运会（温州赛区）售出女足比赛门票 13.6 万张、龙舟比赛门票 2.1 万张，总票务收入约 2200 万元，大客流带动全市零售业、住宿业、餐饮业三个行业消费总额 102.04 亿元。二是"市集经济"快速发展。出台《关于加快培育市集经济的实施方案》，龙湾南洋市集、乐清啤酒市集、平阳潮东市集等 130 余场市集活动花式上新，打造标杆市集 19 个（省精品乡村市集 6 个、省重点培育文旅市集 13 个）。三是"演唱会经济"逐步复苏。举办"浙江乡村美食节""楠溪江音乐节""薛之谦演唱会"等活动，进一步推动温州文旅消费，其中"楠溪江星潮秘境音乐节"带来乐迷游客 2 万余人次，带动周边文旅消费约 1.1 亿元，全网曝光总量破亿。四是展会经济全面恢复。全年举办温州时尚展、温州汽摩配展等各类展会 30 场，观展人数约 40 万人次，达成交易额约 60 亿元；其中产业展 16 场，展出面积 32.2 万平方米，是 2019 年的 2 倍。其中 2023 温州时尚展参展企业 309 家、展位数 799 个，共有 6000 余名专业客商和观众到场参观采购，线上累计关注和观看展会相关活动超过 500 万人次，现场成交额超 2.4 亿元，意向订单总额超 6.8 亿元。

（四）电商新业态快速发展

2023 年温州市累计实现网络零售额 2394.3 亿元，在浙江省排名第 4，其中限上批零单位通过网络实现零售额 291.7 亿元，同比增长 30.4%，高于限上社零 24.5 个百分点。截至 2023 年 12 月底，全市在重点监测第三方电子商务平台上共有活跃网络零售网店 9.1 万家、电商从业人数 96.4 万人。分县（市、区）看，鹿城区、瓯海区、乐清市网络零售居全市前三，分别实现网络零售额 341.5 亿元、325.4 亿元、325.1 亿元，合计占全市网络零售总额的 41.5%。分平台看，温州市网络零售排名前三的平台分别为淘宝、天猫、抖音，占全市重点监测平台网络零售总额的比重分别为 32.4%、23.2%、15.5%，合计占比为 71.1%。分商品看，温州市网络零售前三的实物商品类目依次为服装鞋帽及针纺织品、日用品、五金及电料，占比分别为

42.6%、19.6%、12.7%，合计占全市实物网络零售的74.9%。电商直播式"共富工坊"创建工作成果显著，获评省级示范类电商直播式"共富工坊"12个，获得省级专项激励资金530万元。

（五）品牌矩阵不断扩大

一是"首发首店"招引成效显著。聚焦高端零售、特色餐饮、新型娱乐、生活服务等业态，市区两级政府部门联合商业综合体和商业街区运营管理机构、知名品牌代理机构，加大首发首店引育力度，成功引进Apple Store零售店、Snow Peak、好利来等知名品牌首店120余家。二是"老字号"传承创新。成立温州市老字号协会，引导老字号企业将深厚的文化底蕴融入消费需求，焕发生机；编制《老字号新百科》宣传册，实施老字号进街区等五进行动，举办第20届中国中华老字号精品博览会，现场签订意向订单5亿元。全市现有老字号企业76家，其中2023年新增老李、熊猫牌、铁枫堂3家，总数达到10家；新增康奈、擒雕、钱承恩等11家"浙江老字号"，总数达到43家。其中亿元产值以上的老字号企业有9家，2000万元产值以上有27家。

（六）商业网点提质升级

编制《温州市城市商业网点规划（2021年～2035年)》，"一核、四轴、多商圈"商业发展格局初步形成。一是"一刻钟便民生活圈"取得突破。对照国家"一刻钟便民生活圈"评定标准，结合未来社区建设、全龄友好型城市建设、"共享社·幸福里"等工作，从细化点位布局、丰富业态配置、创新宜居场景三方面推进便民生活圈建设。2023年温州获评第三批全国一刻钟便民生活圈试点城市，鹿城区、瓯海区获评首批省级一刻钟便民生活圈试点地区，虞师里等11个便民生活圈获评国家级便民服务生活圈。二是县域商业体系构建进展明显。以完善县域商业体系基础设施、打造农产品供应链体系、升级农村消费新业态等为抓手，加快推进以"畅流通、兴乡村、促共富"为主题的县域商业体系建设，乐清市、文成县获评全国首批县域商业领跑县，瑞安市、平阳县、苍南县入围全省县域商业体系建设试点县。三是高能级消费平台不断提升。以评促建推动五马商圈、正大—旭阳商圈改造提升，五马—大南商圈入选国家级智慧商圈，银泰世贸店、名城广场入选国家级智慧商店，乐清正大—旭阳智慧商圈获批省级示范智慧商圈，乐清正大广场、南虹广场获批省级示范智慧商场，南塘风貌街、梧田老街获评省级高品质步行街，智慧谷文化创意园等9个商业街（区）获评市级著名商业街（区）。截至2023年末，全市已获评（建成）国家级智慧商圈（商店、商业街）3个、省级智慧商圈（智慧商店、商业街）8个，市级智慧商圈（智慧商店、商业街）42个。四是夜间经济供给持续扩容。鹿城、瓯海、瑞安创成省级夜间经济样板城市，全市获评总数达到5个，乐清、苍南获批省级夜间经济试点城市，公园路历史文化街区等5个项目获评市级月光经济集聚区和示范点。五是新商贸项目支撑显著。加快推进汽车产业发展，推进瓯嘉商业广场汽车产业园顺利落地，目前全市累计建成汽车产业园7家、在建汽车产业园5家，全市汽车产业园发展初具规模。引进落地山姆会员超市项目、W酒店等108个超亿元投资项目，全年完成商贸项目投资169亿元，建成运营温州滨江万象城、温州希尔顿等53个新商贸项目。

（七）绿色流通体系规范提升

制定《温州市分拣中心三年建设计划》，从巩固扩大整治成果、优化提升规划标准、深化落实长效监管三方面入手，全面落实再生资源回收行业规范提升，持续提升回收企业经营能力，加强虎哥、光大、联运等行业龙头企业的示范作用，快速提升本地回收行业规范化水平，同时积极培育本土的回收重点企业，提升行业整体运营水平和经营实力。2023年全市新建成分拣中心1.1万平方米，在建分拣中心2.2万平方米。排查回收网点316家，其中关停取缔189家、改造提升12家、纳入整治35家。全市共有城镇回收站点1585个，较2022年增加了211个。2023年城镇生活垃圾中可利用废弃物实际回收量为60.74万吨，较2022年增长了6.2%，2023年回收利用率为

66.6%（2022 年为 62.7%），同比提高了近 4 个百分点。全市回收拆解报废机动车 46483 辆。

（八）商贸主体质量进一步提高

2023 年实现工贸分离企业 37 家，全年新增限上商贸企业 837 家，限上商贸企业总数达到 4524 家，限上商贸个体达 614 家，限上商贸主体数突破 5000 家。限上商贸企业中，批发业企业 2742 家、零售业企业 980 家、住宿业企业 252 家、餐饮企业 550 家。限上批发业企业中，从事金属批发的企业最多，有 680 家，占限上批发业企业数的 24.8%；限上零售业企业中，从事汽车新车零售的企业最多，有 357 家，占限上零售业企业数的 36.4%，从事电商零售企业 154 家，占限上零售业企业数的 15.7%。出台鼓励商贸企业做大做强、非独立法人转独立法人、企业工贸分离、企业连锁发展等政策举措，激发市场主体活力，欧龙汽车贸易集团有限公司、浙江辰颐物语生态科技发展有限公司、五洲汽车商贸集团有限公司、温州市力捷汽车销售服务有限公司、温州蓝道集团有限公司、浙江海派医药有限公司入选温州市百强民营企业；实施贸易回归"双千"行动，全年实现贸易回归项目 1024 个，其中亿元以上项目 166 个，贸易回归销售额达 1640 亿元。通过强化企业主体、拓宽贸易渠道、优化产业平台等多种措施，充分利用好"两个市场""两种资源"，畅通国内国际双循环，加快推进全市内外贸一体化高质量发展。深化"领跑者"行动，聚焦温州传统优势产业集群，深入挖掘一批领军企业，推动内外贸融合发展。2023 年全市共成功培育巨一集团有限公司、温州佳海食品有限公司等内外贸一体化"领跑者"企业 25 家、产业基地 1 个（永嘉县鞋革内外贸一体化改革试点产业基地），发掘并向省商务厅推荐典型案例 1 个（《畅通汽车全产业链 全面融入国内国际双循环》），累计培育内外贸一体化"领跑者"企业 66 家、产业基地 11 个。

（九）外贸展现较强韧性

2023 年，温州市进出口总额 2821.9 亿元，总值排名全省第 7 位，其中出口2339.4亿元、进口482.5亿元。从产品类型来看，电气（167.8亿元）、阀门（75.7亿元）、汽摩配（103.9亿元）及箱包（90.2亿元）分别同比增长4.5%、7.4%、6.9%、3.4%；"新三样"（太阳能电池、锂电池、新能源汽车）成为新出口亮点，累计出口33.5亿元，同比增长54.9%。从主要出口市场来看，传统市场出口普遍下降，部分新兴市场带动出口。全市对美国（-15.1%）、欧盟（-3.6%）等主要传统贸易市场出口额分别为332.3亿元、422.4亿元，占全市出口总额的14.2%、18.1%；受市场采购贸易出口下降影响，全市对菲律宾（-35.9%）、印度尼西亚（-21.9%）、泰国（-30.7%）等东盟国家出口降幅较大，对俄罗斯（24.3%）、墨西哥（8.0%）、巴西（10.2%）等新市场出口实现较快增长，分别出口168.6亿元、69.2亿元、62.3亿元，其中俄罗斯成为全市第二大出口国。中欧班列（温州）实现到发量130.4列，货值共4.1亿美元，累计服务企业1131家；二手车出口成绩亮眼，自4月29日实现首单二手车出口以来，全年共计实现二手车出口3459辆，货值5.22亿元。深化"跨境电商+产业带+产业园区"发展，共建成省级产业园5家、市级产业园3家、特色产业园19家。大力引导传统外贸企业转型升级跨境电商业务，打造引领型企业8家、省级知名品牌20家、优秀服务商20家、海关备案企业1649家、活跃出口网店2.1万家组成的市场主体矩阵。积极探索"华侨+海外仓"模式，全市现有海外仓68个，累计建成省级公共海外仓5个、市级公共海外仓7个，打造省二轻集团—温州市人民政府海外华侨仓联盟及温州华人华侨海外仓联盟。

二　主要问题

（一）大宗商品价格下降影响贸易额增长

金属类商品占全市限上批发业销售额比重达到60%，石油制品类商品占全市限上零售业销售额比重达到17%，其价格波动将直接影响全市相关

行业贸易额增长。2023 年全球通胀仍处于高位，经济下行压力削弱了对大宗商品的需求，全球主要经济体持续加息压制国际大宗商品价格，全年大宗商品价格整体呈现震荡下行的趋势。根据权威机构统计，金属类商品价格同比下降 11%左右，如全市龙头企业青山控股的主要产品不锈钢价格同比下降 13.1%，价格因素影响全市限上批发业增速约 6.6 个百分点。全年汽油均价同比下降 5.6%，价格因素拖累全市限上零售业增速约 1 个百分点。

（二）汽车消费市场相对疲软

2022 年末燃油车车购税减半政策退出和新能源车补贴结束，2023 年车市开局整体偏弱，年中出现车企"价格战"、消费券等竞争手段，加剧了消费者观望的心理，1~12 月全市汽车上牌 206803 辆，同比下降 8.9%；从能源类型看，新能源汽车是当前车企主要竞争赛道，不断突破产品的智能化水平，以满足消费者日益增长的需求，新能源汽车消费延续增长态势，全市新能源汽车上牌 94235 辆，同比增长 6.8%，新能源汽车渗透率达到 45.6%，较 2022 年提高 2.5 个百分点。① 但近两年的燃油车新品推出数量减少，电车价格不断下探，燃油车市场仍处于较艰难的局面，1~12 月全市燃油车上牌 112568 辆，同比下降 18.9%。

（三）餐饮消费逐步趋于理性

温州是餐饮消费大市，餐饮消费规模在省内仅次于杭州，尤其在婚宴酒席等方面。随着近年来移风易俗改革的推进，市民餐饮消费逐步趋于理性。据市餐饮协会统计，2023 年全市各大酒店承接的婚宴酒席人均餐标同比下降约 20%，规模也从 2019 年的 40 桌以上降至 20 桌左右；部分高档餐饮 2019 年人均餐标在 800 元以上，现在人均餐标 400~500 元，若中午用餐，可低至 300 元。

---

① 资料来源：温州市公安局。

三 对策思路

2024年,温州商贸业发展面临新的机遇和挑战。一方面,有效需求不足,外需恢复仍存在较多不确定性,大宗商品市场价格波动仍然存在,商贸企业结构性素质性问题不少。另一方面,商贸业新业态、新经济、新场景、新潮流发展迅速,商贸业发展环境进一步优化,各级政府对促进消费的支持力度越来越大。商贸流通业高质量发展,必须完整、准确、全面贯彻新发展理念,以改革开放创新为动力,以项目为载体,培育壮大新型消费,大力发展数字消费、绿色消费、健康消费,积极培育智能家居、国货潮品等新的消费增长点,稳定和扩大传统消费,推进商贸业实现质的有效提升和量的合理增长。

(一)实施三大计划,增强发展动能

一是实施企业引培"双千"计划。开展"千亿贸易回归"计划,健全多部门协同联动、定期通报晾晒和重点项目领导挂钩联系等机制,做好上海聚升集团浙南总部、瑞安大宗商品交易市场、平阳金鸽子科技等重点项目的跟踪服务,加大在外商贸企业回归力度。开展"千企培优"计划,建立完善"准限上"商贸企业培育库,做好常态化跟踪和精准化指导,引导企业进行"下转上",持续推进企业开展"工贸分离、建贸分离",推进内外贸一体化工作,培育形成一批内外贸一体化改革试点产业基地、内外贸一体化"领跑者"企业。聚焦电商企业、综合体平台企业、流通型外贸企业、连锁经营企业等重点领域深挖潜力,做好应统尽统。二是实施"百场活动旺龙年"计划。抓好四季主题促消费活动,争取省级以上的促消费活动落地温州。打造中国美食之都,举办"世界瓯菜万人宴""中华美食嘉年华"等餐饮促消费活动,打响"瓯菜天下鲜"品牌。刺激权重商品消费,落实扩大汽车消费系列政策措施,加大对绿色智能家电等的促销力度。加快展会主体和品牌培育,举办时尚展、皮革展、眼镜展等温州特色展会活动。三是实施

"十园十圈""百项百亿"建设提升计划。推进浙南汽车未来港、瑞祥汽车文化产业园区、泰顺县三魁总部经济产业园等重点商贸业园区建设。改造提升中古街、咖啡街、寺前街、东屿电厂文化园等商圈（街区），新增省级高品质消费集聚区若干个，推动五马步行街创建国家级高品质步行街。全力推进山姆会员超市等一批新商贸重点项目建设。

（二）聚焦三新赛道，培育消费热点

一是发展新业态。鼓励传统零售企业向新零售企业转型，培育孵化"森马直播基地""惠利玛"等新电商项目，持续引导电商市场主体"微转规"。聚力创建一批电商示范标杆，争创各类国家级示范、省级示范。发展新连锁企业，培育引进明康汇等一批区域连锁总部；引导工业企业开设工厂店，开展个性化定制，打造品牌型产品。二是培育新经济。聚焦演唱会经济、露营经济、市集经济等消费新热点，持续举办楠溪音乐节、城市夜生活节等节庆活动，打响青灯市集、戏曲市集等品牌 IP，强化夜游、夜购、夜宴、夜娱、夜市等夜间优质业态供给，点燃城市烟火气。三是打造新品牌。发展首店经济，围绕高端零售、特色餐饮、新型娱乐等业态，加速首发首店政策兑现，招引一批品牌首店、新品首发活动落地温州。推进"老字号"传承创新，开展老字号"五进"、老字号嘉年华等系列活动，修改完善《温州老字号认定及管理办法》，组织老字号培育认定工作，在温州老字号培育上取得新突破。

（三）聚力三个提升，提高发展质量

一是进行智慧化提升。推进 AI、大数据等新一代信息技术和商贸业的深度融合，支持商贸平台、百货商店、流通企业等进行数字化、智能化改造，推动智慧招商、智慧支付、AR 体验、立体化数字营销等场景运用，建设一批运营高效、管理智能、体验升级的智慧商圈、智慧商店、智慧市场。二是进行绿色化提升。狠抓再生资源回收行业规范提升工作，督促属地政府落实建设任务主体责任，确保 2024 年全市分拣中心建成面积大幅提升；全

面落实重点回收企业培育工作，有序整合再生资源回收供应链体系。严格新增报废机动车回收拆解企业资质审核工作，不断规范拆解行业生产和管理秩序。三是进行规范化提升。持续开展预付卡管理工作，有效衔接省单用途预付卡信息化监管平台，会同市监、文旅、体育等部门做好日常监管、执法检查、投诉处理、消费者维权等工作。持续做好大型商超（商业综合体）、餐饮企业、加油站等商贸领域重点场所的安全生产工作，督促企业落实主体责任。加强安全、文明、信用等方面的管理和服务，塑造"放心、舒心"的消费环境。

（四）深化三项试点，打造示范样板

一是推进一刻钟便民生活圈国家试点城市建设。贯彻落实一刻钟便民生活圈三年行动计划，推动多种类型的一刻钟便民生活圈建设，指导鹿城区、瓯海区推进省级一刻钟便民生活圈试点工作，力争培育新建一批国家级、省级、市级一刻钟便民生活圈。二是推进省级供应链创新与应用示范城市建设。围绕温州"5+5+N"产业，加快产业链供应链数字化、绿色化改造升级，鼓励领军企业参与标准化创新，支持龙头骨干企业国际化跨境拓链发展，通过开放式资源协同与集成化供应链管理相结合，打造各类供应链服务一体化平台，培育一批制造型、商贸服务型、供应链创新应用示范企业。三是推进县域商业体系建设。持续完善县域商业体系基础设施、优化农产品供应链体系，进一步推动资源要素向农村市场倾斜，引导重点商贸流通企业转型升级；指导县域商业体系领跑县、试点地区有序推进项目进度。

B.29
温州援疆工作进展报告

温州市援疆指挥部课题组*

摘　要：　2010 年以来，温州先后选派 400 余名援疆干部人才，"一张蓝图绘到底、一任接着一任干"，实施援疆项目 298 个，有力助推了新疆拜城县和一师九团的经济社会发展。2023 年温州市第十一批援疆干部人才进疆以后，坚持完整准确全面贯彻新时代党的治疆方略，传承创新、努力作为，推动新一轮援疆工作取得了良好开局。特别是针对受援地高质量发展面临的难题，温州市援疆指挥部坚持"小切口、大牵引、体系化推进援疆项目管理"，深入谋划实施了 2024 年温州援疆的"546 标志性工程体系"，开创了新时代温州援疆工作的崭新篇章。

关键词：　援疆　拜城　一师九团　温州

习近平总书记指出，做好新疆工作是全党全国的大事，必须从战略全局高度，谋长远之策，行固本之举，建久安之势，成长治之业。2010 年 5 月中央新疆工作座谈会召开，温州光荣地肩负起援疆重大政治使命。特别是2020 年中央第三次新疆工作座谈会和 2023 年第九次全国对口支援新疆工作会议以来，温州坚持把依法治疆、团结稳疆、文化润疆、富民兴疆、长期建疆各项工作做深做细，为更好建设团结和谐、繁荣富裕、文明进步、安居乐业、生态良好的美丽新疆贡献了重要力量。

---

* 课题组成员：姚海，温州市援疆指挥部党委书记、指挥长，新疆阿克苏地区拜城县委副书记；许映霞，温州市援疆指挥部党委副书记、纪委书记、副指挥长，一师九团党委常委、副团长；杨介棒，温州市援疆指挥部党委委员、副指挥长，拜城县委常委、副县长，博士，主要研究方向为经济学；丁宁（执笔），温州市援疆指挥部办公室副主任、人才组副组长，拜城县教育局副局长、泰顺县委党校副校长，讲师，主要研究方向为公共管理。

一 温州援助拜城县和一师九团成就

2010 年 6 月，温州市结对新疆拜城县；2013 年 12 月，温州结对一师九团。2010~2022 年，温州先后选派 5 批 400 名援疆干部人才（干部 55 名，人才 345 名），筹措财政援疆资金 15.01 亿元，实施援疆项目 298 个。在双方的共同努力下，拜城县地区生产总值从 2010 年的 28.73 亿元增长至 2023 年的 165.3 亿元，一般公共预算收入从 5.72 亿元增长至 28.5 亿元；一师九团 2019~2023 年生产总值增长 93%，2023 年工业投资师市排名第一、师市综合考核排名第一。

（一）"十二五"时期（2011~2015 年）

"十二五"时期，温州市援疆指挥部按照中央部署，坚持"产业援疆促就业、民生援疆聚民心、人才援疆育人才"的理念，持续推进各项援疆工作，有力助推受援地社会稳定和长治久安。

1. 助推民生改善，提升受援地民生保障能力

一是持续推进"安居富民"工程。累计投入援疆资金 2.56 亿元，改善 16 个乡镇场 2 万余户农牧民的居住条件，使全县近 1/2 的农户受益。二是全面推进农村饮用水入户工程。完成 1.3 万多户农户安全饮用水入户任务，彻底改变"掘井饮水"的状况。三是用真情服务全县各族群众。动员温州市党政机关、企业单位、在疆温商等各方力量，累计捐赠爱心善款及物资 2000 余万元，使拜城县各族群众亲身体会到"温拜一家亲"。四是深入基层送温暖。以"温拜情·乡村行"卫生文化下乡活动为载体，为 5000 余名各族群众提供义诊服务，得到社会各界广泛好评。

2. 助推产业发展，增强受援地发展后劲

一是做大做强畜牧产业。扩建察尔齐镇肉羊养殖基地，形成了集饲草料加工、养殖育肥、市场于一体的综合产业基地。援建米吉克乡畜牧业发展服务中心——南疆地区畜牧业发展服务综合功能最齐全的基地，年市场交易额

达3亿元。二是全力支持拜城县特色农产品拓宽市场。温商出资成立新疆浙农农业开发有限公司，支持拜城特色农产品到温州拓展市场，并通过温州在国内的100余个名特优产品经销点进入全国各地。三是积极帮助青年就业培训。建立4个国家通用语言培训站（互联网创业培训站），邀请温州电商专家开设讲座，为群众提高就业能力、拓宽就业渠道搭建平台。

3. 助推教育发展，提升受援地教育教学质量

一是实现了教育援疆"互联网+"新模式。投资150万元援建温拜教育信息中心和教育公共服务平台，共享温州优质教育资源。二是加大基础设施建设援建力度。投资1300余万元新建温拜新星幼儿园，投资1000余万元援建雪莲小学和雪莲幼儿园，有效解决适龄儿童"入学难、入园难"问题。三是援疆教师发挥作用大。派出11名校长、67名骨干教师开展支教工作，拜城2014年、2015年高考上线率分别达99.5%、99%，本科上线率达79%和80%，居阿克苏地区第一名。四是职业教育取得新进展。帮助全县职校以地区第一名的成绩通过职校德育达标验收，协助学校解决200余名毕业生的实习就业问题。五是"请进来"交流成效显著。温州市教育局先后派出5批58人次到疆指导教学教研，开设示范课143场，有力推动了教育教学质量提升。

4. 助推卫生发展，提升受援地卫生事业快速发展的能力

一是全面提升县人民医院的管理水平。派出4批16名医生到县人民医院，在医院科教、诊疗流程等规范化建设方面取得良好成效，2013年县人民医院被评为三级甲等医院。二是援建卫生培训中心。借助国内先进模拟仿真操作，结合远程医疗教学，建立了一个集示教、实训和考核为一体的卫生实训基地，使之成为阿克苏地区规模最大、综合配套功能最优的培训中心。三是建成温拜远程医疗会诊中心。结对温州市人民医院，定期开展临床教学讲座、疑难病例远程指导，让受援地百姓在家门口接受温州名医的诊疗。四是加强温州名医名家指导。组织29名温州卫生医疗专家到拜城县指导交流，有力助推拜城县医疗卫生事业的快速发展。

5. 助推人才培养，提升受援地干部人才队伍的综合素质

一是建立援疆人才工作室。2014 年在拜城县建立了全疆首个援疆人才工作室——温州援疆医疗队工作室，随后相继建立援疆教师工作室、援疆职教工作室、援疆电脑网络"云"工作室，有效提升和扩大了人才帮带的影响力、辐射力和覆盖面。二是探索建立结对帮带模式。开展"点对点"帮带，帮助全县 55 名高中教师通过职称晋升考试；帮助全县 37 名医务人员通过执业医生操作考核。三是加大人才培养力度。累计输送全县 701 名干部人才分批分期赴温州开展能力素质提升活动，先后请进温州市 121 名优秀党政干部、专业技术人才前往拜城县开展支援工作。

6. 助推基层阵地建设，提升受援地社会治安综合治理能力

一是全额援建北大桥社区综合服务中心。该社区居住着汉族、维吾尔族、回族、柯尔克孜族、白族、哈萨克族等 6 个民族 5800 名群众，是目前阿克苏地区配套服务最优的社区中心，也是民族团结进步相互融合式的示范性社区。二是实现农村文化礼堂全覆盖。借鉴温州农村文化礼堂建设经验，新建 34 个、改造提升 11 个农村文化礼堂，实现农村文化礼堂"全覆盖"。三是助力公安"科技强警"。安排 500 万元援建资金，支持公安局购置技侦专用车辆，加强监控网络建设、后台技术支撑、卡口建设，开展公安网侦、图侦、技侦培训，提高了反恐维稳的工作能力。

（二）"十三五"时期（2016~2020 年）

"十三五"时期，温州市援疆指挥部以"打造援疆标杆城市、锻造温州援疆铁军"的要求，通过实施援疆"六大工程"，努力开创援疆工作新局面，助推拜城县全面建成小康社会。

1. 民生援疆，助推保障基础巩固

一是基本完成富民安居工程。重点解决好贫困群众和急需建房群众的住房问题。重点支持一、三、五、七、八、九社区棚户区改造计划，帮助完成 9624 套安居房建设任务，建成城镇保障性住房 485 套。二是改善农村饮水安全。2017~2020 年，使用 4699 万元援疆资金支持实施建设饮水安全项目，

建设农村饮水安全扶贫攻坚通水工程、老虎台乡饮水巩固提升工程、老虎台乡阿恰勒饮水安全应急改造工程以及康其乡等三乡一镇的卡拉苏饮水安全改造工程,实现1.3万余户农户安全饮用水入户,彻底改变了"掘井饮水"的状况。

2. 卫生援疆,助推医疗卫生服务完善

一是改善卫生机构医疗设备。为拜城县人民医院购置南疆第一辆移动诊疗车以及高清视频终端、多方视频系统、移动式DR等关键医疗设备。植入温州"最多跑一次"改革经验,打造医院"线上系统"。二是提高医务人员专业技能。组织温州卫生医疗专家来拜城指导交流,开展温拜远程医疗会诊中心合作共建,实现卫生援疆"互联网+"。引进新项目新技术、健全完善诊疗科目,开设妇产科高危孕产妇专科门诊,开展胸外科、五官科多例手术。组织送医下乡18次、累计义诊3000余人次,接待门诊患者8000余人次,实施手术955台,极大完善拜城县的医疗卫生服务。

3. 教育援疆,助推教育水平提升

一是着力打造教师团队。先后选派10批次共145名骨干教师赴拜城县支教,有效提升当地教师专业化水平。二是重点提升教学质量。结合拜城实际情况,借鉴温州教育教学经验,在教学理念、教研水平、学习策略、课堂教学、教师培训等方面入手,前后方协作、教学与管理结合,落实"幼教助推提升111工程",把拜城县城北新区幼儿园创建成为"地区十大示范性幼儿园"样本工程。

4. 人才援疆,助推人才梯队打造

一是推进人才"引进来"。采用柔性引才方式精准帮带,广泛开展教师能力提升培训、教研骨干队伍培训、免费师范生培养、卫生计生人才骨干培训、中青年干部培训等项目。创新智力援疆新模式,实施"一家亲雁阵"工程,以援疆人才工作室为载体,以"团队带团队""专家带团队"等方式,开展并延续师徒结对关系,放大精准帮带效应。二是推进人才"走出去"。采取双向挂职、两地培训和短期交流的形式,加强拜城本地人才的培养。通过"一家亲驱动"工程,建立跨区域教共(联)体6个、"1+X"跨区域医共（联）体 1 个。

5. 产业援疆，助推产业转型升级

一是做大做强基础农业。打造克赛葡萄基地等一批优质特色林果生产示范园，重点扶持拜城马铃薯、辣椒、小麦、细毛羊等特色产业，打响本地区域品牌。二是延伸本土特色产业链。打造温拜产业孵化园，推进农产品加工业、服装加工业等产业发展。重点援建畜牧业发展服务中心、县饲草料市场建设、赛里木镇畜牧交易市场改造提升、察尔齐镇畜牧交易市场改造提升项目。重点打造米吉克乡亚曼苏生态乐园、康其乡湿地公园等旅游项目，推进农旅结合。三是搭建招商引资对接交流平台。积极与浙江、温州等商会对接，组织参加浙洽会、亚欧博览会以及温拜产业交流等活动，大力开展招商引资。

6. 文化援疆，助推精神文明建设发展

一是加强温拜交流交往交融。以"温州·拜城文化走亲活动"为载体，组织两地文化交流、两地联谊、相互考察等活动 25 次，以深化"民族团结一家亲"结对活动为例，累计走访结对亲戚 500 余次，在交流中增进感情、维护团结。二是协助举办文化系列活动。举办"文化进校园""文化润心""援疆 20 周年"等系列活动。开展"国学进校园""国学进家庭"工程和国通语普及化引领示范工程，设立"孔子基金"，打造孔子广场、孔子书屋，让师生及学生家长了解中华优秀传统文化。打造"初心红"党建品牌，新建、改扩建基层阵地 3 个，培训基层党政干部人才 2300 余人。

（三）"十四五"以来（2021~2022 年）

"十四五"以来，中国开启全面建设社会主义现代化国家新征程，温州市援疆指挥部深入落实第七次、第八次全国对口支援新疆工作会议要求，为浙江援疆工作实现"打造成为新时代全面展示中国特色社会主义制度优越性重要窗口的示范样板"贡献温州力量，推动受援地全面发展。

1. 项目建设惠民生

一是全面增进民生改善和保障，创新乡村振兴利益联结机制，压茬实施

建设饮水安全工程9个，有效解决15万居民饮水安全问题，富民安居、"百村提升十村示范"、气象防灾减灾等工程相继实施。二是加快构建拜城县双创就业扶持体系，推进拜城县人力资源服务中心改造提升，乡村农牧民技能公共实训基地建设不断加快，"订单式"职业技能培训、职业技能大赛等活动深受当地群众欢迎。三是聚焦基层管理能力提升，借鉴浙江省"最多跑一次"改革经验，助力拜城县和一师九团行政审批标准化建设，建成九团首个"一站式"行政服务中心。

2. 产业带动促发展

一是抓好数字化赋能，"云端展览馆"、招商考察大数据平台、标准化实验室等9个数字化项目一体推进，温拜两地成功签署两地政务服务"跨省通办"相关协议，网上办理事项160余项。二是加快产业集聚发展，以农产品加工小微园建设、"巴依农庄"包装设计、"五进三节一会"活动和"十城百店"工程建设为抓手，成功构建产供销一体化体系，"十城百店"工程销售农产品总额超4亿元。三是紧抓招商引资"生命线工程"，组织开展"百名温商"新疆行活动，为受援地引进项目19个、协议资金67.52亿元，促成温州大酒店、色素辣椒加工基地、伟泰智慧小区等项目落地拜城。

3. 旅游提质出亮点

推动黑英山玉开都维游客中转站和铁热克温泉民宿等项目提升，促成康其湿地公园、亚曼苏生态乐园分别通过国家4A、3A景区评审，康其湿地公园宣传片在央视新闻联播播出，所在地阿热勒村被评为"全国乡村旅游重点村"和"中国美丽乡村"，相关做法列入《全国乡村振兴典型案例选编》。老虎台骑兵连连史馆建成3A级红色教育基地。积极开展旅游援疆"引客入拜"工作，加快乌孙古道应急救援服务站建设，联动携程网等平台，打造全域旅游的"网红打卡地"。

4. 教育医疗援疆激发新动力

一是助力提升拜城县教育"硬基础"。实施乡镇中心校"暖生暖心"工程，建设特殊教育资源教室、理化生智慧"云实验室"和"同步课堂"远程教育平台，高标准建设拜城五中、拜城六中，实施"幼教助推提升111

工程"，努力提升办学质量。二是全面打造教育援疆"软优势"。组建温拜"1+10+X"教育共同体，实施教育人才素质提升"领雁工程"，大力开展"银龄计划"，深入推进"温州名师领航"智援行动，为教育领域双向交流提供良好平台。三是深入推进医疗援疆，以"一套标准、两个工程、三个着力点"为载体，编制医务人员"应知应会"等制度，实施"启明行动"和"肤生工程"，抓好医共体管理水平提升、受援地医院等级评审和"传帮带"工作，受援地医院"五大中心"和"三大两远程"建设有力推进，慢性病自我管理学校和"三师共管"体系创新打造。

5. 民族"三交"日益紧密

一是扎实推进浙阿"百校十万"石榴籽工程，开展温拜"榕杨好同窗"培育行动，联合开展"云端"联谊，助力实施"身心两健"行动，拜城县第三小学荣获"全国民族团结示范校"和"全国中小学中华优秀传统文化传承学校"称号。二是聚力打造"三大"校外阵地，以温州市红领巾学院新疆拜城分院、温州市未成年人心理健康指导中心新疆拜城分中心和温拜"榕杨"城市书屋为载体，创新搭建拜城县"1+14+X"红领巾学院教育培训体系。三是深入做好"民族团结一家亲"。持续开展"民族走亲一月一活动"，动员全国各地温商企业等社会各界驰援拜城县和一师九团，助力疫情防控和经济社会发展。温州市委、市政府向拜城县地震灾区捐赠资金300万元。

6. 文化交流日益紧密

一是倾情打造"温拜情、携手进"文化润疆工作品牌，组织开展"同唱一首歌、同绘一幅画、同演一部剧"系列活动，成立温拜城"小榕杨"少儿艺术团，创作"童心向党"少儿剧。二是开展多种形式的文化交流，举办"江南生活美学"文博展，促成浙江省博物馆和拜城县博物馆签订共建协议，举办龟兹左将军刘平国刻石与西域文明研学系列活动。三是全面加强基层文化阵地建设和队伍建设，打好温拜"榕杨"城市书屋、文化润疆示范点和拜城县云端展览馆"三张牌"，全面开展基层文艺骨干和文艺爱好者培训，营造文化润疆良好氛围。

二 2023年温州援疆工作情况

2023年4月，温州第十一批援疆干部进疆以来，完整准确全面贯彻新时代党的治疆方略，认真贯彻落实中央和两地党委政府的决策部署，传承创新、努力作为，推动新一轮援疆工作取得良好开局，受到受援地干部群众广泛支持。

（一）切实加强项目管理

围绕2023年度计划实施的40个项目、1.47亿元投资，坚持"交接不漏项、责任不落空、衔接不脱节、项目不停顿"。一是在工作开局上。第一时间进行全覆盖走访调研，全面清理历史遗留问题，实现8个交接遗留项目全清零。二是在项目谋划上。首次完成援疆项目储备库建立，梳理后续三年实施项目132个，谋划推出"温拜精品区域打造、温拜产业园提升、温拜连心有感工程、温商温企温资产业兴拜"四大标志性项目。三是在项目推进上。创新建立工作提示单制度，开展援疆项目"百日攻坚"，修订完善项目和资金管理办法，资金同阶段拨付量提升30%，项目整体进展平均提速10%以上。

（二）扎实推进产业援疆

充分发挥温商温企温资独特作用和受援地资源富集的优势。一是强化项目招引。首次举办"温商温企温资"产业援疆招商推介大会，新布局乌鲁木齐、喀什等4个招商联络点，成功签约项目9个，协议金额达26.7亿元，鹿城农商行向在疆温企授信20亿元。二是强化平台搭建。聚焦10亿元级农业产业园区打造，牵线浙江农科院与拜城天玉种业等龙头企业合作，推动拜城农产品小微园正式开园，实现年营业额3200万元；开展"拜依农庄"品牌设计，实施食用油、干果等四个厂区的改造提升，弥补拜城农副产品无SC认证的短板，"十城百店"销售额同比增长10%。三是强化促进就业。

组织开展"拜依建工"技能大赛、"春风行动"专场招聘、"温拜杯"创新创业大赛，建成赛里木镇"双创"服务阵地。

（三）创新开展智力援疆

大力推进"组团式"柔性援疆提质扩面。一是持续深化"组团式"教育援疆。实施"青蓝工程"帮带受援地教师 62 名，开展"领雁工程"培训受援地教师 11296 人次，"温拜榕杨教研室"开展教研活动 64 次，44 名温州名师开办柔性讲座，首次开展温州中考、高考专家全学科送教培训。二是持续深化"组团式"医疗援疆。推动温州市卫健委与拜城签署合作协议，5 名援疆医生结对 13 名徒弟，建设消化内科等名医工作室 3 个，援疆医生完成拜城人民医院首例急性脑缺血性脑卒中溶栓治疗。三是创新开展"组团式"科技援疆。锚定打造煤化工科创服务中心目标，牵线浙大、浙工大与拜城企业开展产研合作，积极申报阿克苏地区工业科技特派团依托单位，推荐省科技厅"尖兵""领雁"研发攻关项目 4 个。四是创新实施文旅"小组团"援疆。邀请 10 余名温州非遗传承人赴拜城开展"非遗走亲"，全资打造《汉时关·刘平国治关亭》专题片和《一梦千年·又见拜城》旅游剧。五是全面加强干部人才培训。组织 70 名自治区托峰英才、骨干人才赴温交流，14 名拜城乡镇干部赴温挂职，完成 230 名拜城和一师九团村社干部赴温学习，40 名两新党组织书记赴温州正泰集团、森马集团考察党建工作。

（四）持续加强民生保障

坚持 80% 的援疆资金向基层和民生倾斜。一是聚力补齐民生短板。完成 4 乡 20 村管网改造提升，受益群众 3.2 万余人；扎实推进拜城六中、五小建设，补齐拜城产城融合新区义务教育空缺；提升改善县中医院医疗设施。二是有效提升应急保障。紧盯乌孙古道救援站建设提速，为旅游网红线路提供安全保障；持续推进消防大队基础设施提升项目和气象监测减灾工程建设。三是迭代升级公共服务。邀请温州医疗专家送医 11

次，惠及群众 1320 余人次；"启明行动"完成孕产妇筛查 169 人、新生儿疾病筛查 697 人；为受援地筹集捐赠资金 700 余万元、捐赠物资 300 余万元。

（五）大力促进民族团结

坚持把铸牢中华民族共同体意识贯穿各项工作始终，大力推进交流交往交融活动。一是扎实开展"石榴籽"融情工程。组织 12 所温拜结对学校开展互访，开展温州红领巾学院拜城分院云端交流活动、结对学校云团（队）日活动 282 场，温拜"榕杨好同窗"结对学生互通书信 2 万余封，举办夏（冬）令营活动 5 期，150 余名两地小朋友在温开展亚运研学、科技冬令营。二是深入开展"民族团结一家亲"活动。组织温拜 22 户"最美家庭"互访交流，洞头海霞女子民兵连与拜城老虎台骑兵连"山海结对"。三是实施"语润浙江"计划。成功举办浙阿"同心杯"作文比赛、"兰亭杯"书法比赛、中华诗词大赛，举办首届"学生精品中华文化社团"大型展示晚会。

（六）深入推进文化润疆

持续推进"我爱浙疆"文化润疆工程，不断增进"五个认同"。一是推进文化阵地建设。建成投用拜城"知青回乡交流馆"、老虎台乡"初心红·基层党建文化阵地"，改造提升农村文化服务阵地 12 个。二是开展文化交流互鉴。推动温州市文化广电旅游局和拜城签署合作协议，完成"温拜情·携手进"文化走亲 10 场，拜城小榕杨少儿艺术团赴温交流。三是促进文旅产业提升。隆重举办"山海情深 邂逅拜城"旅游+产业品牌推广周活动，打造温州文博会拜城·九团展馆，开展瓯疆文化艺术交流会、拜城·九团小巴扎等活动，来自新疆的优质农产品日均销售额达 30 万元以上。

（七）始终坚持兵地并重

坚持"兵地一盘棋"，扎实做好对口支援新疆生产建设兵团一师九团工作。一是强化一体共建意识。援疆项目与九团共享开展，特别是在三交项目领域，项目共享率达到 80% 以上。二是一体推进项目建设。首次将温州援疆资金切块划拨 70 万元用于九团干部职工赴温学习及兵地交流。为九团争取各类资金 260 余万元用于乡村振兴建设，协调对接产业项目 6 个，助力九团连队合作社销售新疆农产品 8000 余份，为农户创收 130 万元。三是一体推进交流交往。持续加强温州、拜城、九团三地干群交流，对接后方企业、社会组织向九团捐赠儿童游乐设施等物资 650 万元。

三 拜城高质量发展仍面临的问题

综合考虑"十四五"前半期实施情况和存在的薄弱环节，进一步高质量推进温州对口援疆工作还存在一些突出问题和挑战。

（一）经济稳增长压力较大

拜城当前仍处于投资拉动的发展阶段，内需增长潜力不足，民间投资意愿和能力偏弱，制造业投资占比较小，制约消费增长的因素仍然较多。农产品以"原字号"为主，仍然停留在有产量优势无产值优势、有产区优势无产出优势、有产品优势无产业优势的"三有三无"状态之中。服务业市场主体普遍小散弱，生产性服务业对制造业发展支撑不足。产业集聚程度低，产业链延伸不足，缺少链主式企业和产业集群。特色优势资源开发强度、就地转化不够，龙头企业、高新技术企业较少。科技创新投入不足，全社会研发投入强度偏低，科技进步贡献率较低。新兴产业培育缓慢，战略性新兴产业和高技术制造业增加值占规模以上工业增加值比重较低。各类技术人才、高技能人才短缺，引才留才困难。

（二）现代化基础设施体系不完善

公路交通路网主骨架单一，全县目前无机场、铁路和高速公路，对外联系的唯一通道是 S307 省道，运载能力有限。重大水利工程前瞻性谋划不够，

水资源利用效益低，农田水利基础设施不完善。信息基础设施建设滞后，"智慧拜城"建设滞后，项目建设资金短缺问题凸显。缺乏新业态商业模式，本地依然以传统业态为主，集购物、休闲、餐饮、娱乐于一体的商贸综合体规模较小。

（三）公共服务领域仍存短板

公共服务总量不足，供给不均衡、质量不优的问题依然突出。就业结构性矛盾依然存在，重点群体特别是农村富余劳动力转移就业困难。教育师资队伍素质能力不足，年轻教师总量过半，教育水平衔接存在"中梗阻"，通过定段定科、分流回归的老师，还难以适应新形势教育发展的需求。职业教育承载力不足，产教融合水平低，校企合作机制不健全，"双师型"教师严重不达标。医疗服务水平相对较低，医疗机构普遍存在人员学历偏低、专业性较弱的问题，高级职称人才偏少、高学历人才比例不高，村医还未实现向执业（助理）医师转变的突破。

（四）生态环境保护任务艰巨

大气污染治理任务艰巨，区域气候、沙尘浮尘、冬季"沙尘+煤烟"污染叠加使拜城县空气质量改善区间进一步收窄。煤炭煤化工基地、石油化工基地等建设项目促进经济发展的同时也产生了污染物排放，给污染治理带来较大压力，亟待统筹实施山水林田湖草沙冰一体化生态系统保护修复。环境应急能力建设滞后，缺乏应急设备及专业队伍，没有针对区域和行业特征建立相应的应急物资储备体系。

四　2024年温州对口援疆工作思路

2024年温州援疆指挥部共计划实施项目36个，计划投资1.41亿元。温州市援疆指挥部坚持"小切口、大牵引、体系化推进援疆项目管理"的要求，系统谋划实施了2024年温州援疆的"546标志性工程体系"。

（一）实施"五大牵引性工程"，全面引领温州援疆项目落地出效

一是实施"浙里石榴红·九大百名工程"。聚焦"干部、人才、群众"三大群体，实施"百名干部领雁、夯基、铸魂"三大引领力培育工程、"百名人才跨域培养、双招双引、青蓝接力"三大聚合力培育工程、"百名群众走亲连心、团结示范、能人培根"三大向心力培育工程，到 2026 年力争完成培训 1000 名干部、培育 1000 名人才、结对 1000 名群众的目标。二是实施"双珠强旅 3510 工程"。聚焦克孜尔石窟世界文化遗产和红石林自然遗产两颗明珠，以克孜尔石窟为核心，构架拜城景区核心区、拓展区、联动区三大区块，打造克孜尔数字石窟、非遗石窟、乐舞石窟、研学石窟、故事石窟 5 张金名片，撬动县域文旅投资 10 亿元。到 2026 年力争克孜尔石窟创成 5A 级。三是实施"产业十百千 1312 工程"。落实省指平台能级提升"十百千"专项行动要求，以打造 1 个十亿级农业产业园区为目标，深入开展产端升级、供给提升、销路增长三大行动，实施农业品牌培育、土地效益挖潜、援疆科技兴农、"一品一链"提升等 12 项工程。力争到 2026 年实现农业产业园区总产值 20 亿元，全县农业总产值达 150 亿元。四是实施"温商温企温资 3150 工程"。健全完善温州指挥部与拜城和九团的协同招商机制，聚焦"酸甜苦辣"重点农业产业、"扬煤吐气"煤化工产业、"石泉湿美"文旅产业 3 大板块，每年重点招商推介项目 10 个以上，力争到 2026 年签约项目金额 50 亿元。五是实施"榕杨教育 1611 工程"。提标打造 1 个温拜新区教育板块，创新实施榕杨教共体迭代、榕杨好同窗融情、榕杨小工匠培优、榕杨大课堂提标等"6 大行动"，创新搭建青春伴我行、榕杨教研室、跟岗变形计、阳光大课堂、小小数学家等 11 个平台载体。力争到 2026 年师生互访交流 1000 人次以上、线上线下培训教师 3 万人次以上。

（二）打造"四张亿元金名片"，集中展示温州援疆项目综合成效

一是擦亮以"温拜产业示范园区"为标志的产业援疆亿元金名片。持续升级打造援疆资金已投入 1 亿元的"温拜产业示范园"，认真抓好农业小

微园区赋能提升和温拜产业孵化园的盘活再利用，整合搭建一个农产品精深加工、直播带货、产品研发、金融服务等产供销服务平台，聚力创建一批"两品一标"农产品、拜依农庄区域产品等知名品牌，积极引进一批色素辣椒、酸奶、牛肉等优势农产品精深加工企业，形成一个业态丰富、体系完善、人气兴旺的产业园区。二是擦亮以"克孜尔石窟旅游新村"为标志的文旅援疆亿元金名片。持续加大全域旅游援疆资金投入（达到1亿元以上），打造一个集吃住行游娱购于一体的综合服务区块，建设一个集数字文化展示、VR沉浸体验、研学游学教育为一体的历史文化区块，创办一批以民族文化展演、传统手工制作、丝路文化节庆为特色的民俗风情区块，形成一个全季节、全天候、全时段的旅游胜地。三是擦亮以"榕杨教共体集中区"为标志的教育援疆金名片。持续提升已投入1亿元援疆资金的温拜新区教育板块内涵，升级打造一个温州、拜城、九团互动互联互融的榕杨教共体，聚力一批特殊资源教室、旱厕改造、班班通、拜城五小设备采购等教育补短板基础设施提升项目，倾力发展一批数学、大思政、心理健康、职业教育等特色学科，大力推进一批红色研学、绿茵牵手等"三交"活动，形成一个普惠均衡、特色鲜明的榕杨教育高地。四是擦亮以"'饮水思援'的温州井"为标志的民生援疆金名片。持续升级已投入1亿元援疆资金的以"温州井"为代表的农村饮水提升工程，打造一个实时监测、动态调控的温州井大脑，覆盖一批供水足量、水质稳定的乡镇水厂，提升改造一片年久失修的老旧饮水管网，打通村民饮水最后一公里，形成"饮水不缺一户、水质不差一分"的城乡供水一体化体系。

（三）推出"六个小切口特色项目"，积极扩宽温州援疆项目覆盖领域

一是打响"小仁心跨域合作"医疗拓面提质项目品牌。聚焦群众易发高发疾病，联合温州医疗团队和公益组织开展"明眸皓齿""脊柱侧弯""保肠护胃"等"榕心工程"系列公益医疗行活动，让困难群众享受公益筛查和免费治疗服务。建立"以院包科"机制，温州重点医院定向包联受援

地医院重点学科。推进"温医同行·医疗大巴扎"系列活动，整合"组团式"和柔性援疆医疗资源，持续开展点单式送医下乡服务。二是打响"小组团全域覆盖"专业领域提升项目品牌。重点聚焦产业、民生、科技等领域，择优选派一批呼吸重症、新生儿科等医疗小组团，中华文化、新媒体短视频等文宣小组团，能源化工、农林水牧等科技小组团，造价咨询、项目管理等工程小组团，为智力援疆提供有效补充。三是打响"小民生'温'暖民心"为民办实事项目品牌。打造温州援疆为民办实事征集平台，运用走访座谈、调查问卷、网络征集等方式收集基层百姓民生关切、急难愁盼，组织行业专家、两代表一委员全程参与、咨询督查，以"问需、问计、问效"三问于民高质高效推进民生小事落地。四是打响"小心灵暖心呵护"学生心理咨询项目品牌。精准聚焦儿童青少年抑郁、焦虑、恐惧等心理问题，联合知名高校研究机构和社会公益组织，打造一个心理健康名师工作室，建设一批多功能心理咨询室，开设一批心理健康课程，培训一批心理健康教师，培育一批快乐成长的阳光少年。五是打响"小节目精品纷呈"两地文化连心项目品牌。紧扣文化交流、群众交往，组建一批乡村歌舞团、学生文艺社、少儿艺术团等队伍，搭建一批乡村大舞台、赛事分会场、云端演播室等平台，开展一批非遗大走亲、文艺大汇演、群众大村晚等活动，深化交流交往和文化润疆。六是打响"小平台亮点展示"数字化应用项目品牌。打造温州援疆数字化"一中心多平台"体系，以援疆项目规划展示平台为中心，联动助推部门打造"气象大脑""人力资源大脑""招商信息大脑"等数字化平台，持续推动数字赋能援疆工作。

附　录

1978~2023年温州经济社会发展主要指标

年份	地区生产总值（万元）	第一产业（万元）	第二产业（万元）	第三产业（万元）	人均GDP（元）	财政总收入（万元）	人民币储蓄余额（万元）	年末户籍人口（万人）城镇	年末户籍人口（万人）农村	城镇居民人均可支配收入（元）	农村居民人均纯收入（元）	城镇居民恩格尔系数（%）	农村居民恩格尔系数（%）	城镇居民人均住房建筑面积（平方米）	农村居民人均住房建筑面积（平方米）	初中毕业生升学率（%）	医疗卫生机构床位数（个）
1978	132150	55744	47361	29045	238	13477	4511	55.98	505.28	—	113	—	—	—	—	—	5826
1979	150186	62498	55400	32288	265	13781	7242	57.70	513.93	—	—	—	—	—	—	—	6449
1980	179689	68437	73121	38131	312	17089	10783	59.04	522.38	—	165	—	—	—	9.5	—	6951
1981	191755	69904	78928	42923	327	18076	14367	61.73	531.10	477	270	59.95	—	—	10.1	—	7186
1982	213686	88608	75839	49237	358	19100	18482	64.32	537.81	514	298	56.89	—	—	13.1	—	7372
1983	243432	93190	91797	58445	401	23067	24912	65.95	545.51	536	313	63.47	—	—	13.6	—	7737
1984	302064	112740	116447	104420	490	27352	31717	69.51	551.01	605	345	56.64	59.45	11.46	15.4	28.10	8289
1985	378045	128045	160970	89030	605	40579	36044	85.10	544.09	819	447	54.63	57.34	11.88	17.1	19.20	8428
1986	449140	140772	194156	114212	710	50329	59761	88.86	547.35	1020	508	53.24	54.13	—	18.0	26.71	8881
1987	549554	175792	233083	140679	859	60944	76291	91.99	552.00	1176	626	51.71	54.73	11.56	19.5	22.13	9207

续表

年份	地区生产总值（万元）	第一产业（万元）	第二产业（万元）	第三产业（万元）	人均GDP（元）	财政总收入（万元）	人民币储蓄余额（万元）	年末户籍人口（万人）		城镇居民人均可支配收入（元）	农村居民人均纯收入（元）	城镇居民恩格尔系数（%）	农村居民恩格尔系数（%）	城镇居民人均住房建筑面积（平方米）	农村居民人均住房建筑面积（平方米）	初中毕业生升学率（%）	医疗卫生机构床位数（个）
								城镇	农村								
1988	692077	205865	290740	195472	1067	75419	94946	95.42	557.55	1602	832	56.84	53.67	—	20.4	19.42	9841
1989	728378	207848	316565	203965	1110	87672	199361	97.11	562.63	1895	924	57.51	51.82	14.84	21.3	28.48	9935
1990	778977	213424	347959	217594	1174	88929	311059	98.28	568.70	2007	929	58.47	54.84	15.41	21.4	27.67	10135
1991	929184	243483	412663	273038	1387	99391	415505	99.66	572.89	2354	1044	59.16	54.60	—	22.3	26.19	10202
1992	1268594	237351	663989	367254	1877	118946	554207	102.08	576.91	3156	1200	51.88	57.22	13.82	22.3	24.70	10261
1993	1960634	261792	1144698	554144	2874	186767	680182	104.53	581.04	4369	1474	49.34	53.89	14.27	23.2	32.42	10661
1994	2958650	306284	1726585	925781	4294	216837	987766	107.53	584.87	5625	2000	53.95	57.77	16.37	25.3	68.66	11249
1995	4016636	414154	2311076	1291406	5778	264921	1420469	111.24	586.66	7507	2801	54.41	51.26	17.16	28.4	50.69	11303
1996	5070549	473725	2952381	1644443	7232	321986	1994759	114.31	590.06	8277	3371	51.89	56.28	17.06	29.4	52.81	11288
1997	6018516	516825	3444436	2057255	8520	387066	2556952	119.76	588.59	9034	3658	48.92	60.21	20.04	30.7	54.23	11655
1998	6720564	531329	3810420	2378815	9423	459864	3229434	123.90	594.14	8968	3833	47.44	54.08	20.68	28.6	54.40	11905
1999	7290748	523703	4048362	2718682	10128	551533	3795863	127.16	594.46	10339	4024	42.65	51.20	23.28	31.0	58.70	12381
2000	8220172	532070	4556311	3131791	11276	738727	4641487	130.93	605.39	12051	4298	43.45	49.43	25.63	33.70	66.90	12411
2001	9243037	561894	5022548	3658594	12532	961088	5829091	134.13	604.68	13200	4683	39.22	46.43	26.92	34.10	72.96	12946
2002	10523525	544913	5688237	4290376	14241	1262601	7459660	138.26	600.86	14591	5091	38.13	43.66	27.70	38.20	79.47	14131
2003	12124850	556719	6604186	4963946	16369	1517719	9203153	142.95	599.33	16035	5548	37.13	44.65	28.67	38.40	83.47	15481
2004	13889065	626205	7461479	5801381	18662	1824359	10040379	148.15	598.04	17727	6202	37.43	45.13	29.16	39.40	85.72	16309
2005	15963530	648867	8668845	6645818	21335	2049213	11613127	152.61	597.67	19805	6845	32.61	44.63	31.30	40.00	88.10	16839
2006	18375038	655084	10064859	7655095	24390	2410894	14763429	156.98	599.50	21716	7543	35.22	42.55	31.51	41.30	89.83	18223
2007	21589094	680862	11704211	9204020	28387	2932606	16380211	161.06	603.51	24002	8591	36.38	44.52	33.52	42.30	95.32	18612

温兰蓝皮书

续表

年份	地区生产总值（万元）	第一产业（万元）	第二产业（万元）	第三产业（万元）	人均GDP（元）	财政总收入（万元）	人民币储蓄余额（万元）	年末户籍人口（万人）城镇	年末户籍人口（万人）农村	城镇居民人均可支配收入（元）	农村居民人均纯收入（元）	城镇居民恩格尔系数（%）	农村居民恩格尔系数（%）	城镇居民人均住房建筑面积（平方米）	农村居民人均住房建筑面积（平方米）	初中毕业生升学率（%）	医疗卫生机构床位数（个）
2008	24242923	766843	12867606	10608473	31403	3397842	20850242	164.44	607.55	26172	9469	38.36	47.55	30.16	42.10	96.07	19304
2009	25273442	803100	13142400	11327942	32588	3607243	26172245	167.12	611.99	28021	10100	36.34	46.32	30.93	44.10	95.51	20380
2010	29250426	936932	15334626	12978868	37359	4114300	29161226	170.20	616.60	31201	11416	35.20	43.11	30.50	43.00	95.80	22617
2011	34185315	1078751	17607162	15499402	43132	4856156	33422645	171.34	627.02	31749	13243	36.20	44.90	32.30	43.80	96.10	22783
2012	36691832	1142171	18529900	17019761	45906	5178928	36169626	169.50	630.70	34820	14719	37.80	45.70	33.20	45.80	96.50	26159
2013	40038617	1153905	20154845	18729866	49817	5656347	38212517	169.73	637.51	37852	16194	38.80	46.00	41.70	42.20	97.30	29729
2014	43030500	1179400	20297000	21554100	53094	6124400	38831144	176.38	637.32	40510	19394	31.00	37.70	42.10	42.10	97.60	31464
2015	46198400	1232400	21015300	23950700	50809	6779200	95774600	404.40	406.81	44026	21235	31.90	39.40	42.62	42.97	97.60	35182
2016	50454000	1388100	21126800	27939100	55165	7239600	102133100	310.00	508.14	47785	22985	31.60	39.00	43.00	43.10	98.10	35688
2017	54531700	1440800	21492200	31598700	59177	7782600	108754900	381.55	442.98	51866	25154	31.70	37.20	43.30	45.40	98.10	39947
2018	60061600	1417500	23795300	34848800	72657	8952600	117366600	348.03	480.72	56097	27478	29.80	35.60	43.86	49.80	98.50	42432
2019	66061100	1517200	28124800	36419100	71225	9368700	131564400	378.27	454.09	60957	30211	29.00	35.40	48.20	58.88	98.54	44038
2020	68709000	1598000	28345000	38766000	71774	9625000	150320000	423.92	409.83	63481	32428	28.00	35.40	50.70	59.70	98.74	43790
2021	75850000	1643000	31913000	42294000	78642	10815000	162139000	438.90	393.91	69678	35844	27.60	34.90	51.40	59.90	98.9	45830
2022	80298000	1774800	33808200	44714700	83107	9188000	188511100	448.77	383.05	73326	38482	27.20	35.20	51.10	59.10	99.4	47527
2023	87306000	1796000	36070000	49443000	89821	10259000	216590000			77973	41622	27.00	32.10	51.30	58.70		50119

注：2015年以前城镇人口为非农业人口，乡村人口为农业人口，受户籍制度改革影响，当年统计数值有较大变动；数据由王健整理与计算。

372

社会科学文献出版社

皮 书

智库成果出版与传播平台

❖ 皮书定义 ❖

皮书是对中国与世界发展状况和热点问题进行年度监测，以专业的角度、专家的视野和实证研究方法，针对某一领域或区域现状与发展态势展开分析和预测，具备前沿性、原创性、实证性、连续性、时效性等特点的公开出版物，由一系列权威研究报告组成。

❖ 皮书作者 ❖

皮书系列报告作者以国内外一流研究机构、知名高校等重点智库的研究人员为主，多为相关领域一流专家学者，他们的观点代表了当下学界对中国与世界的现实和未来最高水平的解读与分析。

❖ 皮书荣誉 ❖

皮书作为中国社会科学院基础理论研究与应用对策研究融合发展的代表性成果，不仅是哲学社会科学工作者服务中国特色社会主义现代化建设的重要成果，更是助力中国特色新型智库建设、构建中国特色哲学社会科学"三大体系"的重要平台。皮书系列先后被列入"十二五""十三五""十四五"时期国家重点出版物出版专项规划项目；自2013年起，重点皮书被列入中国社会科学院国家哲学社会科学创新工程项目。

皮书网

（网址：www.pishu.cn）

发布皮书研创资讯，传播皮书精彩内容
引领皮书出版潮流，打造皮书服务平台

栏目设置

◆ 关于皮书

何谓皮书、皮书分类、皮书大事记、
皮书荣誉、皮书出版第一人、皮书编辑部

◆ 最新资讯

通知公告、新闻动态、媒体聚焦、
网站专题、视频直播、下载专区

◆ 皮书研创

皮书规范、皮书出版、
皮书研究、研创团队

◆ 皮书评奖评价

指标体系、皮书评价、皮书评奖

所获荣誉

◆ 2008 年、2011 年、2014 年，皮书网均
在全国新闻出版业网站荣誉评选中获得
"最具商业价值网站"称号；
◆ 2012 年，获得"出版业网站百强"称号。

网库合一

2014 年，皮书网与皮书数据库端口合
一，实现资源共享，搭建智库成果融合创
新平台。

皮书网

"皮书说"
微信公众号

权威报告・连续出版・独家资源

皮书数据库
ANNUAL REPORT(YEARBOOK)
DATABASE

分析解读当下中国发展变迁的高端智库平台

所获荣誉

- 2022年，入选技术赋能"新闻+"推荐案例
- 2020年，入选全国新闻出版深度融合发展创新案例
- 2019年，入选国家新闻出版署数字出版精品遴选推荐计划
- 2016年，入选"十三五"国家重点电子出版物出版规划骨干工程
- 2013年，荣获"中国出版政府奖・网络出版物奖"提名奖

皮书数据库

"社科数托邦"
微信公众号

成为用户

　　登录网址www.pishu.com.cn访问皮书数据库网站或下载皮书数据库APP，通过手机号码验证或邮箱验证即可成为皮书数据库用户。

用户福利

- 已注册用户购书后可免费获赠100元皮书数据库充值卡。刮开充值卡涂层获取充值密码，登录并进入"会员中心"—"在线充值"—"充值卡充值"，充值成功即可购买和查看数据库内容。
- 用户福利最终解释权归社会科学文献出版社所有。

数据库服务热线：010-59367265
数据库服务QQ：2475522410
数据库服务邮箱：database@ssap.cn
图书销售热线：010-59367070/7028
图书服务QQ：1265056568
图书服务邮箱：duzhe@ssap.cn

社会科学文献出版社 皮书系列
SOCIAL SCIENCES ACADEMIC PRESS (CHINA)
卡号：714676821929
密码：

基本子库
SUB DATABASE

中国社会发展数据库（下设 12 个专题子库）

紧扣人口、政治、外交、法律、教育、医疗卫生、资源环境等 12 个社会发展领域的前沿和热点，全面整合专业著作、智库报告、学术资讯、调研数据等类型资源，帮助用户追踪中国社会发展动态、研究社会发展战略与政策、了解社会热点问题、分析社会发展趋势。

中国经济发展数据库（下设 12 专题子库）

内容涵盖宏观经济、产业经济、工业经济、农业经济、财政金融、房地产经济、城市经济、商业贸易等 12 个重点经济领域，为把握经济运行态势、洞察经济发展规律、研判经济发展趋势、进行经济调控决策提供参考和依据。

中国行业发展数据库（下设 17 个专题子库）

以中国国民经济行业分类为依据，覆盖金融业、旅游业、交通运输业、能源矿产业、制造业等 100 多个行业，跟踪分析国民经济相关行业市场运行状况和政策导向，汇集行业发展前沿资讯，为投资、从业及各种经济决策提供理论支撑和实践指导。

中国区域发展数据库（下设 4 个专题子库）

对中国特定区域内的经济、社会、文化等领域现状与发展情况进行深度分析和预测，涉及省级行政区、城市群、城市、农村等不同维度，研究层级至县及县以下行政区，为学者研究地方经济社会宏观态势、经验模式、发展案例提供支撑，为地方政府决策提供参考。

中国文化传媒数据库（下设 18 个专题子库）

内容覆盖文化产业、新闻传播、电影娱乐、文学艺术、群众文化、图书情报等 18 个重点研究领域，聚焦文化传媒领域发展前沿、热点话题、行业实践，服务用户的教学科研、文化投资、企业规划等需要。

世界经济与国际关系数据库（下设 6 个专题子库）

整合世界经济、国际政治、世界文化与科技、全球性问题、国际组织与国际法、区域研究 6 大领域研究成果，对世界经济形势、国际形势进行连续性深度分析，对年度热点问题进行专题解读，为研判全球发展趋势提供事实和数据支持。

法律声明